마음챙김과 통찰

FROM MINDFULNESS TO INSIGHT:
Meditations to Release Your Habitual Thinking and
Activate your Inherent Wisdom
by Rob Nairn, Choden and Heather Regan-Addis
© 2019 by Rob Nairn, Sean McGovern(aka Choden) and Heather Regan-Addis

Korean Translation © 2022, Sanzini
Published by arrangement with Shambhala Publications, Inc., Boulder through Sibylle
Books Literary Agency, Seoul

마음챙김과 통찰 (큰글씨책)
습관적 분별에서 벗어나게 하고 내재된 지혜를 활성화하는 명상

초판 1쇄 발행 2022년 8월 30일

지은이 로브 네른 · 초덴 · 헤더 리간아디스
옮긴이 구치모 · 김광수 · 최우영
펴낸이 강수걸
펴낸곳 산지니
등록 2005년 2월 7일 제333-3370000251002005000001호
주소 부산시 해운대구 수영강변대로 140 BCC 613호
전화 051-504-7070 | 팩스 051-507-7543
홈페이지 www.sanzinibook.com
전자우편 sanzini@sanzinibook.com
블로그 sanzinibook.tistory.com

ISBN 979-11-6861-077-4 03180

* 책값은 뒤표지에 있습니다.
* 잘못된 책은 구입하신 곳에서 교환해드립니다.

습관적 분별에서 벗어나게 하고 ✳ 내재된 지혜를 활성화하는 명상

마음챙김과 통찰

로브 네른 · 초덴 · 헤더 리간아디스 지음
구치모 · 김광수 · 최우영 옮김

From Mindfulness to Insight

산지니

서언

　마음챙김(Mindfulness)은 이 시대의 풍조가 되었지만 통찰(Insight)은 아직도 조명을 받지 못하고 있다. 그 이유는 '통찰'이 보다 미묘하여 규정하기 어렵고 다루기 힘들기 때문일 것이다.

　이것들은 '마음을 자유롭게' 하기 위해 수행하는 단계와 그 내용을 묘사하고 있는 용어이다. 여기서 '자유'란 우리가 가지고 있는 망상(delusion)의 근본 상태를 노출시키기에 충분할 정도의 자기반영의 과정(self-reflective process)을 개발하기 전까지는 아리송한 개념이다. 망상이 일어나고 그것이 우리를 맹목적으로 사로잡지만 결국 우리는 마음 수행으로 그것을 용해시킬 수 있다. 그러한 용해는 우리가 통찰이 일어날 수 있게 하는 조건을 만들 때 자연스럽게 발생한다.

　이 책은 통찰이 일어날 수 있는 조건을 만들어 결국에는 우리 내면의 자유를 얻을 수 있게 하기 위해서 집필된 실천적 안내문이다. 강조점은 경험에 있고 이론에 있지 않다. 당신의 마음이 망상으로부터 자유로워지기를 원한다면 이 책을 읽는 것이 좋다.

감사

우리 저자들은 많은 분들의 충고, 지원 그리고 격려에 감사한다. 스승, 가족, 친구들에게 진심으로 감사한다. 우리의 스승 라마 예세 로살 린포체(Lama Yeshe Losal Rinpoche)가 마음챙김협회와 우리에게 보내준 충고와 변함없는 지원에 감사드린다. 또한 우리는 이 책의 주제인 통찰 강의의 교육과정 개발에 기여한 빈 해리스의 공헌에 감사한다. 그리고 마지막 교정에 힘써준 이사벨 코그린에게 특별히 감사한다. 그래픽을 디자인한 리자 헬러에게도 감사한다. 마지막으로 우리의 많은 강의에 참가해준 학생들에게도 감사를 표한다.

초덴(Choden)은 켄포 라부(Khenpo Lhabu)에게서 받은 가르침에 감사한다. 헤더(Heather)는 동료 제인, 알란, 특히 헬렌에게 감사한다.

우리는 이 책이 세상에 유익함을 줄 수 있는 인간의 잠재력이 번성할 수 있도록, 우리의 삶을 지배하고 제약하는 조건들로부터 우리를 해방시키는 데 도움을 줄 수 있기를 희망한다.

차례

✳

마음챙김과
통찰

　　최근에 많은 사람들이 마음챙김(mindfulness)에 큰 관심을 보이고 있다. 현대인의 삶이 복잡해지고 스트레스를 많이 받게 됨에 따라 많은 사람들이 행복이란 삶의 외적 조건을 충족하는 것에 있지 않고 자신의 마음과 관계하는 방식을 변경하는 데 있다는 것을 깨닫기 시작하였다. 마음챙김 혁명은 우리의 마음에 떠오르는 생각, 느낌, 이야기 줄거리 그리고 이미지의 흐름이 우리가 누구인지를 규정하지 못하고 있다는 자각에 기초하고 있다. 더욱 중요한 것은 이러한 생각과 느낌의 흐름을 관찰하고 그것에 대응하는 알아차림(awareness)*이라는 능력을, 수행을 통하여 향상시킬 수 있다는 것이다. 그리고 우리는 우리 내면의 경험과 새로운 관계를 맺을 수 있는 방식을 배울 수 있다. 이러한 이해 방식이 불교 전통에서 2600년 전에 제시되었지만 오늘날에 이르러 마음챙김 수행의 효익을 과학적으로 증명하는 중요한 증거들이 나오고 있다. 때문에 마음챙김은 일반 대중이 주류사회 안에서 수련을 받을 만한 것으로 받아들여지고 있다.

---

*　　개인의 내면 환경이나 외부 세계의 자극 또는 정보를 감지하는 것을 말한다.

그리고 연민(compassion)에 대한 관심도 증가하고 있다. 이것은 마음챙김의 강력한 보완재로 관심이 높아지고 있다. 심리학적 통찰과 신경과학적 연구에 힘입어 연민도 우리의 주류 사고 안으로 진입한 것이다. 연민 수행, 특히 자기연민(self-compassion)은 마음챙김 수행에서 필수 요소가 되었다. 자기비판, 수치심 그리고 자기공격이 오늘날의 사회에 광범위하게 퍼져 있어 친절과 수용을 적극적으로 계발해야 할 필요가 생겼기 때문이다.

　　이렇듯 우리는 마음챙김과 연민을 수행하고 있는 사람들의 삶이 수행 이전과는 다르게 변하고 있음을 보고 있다. 그러나 이들 변화의 본질에 대해서는 아직까지 바르게 인식하지 못하고 있다. 이 책은 이들 변화의 본질에 관한 내용을 다루고 있다.

　　흙탕물이 든 항아리 비유로 우리가 뜻하는 바를 설명해보자. 흙탕물을 휘저으면 물이 흐려져 흐린 물 때문에 항아리 밑바닥을 볼 수 없다. 이와 비슷하게 강박적 생각 활동은 생각을 휘젓는 것과 같으므로 마음속에서 일어나는 것을 명확하게 볼 수 없게 한다. 하지만 항아리 안을 휘젓지 않고 가만히 두면 흙은 가라앉고 우리는 깨끗한 물과 바닥을 볼 수 있다. 마음도 이와 같다. 마음을 가만히 내버려두면 생각 활동은 안정되고 우리 자신의 삶이 진행되는 현재의 모습을 보다 투명하게 들여다볼 수 있다. 이것이 마음챙김 수행의 핵심 역할 중 하나이다. 즉 우리는 생각의 반응적 패턴을 알아차리고 그것을 해소하는 법을 배울 수 있다.

　　우리는 우리가 부끄러워하거나 싫어하는 감정을 기억할 때 행복하지 않다. 따라서 이와 같은 과정에서 중요한 것은 우리 자신이 친절, 호기심 그리고 자기수용의 태도로 마음을 관찰하는 법을 배우는 것이다. 이것이 연민 수행의 기본이다. 연민 수행은 처음에는 내면의 자원을 쌓아가는 것에서 시작하지만, 일정 시간이 경과한 후에는 우리가 보다 침착하게 우리의 고통에 직면할 수 있도록 도와준다. 항아리 비유로 말하면 이것은 흙탕물이 있음을 알고 이를 받아들이는 과정이다. 흙탕물을 담은 항아리를 자신의 마음이라고 여기면서 우리 자신에게 친절을 베푸는 것이다. 이것은 우리 모두 인생이라는 항로에서 같은 배를 타고 있고, 결코 쉬운 일은 아니지만 우리 자신과 타인에게 친절함으로써, 우리의 삶의 경험을 근본적으로 바꿀 수 있다는 이해에 기초하고 있다.

그렇지만 우리가 보지 못하고 있는 것은 은밀하게 막대기를 잡고 항아리에 있는 흙탕물을 휘젓고 있는 손이다. 우리는 우리의 마음이 생각에 의해 휘저어지고 있음을 안다. 그러나 우리는 끊임없이 작동하고 있는 습관을 보지 못하고 있다. 마음챙김과 연민을 수행하는 수행자들은 자신들이 동일한 습관적 패턴의 결과를 반복적으로 경험하고 있다고 언급한다. 이 점이 마음챙김은 계속하여 불편한 느낌을 알아차리게 하는 길고 끝없이 계속되는 과정이라고 느끼게 할 수 있다. 하지만 문제는 우리가 문제의 뿌리를 알지 못하는 데 있으며 습관적으로 문제를 반복한다는 것에 있다.

배후에 숨어 있는 미심쩍은 인물은 누구인가? 그 이름은 개념화 (conceptualization)이다. 이것은 우리가 어떤 것을 보고, 듣고, 맛보고, 냄새 맡고, 접촉하고 느끼는 그 순간에 우리의 모든 이전 경험과 관련된 관념과 개념이 일어나는 과정을 말한다. 이것이 의미하는 바는 우리가 세계를 생생하고 즉각적인 방식으로, 즉 사물을 있는 그대로 보고 지각하는 것이 매우 어렵다는 사실이다. 우리가 경험하고 느끼는 것은 사물에 대한 우리의 개념일 뿐이며 사물 그 자체는 아닐 수 있다는 것이다.

이것이 문제의 근원이다. 이것은 추상적인 철학이 아니다. 이것의 함의는 엄청나다. 우리는 사물이 존재하는 그대로의 모습을 거의 볼 수 없다. 그리고 우리는 항상 사물에 대한 오해에 기초하여 행동한다. 그 결과는 큰 혼란과 고통을 수반한다. 그리고 이 과정은 저절로 계속 굴러가는 과정이다.

핵심은 우리를 과거로 돌아가게 하고 개념화의 망에 얽히게 하는 이들 습관이 구동(drive)하는 것을 보는 것이다. 쉽지는 않겠지만, 이 과정의 진행이 알아차림이 결핍된 마음의 어두컴컴한 영역에서 나오는 것이므로, 우리는 수행을 통하여 이것을 바로 볼 수 있는 자원과 용기를 개발할 수 있다.

이것이 우리가 원하는 것이다! 이 책의 핵심원리는 "봄이 행이다(the seeing is the doing)"라고 말씀한 크리슈나무르티(J. Krishnamurti)의 빛나는 구절에 녹아 있다. 우리가 우리의 지각을 형성하고 있는 숨은 힘을 분명하게 볼 때 변화는 저절로 일어난다. 우리는 특별한 일을 할 필요가 없다. 사실 마음챙김에서 '어떤 일을 한다'는 것은 개념화의 습관에 연료를 제공하는 것일 뿐이다. 우리가 마술사의 속임수를 알게 되었을 때 게임이 끝나는 것과 같은 이치이다.

이 책이 다루고 있는 것은 직접적인 경험을 왜곡시키는 일에 개입하는 마음의 개념화인 생각활동 과정의 이해이다. 그리고 생각활동이 우리에게 고통을 야기함을 이해하는 것이다. 이 책에 이들 과정을 상세하게 설명하는 이론과 연습을 충분히 포함했다. 따라서 우리는 쉽게 이것들을 공부할 수 있다. 인식과 수용을 통하여 우리는 내재된 지혜와 마음의 온전한 상태를 활성화할 수 있고 마음을 놓아버리는 일이 저절로 일어나도록 할 수 있다. 이것이 통찰 수행의 힘이다.

1부

기초

통찰이란 무엇인가
그리고 어떻게 수행할 것인가

실용적 정의

통찰은 정의하기 쉽지 않고 파악하기도 어려운 무형의 개념이다. 따라서 마음챙김의 실용적 정의를 먼저 파악하는 것이 통찰의 이해에 도움이 된다. 마음챙김(mindfulness)이란 "어떤 일이 발생하는 동안, 발생하고 있는 그것을, 선호 없이 아는 것(knowing)"이다. 여기서 "아는 것" 즉 앎이란 순간순간 마음속에서 일어나는 것을 알아차린다(awareness)는 뜻이다. 즉 우리가 자각하고 있는 것을 아는 것이다. 만약 우리의 마음을 회계 스프레드시트(accounting spreadsheet)*에 비유하면 마음챙김이란 우리 마음의 스프레드시트에 나타나는 숫자를 인식하는 것이다. 그것들은 우리의 알아차림 앞에 나타나는 모든 생각, 느낌, 마음의 상태 그리고 감각이다.

이제 통찰의 실용적 정의를 살펴보자. 통찰(insight)이란 "어떤 일

---

* 도표 또는 수치의 계산, 통계, 그래프 작업 등을 편리하게 처리할 수 있게 도와주는 통합문서 프로그램이다. 주로 기업의 회계 업무, 회원정보 관리 등에 사용된다.

이 발생하는 동안, 발생하고 있는 그것을, 선호 없이 인식하는 것 (recognizing)"이다. 여기서 "인식하는 것"이란 우리가 우리의 마음에서 일어나는 활동을 야기하는 기본과정을 알아차린다는 뜻이다. 앞의 비유로 설명하면 통찰의 과정은 스프레드시트에 나타나는 숫자의 배후에 있는 공식을 알아차리는 것과 같다. 공식은 스프레드시트에 나타난 숫자를 계산하는 데 사용된 것으로 그것은 숫자의 배후에서 보이지 않는 상태로 숨어 있는 것이다. 하지만 그 공식은 대단히 중요하다. 왜냐하면 그것이 스프레드시트에 나타난 숫자를 결정하기 때문이다. 그리고 스프레드시트가 작동하는 법을 이해하는 데 결정적인 역할을 하기 때문이다.

이와 유사하게 만약 우리 내면의 경험인 생각, 감정, 마음의 상태가 어떻게 그리고 왜 일어나는지 이해하기를 원한다면 우리의 근본적 가정, 신념 그리고 태도를 인식하는 것이 중요하다. 그것들은 스프레드시트의 공식과 유사하다. 그것들이 우리 자신과 우리가 거주하는 세계에 대한 우리의 관념과 지각을 야기한다. 우리가 앞서 개념화의 과정으로 언급한 것이다. 통찰의 과정이란 이들 관념과 지각을 보는 것이다. 그리고 이것들을 야기하는 숨어 있는 공식을 아는 것이다. 그것은 다시 아는 과정, 즉 다른 관점에서 다시 아는 과정이다. 통찰의 경험은 동일한 상황, 동일한 사실을 다른 관점에서 보는 것이라 할 수 있다. 우리가 보고 경험하는 방식을 변경함으로써 이전에는 보지 못하였던 것을 명확하게 보는 것이다.

헤더(Heather)는 몇 년 전에 참가한 수련회에서 통찰을 경험하였다. 통찰은 어린 시절의 기억 속에서 그녀에게 친밀했던 모든 것의 이미지 집합으로 나타났다. 하지만 그 이미지들은 다른 관점에서 제시된 특별한 순서로 드러났고 어린 시절의 습관적 패턴을 새롭게 인식할 수 있는 결과로 나타났다. 예전에는 이와 같은 방식으로 볼 수 없었다. 습관적 패턴에 대한 통찰로 다른 관점이 생겼고 습관의 힘이 소멸되기 시작한 것이다.

개념화

개념화(conceptualization)는 포착하기 아주 힘든 개념이다. 생각이나 느낌, 이미지는 우리의 마음에서 계속 일어나고 있다. 그것들은 소음처럼 외부 자극에 의하거나 혹은 우리의 과거 경험 저장고에서 무작위로 일어나는 자극에 의해 직접적으로 지각되는 경험이라는 점에서는 비개념적이다. 이들 비개념적인 자극이 언어나 이미지에 의해 구성된 개념적 생각으로, 우리의 의식적인 알아차림으로 드러나기 전에는 개념화의 과정 즉 패키지화(packaging)하는 과정을 거친다. 이 과정에서 그것들은 이전의 유사한 자극 경험 즉 좋아하고 싫어하는 경험의 관점에서 패키지화된다. 그리고 우리가 그것들을 확인할 때 그것들은 '나'의 생각과 느낌이 된다. 이 점은 이원론적 사고(dualistic thinking)로 알려져 있다.

예를 들어 우리가 좋아하는 노래를 들으면 고막에서 일어나는 진동의 직접적인 경험이 '내'가 좋아하는 노래의 관점에서 개념화될 수 있다. 우리가 총소리를 듣는다면 그 직접 경험은 저 밖에서 토끼를 사냥하는 것을 싫어하는 '나(I)'라는 사람의 관점에서 개념화될 수 있다. 고막에서 벌어지는 진동의 직접적인 감각은 그 자체로는 중립적인 것이고 '대상적 나(me)'*와 상관이 없는 일이지만 '나의(my)' 이전 경험, '나의' 좋아함과 싫어함 그리고 여기에 있는 '대상적 나'와 사냥터라는 관점에 기초하여 개념화된다. 이것은 총이 발사될 때 총알을 피할 수 있게 하는 아주 유용한 과정이다. 하지만 우리가 이러한 개념화의 과정을 알지 못하고 단지 총소리를 확인만 한다면 우리는 불필요하게 고통에 처할 수도 있다. 예를 들어 총알 발사의 첫 자극으로 우리가 총에 맞은 토끼에 대해 슬퍼하고 분노하고 그 어떤 것도 할 수 없는 무력감을 반추하면서 반시간을 소진한다면 우리는 우리 자신에게 무의미한 고통을 주면서 토끼에게 아무런 도움을 주지 못하는 입장에 있게 된다.

　개념화의 과정을 더 명확히 하기 위해 불교의 고전적인 이야기인 뱀과 새끼줄의 사례를 들어보자. 우리가 어두운 방에 들어가 방바닥에 꼬여 있는 어떤 물체를 본다면 뱀이라고 생각할 수 있다. 그리하여 치명적인 독을 가진 뱀에 물려 죽을 수 있겠구나 하고 생각하면 공포에 질릴 것이고 이내 몸이 얼어붙고 심장이 뛰고 손바닥에서 땀이 날 것이다.

　이때 우리의 눈이 어둠에 익숙해져 우리가 본 것이 뱀이 아니고 새끼줄임을 인식하였다고 하자. 우리의 외부적 실재는 변하지 않았지만 이 순간의 인식에서 경험에 대한 개념화는 방바닥에 있는 새끼

---

* 일상적인 각성의식은 '나—대상적 나—나의 것(I—Me—Mine)'의 지배를 받는다. 여기서 '나(I)'는 생각하는 자, 느끼는 자, 행동하는 자로서의 자아이다. '대상적 나(Me)'는 영향 받는 자아, 수동태로서의 자아이다. '나의 것(Mine)'은 소유자로서의 자아, 사고, 감정, 신체특징, 인격특성, 물질적 소유의 전유자로서의 자아이다. 이렇게 서로 얽혀 있고 상호 강화되는 삼각구도는 에고(ego)로서의 자아감을 구성한다.

줄로 이동하였고 이로 인해 강한 이완의 상태가 온다. 외부 상황은 변하지 않았지만 동일한 사실을 다른 관점에서 봄으로써 스스로 발생한 인식이다. 만약 그렇지 않았다면 우리는 처음부터 새끼줄을 보았을 것이다.

통찰 수행으로 우리는 이들 개념화의 과정을 알 수 있다. 통찰 수행으로 우리는 자동적인 개념화의 과정에 빠지지 않을 수 있다. 잠시 이 점을 반영하여 우리는 얼마나 자주 다른 사람을 있는 그대로 볼 수 있는가? 특히 우리와 가까운 사람이 우리가 싫어하는 방식으로 행동한 것에 대해 그들을 판단하기 전에, 얼마나 그들을 실제 있는 그대로 보는가? 우리는 지금 현재 우리의 눈앞에서 펼쳐지는 삶의 귀중함을 보기보다는 과거에 발생한 사건에 의해 형성된 이야기 속에서 살고 있지 않는가?

미국의 영성 지도자 바이런 케이티(Byron Katie)는 현실(reality)은 우리가 우리 자신에게 그것에 대해 들려주는 이야기보다 항상 더 친절하다고 언급하곤 했다. 우리는 새끼줄 대신에 뱀을 얼마나 자주 보는가? 자세히 보면 우리는 아주 친절하지 않은 이야기의 포로가 되어 있었음을 알 수 있다. 이 점이 큰 고통을 야기한다. 고통을 야기하는 개념화라는 어두컴컴한 망(web)에서 벗어날 수 있는 길을 발견하는 것—우리 마음의 스프레드시트 공식을 밝히는 길을 찾는 것—은 우리가 추구해야 할 아주 가치 있는 일이다. 이것이 우리가 가야 할 길이다.

현 시점에서 통찰의 실용적 정의를 좀 더 밝히는 것이 유용할 수 있겠다. 앞서 언급한 바와 같이 우리는 통찰의 과정을, 어떤 일이 발생하고 있는 동안 발생하고 있는 그것을 선호 없이 인식하는 것이라고 정의하였다. 그리고 우리는 회계 스프레드시트의 비유를 들어 이미 인식하는 것(recognizing)의 의미를 명확히 하였다. 더욱이 통찰은 사후적인 생각이나 분석을 통한 회고적인 것이 아니고 현재 순간에 일어나는 것이다. 따라서 우리는 "어떤 일이 발생하는 동안, 발생하고 있는 그것을"이라는 구절을 사용하고 있다. 마지막으로 "선호 없이(without preference)"란 어떤 생각이나 느낌을 기각하고 다른 어떤 것을 선택한다는 의미가 아니라 현재 순간의 상황의 모든 요인을 받아들인다는 뜻이다. 통찰은 수용(acceptance)이라는 감정적 환경에서 더욱 잘 일어난다. 다음 장에서 이를 구체적으로 탐색해보자.

상이한 맥락에서의 통찰

지금부터는 통찰의 실용적 정의가 주류사회의 환경, 심리학, 불교에서 어떻게 이해되고 있는지 또 어떻게 서로 관련되어 있는지를 살펴보고자 한다.

옥스퍼드 사전에서는 통찰을 다음과 같이 정의한다. "어떤 사람이나 사물에 대한 정확하고 깊은 이해를 얻는 능력." 반면에 미리엄 웹스트 사전에서는 "어떤 상황을 보는 힘 또는 행동"이라고 하였다. 또 다른 사전에서는 "명확하게, 깊이 있게 혹은 날카롭게 지각하는 능력 ; 복잡한 상황과 문제를 재빨리 이해하는 것 ; 자기 자신과 타인의 정신과정과 문제를 이해하는 능력"이라고 하였다. 통찰을 다음과 같이 정의하기도 한다. "사물의 본질을 직관적 이해로 파악하는 것 ; 예리한 정신적 비전 혹은 안목 ; 내면의 특성 혹은 기초적 진리를 보는 능력 ; 문제의 해결에 도움을 주는 관계에 대한 이해 ; 감정적인 어려움의 원인에 대한 인식 ; 사람의 행동, 생각 혹은 태도의 배후에 있는 동기의 힘에 대한 이해." 이들 사전적 개념은 통찰에 대한 우리의 실용적 정의와 유사하다.

현대 심리학에서는 역기능적 행동을 구동하는 것과 우리가 생각하고 느끼고 행동하는 것에 영향을 주는, 마음속의 보이지 않는 힘에 대한 통찰을 얻기 위한 많은 시도가 있었다. 이와 같은 관점에서, 많은 정신치료에서 개인의 역사, 특히 어릴 때의 삶의 조건 즉 개인의 과거 발달과정에 중점을 두고 환자들을 돕는 방식에 초점을 두어왔다. 그러나 이와는 대조적으로 우리의 통찰 접근법은 개인의 역사를 살펴보는 것이라기보다는 순간순간 알아차림의 과정을 증가시키는 마음챙김의 전통에 토대를 두고 있다. 결론적으로 통찰 접근법은 정신치료와는 다른 것이므로 혼동하지 않아야 한다.

하지만 심리학 안에서 통찰의 한 가지 접근법은 우리의 목적에 관심을 갖고 있는데, 바로 통찰문제해법(Insight Problem Solving)이라는 것이다. 이 방법은 문제해결을 위해 단계별로 접근하는 방식으로, 계속되는 집중을 통하여 막다른 경지에 이르게 되고 이때 예상치 못한 새로운 아이디어나 옵션이 마음에 떠올라 "아하(Aha)!" 하고 문제가 즉석에서 해결되는 방법이다. 통찰문제해법 영역에서의 통찰은 문제의 해결책에 대한 의식적 접근 과정이 거의 없이 갑자기 해결책이 의식으로 들어오는, 갑작스러운 통찰을 인식하는 것이다.

통찰문제해법은 통찰을 위한 조건을 만들거나 그 자체로 "아하" 하고 일어난다. 이때의 통찰이란 "마음속에 떠오르는 새로운 아이디어 혹은 옵션"이다. 이것은 우리가 실용적 정의에 규정한 '인식하기'의 의미와 유사하다. 비록 사실의 원초적 상황은 같다 할지라도 다른 관점에서 보는 것이다. 간단히 말하면 새끼줄을 새끼줄로 인식하는 것이고 뱀으로 인식하지 않는 것이다. 한 연구에 의하면 통찰문제 해법에 전념하는 사람들은 '과도한 관심(expensive attention)'을 가지고 있었다고 한다. 흥미로운 일이다. 이것은 우리가 제8장에서 처음으로 소개하는 '모든 것의 한가운데서 안식하기'와 같이 수행을 통하여 계발하려고 하는 통찰 수행의 핵심 기술 가운데 하나이다.

불교에서는 사물이 실제로 어떻게 존재하는가를 보려면 통찰이 필수 요소라고 본다. 모든 불교 전통에서는 먼저 집중 명상(사마타)을 수행하고 그다음에 통찰 명상(위빠사나)을 수행할 것을 강조한다. 마음이 안정되고 고요해지면 마음이 작동하는 법을 볼 수 있다. 항아리에 있는 흙탕물이 정화되면 깨끗해진 물을 통하여 항아리 안에 있는 내용물을 볼 수 있는 것과 같다. 우리의 세속적 관점에서는 먼저 마음챙김 명상을 통하여 마음을 안정시키고 그다음에 통찰을 수련한다.

소승불교 전통(Therevada Buddhist tradition)에서는 수행자는 무상(anicca), 무아(anatta), 번뇌(dukkha)에 대한 통찰을 계발(cultivate)한다. 그들은 먼저 모든 사물의 속성이 비영속적이고, 순간순간 변하는 것(무상)을 본다. 그리고 고정되고 독립적인 자아가 없음(무아)을 본다. 우리의 몸과 마음은 끊임없이 변하는 서로 다른 요소들로 이루어져 있기 때문이다. 그리고 자아의 연속성에 대한 집착과 고정된 자아감이 고통(번뇌)의 원인임을 본다. 이렇게 보지 않는 것은 사물이 실제로 존재하는 진리에 반하는 것이다. 우리의 접근법은 이들 원리에 토대를 두고 있다. 제5장에서 우리는 자기중심적 선호 시스템(Egocentric Preference System; EPS)이 고통의 원천임을 볼 것이다. EPS가 우리 내면의 세계를 '대상적 나(me)'라는 아주 단단하게 수축된 감각으로 굳게 한다. 개념과 신념에 포획된 우리는 유동적이고 상호 연결되어 있으며 언제나 변하는 삶의 진리에서 멀어져 있다.

대승불교 전통(Mahayana Buddhist tradition)에서는 모든 것은 상호 인과적으로 연결된 서로 다른 구성요소로 만들어져 있다는 것에 통찰의 초점을 둔다. 어떤 것도 하나의 분리된 실체로서 그 자체로 존재하지 않는다는 것이다. 이 점은 자아뿐만 아니라 모든 사물에 적용된다. 이와 같이 마음이 부분으로 어떻게 분해되고 이들 부분 간에 개념적 구분이 어떻게 이루어지는지를 바로 보게 한다. 우리들은 '이것과 저것', '나와 당신'을 생각하고 이것들을 구체적이고 분리된 실체라고 믿는다. 대승불교에 의하면 우리가 보고, 알고, 생각하는 모든 것은 우리가 그것들에게 투사한 공(empty)*이라는 관념에 불과하다. 마음의 모든 개념화 과정은 궁극적 진리가 아닌 하나의 환영(illusion)이라고 본다. 따라서 환영에 대한 통찰을 얻는 것이 대승불교 전통에서는 아주 중요하다.

우리가 사물을 '공(empty)' 관념으로 본다 할지라도 그것들은 온 우주에 가득하다. 예를 들어 탁자는 존재로서는 비어 있다. 왜냐하면 탁자를 구성하고 있는 부분으로 분해하면 '탁자'라는 것은 없어지기 때문이다. 그러나 일상의 목적을 위해서는 여전히 탁자라고 부

---

* 공(空)은 불교 특히 대승불교의 대표적인 진리 표현 가운데 하나이다. 공의 원어인 순야(sunya)는 "집에 사람이 없다", "왕국에 왕이 없다" 등의 용례에서 볼 수 있듯이, 기대되는 무엇인가가 결여된 상태를 가리킨다. 그 까닭에 이 말은 '빈', '공허한', '결여된', '없는', '허전한' 등을 의미하는 형용사이고 인도의 수학에서는 제로(zero)를 의미하기도 한다. 또한 추상명사 어미가 붙은 순야타(sunyata)라는 단어는 '비어 있는 것'을 의미하고 종종 '공성(空性)'으로 번역된다.

르는 것이 유용하다. 우리는 그것이 커피 잔을 올려놓는 곳이라고 알고 있는 사람과 소통이 가능하다. 그러나 본질적으로는 어떤 개념도 탁자를 정확하게 묘사할 수 없다. 왜냐하면 모든 우주가 그 탁자에 반영되어 있기 때문이다. 목수가 나무로 그 탁자를 만들고, 그 나무는 햇빛과 비의 도움을 받아 자랐고, 대양에서 올라간 수증기가 비로 내린다. 이와 같다. 통찰에 대한 우리의 접근법은 상호 의존(interdependence)이라는 개념에 강하게 의존한다. 개념화의 본질을 흐릿하게 하는 우리의 관념들도 바로 이러한 접근법에서 온 것이다.

대승불교 전통에서는 연민(compassion)에도 강하게 초점을 둔다. 이것도 모든 것은 상호 연결되어 있기 때문에 '나'는 '당신'의 일부이고 '당신' 또한 '나'의 일부라고 하는 이해에서 출발한다. 이와 같은 관점에서 타인과 환경을 돌보게 된다. 우리의 삶은 타인에게 의존하고 있으므로 우리는 통찰을 개발하기 위한 기초로서 연민을 중요하게 생각하고 강한 초점을 둔다.

티베트 불교의 밀교(Vajrayana) 전통은 대승불교에서 왔다. 이 접근법의 핵심은 마음의 본질에 대한 통찰을 얻는 것이다. 일단 우리가 모든 개념의 공성(emptiness)을 보게 되고 삶이라는 것이 마음에 의해 상상될 수도 범주화될 수도 없는 상호 연결의 미스테리임을 알면 그 다음 단계는 모든 것을 비추는 마음의 선명한 알아차림(awareness)을 보는 것이다. 우리가 이 수준의 실재에 접속하면 거기에는 주관과 객관의 구별이 없다. 관찰하는 '나'와 관찰되고 있는 '저것'은 모두 알아차림의 동일한 연속체(continuum)의 일부이다. 이렇게 빛나면서 모든 것을 포괄하는 알아차림, 즉 릭빠(rigpa)*의 표현이다. 이 전통에 의하면 통찰의 심원한 수준은 우리의 진실한 본성을 이해하는 것이다.

이 책의 저자들이 티베트 밀교 전통 안에서 수행하고 있다 할지라도 우리들은 아직까지 마음의 본질에 들어가는 통찰에는 이르지 못하고 있다. 이 길은 깨달음에 이르는 길과 동등하다. 이 수준의 통찰은 특별한 조건에서의 최상의 성취이지만 위대한 스승의 존재와 그의 지도를 필요로 한다는 것이 우리의 견해이다. 비록 우리는 통찰 수행을 하고 있는 수행자들에게 깨달음을 얻을 것이라고 약속할 수는 없다 할지라도 통찰 수행을 통하여 고통에서 해방될 수 있고 이 세상에 유익함을 줄 수 있는 가능성을 꽃 피울 수 있다는 것은 약속할 수 있다.

어떻게 수행할 것인가

지금부터 통찰 수행의 방법을 탐색해보자. 우리의 의도는 객관적이고 대중적인 방법을 제시하는 것이다. 우리의 접근법은 마음의 활동에 대한 편견 없는 관찰과 통찰에 기초한 마음챙김 명상을 통하여 우리의 마음을 아는 것에 기초한 것으로 경험적인 것이다. 이 책의 많은 이론들이 불교심리학에서 연유한 것이지만 우리는 가능한 한 그것을 서구의 심리학 그리고 신경과학과 비교할 것이다. 입증될 수 없는 어떤 개념을 믿게 하거나 강요할 생각은 없다. 대신에 이 책에

---

* '원초적으로 밝고 열린 알아차림', '원초의식'으로 생각이나 감정에 지배당하지 않는 알아차림으로, 모든 존재에 내재되어 있다.

서 제시하는 명상 기법과 연습 수행에 대한 당신의 판단을 유보하였다가 나중에 당신의 수행 경험에 기초하여 결론을 내리기를 바란다.

통찰 수행에서는 통찰이 일어날 수 있는 조건을 만든다. 우리는 통찰이 바로 일어나게 할 수는 없다. 통찰은 항상 저절로 일어나는 것이기 때문이다. 그것은 그 자신의 시간에 그 자신의 방식으로 일어난다. 수행 중에 일어나지 않을 수도 있지만 나중에 일을 하거나 샤워를 할 때 혹은 산책을 할 때 갑자기 일어날 수도 있다. 통찰은 휙 스치거나 갑작스럽게 나타나는 성질을 갖고 있다. 그것은 어떤 창안이 머리에 떠올라 "아하" 하거나 "바로 이거야" 하는 순간과 같이 즉각적인 것이다. 그것은 어디에서나 일어날 수 있는 것으로 그것이 일어날 때는 그것에 대해 너무 많이 분별하지 않고 그대로 놓아두어야 한다.

통찰을 지적인 것으로 이해하지 않고 직접적인 앎의 과정임을 이해하는 것이 중요하다. 따라서 통찰을 얻기 위해서는 논리를 이용하여 문제를 해결하려고 하지 말아야 한다. 어떤 문제에 대한 적극적인 생각이 가끔 그것에 대한 어떤 통찰의 경험을 얻게 한다. 어떤 문제를 생각할 때 우리는 과거 경험의 개념에 의해 제약된다. 이것은 그 문제의 해답에 대한 기대 혹은 가정 때문에 새로운 어떤 것이 일어날 가능성을 제약한다. 항아리 속의 흙탕물 비유로 돌아가 보면 어떤 문제에 대한 생각은 단지 흙탕물을 휘젓는 것과 같다. 따라서 분명하게 볼 기회를 박탈하는 것이다. 때문에 통찰 수행에서 중요한 기술은 알지 못하는 것을 받아들이면서 그것을 그대로 인정하는 법을 배우는 것이다. 이 책에 제시된 수행은 펼쳐지는 것이 무엇이든 그것에 투항하는 법을 배우는 것이다. 이것은 이전과는 완전히 다른 방식으로 사물을 새롭게 볼 수 있는 가능성을 여는 것이다.

이 시점에서 마음의 내적 환경과 바깥 세계의 외적 환경을 구분하는 것이 필요하다. 우리의 통찰 수행은 전자와 관련되어 있다. 외적 세계에서는 계획을 세우고 생각을 하는 것에 기초하여 활동을 한다. 그러나 마음의 내적 환경에서는 이와는 다른 규칙이 적용된다. 끊임없는 생각 활동은 도움이 되지 않는다. 그것은 마치 항아리에 있는 진흙을 휘젓는 것처럼 마음을 교란시킬 뿐이다. 그것은 우리를 신경증적 문제들로 뒤엉킨 망(web)에 사로잡아 반추하는 생각 활동이다. 끊임없는 반추는 도움이 되지 않는다. 그러나 보통 우리는 생각에 중독되어 있다.

요약하면 우리의 수행은 두 가지 접근법을 따른다. 첫 번째는 마음의 기본적 과정 즉 스프레드시트의 공식에 대해 스스로 민감해지는 것이다. 그렇게 하면 마음의 기본적 과정이 우리의 생각, 느낌 그리고 선호를 어떻게 인식하는지를 알 수 있다. 우리가 앞으로 다룰 이것은 인지적 과정(cognitive process)이 아니라 체화된 과정(embodied process)이다. 이것은 몸이 느끼는 세계와 접촉하면서 배우는 과정이다. 몸은 많은 지혜를 내장하고 있어 순수한 통찰이 일어날 수 있는 곳이므로 자신의 몸과 접속하는 일이 꼭 필요하다.

두 번째 접근법은 우리의 펼쳐진 경험 한가운데서, 아무것도 기대하지 않고, 아무것도 가정하지 않고 안식하기 위해서 덜 행하는 것이다. 이것이 역설적으로 수행이고 수련이다. 이것은 체화된 과정으로 우리의 몸 안에서 나타나는 경험에 대한 알아차림의 과정이다. 이 책에서 당신은 때로는 꽤 복잡하면서, 가끔 아주 미묘하고, 점차 당신이 덜 행하도록 하면서, 있는 그대로를 단계적으로 배우게 될 것이다. 이것은 "봄이 행이다(the seeing is the doing)"라는 원리에 기초한다. 일단 우리의 습관적 패턴이 고통을 야기하는 것을 보게 되면 우리 마음은 스스로 이러한 습관적 패턴을 점차 포기한다. 이와 같은 방식으로 몸이 하는 것과 같이 마음은 치유의 과정을 밟는다. 우리가 손을 떼고 습관적 패턴을 내버려두면 그것은 저절로 치유된다. 그러나 딱지를 억지로 떼어내면 감염이 일어나고 치유되지 않을 수 있다. 마음도 이와 같다. 우리는 마음을 내버려두는 수행을 할 수 있고 그렇게 해야 한다. 이것도 하나의 기술이다. 하지만 이렇게 하는 데 시간이 좀 걸린다.

통찰이 펼쳐지는 중요한 전형의 사례를 보자. 우리 학생 한 명이 그가 자주 내는 화(anger)가 그 자신이 숨겨온 부분을 감추는 도구였음을 알았다. 이것을 그는 자신의 몸에 대한 현존을 통하여 서서히 발견할 수 있었다. 그는 자신이 비판적이고 규제하는 태도로 아내를 대하고 있음도 스스로 발견하였다. 그의 아내가 이 점을 지적하였을 때 그의 첫 반응은 방어적이었다. 그러나 우연한 계기로 그는 실제로 벌어지고 있는 상황을 명확히 볼 수 있었다. 아내와 커피숍에서 만나 대화를 할 때였는데, 아내는 그날 스트레스를 받은 일이 있었기에 속이 상해 있었고 좋아하는 커피를 주문하였지만 매진으로 마실 수 없자 기분이 나빴다. 이와 반대로 남편인 그는 그날 새로운 친구를 기분 좋게 만났고 그와 즐거운 대화를 나눈 후였다. 이 경험은 오랫동안 친구와 단절되어 외롭게 살아오던 차에 일어난 일이었다. 그러나 그는 급한 성미로 인해 아내를 비판하였고 아내 역시 심술을 부리면서 분명하게 남편의 비판적인 태도를 상기시켰다. 이 시점에서 그는 아내를 비판하는 태도를 멈추고 자신의 몸을 점검하였다. 그가 명상의 공식 수행을 한 적이 있었기에 순간적으로 이렇게 할 마음을 먹을 수 있었다. 그는 가슴에서 공허함과 상처의 감각을 느꼈고 갑자기 눈물을 흘리는 자신을 발견하였다. 그는 아내의 스트레스로 인한 심술과 자신의 고약한 성격으로 인해 자신의 기분이 망가진 것이 슬펐다. 그는 이러한 사실을 아내에게 부드럽게 이야기하였고 아내 역시 이에 대해 친절히 응답하였으며 그들은 다시 친밀해질 수 있었다.

이 사례에서 보듯 우리는 대부분 생각과 몸이 분리된 상태에서 활동하고 있다. 우리는 느끼지 않을 것을 배워왔다. 그러나 우리의 수행에 우리 존재의 전체를 포함시킬 때, 즉 우리 몸의 민감성과 지혜를 다시 연결할 때 우리는 점차 우리 자신에 대한 보다 통합된 이해의 삶을 살 수 있다. 이것이야말로 우리 자신에 대한 신뢰감을 계발할 수 있고 우리의 관계와 삶의 상황을 바꿀 수 있는 것이다.

우리는 마음챙김 수행을 통하여 통찰이 일어나는 조건을 만드는 것에서부터 시작한다. 이것이 제2장의 초점이다. 마음에서 일어나는 것을 인식할 수 있기 전에 마음을 안정시켜 고요하게 하는 일이 필요하다. 이 과정에서 자기연민(self-compassion)이 대단히 중요하다. 이 내용은 제3장에서 다룬다. 유쾌하지 못한 느낌과 감정에 대한 저항은 습관의 기본적인 패턴과 대면하는 과정에서 일어난다. 그리고 이 것이 통찰이 출현하는 과정을 차단할 수 있다. 자기연민에 대한 계발은 저항에 대응할 수 있게 우리 마음 안에 친절, 수용 그리고 호기심 있는 태도를 갖추는 것에서 시작해야 한다. 다음 2개 장에서 우리는 이들 올바른 조건을 만드는 것이 얼마나 중요한지를 볼 것이다.

2

마음챙김과
수용

'마음챙김(Mindfulness)'의 실용적 정의 세련화

우리는 마음의 심원한 과정에 들어가는 통찰을 얻기 전에 먼저 마음을 안정시켜야 한다. 마음챙김이 통찰을 일어나게 하는 본질적인 조건임을 기억하고 진흙탕 항아리의 비유로 돌아가자. 항아리의 물을 깨끗하게 하기 위해서는 진흙이 항아리 밑바닥으로 가라앉아야 한다.

우리는 마음챙김을 "어떤 일이 발생하는 동안, 발생하고 있는 그 것을, 선호 없이 아는 것"이라고 정의하였다. 앞 장에서 언급한 바와 같이 이 정의에서 "아는 것(앎)"이란 이 순간에 일어나는 것(우리의 마음속에 있는 것과 외부환경에 있는 것)을 알아차리는(awareness) 것이고, 우리가 알아차리고 있는 것을 아는 것이다. 이것은 현재 존재하고 있는 것을 아는 것으로, 항아리 안의 진흙을 휘젓는 것과 같이 생각에 빠지는 것이 아니다.

정의에서 "선호 없이"란 마음속에서 일어나는 것을 수용(acceptance) 한다는 뜻이다. 마음에서 끊임없이 나타나는 생각과 싸우는 일은 진흙탕 물을 휘젓는 일이다. 그리고 이것은 사물을 명확하게 보는 능력을 감소시킬 것이다. 대신에 우리는 마음에서 일어나는 것에 "예"라고 말하면서 환영하는 태도를 계발하여야 한다. 친절과 호기심으로 그렇게 해야 한다.

마음챙김 수행을 위한 출발점은 생각에 빠졌다는 것을 인식하는 것이다. 우리의 일상 생활, 예를 들어 출근하는 일, 설거지를 하는 일 혹은 가게에 가는 일을 회상해 보면, 우리가 하고 있는 일에 현존하여 알아차리는 데 시간을 얼마나 사용하고 있는지를 알 수 있다. 아니면 자동조종모드(autopilot mode),* 즉 이런 일을 걱정하고, 저런 일을 생각하고, 백일몽에 빠져 있는 것에 얼마나 많은 시간을 보내는지 보라. 아마 지금 하고 있는 일에 현존하고 그 일을 알아차리는 데에는 별로 시간을 보내지 않고 있음을 알 수 있을 것이다. 인간 조건의 한 가지 특성은 인간은 마음속에 떠오르는 생각에 강박적으로 매달린다는 것이다. 우리가 생각을 할 때도 일련의 생각이 곧 다른 생각으로 바뀌고 분별(thinking)**에 빠져 더 이상 현재 순간의 경험의 선명성과 직접성을 잃는다. 우리는 대부분 생각하고 분별하면서 바쁘게 삶을 살고 있다. 현대문화는 이와 같은 삶의 습관을 조장하고 있

---

* 현재의 순간순간에 무슨 일이 일어나고 있는지 자각하지 못한 채 그저 기계적으로 행동하는 것.

** '생각'이란 마음속에서 끊임없이 일어나는 상상, 기억, 느낌 등의 자극을 말한다. 생각이 일어나는 순간에 생각은 널찍하고 자유로운 상태이다. 그러나 마음의 또 다른 면인 자기중심적 선호 시스템(egocentric preference system)이 생각에 대응하고 생각을 확인한다. 이때 생각의 널찍하고 자유로운 상태는 사라진다. 이와 같은 반응성과 개입을 분별이라 한다. 분별의 순간은 융합의 순간이다. 분별은 위축, 스트레스 그리고 부조화의 느낌을 수반한다. 붓다가 말한 둑카(dukkha)이다.

다. 우리의 교육시스템이 정신발달(mental development)과 개념적 학습(conceptual study)을 강조하고 있다. 더욱이 연중무휴의 연예산업은 끊임없이 우리를 산만한 생각과 이미지의 세계로 유혹하면서 끌어들이고 있다. 우리 존재의 질적 삶과 정서적 균형의 계발에 대해서는 관심이 없다. 현대문명은 시간을 낭비하지 않고 짧은 시간에 가능한 한 많은 일을 하는 데 더 큰 가치를 두고 있다. 이것은 생각 활동을 부채질하는 것이다.

에너지는 초점을 따라 흐른다

왜 이 문제가 중요한가? 하고 질문할 수 있다. 왜 생각에 빠져 있는 삶을 살지 않아야 하나? 만약에 생각이 긍정적이고 유익한 것이라면 이 이슈는 문제가 되지 않는다. 그러나 레코드 판과 같이 되풀이되는 부정적 생각에 빠지면 문제가 된다. 우리가 생각의 흐름의 사이클에 빠져들면 우리의 정신적 에너지는 그 생각을 확인하는 습관에 연료를 공급한다. 따라서 강박적인 생각 활동의 습관은 더욱 강화된다. 로브 네른(Rob Nairn)은 이것을 "에너지가 초점을 따라 흐르는 과정"이라고 하였다. 많은 연구 결과는 부정적인 생각의 습관이 우리의 기분과 면역체계에 미치는 부정적인 영향을 이야기하고 있다. 이것은 독약을 삼키는 것과 같다. 우리가 어떤 이슈를 반추하고 반복되는 생각의 연결고리에 빠지면 빠질수록 우리의 긍정적인 에너지는 고갈된다. 기분이 우울해지고 건강이 나빠진다. 우리가 부정적인 생각에 먹이를 주면 줄수록 그것은 더욱 강해지고 우리는 사나운 순환의 고리에 빠진다.

그러나 감사하게도 우리의 뇌는 신경가소성(neuroplasticity)을 보여주고 있다. 우리가 우리 마음의 초점을 어디에 두느냐에 따라 뇌 안의 신경네트워크 형성물이 바뀐다. 심리학자 릭 핸슨(Rick Hanson)에 의하면 뇌를 변화시키기 위해 마음을 이용할 수 있다.

신경가소성

신경과학 연구에 의하면 만약 우리가 어떤 것을 반복적으로 생각하면 우리의 뇌는 반복되는 생각 활동의 습관을 지탱하는 새로운 신경구조를 만든다고 한다. 예를 들어 우리가 걱정을 많이 하면 걱정하는 습관을 유지하는 새로운 신경네트워크가 개발되고 더욱 강해져 나중에 더 많이 걱정을 하는 생각에 빠지게 된다고 한다. 이와 유사하게 만약 우리가 행복한 생각을 많이 하면 뇌는 스스로 배선을 바꾸어 더 많이 행복을 생각한다. 그러므로 지금 생각하는 그것이 미래의 생각과 습관을 만든다. 매일 생각의 습관을 조금씩 바꾸어나가면 나중에는 새로운 신경 연결이 생겨 더 강해진 결과로 나타난다. 달리 말하면 신경세포의 재배선으로 뇌를 바꾸고 결국에는 마음도 바꿀 수 있다.

마음챙김을 수행할 때 우리는 생각을 강박적으로 확인하는 것에서 주의를 거두어들이고 대신에 현재 순간에 일어나는 것에 초점을 두어야 한다. 이렇게 할 때 뇌의 신경세포는 현존의 활동을 지원하기 위한 신경구조로 변하고 새로운 습관이 형성된다. 뇌 안의 신경네트워크의 산만한 습관은 약화되고 새로운 신경네트워크의 방향으로 재배선된다. 그러나 이와 같은 변화를 가져오려면 수백 시간의 수행이 필요하다.

디폴트 모드 네트워크(Default Mode Network)

흥미롭게도 뇌에는 디폴트 모드 네트워크라고 하는 뇌의 일정 영역에서 상호작용하는 네트워크가 있다(디폴트 네트워크라고도 한다). 이들은 마음이 어떤 일에 초점을 두지 않고 쉬고 있을 때 끊임없이 활동하는 영역이다. 이곳은 마음 방랑, 백일몽 그리고 기억재생과 관련된 뇌의 영역이다. 문제는 이 디폴트 모드 네트워크가 그 자신의 일을 하면서 위협, 자기방어 그리고 습득(acquisition)에 관련된 뇌의 신경회로를 자극할 수 있다는 것이다. 이것이 의미하는 바는 우리가 어떤 일에 적극적으로 관여하지 않고 마음이 쉬고 있을 때에도 불안, 짜증 혹은 '끊임없이 일하는' 느낌을 가질 수 있다는 것이다. 하지만 연구에 의하면 유능한 명상가들의 경우 그들이 쉬고 있을 때 뇌의 이 구역에서 활성화가 줄어들었음을 보여주었다. 마음챙김이 뇌 속에서 더욱 건강한 신경네트워크를 만들었을 뿐만 아니라 우리가 쉬고 있을 때도 끊임없이 우리를 불안하게 하였던 뇌의 이 구역을 안정시킨 것이다.

디폴트 네트워크

2001년에 데브라 거스나드(Debra Gusnard)와 마커스 라이클(Marcus Raichle)이 뇌에서 이 구역—디폴트 네트워크—전체를 확인하였다. 이곳은 마음이 쉬고 있을 때 활성화되고 마음이 어떤 일에 관여할 때 비활성화되는 뇌의 영역이다. 명상에 잠겨 있을 때 마음은 디폴트 모드 안에 있다. 디폴트 네트워크는 우리의 과거와 미래를 연결시키고 우리에게 '자아'감을 제공하는 백그라운드로 작동한다. 우리는 디폴트 네트워크가 작동하지 않을 경우에만, 예를 들어 '정신적인 진공상태'를 보이는 알츠하이머병을 가진 환자에서와 같이, 디폴트 모드 네트워크를 항상 인식한다.

"왜 우리가 디폴트 네트워크를 가지고 있는지는 분명하지 않다. 거스나드와 라이클은 그것이 인간기능에 중요한 것이라고 추측할 뿐이었다. 예를 들어 등내측전전두엽피질(dorsal medial prefrontal cortex), 즉 우리가 우리 자신의 생각, 말, 행동이나 다른 사람의 생각, 말, 행동을 추적 관찰할 때 활성화되는 뇌의 영역은 디폴트 네트워크 안에 있다. 디폴트 네트워크의 이 부분은 '자유 연상'과 '마음 방랑'에만 관여하는 것이 아니라 우리가 미래를 준비할 때도 관여하는 것으로 보인다. 명상가들은 마음이 방황할 때—뇌가 휴식 중에 진화하고 있을 때—스스로를 비난하지 않아야 한다."

알아차림(awareness)

생각에 빠지는 것이 더욱 유의미한 결과를 낳을 수도 있다. 그러나 이것은 우리가 알아차림의 심원한 진실을 경험하는 것을 차단한다. 생각은 알아차림의 징후이지만 그것들을 습관적으로 확인하는 것은 그것들이 오는 곳을 모호하게 한다. 이것은 파도에 초점을 두지만 파도가 바다에서 일어났다 사라지는 것임을 망각하는 것과 같다. 파도는 결코 바다와 분리될 수 없다. 통찰 수행을 통하여 우리는 바다에 대한 알아차림을 유지하는 법을 배우고 파도가 바다에서 일어나고 사라지는 것과 같이 생각이 일어나고 가라앉는 것을 허용하는 법을 배운다.

우리가 이와 같이 할 수 있기 전에 우리를 과거와 미래로 잡아당기는 강박적인 사고의 습관에서 벗어나고 우리의 주의를 현재 순간에 뿌리내리게 하기 위해서는 마음을 수련해야 한다. 이것이 마음챙김 수행의 핵심이다. 마음챙김은 우리로 하여금 더 깊은 알아차림의 진실에 접속할 수 있도록 한다. 그러나 이것은 작은 일이 아니다. 왜냐하면 우리 인간들은 산만하고 강박적인 생각 활동에 중독되어 있기 때문이다.

그러므로 우리는 단계적으로 마음챙김 수행을 해야 한다. 다음 절에서는 마음챙김 수행의 핵심요소들을 소개하겠다. 이 요소들이 통찰이 일어나는 조건을 만드는 방향으로 수행을 진행하게 할 것이다.

마음챙김 정좌 수행

자세

마음챙김 수행을 할 때는 먼저 몸의 자세를 바르게 해야 한다. 보통 이것을 정좌(바르게 앉는 자세)라고 한다. 경우에 따라 눕는 자세, 서 있는 자세 혹은 걷는 자세도 있다. 방석 위에서 무릎을 꿇거나 혹은 책상다리(가부좌)를 하고 앉는다. 혹은 의자에 앉아 등을 바로 세운다. 수행을 할 때는 수행을 지탱하기 위한 편안함과 각성이 담보되어야 한다. 그러므로 등뼈를 곧게 하는 자세로 앉거나, 눕거나, 선다. 우리를 품위 있게 하고 정신을 맑게 하는 자세이다. 눈을 가볍게 뜨고 고개를 약간 숙여 아래를 응시한다. 동시에 몸, 얼굴, 어깨 그리고 복부의 긴장을 완화한다.

자세가 중요하다. 자세는 수행이 이루어질 신체적 공간을 만드는 것이다. 우리는 이 자세로 마음이 진행되는 과정을 알아차릴 수 있다. 이것은 통찰 수행에서 특히 중요하다. 왜냐하면 몸 안에서 내면의 공간을 감지하는 것과 이 공간에 생기를 불어넣는 알아차림에서 쉬는 것을 배울 수 있기 때문이다. 자세는 이런 일을 하기 위한 조건을 만든다.

의도와 동기

다음은 의도와 동기에 초점을 맞춘다. 우리는 수행기간 중에 행하는 것에 우리의 의도를 반영하는 것으로부터 시작한다. 보통 우리는 현재에 머무르기 위한 의도를 갖거나 우리의 마음이 방황하는 것을 알아차리거나 우리 자신의 마음을 부드럽게 현재로 되돌리려고 하는 의도를 갖는다. 물론 개별 인간으로서 자신의 습관에 의거하여 자신만의 수행을 위한 의도를 가질 수 있다. 예를 들어 수행 중에 졸린다면 각성의 의도를 가질 수 있다. 혹은 마음이 산만해진 것을 알아차렸을 때 자책의 마음이 생기면 자신에게 더욱 친절한 의도를 가질 수 있다. 그러나 의도를 기대로 만들지 않는 것이 중요하다. 각성의 의도를 가지고 수행 중이지만 수행 중에 졸고 있는 자신을 발견하더라도 실망할 필요가 없다. 그때는 바로 자고 다음 수행에서 각성의 의도를 가지면 된다. 의도는 강력하다. 왜냐하면 그것은 우리가 원하는 방향으로 우리의 마음을 향하게 하기 때문이다.

그다음에는 수행의 동기에 대해 잠시 반영한다. 의도가 우리가 하고 있는 행동의 목적을 명확하게 하는 것이라면 동기는 왜 그것을 하는지를 분명하게 밝히는 것이다. 우리는 다음 질문을 할 수 있다. "나는 왜 마음챙김 수행을 하는가?" 수행의 이유는 우리 속의 가장 깊은 곳에 있는 가능성을 활성화시키는 것이다. 그 결과로 우리는 나뿐만 아니라 타인과 세계에 유익을 주는 역할을 할 수 있다. 수시로 동기를 회상하여 우리의 수행이 중요한 이유를 상기할 필요가 있다. 이렇게 함으로써 정기적으로 마음챙김 수행에 에너지를 불어넣을 수 있다.

통찰을 위한 조건을 만들 때, 우리의 생각과 감정을 구동시키는 것을 이해하기 위한 의도를 갖는 것과 왜 이것이 우리에게 중요한가를 명확히 하는 것에 대한 깊은 수준의 이해가 저절로 일어나게 하는 추동력을 만들어야 한다. 이것은 제5장에서 반영(reflection) 수행을 공부할 때 좀 더 상세히 탐색할 것이다.

안정화

수행을 위한 의도와 동기를 새기고 나면 그다음 단계는 마음을 안정시키는 것이다. 물론 마음챙김 수행 자체가 마음을 안정시키는 것이지만 제대로 된 마음챙김 수행을 하기 전에 총체적 수준에서 마음의 산만함을 안정시키는 일이 필요하다. 수행을 하기 위한 자세를 취하기 전에 우리들 대부분은 바쁜 생활에 허덕이고 많은 생각에 빠져 있는 것이 사실이다. 그래서 먼저 미니(mini) 명상을 소개하고자 한다. 이것은 말을 타기 전에 말을 진정시키고 안장을 얹는 것과 같다고 할 수 있다.

수행 초기에는 잠시 미니 명상을 한다. 이것은 이중의 초점을 두고 있다. 첫 번째 초점은 호흡을 조절하는 것이다. 들숨을 보통 때보다 약간 깊게 쉬고 날숨을 약간 길게 쉰다. 두 번째 초점은 숫자 세기이다. 들숨을 3 내지 4까지 세고 날숨도 3 내지 4까지 센다.

호흡을 조절하고 숫자를 세는 것에 주의를 둠으로써 우리는 현재의 순간에 중립적인 초점을 둘 수 있다. 우리는 이 지점에서 "에너지는 초점을 따라 흐른다"는 원리에 의지한다. 우리는 현재 순간에 초점을 두고 있으므로 생각 활동에는 관여하지 않고 있다. 따라서 우리의 에너지는 생각 활동에서 현재의 순간으로 이동한다. 이것이 마음을 안정시키는 것이다.

이와 같은 호흡과정은 우리를 '쉬게 하고 소화를 하게'하는 등 우리를 진정시키는 데 책임을 지고 있는 부교감신경계(자율신경계의 일부분으로, '투쟁 혹은 도피(fight-or-flight)'와 관련된 자극 활동을 책임지고 있는 교감신경계를 돕는 작용을 한다)를 자극한다. 마음을 진정시키는 것은 무엇을 명확하게 보기 위해 사전에 행해야 하는 필요한 조치이다. 따라서 안정화 단계에 초점을 두는 것은 통찰을 위한 조건을 만드는 데 중요하다. 흙탕물의 항아리 비유에 의하면, 우리는 항아리의 물을 관통하여 항아리 밑바닥을 보기 전에 먼저 흙탕물을 가라앉혀야 한다.

접지화

우리는 미니 명상에서 마음을 안정시킬 때 우리의 알아차림이 몸으로 향하고 있음을 알 수 있다. 이것이 우리를 접지화의 국면으로 들어가게 한다. 마음챙김에서 이 국면은 명확하지 않다. 그리고 체크리스트와 같이 접근할 수 있는 것도 아니다. 단지 알아차림이라는 내면의 세계로 들어가는 표지판이다. 일단 마음챙김의 과정으로 들어가는 자신의 길을 발견하면 우리는 표지판을 놓아버릴 수 있다.

우리가 몸에 알아차림을 보낼 때 우리는 무릎 위에 있는 손 혹은 마룻바닥 위에 있는 발에서 강한 감각을 느낄 수 있다. 들숨과 날숨을 쉴 때 콧구멍 안에서 숨이 지나가는 느낌 혹은 옷이 피부에 닿는 미세한 감각을 느낄 수도 있다. 또 몸의 다른 부분에서 느낄 수 있는 어떤 신체적 감각을 알아차리면서 머리 꼭대기부터 발끝까지 하나씩 스캔(scan down)할 수도 있다. 우리는 몸에서 불안과 관련하여 일어나는 어깨의 긴장감 혹은 슬픔과 관련된 복부의 꺼짐 같은 느낌처럼 몸에서 드러나는 감정을 알아차릴 수도 있다.

몸에서 일어나는 감각을 알아차리는 것은 마음챙김의 과정을 돕는다. 왜냐하면 감각에 대한 알아차림이 마음을 현재에 머물게 하기 때문이다. 가끔 마음이 과거와 미래로 왔다 갔다 할지라도 몸은 언제나 현재에 있다. 따라서 우리의 주의를 몸으로 가져오는 것이 마음챙김 명상을 위한 강한 지원이 된다.

더욱이 몸에서의 접지화 기술과 우리의 느낌을 느끼는 기술은 통찰을 일어나게 하는 아주 중요한 조건이다. 이것은 체화된 느낌의 경험이 우리의 분별하는 마음이 거의 접속할 수 없는 숨겨진 지혜의 저수지를 보유하고 있기 때문이다. 많은 개인적 감정의 역사가 우리 몸 안에 내장되어 있다. 우리의 몸 안에서 쉬는 것과 몸의 미세한 느낌이나 감각에 연결하는 것을 배우는 것은 우리 존재의 깊은 곳과 소통하는 연결통로를 여는 것이다.

안식화

다음은 몸의 감각에 대한 알아차림에서 하나의 전체로서의 몸에 대한 알아차림으로 이동하는 것이다. 우리는 몸이 마음을 지원하는 것과 같이 접지(바닥)가 무조건적으로 몸을 지원하는 것을 안다. 이제 우리의 몸을 둘러싸고 있는 공간을 향해 알아차림을 연다. 그리고 우리 안에서 일어나는 감각, 생각, 감정뿐만 아니라 시각적인 인상, 냄새, 소리도 알아차린다. 안식화란 우리의 감각을 통하여 우리에게 오는 모든 것과 함께 존재하는 것을 의미한다. 이것은 그야말로 느끼고 알아차리는 것이다. 그 이상의 것은 아니다. 우리는 이것을 체화된 방식(embodied way)으로 한다. 그렇지 않다면 우리는 멍해질 것이다. 가끔 그것은 휴식 상태같이 느껴지지 않을 수도 있다. 그것은 우리를 생각, 판단 그리고 개념적 복잡함 속으로 끌어들이지 않고 우리가 느낀 경험의 직접성에 머무르는 것 그 이상이다. 안식화 안에서는 또한 허용하고 받아들이는 느낌이 있다. 이것이 안식화가 마음챙김 수행에서 중요한 기술인 이유이다.

안식화의 국면은 통찰의 경험에 결정적이다. 깊은 이해와 통찰은 우리가 우리 경험의 모든 측면—좋은 것, 엉망인 것 그리고 부끄러운 것 등—을 열고 그것들 가운데서 단순히 현존할 것을 요구한다. 여기서 이해란 통찰 수행을 할 때 마음속에서 자연스럽게 일어나는 연금술이다. 우리가 알려고 하였던 것이 자연스럽게 드러난다. 지혜는 이미 우리 안에 있지만 우리의 에고가 그것을 가로막고 있다. 안식화가 우리 내면의 지혜의 문을 열고 이 지혜가 의식의 알아차림으로 들어가는 통로를 만드는 것이다. 우리는 이 주제를 나중에 자기중심적 선호 시스템을 다룰 때와 우리의 경험 한가운데서 안식화 수행을 할 때 더욱 상세히 공부할 것이다.

초심자는 산만함 없이 이 국면에 오래 머물 수 없다. 그래서 마음챙김 지원을 이용할 것을 권유한다.

마음챙김 지원

마음챙김 지원(support)은 마음이 생각의 흐름에 빠졌을 때 그것을 되돌리게 하는 현재 순간의 닻과 같은 것이다. 생각의 흐름에 빠졌음을 알아차렸을 때 그곳에서 철수하여 우리의 주의를 지원에 다시 맞춘다. 마음챙김 과정의 일부는 주의를 안정시키는 것이다. 따라서 우리는 한 곳에 주의를 머물게 한다. 그러나 우리는 이것을 가볍게 해야 한다. 우리의 안과 주변에 있는 다른 것에 대한 알아차림을 방해하지 않아야 하기 때문이다. 마음챙김에서는 내면과 주변에 대한 알아차림을 유지하는 것이 중요하다. 손님이 많은 레스토랑에서 음료수를 서빙하는 종업원의 예를 들어보자. 종업원은 음료수를 안전하게 운반하기 위해 음료수 잔에도 주의를 기울여야 하지만 주변에 있는 사람들도 인식해야 한다. 만약 주변에서 걷고 있는 사람들을 무시하고 음료수 잔에만 주의를 기울인다면 종업원은 주변 사람과 부딪쳐서 음료수를 쏟을 수 있다. 반면에 음료수 잔에 대한 주의를 무시하고 주위의 사람들에게만 초점을 두어도 역시 음료수를 쏟을 수 있다. 두 개의 과정에 대한 주의가 모두 필요하다. 따라서 가볍게 마음챙김 지원에 주의를 보내야 한다. 우리는 또한 접지화와 안식화에 대한 알아차림을 유지한다. 우리는 몸과 연결을 유지하면서 우리 주변에서 진행되는 모든 것을 받아들이는 알아차림을 허용해야 한다.

지원에는 많은 종류가 있는데 한 선택지로 소리가 있다. 소리는 포괄적인 특성을 가지고 있다. 왜냐하면 우리 안에 있는 소리뿐만 아니라 우리 주변에 있는 소리도 알아차릴 수 있기 때문이다. 우리는 소리를 적극적으로 듣고 있는 것이 아니고 귀에 들리는 소리를 그대로 받아들이는 것이다. 또한 우리는 다른 모든 것을 배제한 상태에서 소리에만 집중하는 것도 아니다. 보통 들리는 소리에 20% 정도 그리고 접지화와 안식화에 80% 정도의 주의를 둔다. 두 번째 선택지는 마음챙김 지원으로 호흡을 이용하는 것이다. 호흡에 가볍게 초점을 두면서 위에서 언급한 동일한 경험의 법칙을 따른다. 생각이나 느낌이 오고 가는 것을 알아차릴 수 있을 뿐만 아니라 몸에 대한 알아차림도 유지한다.

마음챙김 지원을 이용하여 수행을 할 때 우리가 소리 혹은 호흡 중에서 어느 하나를 먼저 사용하면 그것에 끌리면서 다른 모든 것을 배제하는 경향이 생기는 것을 알 수 있다. 우리가 마음이 방황하는 것을 알아차릴 때 실망하여 화를 내면서 이전보다 더 강하게 지원에 집중하고 우리의 주의를 지원으로 돌리는 경우이다. 이와 같이 하면 역효과가 난다. 왜냐하면 마음에서 긴장이 생기고 마음의 안식을 가져오는 열린 알아차림이 배제되기 때문이다. 결국 통찰의 발생을 어렵게 한다. 최상의 접근법은 긴장을 완화하고, 실패한 감각을 받아들이고, 지원의 도움으로 현재에 머무는 것과 산만해지는 것 사이에서 편하게 왔다 갔다 하는 것이다. 그리고 그 사이에는 부분적 산만함이 놓여 있다.

지원과 안식화의 교대

수행이 어느 정도 안정되면 지원을 놓아버리고도 마음의 흐름을 관찰할 수 있다. 이제는 우리의 주의를 한 군데―소리 혹은 호흡―에 두기보다는 우리의 경험에서 일어나는 많은 것들, 예를 들어 생각, 느낌, 감정, 이미지 등을 알아차린다. 종업원의 예로 돌아가서, 종업원은 쟁반 위에 음료수 잔을 놓고 방 안에서 떼를 지어 서성거리는 사람들에게 주의를 보낸다. 여기에서 몸과의 연결을 유지하고 이 순간의 온전한 경험에 우리의 알아차림을 여는 것이 중요하다. 다른 말로 하면 지원을 놓아버리고 접지화와 안식화 국면의 연결에 머무른다. 그러나 생각의 흐름에 빠졌음을 알아차렸을 때는 지원으로 되돌아온다. 지원은 우리가 필요할 때 항상 되돌아올 수 있는 안내 밧줄과 같은 것이다. 마음이 다시 안정되면 지원을 놓아버리고 경험의 흐름을 가볍게 인식하며 바로 쉰다.

지원에 초점을 두는 것과 그것을 놓아버리고 열린 경험이 존재하는 곳으로 왔다 갔다 하는 식으로 명상하는 이 포괄적인 방식이 통찰을 위한 중요한 조건을 제공한다. 이 방식이 지원을 사용하여 현존의 근력을 키우는 수행이다. 이와 같이 우리 경험의 모든 상이한 요소들을 포괄할 수 있도록 현존을 확장한다. 그것은 알아차림의 전등을 켜서 어둠의 방을 밝히는 것과 같다. 그 빛은 어두운 구석에 숨어 있는 잡동사니와 유물들도 밝힌다. 이 수행을 통찰 수행을 위한 다른 주요 초점, 즉 생각 활동의 미세한 부분을 더 많이 인식하는 것과 같이 한다. 우리는 생각의 이들 수준—우리가 스프레드시트의 공식이라 부르는 것—을 밝힌다. 동시에 우리는 우리의 알아차림을 열고 포괄적인 수행을 하면서 이 알아차림 안에서 안식한다. 이 점에 대해서는 나중에 토의한다.

수용의 수행

우리 마음에서 일어나는 것을 받아들이는 것이 마음챙김 수행의 매우 중요한 부분이다. 우리가 '수용(acceptance)'이라는 용어를 사용할 때 그 의미는 우리 마음에서 일어나는 것을 좋아해야 한다는 의미가 아니다. 그것은 우리의 힘든 상태가 변할 수도 없고 그것을 체념해야 한다는 의미도 아니다. 지금 우리는 마음의 내면 경험과의 관계에서 수용을 다루고 있는 것이지 우리의 외부세계에 관한 것을 다루고 있는 것이 아니다. 수용은 부정적 행동을 승인한다거나 인정한다는 것이 아니다. 수용은 우리 안에서 일어나는 것과 싸우지 않고 그것에 저항하지 않는 것이다. 왜냐하면 싸우고 저항하는 행위는 사태를 더욱 악화시키는 일이기 때문이다. 이때 우리는 두 가지 문제에 직면한다. 그것을 싫어하는 것과 그것에 저항하는 것이다. 예를 들어 우리들 대부분은 슬픔의 느낌에 저항하고 그것을 억제하려고 한다. 이 느낌을 억제할 때 우리는 슬픔의 고통을 느낄 뿐만 아니라 그것을 억제하는 고통의 느낌도 같이 느끼게 된다.

수용의 진정한 의미는 우리 안에서 일어나고 있는 것에 직면하여 그것을 명확하게 보는 것이다. 우리의 지각은 우리가 싫어하는 것과의 투쟁에서 저항하고 충격을 받으면 곧 혼미해진다. 우리로 하여금 수용을 거절하는 일에 오래 매달리게 한다. 왜냐하면 우리의 마음은 저항을 하면 할수록 얄궂게도 싫어하는 그것에 갇히기 때문이다.

예를 들어보자. 불안에 시달리고 있는 한 학생이 자신을 자주 괴롭히는 비수용의 느낌이 있다고 말했다. 그는 만성질환을 앓고 있었고 불안감을 느끼는 불편한 신체감각을 경험하고 있었다. 이것이 공황장애와 끊임없이 계속되는 느낌이나 생각—다음에 일어날 일에 대한 두려움, 감각의 강도가 더 커질까 하는 두려움 그리고 영원히 이 상태에 묶여 개선되지 않을 것이라는 두려움에 대한 화와 갈등—을 발화시켰다. 처음에 그는 이 모든 상황과 더불어 "이것은 좋지 않다. 이것은 좋은 것이 아니다."라는 아주 강한 확신을 자신이 갖고 있었음을 알아차리지 못하였다. 드디어 그가 이 비수용의 반응을 확인할 수 있었을 때 그는 앞의 숨겨진 가정에 질문을 할 수 있었다. 그의 경험이 불쾌하고 고통스런 느낌이고 힘든 감정임에도 불구하고 그가 이 모든 것을 경험하면서 "좋아요"라고 말할 수 있을 가능성이 있는가? 그는 자신의 경험으로부터 이들 감각과 느낌이 그를 통과하는 것을 알았고 "이것은 좋지 않다."고 강하게 반응하는 대신 이 순간에 그가 경험한 느낌에 더 많이 문을 열면서 조금씩 어떤 다른 느낌을 가질 수 있다는 것을 알아차리기 시작하였다.

그는 여전히 예전의 느낌을 그대로 느꼈지만 아주 심하게 불안에 시달리지는 않았다. 오랫동안 습관이 되어온 내면의 감옥의 벽이 허물어지는 것 같았다. 그 과정은 시간이 걸렸고 인내를 요구하였다. 그러나 점차 수용이 내면의 상황을 개선시키고 새로운 가능성의 문을 여는 것을 뚜렷이 인식할 수 있었다.

통찰 수행을 할 때 수용은 마음속에 투명한 봄(seeing)이 일어날 수 있는 어떤 공간을 만든다. 우리가 저항하고 투쟁할 때는 이런 공간이 폐쇄된다. 투명하게 보는 능력은 우리 안에 있는 선천적인 능력이며 조건이 맞을 때 그 자체로 일어나는 능력이다. 그것은 배워서 얻는 것이 아니다. 우리가 해야 할 일은 투명하게 보는 것을 막는 장애를 확인하는 것이다. 비수용은 중요한 장애 중의 하나이다. 따라서 수용을 수행하는 것이 요체이다. 이것이 수행의 미묘한 영역이다. 우리가 진정으로 해야 할 일은 저항과 비수용을 수용으로 바꾸는 일이다. 그러면 공간이 열리고 봄(seeing)이 일어날 수 있다. 이것은 제8장에서 다룰 "봄이 행이다"라는 아주 중요한 원리의 토대를 놓는 것이다.

우리는 마음챙김 수행 중에 RAIN 수행을 함으로써 수용의 태도를 계발할 수 있다. RAIN은 인식하기(Recognizing), 허용하기(Allowing), 친밀한 관심(Intimate attention) 그리고 비동일시(Nonidentification)의 영어 첫 글자의 조합이다. 명상 중 우리를 반복적으로 산만하게 하는 이슈나 감정이 일어날 때마다 이 수행을 한다. 다음에 설명하는 RAIN 수행은 통찰수행을 위해 개발된 것이다. 이 장 말미에서 마음챙김 정좌(자세)수행과 통합할 것이다.

RAIN 수행

1 인식하기

마음챙김 정좌 수행 중에 마음에 힘든 문제나 감정이 떠오르면 RAIN 수행을 한다. 그 첫 번째 단계는 힘든 문제나 감정을 인식하는(recognizing) 것이다. 그리고 그 감정에 이름을 붙일 수도 있다. 예를 들어 우리의 아침 수행이 열린 마음과 평화로운 느낌으로 시작되었다 할지라도 만약 두렵고 불안한 느낌이 일어나면 우리는 이를 피하고 싶다. 그리고 마음을 평화로운 상태로 되돌리고 싶어진다. 그렇게 하지 않고 만약 마음의 부정적인 경로를 따라 가면 우리의 알아차림은 축소될 것이다. 이러한 회피와 수축의 과정은 무심코 불안에 먹이를 주게 되고 어떤 것이 일어나는 것을 다른 방식으로 볼 수 있는 가능성을 봉쇄한다. 따라서 RAIN의 첫 단계에서 우리는 방향을 전환하여 "안녕 불안" 하고 바로 인사를 한다. 부정적인 상태에서 벗어나기 위해 현재 상태를 그대로 인식한다. 이것이 통찰을 위한 주요 조건이다. 왜냐하면 이렇게 하는 것이 알아차림의 영역을 열기 때문이다.

2 허용하기

RAIN의 두 번째 단계는 열기(opening)와 허용하기(allowing)이다. 불안한 현재 상태를 인식한다 할지라도 여전히 불안에 대한 저항은 그대로 남아 있다. 저항을 밀치면서 "어이 불안 나는 너를 느끼기를 원하지 않아"라고 말할 수도 있다. 그러나 이 단계는 불안을 적극적으로 환영하는 단계이다. 불안을 마음 안에서 허용하는 것이다. 그리고 불안으로 인한 우리의 저항마저 허용한다. 허용의 단계는 통찰을 위한 조건을 만드는 기본이다. 왜냐하면 이것은 내면에서 일어나는 감정을 외면하는 것이 아니고 그것을 내적으로 포용하는 감정적 의향의 표현이기 때문이다. 우리가 저항을 하면 억제 상태에 놓이게 되고 여기에는 통찰이 없다. 허용하기는 정좌 수행 안식화 단계의 핵심 요소이다. 허용함으로써 우리는 불안에 반응하는 대신 우리의 경험과 함께할 수 있는 마음속의 공간을 만든다.

3 친밀한 관심

RAIN의 앞의 두 단계는 정상적인 마음챙김 정좌 수행의 일부분이다. 우리는 생각, 감정, 이미지가 마음속에 일어날 때마다 그것을 인식하고 허용하고 우리의 주의를 지원에 다시 맞춘다. 그러나 우리는 자주 되돌아오는 감정, 마음의 상태 혹은 문제에 직면한다. 로브 네른은 이것을 '고무줄 증후군(elastic band syndrome)'이라고 불렀다. 우리의 주의가 동일한 이슈나 감정의 방향으로 계속 기울어질 때마다 지원으로 되돌린다. 이런 경우에는 다음 네 가지 방식으로 마음챙김 수행의 초점을 다른 곳으로 이동시켜 아주 특별한 방식으로 밀착된 관심을 이슈나 감정에 보낼 수 있다.

• 신체적 감각

먼저 우리의 주의를 몸에 기울인다. 그리고 문제가 마음속에 생겼을 때 일어나는 신체적 감각을 알아차린다. 신체의 어느 부위에서 어떤 감각이 느껴지는지를 알아차린다. 불안의 경우, 예를 들어, 불안으로 인해 어깨나 턱, 가슴 혹은 복부 등 몸의 어떤 곳에서 일어나는 감각을 알아차린다. 다음에는 몸에서 일어나는 감각의 상세한 패턴, 예를 들어 긴장감, 열, 따끔거림, 마비 등을 인식한다. 그리고 이들 감각에 저항하고 있는 느낌도 알아차린다. 이어서 그것들을 있는 그대로 친절과 호기심으로 허용한다. 그것들이 사라지기를 바라지 않고 그대로 허용한다.

• 감정적 느낌

일단 신체적 감각의 느낌을 느끼면 그 문제가 우리 마음에 있는 동안 생긴 어떤 감정의 느낌도 알아차린다. 그것은 주된 느낌일 수도 있고 느낌의 분위기일 수도 있다. 예를 들어 불안의 감정이 있고 슬프거나 부끄러운 느낌의 분위기가 있을 수도 있다. 우리가 이들 감정에 저항하고 있음을 알아차리면 그것을 있는 그대로 허용한다. 즉 저항 그 자체도 허용한다. 이와 같은 수용의 과정은 우리를 이들 감정에서 자유로워지게 하고 통찰을 용이하게 하는 상이한 관점의 공간을 만든다.

• 생각과 생각활동

일단 어떤 감정을 느끼면 우리 자신에게 말하고 있는 어떤 이슈의 이야기를 찾기 시작한다. 우리가 생각하고 있는 것과 이 생각활동이 어떤 가정과 기대로부터 오는 것인지를 알아차린다. 앞의 예로 돌아가서 불안에 대한 생각의 흐름은 만약에 우리가 그것을 충분히 생각하면 해결될 수 있을 것이라는 기대로부터 오고 그리고 그것이 사라질 것이라고 생각한다. 단순히 이러한 생각활동으로부터 한걸음 물러서서 그것을 알아차려 통찰이 드러날 수 있는 길을 열어라. 즉 우리는 습관적으로 우리의 경험과 관계하는 방식과는 다른 방식을 취할 수 있다.

• 어떻게 관계하는가

일단 우리가 이야기 줄거리에 대한 어떤 감각을 갖게 되면 우리는 이슈와 어떻게 관계할 것인가를 탐색한다. 우리의 불안이 아주 중요하고, 굳건하고, 실제적인 것인가? 우리는 그것을 영원히 사라지지 않을 어떤 것으로 보는가? 혹은 시간의 경과에 따라 변하는 것으로 보는가? 우리는 그것을 확인할 수 있는가? 우리는 그것을 과장하고 있지 않은가? 만약에 우리가 그것을 받아들이면 그것은 결코 사라지지 않고 우리를 괴롭힐 것인가? 그 대신 불안이 우리를 어떻게 통과하는지 그리고 불안이 우리를 어떻게 할 수 없음도 볼 수 있는가? 이것이 우리를 RAIN의 마지막 단계로 인도한다.

4 비동일시(비정체성)

이슈나 감정의 세밀한 내용에 밀착된 주의를 기울인 다음 우리의 주의를 전체로서의 경험에 맞춘다. 마음은 몸에서 쉬고 몸은 접지에서 쉰다. 마음챙김 지원에 가볍게 초점을 기울이면서 주위 공간을 인식한다. 이런 방식으로 우리를 괴롭히는 것을 위한 공간을 만든다. 그러나 이들 이슈보다 우리의 경험에 더 많은 알아차림을 유지한다. 불안의 경우에 우리는 불안에 주의를 보내고 그것을 위한 공간을 만들고 그것을 밀어내지 않는다. 그리고 우리는 불안보다 더 많이 있는 것들을 인식한다. 이것이 우리로 하여금 불안을 과잉 인식하지 않게 한다.

　이상의 내용을 짧게 요약하면 작동 과정은 다음과 같다. 감정이나 이슈를 인식한다. 그리고 그것을 마음 안에서 환영한다. 저항과 숨어 있는 의제도 마찬가지로 환영한다. 그리고 이 모든 것의 주위에서 공간을 느끼고 그 안에서 쉰다. 달리 말하면 불안에 의해 행동하지 않고 공간에서 행동한다. 이것은 다른 관점이 생길 수 있는 방을 만드는 것이다. 그렇게 하는 것이 통찰을 위한 조건을 만드는 것이다.

　때로는 RAIN 수행에서 우리가 경험하는 감정이 고통스러운 것일 수도 있다. 이런 이유로 수행의 친밀한 관심 단계에서는 짧은 시간 동안 머문다. 만약 고통스런 감정을 경험한다면 '경계선상에서 수행'을 하고 있는 것이다. 이것은 잠깐 동안 이 이슈에 머물고 그다음에 RAIN의 비동일시 단계로 이동하거나 마음챙김 지원으로 돌아가야 한다는 것을 의미한다. 우리는 가볍게 밟아나간다. 장시간 힘들게 앉아서 자기 자신이 그것을 수용하도록 강요하는 것은 도움이 안 된다. 이것은 역효과를 낳는다. 우리를 우울로 이끌 수 있다. 대신에 우리는 힘든 일에 직면할 수 있는 충분한 자원을 가졌을 때 그것을 다루겠다는 의도를 가지고 힘든 이슈를 한쪽 편에 밀어둘 수도 있다.

　위에서 언급한 바에 의하면 마음챙김 수행이 통찰을 일으키는 핵심임은 분명하다. 결론적으로 마음챙김 수행에서 어느 정도의 안정을 얻기 위해서는 이 수행에 시간을 보내는 일이 중요하다. 마음챙김협회의 수행 접근법은 마음챙김에 1년 정도 공부하고 연민에 1년 정도 공부하여 그다음에 통찰 수행을 한다.

수행 코너

연습 1 수용의 마음챙김 정좌수행

자세

방석이나 혹은 의자에 앉는다. 허리를 세운다. 가슴을 펴고 어깨의 긴장을 푼다. 눈을 가볍게 뜨고 약간 아래쪽을 응시한다. 턱의 긴장을 완화하고 목이 등뼈의 라인에 일치하도록 한다. 손을 무릎 위에 놓는다. 편안하고 깨어 있는 자세를 유지한다.

의도와 동기

마음챙김을 수행하는 의도, 즉 어떤 일이 일어나더라도 수용의 태도를 갖고 그것이 발생하는 동안 발생하고 있는 그것을 알아차리겠다는 의도를 갖는다. 그리고 당신 자신의 동기, 즉 당신이 개인으로서 왜 이 수행을 하기를 원하는가를 상기한다.

안정화

잠시 동안 숨을 평소보다 깊게 쉰다. 그리고 그 숨을 센다. 들숨을 3 내지 4까지 세고 날숨도 3 내지 4까지 센다. 이와 같이 숨을 조절한다. 만약 생각이 일어나면 그것을 그대로 보고 그것을 알아차리고 그것에 개입하지 않고 숨쉬기와 숫자 세기로 되돌아온다. 안정화의 마지막 국면에서는 날숨에 좀 더 초점을 둔다. 날숨에서 당신의 몸이 좀 더 이완되는 것을 알아차린다. 그리고 마음이 몸으로부터 배울 수 있는 것을 알아차린다. 몸이 숨을 놓아주어 이완이 되고 마음은 생각 활동에서 해방되어 안정된다.

접지화

이제는 당신의 호흡을 정상으로 되돌리고 당신의 몸에 온전히 주의를 기울인다. 몸이 쉬는 곳에서 접촉이나 압박이 있는지를 인식한다. 그리고 바닥이 몸을 지원하는 것을 알아차린다. 부드럽게 몸 안의 감각을 열고 이것에 맞춘다. 이때 감각이 스스로를 드러내도록 한다. 당신은 따스함 혹은 차가움을 인식할 수도 있다. 당신은 오른쪽 어깨에서 가벼운 통증을 혹은 무릎에서 약간의 긴장을 느낄 수도 있다. 위장에서 약간의 수축이 있을 수도 있다. 감각에 대한 알아차림이 당신을 현재의 순간에 머무르게 한다.

안식화

이제 몸을 하나의 전체로 인식한다. 마음은 몸에서 쉬고 몸은 접지에서 쉰다. 그리고 당신 주변의 공간을 인식한다. 몸이 공간에 둘러싸여 그곳에서 존재하고 있는 것을 알아차린다. 당신은 눈을 뜬 편안한 상태에서, 거의 일상적인 방식으로, 당신의 감각을 통해 당신에게 오는 것이면 그 경험이 무엇이라도 허용한다. 그러나 어떤 것이라도 적극적으로 보거나 듣지 않는다. 당신은 지금 있는 그대로—감각, 생각, 감정, 시각적 인상 그리고 소리—의 경험 그 자체이다. 당신의 마음이 생각에 빠졌음을 알아차렸을 때 곧 다음 단계로 이동한다.

호흡 지원

당신의 주의를 가볍게 호흡의 자연적 리듬에 보내고 그것에 맞춘다. 이것은 콧구멍을 통하여 들락거리는 들숨과 날숨, 복부의 오르락내리락하는 느낌, 숨이 몸을 떠나는 감각, 몸 전체로서의 호흡의 느낌일 수 있다. 어느 것이라도 괜찮다. 중요한 것은 이들을 가볍게 다루는 것이다. 생각이나 감정을 막지 말고 그것들이 오가는 것도 허용한다. 숨을 들이쉴 때 숨이 들어온다는 것을 인식하고 숨을 내쉴 때 숨이 나간다는 것을 인식한다. 숨은 당신의 주의를 현재에 묶어두는 닻이다. 당신의 주의가 생각에 빠졌음을 발견했을 때 이것을 알아차리고 호흡으로 되돌아온다. 이때는 잘못되었다 잘되었다 하는 감각 없이 그냥 알아차리고 돌아온다. 호흡 지원을 사용하는 것에 신뢰를 느낄 때 지원을 놓아버리고 그냥 쉰다. 이와 같은 방식으로 당신은 호흡 지원의 사용과 안식화 사이를 왔다 갔다 할 수 있다.

수용의 수행

당신이 호흡 지원에서 안식하고 있는 동안 이슈, 감정 혹은 마음의 어떤 상태가 일어나면 그때 RAIN 수행을 한다. 먼저 현재 드러난 힘든 문제나 감정이 무엇인지를 인식한다. 가능하면 그 힘든 문제나 감정에 이름을 붙인다. 이것이 1단계이다. 그다음에는 그 문제나 감정을 적극적으로 환영하고 그것을 현재 상태에서 그대로 허용하는 것이다. 제2단계이다. 이제는 당신의 주의를 호흡 지원으로 돌린다. 물론 그 이슈나 감정에 대해 여전히 알아차림을 갖고 있다. 만약 당신의 주의가 이슈나 감정에 빠져 있다면 주의를 전환시켜 특별한 방식으로 친밀한 관심을 기울이는 마음챙김 수행을 한다. 3단계이다. 먼저 당신의 주의를 몸 안에 있는 힘든 문제와 감정에 보낸다. 몸에서 경험하고 있는 감각을 알아차린다. 긴장, 수축, 열, 진동 등일 수 있다. 그리고 이들 감각에 당신이 저항하고 있는지 그리고 그 저항에 마음챙김과 수용으로 마음을 열 때 무슨 일이 일어나는지를 알아차린다. 다음에는 당신의 주의를 경험과 연결된 감정과 느낌에 보낸다. 주된 느낌의 분위기가 무엇인지를 알아차리고 그다음에는 느낌의 층이 만들고 있는 경험을 관찰한다. 현재의 감정이 하나의 느낌이 아니고 느낌의 집합임을 알아차릴 수도 있다. 마음챙김과 수용으로 그것들과 만나기를 시도하라.

다음에 어떤 종류의 생각과 신념이 이슈나 감정으로부터 나오는지를 알아차린다. 그리고 한발 물러서서 이 생각을 본다. 그것들은 사실인가 아니면 일방적인 주장인가? 그것들은 영속적인 것인가 아니면 순간순간 변하는 것인가? 그리고 당신은 당신의 경험과 그것들이 어떻게 연결되어 있는지를 알아차린다. 이슈나 감정은 견고하고 실제적인 것인가? 당신은 그것을 영속적인 것으로 보는가? 그리고 당신은 그것을 당신 자신이라고 확인하는가? 이제 당신은 RAIN의 마지막 단계, 즉 당신이 이 이슈와 감정을 조사하고 있는 단계로 인도된다. 이것이 진정한 나인가 혹은 이것이 나를 통해 이동하는 바로 그 경험인가? 하는 단계로 들어선다. 이와 같은 질문의 과정은 당신으로 하여금 큰 그림을 볼 수 있게 하고 사물을 개인적으로 보지 않게 하는 데 도움을 주는 비동일시를 고무시킨다. 그리고 당신의 알아차림을 하나의 전체로서의 당신의 경험으로 가져온다. 호흡에 가볍게 주의를 보내면서 마음은 몸에서 쉬고 몸은 접지에서 쉰다.

공유

수행이 끝날 때쯤 어떤 것에도 초점을 두지 않고 잠시 안식한다. 그다음에 수행을 끝내는 결론의 방식으로 다음과 같이 말하면서 당신의 의도와 동기를 재확인한다. "나는 이 마음챙김 수행의 효익을 모든 사람과 공유하기를 바라면서 매일 수행하고 있다." 몸을 쭉 펴고 천천히 일어난다. 그리고 정좌수행의 알아차림을 다음 순간으로 계속 가져갈 수 있는지를 본다.

3
자기연민

자아에 대한 환상

통찰 수행의 핵심은 '나(I)' 혹은 '대상적 나(me)'*라는 느낌이 순간순간의 기준에서 어떻게 만들어지는가를 보는 것이고 이러한 수태(conception)를 일으키는 정신과정을 이해하는 것이다. 우리는 제5장에서 자기중심적 선호 시스템(egocentric preference system: EPS)을 다룰 때 이 문제를 상세히 탐구할 것이다. 그러나 지금 이 개념의 중요성을 언급하는 것이 논리의 전개에 도움을 줄 수도 있을 것이다. 왜냐하면 우리의 수행—자기연민(self-compassion)—에 대한 유용한 정보를 주기 때문이다.

잠시 우리 자신이 경험하고 있는 순간을 반영하여 보면 우리가 지각하는 것의 배후에는 '대상적 나'라는 본능적인 느낌이 있다는 것을 알 것이다. 이것이 '나의 몸' 혹은 '나의 느낌'이라는 것이고 '당신이 거기 있는 것'에 대조되는 '대상적 내가 여기(me here)'에 있다는 느

---

* 20쪽 주를 참고하시오.

낌이다. 그것은 거의 명백하게 보이기 때문에 그것에 대해서는 이의를 제기하지 않는다. 그러나 '대상적 나'라는 가정을 자세히 보면 우리는 직감적으로 그것이 우리의 생각과 느낌의 배후에 있으면서 삶의 여타 부분과는 초연한 입장에 서 있는 중심판단의 준거임을 느낀다. 예를 들어 우리의 머릿속에 떠오르는 생각의 배후에 생각하는 자가 있다고 가정하자. 그리고 '나'는 '당신'과 분리되어 있다고 가정하자. 우리는 우리의 삶을 계속하면서 변하지 않는 존재(비록 우리가 모든 것이 변하는 것을 볼 수 있다 할지라도)로서의 자아감(sense of self)을 경험한다. 그리고 우리는 그 자아가 견고하고 실재하는 어떤 것이라고 파악한다. 그러나 문제는 이 하나의 고정되고 변하지 않는 자아라는 느낌에 대한 증거를 찾으면 아무것도 찾을 수 없다는 것이다. 우리가 발견할 수 있는 것은 모든 것이 유동적이며 변한다는 사실이다.

자아에 관한 이해는 현대의 신경생물학 연구에 의해 뒷받침되고 있다. DNA를 발견한 사람 중 한 사람인 프란시스 크릭(Francis Crick)은 "'당신', 당신의 기쁨과 슬픔, 당신의 기억과 야심, 당신의 정체성의 감각과 자유의지라는 것은 사실 신경세포와 그들과 관련 있는 분자들의 광범위한 집합의 행동 그 이상이 아니다"라고 말하였다. 이 통찰은 진화생물학자 데이비드 바라쉬(David Barash)에 의해 확장되었다. 바라쉬는 "불교 승려가 수천 년 전에 알았고 생물학자들이 훨씬 뒤에 주장한 바와 같이 인간의 피부는 환경과 분리되어 있지 않다. 우리는 환경에 속해 있다. 우리가 환경에 속하면 속할수록 환경과 구별되는 것이 우리 내부에 있다는 것이 명백해지기 전까지는 우리와 나머지 세계의 경계는 더욱 분명하지 않다."

이러한 통찰이 중요한 이유는 우리가 누구인가 하는 것에 대한 우리의 가정과 사물이 실제로 어떤 것인가 하는 점이 서로 상충하기 때문이다. 우리는 이것 때문에 큰 고통을 겪는다. 이 점을 분명히 하기 위해 간단한 예를 들자. 만약 우리가 우리의 젊고 건강한 몸을 '대상적 나'의 존재라고 인식한다면 거기에는 언급하지 않은 하나의 가정이 있다. 몸은 하나의 개인적인 것이고(분명히 하나의 몸 안에는 하나의 '대상적 나'가 있다) 그것이 젊고 건강한 존재(몸은 병들고 노화되고 그리고 죽는다고 할지라도)를 이끌어가고 '나의 것(mine)'이라는 이 몸은 분명하게 다른 존재와 구별된다는 것이다.

즉각적으로 보면 일상적인 수준에서는 우리의 가정이 사실인 것 같다. 그러나 더 깊게 보면 그 사실이 허물어진다. 젊고 건강한 몸은 세포 수준에서 순간순간 변한다. 어느 시점에 이르면 젊음과 건강을 잃게 된다. 바라쉬는 위에서 이 점을 언급하였다. 우리 자신을 삶의 다른 것과 분리된 존재로 보는 것은 환상에 불과하다. 이 점이 우리를 핵심으로 인도한다. 우리는 젊고 건강한 몸이 쇠약해질 때 몸에 자아의 느낌을 투사하여 큰 고통을 겪는다. 우리 삶의 여러 측면, 즉 '나의 친구', '나의 재산', '나의 국가' 등등에서 이렇게 한다. 각각의 경우에 우리는 실재하고 영속적인 것을 찾지만 우리가 발견한 것은 우리의 경험에 있는 모든 것이 항상 변하고 있는 여러 구성요소에 의해 만들어졌다는 것이다.

결론적으로 우리가 자아감(sense of self)의 주변에서 본능적으로 왜 그리고 어떻게 수축되는가 하는 통찰을 얻는 것이 중요하다. 우리는 이것을 추상적인 철학적 연구로 접근하지 않는다. 우리 자신의 경험에 기초한 아주 개인적인 탐구로 접근한다. 우리는 자신에게 물어야 한다. "내가 관찰한 것으로부터 어떻게 나는 고정되고 영속적인 자아라는 가정을 이끌어낼 수 있는가? 이것이 어떻게 나의 선택과 행동에 영향을 주는가? 그리고 나의 행복 또는 고통의 느낌에 영향을 주는가?"

마음챙김과 수용의 든든한 받침대로, 우리가 지금까지 커다란 짐 덩어리같이 들고 다녔던 '대상적 나'의 감각을 해체하고 그리고 그것의 구성부분과 그것들 모두가 어떻게 잘 맞는지를 보기 위하여, 이제 우리는 우리 경험의 상이한 부분들을 분리시킬 수 있는 위치에 섰다. 이것을 우리는 분석적인 방식으로 하지 않고 한걸음 물러서서 마음의 상이한 과정들이 그들 스스로를 내보이게 하는 다양한 방법의 수행을 통하여 한다. 이것이 통찰 여정의 심장이다. 이 여정이 순환적(circular one)이라는 점을 지적해두고자 한다. 이것이 이 책에서 깊고 넓게 다루는 핵심 테마이다.

자기연민

통찰의 과정을 분해하는 것에 앞서 중요한 단계가 있다. 바로 자기연민(self-compassion)이다. 위에서 언급한 것에 비추어보면, 만약 우리가 통찰을 얻으려고 하지만 실재하고 영속하는 자아는 없다는 사실을 먼저 안다면 자기 자신에게 연민을 보내는 것이 모순인 것같이 보인다. 하지만 많은 사람들은 부정적인 자기 신념에 집착하고 있다. 그들은 그들 자신을 혐오하고, 험한 말로 자기 자신을 공격한다. 이와 같은 과정 중에 자신의 견해와 반응이 생각활동과 행동을 구동하는 현실적이고 오염된 '대상적 나'의 감각을 만들고 그것을 견고하게

연민(Compassion)의 정의

자기 자신과 타인의 삶의 고통에 대한 깊은 알아차림과 더불어 그들이 고통에서 해방되기를 바라는 염원과 노력이 결부된 기본적인 친절이다. 이 정의에 의하면 연민은 우리에게 2가지 기능을 개발할 것을 요구한다. 첫째는 고통에 직면하여 그것을 회피하기보다는 고통을 잘 이해할 수 있어야 한다는 것이다. 이와 같은 방식으로 우리와 다른 사람을 고통스럽게 하는 것에 대해 민감할 수 있고 통찰을 얻을 수 있다. 둘째는 우리를 고통스럽게 하는 것을 받아들이고 그것에 능숙하게 대처할 수 있는 자원을 우리 안에서 계발해야 한다는 것이다. 이러한 요구는 우리가 우리 안에서 안전, 따스함, 친절, 강함 그리고 지혜의 자원을 계발하는 데 전념하게끔 한다. 우리는 이것을 자기연민의 수행을 통하여 할 수 있고 우리가 고통에 직면할 때 연민으로 즉각 대응할 수 있다.

한다. 이것이 타라 브랙(Tara Brach)이 말한 '무가치의 황홀경(trance of unworthiness)'으로 우리를 인도한다. 우리는 마치 황홀경과 같은 하루를 살아가고 있고 따라서 이것이 우리가 하는 모든 것을 오염시킨다. 이것이 우리의 내면세계에 스며들어 우리들의 인간관계에 만연한다. 우리가 일하고 사랑하는 것에도 영향을 미친다. 많은 사람들은 기쁨이 없는 삶을 살고 있다. 자기 자신의 문을 닫은 자포자기의 삶을 살고 있다. 때문에 이 '무가치의 황홀경'을 관통하는 방식을 찾는 것이 매우 중요하다. 우리가 자기공격의 감정적 힘에 대응할 때까지 자기모순의 과정이 구동하는 것을 명확하게 볼 수 있는 길은 없다. 이것이 통찰 수행의 맥락 안에서 자기연민의 역할이다.

자기연민은 우리가 고통을 마주할 때 그것을 부정하거나 회피하기보다는 수용하기를 요구한다. 자기연민은 또한 안전한 느낌의 전체 맥락 안에서 친절, 기쁨, 용기 그리고 지혜의 내면의 자원을 계발할 것을 요구한다. 이들 자원이 우리로 하여금 고통에 대하여 현명하고 연민 어린 방식으로 대응할 수 있게 한다. 더욱이 마음챙김 수행은 순간순간의 경험에 초점을 두고 있지만 자기연민은 경험을 하고 있는 자기 자신에게 초점을 둔다. 심리학자이며 자기연민 분야의 개척자인 크리스 저머(Chris Germer)는 다음과 같이 지적하였다. "마음챙김은 묻는다. 지금 나는 무엇을 경험하고 있나? 그리고 자기연민은 묻는다. 지금 나는 무엇을 필요로 하는가?" 우리가 고통을 겪고 있을 때, 마음챙김은 묻는다. "당신은 당신의 고통에 여유로울 수 있는가?" 그리고 자기 연민은 묻는다. "당신은 당신의 고통 한가운데서 당신 자신에게 친절할 수 있는가?"

자기 자신을 연민한다는 것은 결코 간단하거나 쉬운 일이 아니다. 연민 수행에서 우리가 발견한 것은 많은 사람들이 자기연민에 대해 아주 저항적이라는 사실이다. 반면에 또 어떤 사람들은 자기연민을 모든 종류의 억압된 이슈가 뿜어져 나오는 판도라의 상자를 여는 것으로 인식한다.

예를 들어보자. 40대 초반의 어떤 여성이 유산을 한 이후 자신은 결코 아기를 원하지 않는다고 확신하였다. 결론적으로 그녀보다 젊은 그녀의 남편은 아기를 갖기 위해 그 여성에게 이혼을 하자고 말했다. 두 사람 모두에게 대단히 충격적인 일이었다. 어느 날 자기연민 수행 중에 그 여성은 내심으로 남편에게 아기를 줄 수 없다는 큰 상실감과 부당함을 느끼지 않기 위해 지금까지 "나는 아기를 가질 수 없다"는 마음을 "나는 아기를 원하지 않는다"는 마음으로 바꾸어 왔음을 깨달았다. 따스함과 사랑스런 관심을 자신에게 보내려는 의도가 그녀로 하여금 이러한 사실을 볼 수 있게 하였다. 그것은 마치 그녀의 마음속에 세워진 벽이 그녀 자신을 위한 연민의 따스함 속에서 녹아내리는 것 같았다. 그리고 그녀가 오래 간직하였던 진실이 드러나는 것을 느낄 수 있었다. 이상하게도 슬픔의 눈물이 주르르 흘렀고 오랫동안 그녀를 떠났던 그녀 자신의 진정한 모습과 접촉하고 있다는 느낌이 드러나는 것 같았다. 그날 그녀는 이러한 사실을 남편에게 이야기하였고 그들은 같이 입양의 가능성에 대해 생각하기 시작하였다.

자기연민은 감정적 고통이나 부상에 알아차림을 가져온다. 이것은 우리가 돌봄이나 사랑을 받지 못했다고 낙담하는 관계에서 유래하곤 한다. 그것은 우리를 관계의 세계 속으로, 즉 우리는 다른 사람과 어떻게 관계하는가 그리고 우리는 우리 자신과 어떻게 관계하는가 하는 세계 속으로 우리를 밀어 넣는다. 결론적으로 우리가 자기 자신에게 관심을 가지고 자신을 사랑할 때 이것이 우리의 몸속에 깊이 내장되어 있는 감정적 기억, 예를 들어 부모나 양육자에게서 사랑받지 못했던 기억을 찾아낼 수 있게 한다.

자기연민은 또한 수치심—스스로를 미비하고 가치 없다고 지각하는 것 때문에 부끄러워하는 느낌—을 일깨운다. 수치심은 삶의 숨겨진 부분을 비난하는 것이기 때문에 엄청나게 파괴적이다. 우리는 자신의 결점을 타인에게 숨기려고 할 뿐만 아니라 자신에게 알려지는 것도 원하지 않는다. 대신에 우리는 이 고통을 직접적으로 경험하지 않도록 주의를 다른 곳으로 돌려야겠다고 느낀다. 폴 길버트(Paul Gilbert)와 초덴(Choden)은 다음과 같이 말했다.

"수치심(shame)은 우리가 느끼기 싫은 자아 그리고 우리가 만나고 싶지 않은 자아이다. 그것은 우리에게 정상이 아니거나 아주 나쁘다는 느낌으로 다가온다. 만약 사람들이 우리의 마음속에서 진행되고 있는 것을 안다면 그들은 우리를 썩 좋아하지 않을 것이고 심지어 우리를 퇴짜 놓을 수도 있다는 느낌으로 온다 … 물론 수치심의 배후에는 안정/소속감 시스템(soothing/affiliation system)—가치 있고, 원하고, 사랑하고, 사랑받고, 사랑스러운 사람이 되는 소속감을 향한 동경—이 막혀 있다. 수치심은 '당신은 아니야'라고 말하면서 우리에게 손가락질하는 것이다."

부끄럽고 부족한 느낌과 더불어 사랑받지 못하는 감정적 기억의 이 복잡한 속내는 내면의 자기비판에 의해 더욱 복잡해진다. 자기 자신에게 친절과 지지를 보내야 할 바로 그때 내면의 성격이 우리의 모든 생각, 말, 행위를 감시하기 시작한다. 그리고 빗발치는 자기비판으로 자기를 꾸짖는다. "나는 당신에게 그렇게 말했다. 당신은 자기연민을 감당할 수 없어. 왜냐하면 당신은 부족하고 선하지 않아. 더욱이 당신은 어떤 연민을 받을 자격이 없어. 왜냐하면 우리 둘 다 기억하는 한 당신이 모든 것을 망쳤기 때문이야." 내면의 비판이 앙심으로 휘두르는 단검은 수치심의 상처를 더 깊게 한다. 자책은 우리가 무의식적으로 확인하는 우리의 약점과 무능력에 대한 이야기를 엮는다. 우리가 자신감에 차 있거나 행복할 때는 내면의 비판이 상당히 조용하다. 그러나 우리가 불행하거나 우울하고 스트레스에 차 있을 때는 큰소리를 내고 문제를 더욱 심각하게 만든다.

연민의 진화 모델

진화모델로 통찰을 개척한 폴 길버트는 이와 같은 상황을 좀 더 자세히 밝혔다. 이 모델에서 나오는 가장 강력한 통찰의 하나는 '이 지구상에서 진화하고 있는 삶의 거대한 흐름 안에서 살고 있는 우리 자신'을 발견하는 것이다. 그리고 우리가 생각하고 느끼고 경험하는 것의 대부분이 개인적인 것이 아니라는 것이다. 우리는 진화와 사회적 길들이기의 오랜 과정을 통하여 우리를 위해 설계된 삶의 대본을 실천하고 있는 자신을 발견한다. 그것들은 우리의 작품도 아니고 우리의 과오도 아니다. 이것은 자기비판을 향한 우리의 강한 성향을 볼 때 특히 그러하다. 그리고 우리의 뇌가 진화되어온 과정을 볼 때 설득력이 있다.

우리는 위협에 민감하게 반응하며 진화해온 뇌를 가진 우리 자신을 발견한다. 위협에 아주 예민하게 반응해온 우리의 조상들은 그 유전자를 후손에게 물려주었다. 우리가 위협을 느낄 때 우리에게 그 위협을 피하기 위한 신속하고 자동적인 투쟁 도피반응(fight or flight response)이 일어난다. 위협이 발생했을 때 그것을 알아차리는 우리의 의식적인 생각은 0.5초 후에 일어난다. 도로에서 버스에 부딪히려는 찰나, 위험에 대해 생각한 뒤 행동을 취하려고 하면 시간이 오래 걸리기 때문에 우리 안에 내장되어 있는 자동위협탐지시스템이 작동하여 우리를 재빨리 위험에서 벗어날 수 있게 해준다. 우리는 이와 같이 진화되어왔고 그것은 우리의 책임이 아니다.

　이와 함께 우리는, 우리가 미래를 위해 계획을 세우고 창의적인 일을 수행하는 것에 도움을 줄 수 있는 '상상'이라는 재능을 발달시켜왔다. 우리의 몸은 우리의 상상력에 반응한다. 예를 들어 좋아하는 음식을 상상할 때 우리의 입은 군침을 흘린다. 우리는 또한 많은 일어날 수 있는 위협을 상상하기도 한다. 이에 대해 우리의 몸은 그것이 사실인 것과 같이 반응하면서 투쟁도피시스템을 작동시킨다. 하루 24시간의 뉴스는 우리의 위협시스템을 발화시키는 세계의 모든 위협과 위험을 끊임없이 보도하여 우리로 하여금 그것들을 상기하게 한다. 점증하고 있는 이러한 환경은 다시 한번 말하지만 우리 개인의 선택이나 과오가 아니다.

감정 조절 시스템의 3가지 유형

위협과 자기방어시스템(Threat and Self-Protection System)
이것은 뇌 안에 있는 기본 디폴트 시스템으로, 우리로 하여금 외부의 위협에 빠르게 대응하게 한다. 불안, 화, 혐오의 감정과 연결되어 있다. 위협을 느낄 때 이들 감정 중의 하나가 몸과 마음에서 쏟아져 나와 우리로 하여금 행동하도록 압박한다. 이것은 우리가 그것에 대해 생각하는 시간을 갖기 전에 발생한다. 문제는 이 감정 시스템이 자기비판적 생각의 흐름에 의해서 발화된다는 것이다. 따라서 우리가 자기 자신을 비판할 때 위협시스템이 활성화되어 스트레스 호르몬 코르티졸(cortisol)이 분비

되고 그 결과 우리는 하루 대부분의 시간을 스트레스로 보낸다.

구동과 자원추구 시스템(Drive and Resource-Seeking System)

이것은 긍정적 감정 시스템으로, 흥분, 즐거움 그리고 열광의 느낌과 연결되어 있다. 이것은 "일어나라 그리고 가라"라는 시스템으로 아침에 침대에서 일어나 우리의 생존과 번영을 위해 필요한 것을 얻을 것을 강제하는 시스템이다. 이 감정 시스템은 현대의 서구사회에서 큰 책임을 떠맡고 있다. 이는 호르몬 도파민(dopamine)과 연결되어 있다. 많은 경우에 위협과 구동시스템은 서로를 보충한다. 예를 들어 직장에서 열심히 일하지만 성과가 좋지 않아 승진할 수 없어 우울한 경우에 그러하다.

안정과 소속감 시스템(Soothing and Affiliation System)

이것은 천천히 행동하는 긍정적인 감정 시스템으로, 안정이나 만족의 느낌과 연결된다. 진화적 관점에서 보면 동물들이 안전한 곳에서 먹이를 충분히 먹게 되면 휴식과 소화의 기회를 갖는 것과 같다. 이 시스템은 또한 다른 사람과의 제휴와 밀접히 연결되어 있고 호르몬 옥시토신(oxytocin)과 연계되어 있다. 생애 초기의 사랑과 돌봄에서 유래한다. 이것이 자기 돌봄을 위한 내적 모델이 된다. 만약 생애 초기에 사랑과 보호를 받지 못하면 이 시스템이 충분히 발달하지 못한다. 그 결과 우리의 마음은 위협과 구동이 저절로 계속되는 순환에 갇힐 수 있다. 현대사회에서 많은 사람들이 이러한 상황에 놓여 있다. 계속되는 구동과 스트레스의 느낌과 해야 할 일의 목록 속에서 평화를 얻지 못하고 의미 있는 휴식 시간을 찾기 위해 투쟁하는 삶을 살고 있다.

인간의 뇌가 진화해온 과정을 보면 인간이 강한 자기비판을 개발해왔음을 이해할 수 있다. 그리고 이것이 수치심의 느낌을 이끌어 왔음도 이해할 만하다. 우리가 본 바와 같이 우리는 모든 일이 좋지 않게 진행될 수 있고, 모든 방법이 만족스럽지 않을 수 있고, 그것이 우리의 과오일 수 있다는 것을 상상하는 재능을 가지고 있다. 이것이 우리에게 항상 이야기하는, 우리는 충분하지 않다, 그리고 우리는 이것을 얻어야 한다, 혹은 행복해지기 위해서 저 일을 해야 한다고 하는 현대 문화에 의해 강화되고 있다. 이에 대한 대응으로 우리는 자기방어기제인 내면의 비평가를 개발하였다. 이 기제는 우리가 부모, 보호자 혹은 선생 같은 강력한 힘을 가진 사람들에 의해 비판받을 수 있는 일을 하지 않게 하는 데 도움을 주고, 돌아가는 제반 사정을 훤히 알 수 있도록 한다. 이것은 과거에는 유용한 전략이었지만 지금은 그렇지 않다. 또한 많은 사람들은 생애 초기에 애착(attachment)을 형성하지 못하고 안전을 느끼기에 필요한 부모의 스킨십을 받지 못하고 있다. 성인이 된 그들은 다른 사람에게 도움을 청할 수 있는 믿음도 없고 자기 자신 안에서도 그것을 찾을 수 없다. 그래서 그들의 마음은 자기비판으로 기울어지는 강한 위협 상황에 처해 있다.

진화적 관점에서 보면 인간의 조건은 완벽한 것이 아니다. 그것은 너절하고 혼돈스러우며 우리의 통제를 벗어난 강력한 힘에 의해 만들어진 것이다. 일단 우리가 이러한 사실을 깨닫고 그것이 우리의 책임이 아님을 알게 되면 우리는 우리 자신을 도덕적으로 흠잡을 수 없게 하려는 시도를 멈출 수 있다. 우리는 있는 그대로의 현실 속에서 살아갈 수 있고 우리가 발견한 것에 대해 호기심을 가질 수 있다. 이것이 자신을 위한 진정한 연민을 개발할 수 있는 기초이다. 로브 네른(Rob Nairn)은, 우리는 '연민의 혼란(compassionate mess)' 속에 있을 수 있다고 하였다. 이것은 모든 인간존재가 삶에서 봉착하고 있는 문제에 더 깊은 이해를 얻기 위해 문을 여는 것이다. 이것은 우리로 하여금 스스로 짜 맞춘 '대상적 나'의 감옥에서 뛰쳐나오게 하는 것이고, 다른 사람이 겪고 있는 것을 향해 가슴과 마음을 여는 것이다. 우리는 살아 있는 존재의 가슴 저미는 비극적 이야기 속에서 타인이 우리와 아주 닮았음을 보게 된다.

일단 우리가 연민의 혼란 속에 있는 존재라는 것을 인정하는 지점에 이르게 되면 창조적인 방식으로 우리의 상황에 대처할 수 있다. 우리는 안정과 소속감 시스템을 계발하고 안전과 내면의 지원을 위한 조건을 만들 수 있다. 연민의 혼란 속에 있는 우리 자신을 발견하고 이것이 인간조건의 일부임을 깨닫고 적극적으로 우리 자신에게 친절할 수 있다. 이것이 자기연민(self-compassion)의 의미이다.

때로 우리는 쉽게 친절해지지 않는 자신을 발견하기도 한다. 그리고 자기 자신에게 연민을 보내는 것에 장벽을 느끼기도 한다. 이 역시 이해할 만하다. 여기서 자기연민은 이들 장벽에 대해 공간을 만드는 것이고 비판단적 방식으로 우리들 자신이 장벽과 함께 하는 것을 허용하는 것을 의미하기도 한다. 이런 과정 속에서 우리는 장벽의 배후에 놓여 있는 근원적 과정이 스스로 점차 드러나도록 허용하는 우리 마음속의 아름다운 공간을 만든다. 이와 같은 방식의 자기연민 수행은 통찰을 위한 조건을 만든다.

다미주신경 이론

자기연민을 계발하는 데 필요한 또 다른 중요한 이론이 있다. 이 이론은 신경과학자 스티븐 포지스(Stephen Porges)가 주장한 다미주신경 이론(Polyvagal Theory)이다. 우리는 인간으로서 우리의 몸, 환경 그리고 사람과의 관계에서 끊임없이 안전을 갈망한다. 우리가 안전할 때 우리의 능력은 최고도로 발휘된다. 우리는 다른 사람을 신뢰하고 그들과 관계를 맺으며, 함께 창조한다. 그러나 우리가 위협에 처할 때는 안전의 느낌이 아주 쉽게 사라진다.

포지스에 의하면 우리의 자율신경시스템은 우리의 안전을 위협하는 것을 항상 살피고 있는 개인적인 감시시스템과 같은 것이다. 이에 의해 위협을 확인했을 때 생물학적 지시를 따르는 반응이 발화된다. 포지스가 언급한 핵심 포인트의 하나는 우리가 이들 반응을 통제할 수 없다는 것이다. 왜냐하면 이들 반응은 의식적 지각과 생각의 범위를 벗어난 불수의적 수준에서 일어나기 때문이다. 포지스는 이러한 과정을 '신경감각(neuroception)'으로 묘사하였는데 이것은 자율신경시스템의 교감신경계와 부교감신경계 양쪽을 통하여 일어난다고 한다.

부교감신경계는 미주신경(vagus nerve)의 두 가지 별개 경로인 등쪽미주경로와 배쪽미주경로로 만들어져 있다. 부교감신경계는 교감신경계와 더불어 세 가지 반응 모드를 만든다. 첫째는 기능의 최적 수준인 '우리가 안전하고 사회적으로 연결되어 있는 상태'에서 일어나는 것으로, 배쪽미주경로가 관여한다. 두 번째는 투쟁과 도피를 통한 위협에 반응할 때 일어나는 것으로, 교감신경계에 의해 중재된다. 세 번째는 동결되어 얼어붙었을 때 일어나는 것으로, 등쪽미주경로에 의해 매개된다. 이들 세 개는 반응의 계층을 구성한다. 달리 말하면 우리는 안전을 선호하지만 위협을 받게 되면 첫 반응은 도피이고 그 위협이 아주 강하면 얼어붙어 버린다.

간단한 예를 들어보자. 만약 우리가 방에 들어갔을 때 사람들이 우리에게 험담을 하고 적의의 눈으로 바라본다면 우리는 재빠르게 방을 빠져나갈 것이다. 이것이 교감신경계가 벌이는 투쟁도피 반응이다. 반대로 우리가 방에 들어갔을 때 사람들이 우리에게 미소 짓고 환영한다면 우리는 그들과 대화하려고 할 것이다. 이것은 배쪽신경경로가 활성화되고 있다는 표시이다.

포지스는 배쪽신경경로가 작동하는 것을 돕는 세 가지 요인을 확인하였다. 바로 천천히 완전하게 숨을 쉬는 것, 눈으로 웃음을 짓는 것, 그리고 다정하게 목소리를 내는 것이었다. 포지스가 주로 다른 사람과의 관계에서 미소를 짓고 다정하게 목소리 내는 것을 발견하였다 할지라도 우리는 위 연구결과를 자신을 위해 사용할 수 있다. 이것은 다미주신경 이론이 자기연민 수행에 어떻게 관련되어 있는지를 알려준다. 우리의 호흡조절에서 날숨에 초점을 맞추면서 비판의 목소리 대신 우아한 목소리로 자신과 대화하고 눈을 부드럽게 뜨면서 입에 반쯤 미소를 머금는다면 이것은 자율신경시스템이 최적의 수준에 접속하도록 위협 초점의 스위치를 끄는 것이다. 이 요인들은 아래에 있는 자기연민 수행에서 통합된다.

이것은 특히 통찰 경험의 출입구인 명상의 안식화 단계와 관련된다. 안식화 단계에 들어서려면 안전을 느껴야 하고 우리의 알아차림은 우리가 경험한 모든 다른 요인에 열려 있어야 한다. 만약 우리의 신경시스템이 위협을 느끼면 이와 같은 열림은 일어나지 않고 우리의 마음은 닫힌다. 우리는 자기도피에 빠진다. 다미주신경 이론의 핵심 통찰의 하나는 우리의 의식적인 통제 너머에서 열림과 닫힘이 불수의적으로 발생한다는 것이다. 만약 우리가 천천히 그리고 확대되는 방식으로 호흡하고 우리 자신에게 부드러운 목소리로 말하면서 육체의 생리에 관심을 기울이면 이것은 우리가 안전하다는 신호를 자율신경시스템에 보내는 것이며 고요하고, 연결된 그리고 열림과 관련되는 보다 진화된 신경회로를 켜는 것이다. 이때 안식화의 조건이 만들어진다. 우리는 다시 자기연민의 과정이 통찰을 일어나게 하는 본질적인 전제조건인 것을 볼 수 있다.

타인을 위한 연민

이 단계에 이르러서 우리가 자기연민을 중단하지 않을 것을 지적하는 것이 바람직하다. 우리는 자신의 필요에 관심을 기울이고 우리 자신에 지원과 돌봄을 보내는 역량을 개발한 뒤 그다음은 의식적으로 초점을 타인에게로 옮긴다. 흥미롭게도 달라이 라마(Dalai Lama)는 타인을 위한 연민은 타인을 도울 뿐만 아니라 확실히 자기 자신도 돕는다고 하였다. 초점을 우리 자신에게서 다른 사람으로 옮길 때, 우리는 모든 것이 다른 모든 것과의 관계 속에서 존재하는 복잡하고 상호 연결된 망(web)의 삶 안에 우리 자신을 위치시키는 것이다. 틱낫한(Thich Nhat Hanh)은 이것을 '상호연결의 존재(interbeing)'의 진리라고 하였다. 우리의 존재는 자신을 유지·지탱하기 위하여 타인의 존재와 환경에 의존하고 있다. 이러한 진리는 모든 삶에 적용된다.

이러한 통찰이 우리에게 크게 도움이 된다. 왜냐하면 이기심에 포획된 우리를 해방시켜주기 때문이다. 통찰 과정의 핵심은 우리의 자아가 실재하고 영속하며 독립적이라는 숨겨진 올가미에 우리 자신이 어떻게 빠져 있는가를 보는 것이다. 그리고 우리 삶에 걸쳐 있는 하나의 마법 즉 자기중심적 선호 시스템에서 벗어나는 것이다. 다른 사람에게 우리의 에너지를 맞추면 순간적으로 마법은 깨진다. 예를 들어 당신이 고통스런 반추에 빠져 있는 경우를 회상해보라. 바로 그 때 어떤 사람이 고통받고 있고 이것이 당신의 주의를 끌고 있는 것을 당신이 알아차린다. 당신은 당신의 초점이 자신이 느끼는 것에서 다른 이가 느끼는 것으로 이동하였을 때 무엇이 발생하는지를 알아차린다. 당신이 타인에게 초점을 둘 때 자기중심의 마법이 일시적으로 용해되는 해방의 순간이 온다. 이것이 달라이 라마가 말한 타인을 위한 연민이 확실하게 당신을 돕는 것이다.

우리는 자기연민에서 타인을 위한 연민으로 이동한다. 자기비판적인 마음의 배후에서 작동하고 있는 근원적 과정을 볼 수 있도록, 우리가 필요로 하는 것에 주의를 보내고, 우리 자신에게 지원을 보내고 공간을 만든다. 그리고 우리의 초점을 타인을 위한 관심으로 이동시키고 자기중심적 과정이 실체가 없음을 보게 된다. 자기중심적 과정은 우리가 그것에 혹하고 관심을 가지는 것에 의해 순간순간 강화시켜온 어떤 것이다. 통찰의 출현은 자기연민과 타인을 위한 연민 사이에서 초점과 관점을 이동시키는 것에 의해 용이해질 수 있다.

자기연민 수행

지금까지 우리가 토의해온 지혜를 자기연민 수행에 응용해보자. 아래에 있는 2개의 수행은 크리스틴 넵(Kristin Neff)과 크리스 저머(Chris Germer)에 의해 개발된 것으로 마음챙김 자기연민 프로그램의 일부이다. 첫 번째는 공식 수행으로 우리의 마음챙김 정좌수행의 접지화의 단계에 "부드럽게 한다, 진정시킨다, 그리고 받아들인다"는 단어들을 포함시키는 것이다. 다른 것은 비공식적인 일상생활의 수행으로 자기연민 휴식이라 부르는 것이다.

두 가지 수행은 자기 자신을 향해 자기를 진정시키는 몸짓을 하는 것이다. 즉 한 손이나 양손 손바닥을 심장 근처에 놓는다. 우리는 종종 나쁜 뉴스를 접할 때 자연스럽게 이런 몸짓을 한다. 물론 자신을 진정시키는 다른 몸짓을 할 수도 있다. 예를 들어 손을 뺨이나 턱의 한쪽에 놓는 것, 배를 문지르는 것, 반대편 손의 엄지손가락을 문지르는 것, 한 손을 다른 손 위에 놓고 잡는 것 등이 있다. 일상에서 손을 심장에 놓는 것은 약간의 자의식을 느끼게 하지만 다른 몸짓들보다 신중한 것일 수 있다. 우리는 이 몸짓들을 해볼 수 있다. 우리가 어떤 느낌을 받는지, 어떤 것이 최상의 안락함을 주는지 알아차릴 수 있다. 다른 대안으로는 조약돌을 주머니에 넣고 있다가 스트레스를 받을 때 그것을 만진다. 그것이 우리의 연민의 돌이 될 수 있다. 자기 자신을 향한 자기진정의 몸짓을 함으로써 안정/소속감 시스템에 자극을 주고 이것이 우리의 위협과 구동 시스템을 자동적으로 하향 조절할 수 있게 한다.

자기연민의 마음챙김 정좌수행

이 수행은 제2장의 마음챙김 정좌수행에 자기연민을 포함시킨 수행이다. 자기 자신을 향한 연민을 의도하면서 시작한다. 고통을 받고 있으면서 싸우고 있는 자기 자신을 수용하고 자기 자신에게 친절하고 자기 자신에게 지원을 보내겠다는 염원을 계발한다. 그리고 동기로 이동하여 왜 자기 자신에게 더 많은 연민을 보내야 하는지 그 이유를 생각해본다. 우리가 더 많은 연민을 보내면 우리가 경험할 수 있는 모든 유익함을 반영할 수 있기 때문이다. 자기연민이 우리와 가까운 사람들에게도 도움이 될 수 있는지 알아본다. 우리는 안정과 소속감 시스템에서 더 많은 시간을 보내는 것이 위협과 구동 시스템에서 시간을 보내는 것보다 얼마나 유익한지를 성찰할 수 있다. 혹은 힘든 일에 직면하였을 때 냉혹한 자기비판보다는 내면에서 위로하는 목소리를 듣는 것이 어떤 의미인가를 성찰할 수 있다.

내쉬는 날숨이 매우 중요하다는 마음을 갖고 안정화 국면에 들어간다. 그것은 안전의 신호를 보내는 부교감신경계의 배쪽미주신경 경로를 자극하기 때문이다. 그리고 안정화를 거쳐 접지화로 들어간다. 여기에서는 "부드럽게 한다", "진정시킨다", "받아들인다"는 말이 중요하다. "부드럽게 한다"는 말을 통하여 우리 경험의 힘든 것에 조심스럽게 접근하며 신체적인 이완을 시도한다. 손을 심장에 얹고 "진정시킨다"는 말을 통하여 자신에게 힘을 보낸다. "받아들인다"는 말을 통하여 지금 겪고 있는 힘든 일을 뿌리치지 않고 환영하고 받아들인다. 이와 같이 수용은 자기연민 수행으로 통합된다. 이 단계에서 미소와 목소리를 병행한다. 눈가에, 입술에 미소를 띤다. 흥미로운 사실은 붓다의 조각상이 미소를 띠고 있다는 것이다. 스티븐 포지스가 발견하기 수천 년 전에 붓다는 다미주신경 이론을 직관적으로 이해한 것 같다. 목소리의 어조와 억양으로 내면의 냉혹한 자기비판을 우아한 자기연민의 대화로 바꾼다. 호흡하고 미소 지으며 부드러운 목소리로 안전, 열림, 연결과 관련된 진화된 미주신경경로를 더 활성화시킨다.

안식화의 단계는 특별히 통찰 수행과 관련된다. 우리는 자기연민의 토대를 마련하였다. 이제 우리는 우리의 경험을 있는 그대로 허용하면서 안식한다. 이것은 어떤 사람이 앉아서 일어나는 일을 임상적으로 처리하는 것과 같이, 차갑거나 건조한 것이 아니다. 자기연민의 수행에서 오는 안식화 국면에는 따스하고 포괄적인 느낌이 있다. 크리스 저머에 의하면 자기연민은 우리의 알아차림을 따뜻하게 하고 이것을 고통의 경험에 가져오면 가슴은 고통의 열 속에서 용해된다고 하였다. 크리스 저머는 유대교 랍비의 사랑스런 이야기를 들려주었다. 랍비가 한 학생에게 종교적인 텍스트의 말씀을 가슴 위에 놓으라고 하자 학생이 질문하기를, 왜 가슴 속이 아니고 가슴 위냐고 물었다. 랍비가 대답하길, 고통에 직면하여 가슴이 찢어지면 텍스트의 말씀은 자연히 가슴 속으로 들어간다고 하였다.

수행의 단계에서 생각의 흐름에 빠지면 지원을 이용하여 마음을 안정시킨 뒤 지원을 놓아버리고 쉰다. 또한 고통이나 감정적 스트레스를 느낄 때는 스트레스와 고통에 숨을 불어넣어 부드럽게 하고, 완화하고, 받아들이는 수행을 할 수 있다. 그리고 다시 안식화로 돌아와 쉰다. 이렇게 우리는 지원과 안식화를 번갈아가면서 통찰의 출현을 용이하도록 한다.

보통 힘든 경험에 친절과 연민으로 문을 열면 두 가지가 발생할 수 있다. 우리 자신이 힘든 경험에 따스하고 친절한 수용의 문을 여는 것이다. 만약 이런 일을 하면 우리는 힘든 경험을 수정하거나, 해석하거나 혹은 어떤 방식으로 이해하지 않고 펼쳐지는 경험 그 자체에 대해 단순히 열린 호기심을 가질 수 있다. 그리고 우리는 우리의 힘든 일에 대해 알고 싶은 어떤 것이 그 자신의 방식과 그 자신의 시간에 명백하게 드러날 것이라고 신뢰하게 된다. 평소에 이런 방식으로 힘든 경험에 문을 열기도 하지만 그러나 그때 멍하고 꽉 막힌 것 같거나, 경험을 회피하는 방식으로 산만함 속으로 반복적으로 들어가거나, 경험의 강도가 확장되는 방식으로 그것에 대해 반추하고 있을 때는 다만 그것을 알아차리기만 한다. 이런 일이 발생하면 그 경험을 변경시키지 않고 있는 그대로 맞이한다. 우리의 저항 그리고 일어나고 있는 생각, 감정, 감각에 대해 호기심을 갖는다.

그러나 수행을 너무 도전적으로 하면 어려움을 마주할 자원이 부족함을 곧바로 인식할 수 있다. 그때는 싸우고 있는 우리를 향한 연민을 계발하기 위해 우리의 의도를 회상할 수 있다. 자신을 돌보기 위한 의도 안에서 많은 기쁨의 시간을 보낼 수 있다. 그리고 준비가 되었음을 느낄 때 힘든 일로 돌아오는 의도를 가질 수 있다. 우리는 자연스럽게 마음챙김 걷기를 선택할 수도 있고 모든 것에 감사하며 삶을 기뻐하는 시간을 보낼 수도 있다. 어려움을 억누르고 우리 자신이 그것에 직면하도록 강제하기보다는 이와 같은 방식으로 그것에 감사하고 수행의 경로에서 우리 자신을 지원하기 위한 무엇인가를 할 수 있다.

자기연민 휴식

이것은 우리가 힘든 일 혹은 고통을 겪는 순간에 할 수 있는 일상의 수행이다. 예를 들어 좋지 않은 소식을 들었을 때, 어떤 일이 우리가 원하는 방향으로 진행되지 않았을 때, 혹은 슬픔, 불안, 화 그리고 수치심과 같은 강한 감정을 느꼈을 때 할 수 있는 수행이다. 이 수행은 크리스틴 넵이 개발하였다.

크리스틴 넵(Kristin Neff)의 자기연민에 대한 구성물

크리스틴 넵의 연구에 따르면 자기연민은 세 가지 요소로 구성되어 있다. 첫째는 고통스런 생각이나 느낌이 생기면 그들과 함께하면서 마음챙김 한다. 그들에 대한 생각에 빠지는 습관적인 흐름을 따르지 않고 고통스런 생각이나 느낌을 살펴보지도 않는다.

둘째는 보편적인 인간애이다. 고통스런 생각이나 느낌이 생기면 이것은 나만 겪는 것이 아니라는 것과 이것이 나에게 불행을 안겨주는 것이라는 생각의 습관적인 패턴을 따르지 않고, 이것은 인간 조건의 일부라고 인식한다.

셋째는 자신에게 친절을 베푼다. 갑작스럽게 고통을 겪을 때 이것을 실패라고 규정하며 자기를 비판하는 습관적인 사고의 패턴을 따르지 않고 자신에게 친절하게 대한다.

이것은 3단계로 작동한다. 첫째로 고통이 생기면 잠시 멈추어 손을 가슴에 갖다 대고 마음챙김을 한다. 그리고 우리가 느끼는 것을 알아차린다. 통찰의 출현을 용이하게 하기 위하여 우리는 우리가 느끼고 있는 것을 어떻게 느끼는지 조사할 수도 있다. 우리는 제5장에서 다루는 HIFAWIF(지금 내가 느끼고 있는 것을 나는 어떻게 느끼나)를 행할 때 이것을 확대할 수 있다. 둘째로 많은 사람들도 지금 우리가 겪고 있는 고통을 느끼고 있다는 사실을 이해한다. 이렇게 하면 개인적인 고통이 우리만의 것이 아니고 우리가 다른 사람과 보편적인 인류애로 연결되어 있음을 알게 된다. 셋째는, 고통에 직면한 자신에게 친절한 몸짓을 한다. 친절한 말을 한다든지, 커피 한 잔을 마신다든지 친한 친구와 대화를 한다. 그리고 이 짧은 수행 후에 어떻게 느꼈는지를 알아차리면서 손을 내리고 안식한다.

자기연민의 시간은 안정/소속감 시스템에 자극을 주어 우리 자신 안에 연민의 자원을 발생시킨다. 그리하여 우리는 힘든 문제를 덜 반응적이면서 보다 바람직한 방향으로 대응할 수 있다.

결론

제1부에서 마음챙김, 수용 그리고 자기연민의 핵심 기초를 살펴보았다. 이 세 가지는 통찰 수행에 들어가기 전에 수행을 안정시키기 위해 중요하다. 마음챙김 수행 없이는 우리의 생각, 감정 그리고 감각이 펼쳐지는 경험에 머물기 위해 필요한 마음의 안정을 기할 수 없고 우리는 끊임없이 산만함 속에서 살게 된다. 수용의 수행 없이는 우리 경험에 대한 공정한 증인으로서의 안식을 취할 수 없고 우리는

끊임없이 힘든 생각, 감정 그리고 감각에 반응하게 된다. 자기연민의 수행 없이는 자신의 고통에 대해 관용할 수 없고 자기 자신에 대한 공격에 취약할 수밖에 없다.

그러므로 이들 기초는 매우 중요하다. 이것들을 수행하기 위해서는 시간이 필요하고 인내가 필요하다. 그러나 이 방향으로 수행하면 큰 수확을 얻을 것이다. 제1부는 통찰 수행으로 이동하기 위한 확실한 기초를 제공하는 수행이다.

수행 코너

연습 2 자기연민의 마음챙김 정좌수행

자세

방석에 무릎을 꿇거나 가부좌 자세로 앉는다. 혹은 의자에 앉되 등을 기대지 않고 바로 세운다. 어깨에 힘을 빼고 가슴을 편다. 눈을 가볍게 뜨고 약간 아래로 응시한다. 혹은 눈을 살며시 감는다. 턱의 긴장을 풀고 입술을 부드럽게 하며 미소를 약간 짓는다. 그리고 손을 무릎 위에 놓는다.

의도와 동기

먼저 당신 자신에게 연민을 보내는 수행을 할 의도를 갖고 그다음에는 이것을 타인에게 확장할 의도를 갖는다. 그리고 이 수행을 하는 이유 즉 당신의 수행 동기를 반영한다.

안정화

잠시 동안 보통 때보다 약간 깊게 숨을 쉰다. 숨을 쉴 때는 숫자를 센다. 들숨에 3~4, 날숨에서도 3~4 정도 세면서 숨을 조절한다. 생각이 일어나면 생각을 알아차리고 다시 호흡으로 돌아간다. 생각을 벗어나서 다시 호흡하고 숫자 세기를 한다. 안정화 국면의 마지막에 이르면 날숨에 약간 더 초점을 두고 날숨을 쉴 때 몸이 어떻게 더 이완되는지를 알아차린다. 그리고 마음이 몸으로부터 배울 수 있는 것을 본다. 몸은 호흡을 놓아주고 이완된다. 마음은 생각활동을 놓아주고 안정된다.

접지화

이제는 당신의 호흡을 정상 리듬으로 되돌린다. 그리고 당신의 몸에 충분히 주의를 기울인다. 당신의 몸이 쉬고 있는 의자나 마루의 접지에서 접촉의 느낌과 압박을 알아차린다. 마음은 몸에서 쉬고 몸은 당신의 접지에서 쉰다. 이제 당신 몸의 감각에 채널을 맞춘다. 부드럽게 열린 방식으로 한다. 감각이 스스로 드러나게 한다. 당신은 당신이 느끼고 있는 온도, 즉 따스함, 차가움 혹은 중립을 알아차릴 수도 있다. 당신의 오른쪽 어깨에 가벼운 통증이 있을 수 있고, 당신의 무릎 한쪽에 긴장의 느낌이 있거나 당신이 느끼는 감정과 관련하여 배에 불편함이 있을 수 있다.

이제는 당신이 힘들게 느끼고 있는 몸의 고통 혹은 불편한 곳에 주의를 기울인다. 당신 몸의 이 부분을 부드럽게 한다. 이 부분의 긴장이 강하게 느껴지면 더 부드럽게 한다. 이것은 아픈 근육에 열을 가하는 것과 같다. 부드러운 목소리로 "부드럽게… 부드럽게… 부드럽게…" 당신 자신에게 조용히 말하면서 그 과정을 강화한다. 그러나 당신이 그 감각을 사라지게 하려고 하는 것이 아님을 기억하라. 당신은 단지 그 감각에 친절한 알아차림을 보내고 있을 뿐이다.

다음은 당신 자신을 진정시킨다. 가슴에 손을 얹고 몸이 숨 쉬고 있는 것을 느낀다. 즉각 당신의 마음에 친절한 말을 떠올린다. 만약 당신이 원한다면 스트레스를 받고 있는 당신 몸의 부분에 손을 갖다 대고 거기에 친절을 보낸다. "진정하고… 진정하고… 진정하고"라고 말한다.

마지막으로 불편함이 있는 것을 그대로 받아들인다. 고통의 느낌이 사라지기를 바라지 마라. 불편함은 마치 당신의 집에 손님이 왔다 갔다 하듯이 왔다 갔다 하는 것이다. "받아들인다… 받아들인다… 받아들인다"라는 소리를 부드럽게 반복한다.

이제 위의 세 단어를 함께 사용하여 하나의 자기연민 만트라(진언)로 만든다. 당신이 고통을 느끼는 방향으로 고개를 약간 숙이고 "부드럽게 진정하고 받아들인다, 부드럽게 진정하고 받아들인다"라고 반복하여 읊는다. 놀란 아이를 안심시키는 것같이 부드러운 목소리로 만트라를 계속 읊는다.

안식화

이제 당신이 주의를 기울였던 감각과 느낌의 주변을 연다. 그리고 당신의 몸을 하나의 전체로 인식한다. 마치 당신의 몸 전체를 당신의 알아차림이 붙잡는 것같이 인식한다. 그리고 당신의 주위에 있는 공간을 인식한다. 몸이 공간 속에서 존재하고 그 공간에 의해 둘러싸여 있음을 알아차린다.

그리고 어떤 것을 시도하고 있는 모든 감각을 놓아버리고 당신은 당신의 경험 그대로 존재한다. 눈을 무심히 뜬 채 이완된 상태로 존재한다. 당신에게 오는 감각적 경험을 그대로 받아들인다. 다른 어떤 것을 보지도 말고 듣지도 마라. 당신의 마음이 생각에 빠졌음을 알았을 때는 다음 단계로 이동한다.

호흡 지원

당신은 호흡의 자연스런 리듬 위에서 쉰다. 숨이 당신의 콧구멍으로 들어가고 나가고, 당신의 복부가 일어났다 꺼졌다 하면서 당신의 몸 전체가 호흡을 하는 느낌을 받는다. 이제는 주의가 쉬는 곳이 중요하지 않다. 중요한 것은 생각이나 감정을 완전히 닫지 않고 그것과 가볍게 접속하면서 그것들이 오고 가는 것을 허용하는 것이다.

수행은 단순하다. 숨을 들이쉬면서 당신이 숨을 들이쉰다는 것을 알아차리고, 숨을 내쉬면서 당신이 숨을 내쉰다는 것을 안다. 이와 같이 호흡은 당신의 주의를 몸에 잡아둔다. 그것은 당신을 현재에 머무르게 하는 닻과 같은 것이다. 당신의 주의가 생각으로 들어갈 때 이것을 알아차리고 주의를 호흡으로 되돌린다. 이때는 성공이다 실패다 하는 느낌을 갖지 않고 다만 알아차림을 호흡으로 되돌리기만 하면 된다.

당신의 경험 속에서 고통스런 느낌이나 감각이 일어나는 것을 알아차릴 때는 호흡 수행에 자기연민을 통합시킨다. 당신을 달래는 방식으로 손을 가슴이나 당신이 고통을 느끼는 몸의 부분에 놓는다. 그리고 당신이 고통을 느끼는 몸의 그 부분이 숨을 쉬는 것과 같이 호흡한다. 들숨에서 감각의 문을 열고 날숨에서 그 주변을 부드럽게 한다. 우리가 접지화의 국면에서 했던 것과 같이 고통을 부드럽게 하고 진정시키며 이를 받아들이는 수행을 한다.

당신이 호흡 지원 속에 있음을 확실하게 느낄 때 호흡 지원을 놓아버리고 바로 쉰다. 당신의 전체로서의 경험에 문을 열고 그것을 있는 그대로 받아들인다. 당신이 생각에 빠졌다는 것을 알게 될 때는 다시 지원으로 돌아온다. 일단 당신의 마음이 안정되면 지원을 놓아버리고 그냥 쉰다.

당신이 목표로 했던 수행이 끝날 때에는 어떤 초점도 두지 않고 잠시 쉰다. 그리고 명상한다는 생각도 놓아버린다. 자신에게 "아무 일도 하지 않고, 어디에도 가지 않고, 성취할 것도 없다"라고 말한다.

공유

수행의 마지막에 이르면 당신의 의도와 동기를 재확인한다. "나는 나의 일상에서 연민 수행을 계속하고 있다. 여기에는 나와 같이 괴로워하는 타인에게도 도움을 주려고 하는 동기가 있다"고 말한다.

이제 몸을 쭉 펴고 천천히 일어난다. 정좌수행의 알아차림을 일상의 다음 순간으로 이어갈 수 있는지 확인한다.

연습 3 자기연민 휴식

등과 목을 곧게 펴고 위엄 있는 자세를 취한다. 턱의 긴장을 완화하고 입과 눈은 미소를 짓는다. 손을 가슴에 얹어 자신을 달래는 몸짓을 한다. 그리고는 몇 번 숨을 깊이 들이쉬고 내쉰다. 연습은 3단계로 진행한다.

첫 번째 단계는 당신 자신에게 부드러운 목소리로 말하는 것이다. "지금은 힘든 순간이다." 그리고 몸을 마음챙김의 채널에 맞추어 당신이 느끼고 있는 것을 알아차린다. 당신은 어떤 구체적인 감각을 느끼고 있나? 이 과정에서 당신은 힘든 것을 억누르고 그것을 반추하기보다는 그것을 확인하고 그것에 마음 챙겨 알아차림의 문을 연다. 그리고 "내가 느끼고 있는 것을 나는 어떻게 느끼나?" 하고 질문한다.

두 번째 단계는 "힘든 것은 모든 사람의 삶의 일부분이다"라고 자신에게 말한다. 다시 당신의 몸에 채널을 맞추고 당신이 느끼는 것을 알아차린다. 여기에서 인간의 조건은 완벽한 것이 아니므로 모든 인간이 힘든 고통을 겪고 있다는 것을 자신에게 상기시킨다. 당신만 고통을 겪고 있는 것이 아니다. 당신만 이렇게 힘든 시간을 갖는 것도 아니다. 자신에게만 나쁜 일이 일어난다는 생각에서 벗어나 인간 존재의 한계를 깨닫고 모든 살아 있는 존재에 대해 연민의 정을 느낀다.

세 번째 단계는 "지금 이 순간 나 자신에게 친절할 수 있나?" 하고 묻는 것이다. 이 단계는 잠시 동안 이 질문을 반영하고, 당신 몸에 조율하고, 그리고 어떤 답이 나오는 것을 알아차리는 수행 단계이다. 지금이 당신이 당신 자신에게 부드러운 목소리로 말할 수 있고 친절하게 다가갈 수 있는 순간이다. 이와 같은 방식으로 당신은 자기비판에 빠지지 않고 당신 자신에게 친절을 보내는 수행을 한다.

위와 같이 일상에서 힘든 순간에 직면할 때 당신 자신에게 연민을 보내는 시간을 갖는다.

제2부

우리는 어떻게 자유를 잃는가

4
암류와 관찰자

마음챙김 수행은 강둑에 앉아 있는 사람으로 비유할 수 있다. 명상 의자나 방석은 강둑의 좋은 지점으로 비유할 수 있고, 생각, 감정 그리고 신체적 감각의 흐름을 흐르는 강물로 비유할 수 있다.

이제 당신이 다음과 같이 수행하고 있다고 상상한다. 온도는 쾌적한 상태이다. 산들바람이 부는 따뜻한 날이다. 창문은 약간 열려 있다. 당신의 몸에서 감각이 썰물처럼 빠져나가고 당신은 접지상태에서 편안하다. 생각이 일어나 강물이 흐르듯이 쉽게 빠져나간다. 당신은 "좋은 명상 시간이야"라고 생각한다.

이때 갑자기 힘든 생각이 떠오른다. 예를 들어 당신의 목에 걸린 가시같이 과거에 유감을 가졌던 사람에 대한 생각이 떠오른다. 그녀는 내가 그녀에게 한 일을 어떻게 느끼고 있을까? 당신은 머리 안에서 그녀와 대화를 하거나 그녀에게 상상의 메일을 보낸다. 어떤 방법이든 당신은 자신이 자기 정당성의 급류와 화난 생각의 강물로 굴러떨어지고 있음을 발견할 수 있다. 아주 빠르게 당신은 당신 몸과의 접속, 마음챙김 지원 그리고 현존의 감각을 상실하고 있음을 안다. 그것은 마치 당신이 강둑에서 강으로 떨어지는 것과 같은 것이다. 당신은 생각한다. "오, 이건 좋지 않은 명상이야."

이런 현상은 우리의 마음속에 있는 가장 뿌리 깊은 습관의 하나이다. 당신이 그 습관을 깨닫기 전에 당신은 이미 생각에 개입하고 있는 것이다. 사실 지금까지 많은 세월 동안 우리는 이들 생각이 우리 자신이라고 생각하고 살아왔다. 혹은 위의 비유를 사용해서 말하면 우리를 강이라고 생각하고 있었다. 이상한 소리로 들릴지 모르지만 이것이 대부분의 사람들이 많은 시간을 보내고 있는 삶의 조건이다.

짧은 반영

우리의 통찰 수행은 경험적인 것이다. 통찰은 펼쳐지는 우리의 경험에 대한 정확한 관찰에 토대를 두고 있다. 이와 같은 마음으로 아래의 글을 읽은 후 책을 덮고 읽은 것들을 반영(reflection)해보자.

지금 당장 당신의 마음속에서 일어나고 있는 것은 무엇인가? 그것은 어떤 생각, 느낌, 이미지 혹은 자신과의 대화일 것이다. 당신은 조용히 앉아서 당신의 마음에 주의를 기울일 때 그것들을 알아차릴 수 있는가? 당신의 마음속에서 일어나고 있는 그것을 인식하고 있는 자는 누구인가?

우리가 위의 내용을 반영하여 발견한 것은 우리의 마음 안에는 아는 자(강둑에 앉아 있는 자)와 알려지는 것(강)에 대한 감각이 있다는 것이다. 아는 자를 '관찰자(observer)', 알려지는 것을 '암류(undercurrent)'라고 부르자. 관찰자는 보고 있는 '나'라는 감각이고 암류는 생각, 느낌, 이미지 그리고 자기대화의 계속되는 흐름이다. 만약 마음챙김의 실용적 정의, 즉 "어떤 일이 발생하고 있는 동안, 발생하고 있는 그것을, 선호 없이 아는 것"을 고려하면 암류는 "발생하고 있는 그것"에 해당되고 관찰자는 발생하고 있는 그것을 아는 나이다.

이 설명은 하나의 모델일 뿐이고 마음에 관한 완전한 설명은 아니다. 그러나 이것은 마음의 내적 환경을 탐구하는 데 도움이 되는 도구이다. 마치 망망대해를 항해하는 데 필요한 나침반과 같은 것이다. 이 모델은 우리가 홀로 떠다니는 것(암류)과 수행하는 자(관찰자)를 명확히 하는 데 도움을 준다. 일단 이것이 분명해지면 우리는 이 모델을 버리고 우리의 경험을 직접 다룰 수 있다.

마음수행의 초기 단계에서는 관찰자와 암류가 같이 뒤섞여 있다. 그러므로 생각, 느낌 혹은 감정이 일어날 때 관찰자는 즉시 그들에게 사로잡힌다. 강의 비유로 말하면 강에서 어떤 것이 나타나자마자 우리는 그것에 휘말려 강으로 굴러떨어진다. 우리는 강둑의 좋은 위치에서 아래로 떨어져 강에 푹 잠기게 된다. 만약 원활하다면 우리는 평화롭게 떠내려갈 것이다.

마음챙김 수행은 우리가 강으로 추락하지 않도록 강둑의 좋은 위치에 앉아 있는 우리를 안전하게 지키는 데 도움을 준다. 제2장에서 배운 바와 같이 마음챙김 수행을 할 때 우리는 지원을 사용한다. 지원은 마음이 산만해졌을 때 마음을 되돌리기 위해 필요한 도구와 같은 것이다. 그리고 관찰자를 안정된 상태에서 쉬게 하여 관찰을 계속할 수 있게 하는 것이다. 이와 같이 수행할 때 우리는 강이 어떤 때는 조용하게 흐르고 또 어떤 때는 맹렬하게 흐르는 것을 볼 수 있게 될 것이다. 강이 흐르는 것과 같이 항상 이동의 변화무쌍함을 우리는 의식적 알아차림을 통하여 본다.

더욱이 우리는 관찰자가 선호의 태도로 강의 흐름을 끊임없이 감시하고 있는 것을 보기 시작한다. 예를 들어, "나는 강에서 떠다니는 표류물을 싫어해, 나는 항상 맑고 고요한 것을 원해." 이와 같이 선호에 따라 행동하면 우리는 표류물을 건져 올리는 행위를 시도하게 될 것이고 이로 인해 우리는 좋은 지점—우리의 균형 잡힌 견해—을 잃게 되고 강으로 추락하게 된다. 관찰자의 태도를 명확하게 보는 것 그리고 그가 선호에 따라 어떻게 행동하는가를 보는 것이 통찰 수행의 핵심이다. 이것을 보기 전에 우리 내면의 경험의 일부인 암류와 관찰자를 구별하는 일 즉 분리하는 일이 필요하다. 그렇게 하는 것이 우리가 이들 각각과 어떻게 관련되어 있는지를 명확히 하는 것이기 때문이다. 그러나 이것은 경험적 방식으로 행하는 것이므로 이것을 이해하기 위해서는 약간의 반영이 필요하다. 그것은 경험 속에 체화되어 있는 것이지 머릿속에 있는 관념의 시리즈는 아니다.

암류(undercurrent)

짧은 반영 수행: 표면적 마음과 암류

최근에 있었던 모임을 떠올리고 당신의 마음이 그 모임에서 어떻게 작동하였는지를 회상한다. 그리고 당신이 그 모임을 마치고 집에 돌아왔을 때 당신의 마음에서 발생하였던 것을 알아차린다. 뒤따르는 생각의 흐름을 회상한다.

모임 중에 당신은 표면적이고 외적인 것에 초점을 둔 생각의 흐름과 상호작용의 모드를 알아차렸을 수도 있다. 우리는 이것을 정상적인 것으로 경험한다. 우리의 마음은 이와 같이 작동한다고 보통 생각한다. 하지만 사실 마음 활동의 또 다른 모드가 마음에서 꿈틀거리고 있었을 것이다. 그것은 모임이 끝나고 집으로 가고 있을 때 모임에 대한 생각들이, 즉 그것들은 무작위의 생각, 이미지, 노래의 음정 그리고 반복되는 자기 대화—때로는 자기 비판 혹은 자기 칭찬일 수도 있다—와 함께 일어난다. 우리는 이것들이 표면적인 마음의 아래에서 꿈틀거리고 있지만 보이지 않는 힘에 따라 표면적인 것과는 다른 방향으로 움직이는 것이라는 의미에서 '암류(undercurrent)'라고 한다. 파도가 힘과 장엄함으로 해변에서 어떻게 출렁거리는지를 그리고 동시에 물결의 저류가 물을 망망대해로 어떻게 되돌리는지를 생각해보라. 생각 활동을 표면적인 마음의 활동과 암류라는 서로 다른 두 가지로 구분하는 것이 유용할 수 있다.

우리가 의미하는 바를 더 명확하게 하기 위해 바쁘게 시내를 활보하던 때를 회상하라. 그리고 당시 거리를 걷고 있던 사람들의 얼굴 모습을 상상하라. 그들은 내면의 생각의 흐름, 즉 과거와 미래 사이에서 왔다 갔다 하는 생각의 흐름—무작위로 떠오르는 이 일을 걱정하고 저 일을 숙고하는—에 몰두하고 있음을 짐작할 수 있었을 것이다. 그들의 마음은 분명히 현재에 존재하지 않았을 수 있다. 그들의 표정을 보면 그들이 생각 활동에 매몰되어 있었음을 알 수 있다. 슬프게도 우리는 많은 사람들이 침울한 모습으로 거리를 걷고 있는 것이 그들의 불행한 생각 때문임을 확인할 수 있다. 이에 대해 릭 핸슨(Rick Hanson)은 부정적인 생각은 마음에 찍찍이(velcro)와 같이 붙어 있고 긍정적인 생각은 마음에서 테프론(teflon)과 같이 미끄럽게 떨어져 나가기 때문이라고 말하였다.

이제 당신이 아는 어떤 사람을 시끄러운 거리에서 만나는 시나리오를 상상하라. 너무 오래간만이어서 마치 꿈속에서 깨어난 것과 같이 반갑게 소리치는 표면적인 마음이 작동한다. 우리들은 반가웠고 친밀하였다. 그러나 우리들이 만나기 조금 전에는 두 사람 다 반추하는 불행한 생각의 흐름 속에 빠져 거리를 걷고 있었다. 이와 같은 간단한 만남이 끝나고 난 뒤 암류는 그들을 다시 우울한 생각의 흐름으로 끌어들인다.

암류를 인식하는 것은 중요하다. 그것이 우리의 에너지와 많은 시간을 소비하게 하기 때문이다. 당신에게 주어진 하루를 암류의 흐름과 그것의 소용돌이에서 얼마나 많은 시간을 보내고 있는가를 성찰해보라. 곧 보게 되겠지만 암류는 마음속의 습관적인 패턴에서 일어나고, 우리가 그것에 먹이를 주면 이러한 패턴은 더욱 강해진다. 제2장에서 학습한 "에너지는 초점을 따라 흐른다"를 상기해보라. 우리가 부정적인 생각의 패턴에 초점을 두면 그들에게로 에너지가 흐르고 그들은 더욱 강해진다. 따라서 우리는 우리의 주의로 먹이를 주고 있는 것이 무엇인지를 알아차릴 필요가 있다.

통찰 수행의 관점에서 보면 암류를 잘 아는 것—단순히 그것이 무엇인지를 보는 것—이 우리에게 다른 방식으로 그것과 관계 맺을 수 있는 기회가 된다. 이것이 핵심 포인트이다. 우리는 강둑에서 호기심을 가지고 그것을 관찰하는 법을 배울 수 있다. 보다 안전하게 앉아 있을 수 있고, 강물에 휩쓸려 가지 않을 수 있으며 휩쓸려 가다가도 다시 회복하여 강둑에 올라와 앉을 수 있는 회복 탄력성을 기를 수 있다. 이러한 마음으로 암류의 특성을 탐색하자. 일단 다시 핵심 포인트를 잡기 위하여 암류를 개념적으로 설명하는 대신에 짧은 반영 연습을 제시한다. 아래의 연습을 시작해보자.

짧은 연습: 스스로 일어남

편안하게 앉는다. 그리고 아무것도 하지 않는다. 3분 동안 마음을 챙겨 호흡을 한다. 이와 같이 당신의 마음을 안정시킨다. 잠시 후 스스로에게 질문한다. "지금 나의 마음에서 발생하고 있는 이것은 무엇인가?" 거의 대부분 당신이 생각을 하고 있었음을 발견할 것이다. 다시 당신 자신에게 질문한다. "내가 생각하기로 마음먹었던가?" 거의 대부분의 대답은 "아니오"일 것이다.

이 연습에서 분명한 것은 생각은 저절로 일어난다는 것이다. 우리는 점심때 식당에서 음식을 주문하듯이 자신의 생각과 감정을 결정할 수 없다. "오 그래 오늘 나는 전채요리와 같은 불안한 생각을 가질 거야. 그리고 나는 어제 저녁 아내와 다투었던 일을 주메뉴로 하여 그 일을 생각하고 하루 종일 화를 낼 거야. 나는 나 자신에게 군침 도는 디저트와 같은 강한 비판의 약을 먹일 거야." 당신은 이와 같이 살고 있나? 아닐 것이다.

우리들 대부분은 우리들의 마음 안에서 일어나는 것을 통제할 수 있다고 믿고 있다. 그러나 조심스럽게 관찰해보면 그렇지 않다는 것을 곧 알게 된다. 생각은 마음속에서 저절로 떠오른다. 우리는 이 암류가 불수의적임을 볼 수 있다.

암류의 특성을 철저히 이해하는 것이 우리의 수행을 깊게 하는 데 아주 중요하다. 왜냐하면 많은 사람들이 '생각을 중단한다'거나 '마음을 비운다'거나 '생각을 제거한다'는 것이 가능하다고 생각하기 때문이다. 많은 사람들이 스스로에게 이러한 관념의 올가미를 씌우고 이것을 달성하기 위한 시도의 고통 속으로 자신을 밀어 넣는다.

그들은 불가능한 일을 시도하는 것이다. 메아리를 제거할 수 없듯이 생각도 중단시키거나 제거할 수 없다. 이 점이 통찰 수행에서 중요하다. 왜냐하면 우리는 아무것도 하지 않는 것이 가장 온당하고 현명한 길임을 나중에 깨닫기 때문이다. 어떠한 다른 시도도 불가능한 일이다.

신경과학으로부터의 통찰이 이 점을 이해하는 데 유용하다. 제2장을 회상하면 디폴트 모드 네트워크(DMN)는 마음이 쉬고 있을 때에도 끊임없이 생각을 토해내고 있다. 우리가 외형적인 것에 초점을 둔 생각을 적극적으로 하지 않을 때에도 뇌의 이 부분은 활동적이고 그것의 기능은 마음 방랑과 즉각적인 생각의 일어남이라는 특성을 갖고 있다. 흥미롭게도 마음이 이와 같이 방랑하고 있을 때 그것은 우리의 통제 바깥에 있고, 이때 불행하였던 과거의 경험이 드러나는 경향이 있다. 왜냐하면 뇌의 이 부분은 우리로 하여금 우리의 잠재적 위협이 되는 환경에 대하여 바짝 긴장하고 불안정해지게 하는 곳이기 때문이다. 이것은 우리가 암류에서 발견했던 것과 정확히 같은 것이다. 그것은 스스로 일어나고 그 내용은 대부분 부정적인 것이다. 연구에 의하면 디폴트 모드 네트워크의 정확한 기능과 뇌의 다른 네트워크 간의 관계는 불분명하다. 그러나 명상가들에 대한 실험의 결과에 의하면 뇌의 이 부분이 명상에 의해 고요해지는 것이 밝혀졌다. 때문에 암류를 다루는 최상의 방식은 그것을 내버려두고 대신에 호흡과 같은 지원에 마음을 맞추는 것이다.

짧은 연습: 과거의 메아리

편안하게 앉는다. 당신의 마음이 안정되도록 3분 동안 마음 챙겨 호흡을 한다. 호흡의 자연스런 리듬에 주의를 보낸다. 그리고 주의를 이동시켜 당신의 마음속에서 일어나는 것을 알아차린다. 어떤 종류의 생각, 이미지 혹은 이야기가 일어나고 있는가? 당신은 반복되는 주제 혹은 패턴을 알아차릴 수 있는가? 어떤 새로운 것이 일어나고 있는가?

이 연습을 통해서 우리는 암류의 내용이 아주 친숙한 것임을 알 수 있다. 새로운 것은 거의 없다. 그것들은 과거의 일, 이슈 그리고 이미지가 계속 반복되면서 나타나는 경향을 갖는다. 일어나는 생각의 유형은 과거에 있었던 사고의 흐름의 패턴에 의존한다. 만약 우리가 음악을 듣는 데 시간을 많이 소비하면 그 음악이 암류로 우리의 귓전을 맴돈다. 만약 우리가 과거에 있었던 일을 걱정하고 화났던 일에 시간을 많이 보내면 불안과 화의 생각이 암류 안에서 일어나는 경향이 있다.

로브 네른은 암류를 메아리에 비유하였다. 산골짜기에서 소리치면 잠시 후 메아리가 계곡에서 되돌아온다. 여기서 핵심 포인트는 메아리가 과거 원인의 결과라는 것이다. 일단 소리치고 나면 메아리를 중단시킬 방법은 없다.

이와 같은 이해는 불교도의 카르마(Karma)에서 나온 것이다. 카르마(업)는 원인과 결과를 말한다. 카르마의 법칙에 따르면 우리가 생각하고, 말하고, 행동하는 것이 우리의 환경에 영향을 미친다. 이러한 영향이 우리에게 되돌아오고 그것이 우리의 마음이 다시 유사하게 행동하도록 조건 지워진다는 것이다. 그것이 행위의 습관적 패턴을 만든다. 예를 들어 우리가 다른 사람의 행동에 화를 내는 반응을 한다면 그 사람 또한 우리에게 화를 낼 것이고 유사한 상황에 처했을 때 또다시 화를 내는 경향을 나타낸다는 것이다. 이러한 이해는 오늘날의 신경과학에서 발견한 것이다. 요약하면 '함께 활성화되는 신경세포들은 같이 연결된다'는 것이다.

여기서 중요한 점은 우리가 어떤 영향(결과)에 대해 반응할 때 이것이 원인을 강화시킨다는 것이다. 위의 사례에서 원인은 처음의 소리였고 결과는 메아리였다. 만약 우리가 메아리에 대해 한 번 더 소리치면 다른 메아리가 되돌아온다. 이와 같이 화가 난 사람에게 다시 화의 반응을 보이면 그것은 그 원인을 강화시킬 뿐이고 계속하여 화의 순환 속에 빠져든다.

만약 우리가 마음속에서 발생한 것을 반영해보면 메아리는 계속해서 일어난다. 성가심이나 화에 관한 생각이 마음속에서 일어날 때까지 그것들은 단지 이전의 원인의 결과물일 뿐이다. 그것들은 마음의 내적 환경에서 일어나는 메아리와 같은 것이다. 여기서 우리가 해야 할 일은 그것들을 홀로 내버려두는 것이다. 그렇게 하지 않는 것은 이미 질러진 소리의 메아리를 막으려는 시도와 같다. 메아리를 홀로 내버려두고 대신 그것의 기본 패턴—그것은 산골짜기에서 소리치는 경향성이다—을 알고 그것을 다룰 수 있어야 한다. 화의 경우에는 화를 돋우는 자극에 반응하지 않도록 우리의 마음을 수행하는 것이다. 그리고 해독제로 자애(loving-Kindness)를 계발한다.

이 점을 이해하는 것이 아주 중요하다. 마음속에서 일어난 일을 반영해보면 우리는 항상 메아리와 씨름을 하고 있음을 알 수 있다. 이것은 패배하는 싸움이다. 이것은 우리가 공기 중에 멀리 던진 조약돌을 손으로 잡아 땅으로 떨어지는 것을 막으려는 시도와 같다. 해야 할 가장 현명한 일은 처음부터 공기 중에 조약돌을 던지지 않는 것이다.

다음 연습에서 메아리를 홀로 내버려두는 대신 메아리와 씨름할 때 발생하는 상황을 탐색해보자.

짧은 연습: 직접 개입

편안하게 앉는다. 자신이 부지불식간에 생각에 빠지는 것을 허용한다. 몇 분 후에 당신의 생각을 중단시키려고 한다(이것은 마음챙김 명상에서 우리가 시도하는 것이 아님을 기억하자). 그리고 마음속에서 무슨 일이 발생하는지를 본다. 다시 바로 앉는다. 자신의 생각이 오고 가는 것을 허용한다. 이제는 당신의 생각을 다른 생각으로 바꾸려는 시도를 한다. 당신이 바꾸려고 한 그 생각이 당신이 원하는 방향으로 바꾸어졌는가? 그 생각들을 조작할 수 있었나? 조심스럽게 당신의 경험을 관찰해보자.

내면의 생각 흐름 경로를 변경시키려고 시도한다 할지라도 당신이 원하는 대로 되지 않았을 것이다. 오히려 당신은 다른 새로운 생각의 흐름에 빠졌을 것이다. 당신의 마음은 긴장하고 불안해졌을 것이다. 여기서 핵심 포인트는 우리는 과거의 사건을 바꿀 수 없고 따라서 직접 개입에 의해 암류의 내용을 바꿀 수 없다는 것이다. 이 점을 이해하는 것이 중요하다. 왜냐하면 그렇지 않으면 우리는 우리의 경험을 억제하고 부정하며 무효화하려고 시도할 것이기 때문이다. 우리 대부분은 자신의 삶에서 많은 시간과 에너지를 자신이 원하는 암류를 얻기 위해 낭비하고 있다. 그러나 그렇게 되었는가? 삼예링 (Samye Ling)에서 수행 중이던 수녀 한 명은 성직 서임식을 통하여 자신의 암류가 신성해지고 순수해질 것으로 기대하였지만 실망스럽게도 그렇게 되지 않았다고 언급하였다. 만약 당신이 당신의 암류를 당신이 원하는 대로 조작할 수 있다면 당신은 이 책을 읽지 않아도 된다.

> **짧은 연습: 스스로 드러남**
> 편안하게 앉는다. 3분 동안 마음 챙겨 호흡을 한다. 당신의 마음을 안정시킨다. 호흡의 자연스런 리듬에 주의를 보낸다. 이제 초점을 이동시켜 당신의 마음에서 발생하는 것을 알아차린다. 일어나고 있는 생각, 이미지 혹은 이야기를 알아차린다. 당신이 생각에 빠지거나 그것을 밀어내는 것과 관계없이, 마음에서 발생하는 그것과 더불어 앉아 있을 수 있는지를 확인하라. 만약 당신이 이와 같은 식으로 생각의 흐름과 관계하였을 경우 당신이 알 수 있게 된 것은 무엇인가?

밝혀진 것은 암류를 다루는 방식이 그것을 홀로 내버려두기라는 것이다. 우리는 제2장에서 마음챙김 수행을 설명할 때 이것을 언급하였다. 우리가 생각에 개입하고 있음을 알아차릴 때마다 우리의 주의를 마음챙김 지원으로 되돌린다. 암류에 대한 이해의 입장에서 볼 때 그것에 개입하는 것이 무익함을 알기 때문이다. 왜냐하면 그것은 이전에 있었던 원인의 단순한 메아리이기 때문이다. 따라서 우리는 우리의 주의를 다른 곳에 두는 법을 배운다. 이것이 "에너지는 초점을 따라 흐른다"의 원리에 따라 마음이 작동하는 법을 배우는 것이다. 암류에 초점을 두지 않고 그것에 먹이를 주지 않으면 그것의 힘은 점차 줄어든다. 일단 우리는 지원으로 어느 정도 안정성을 확보한다. 즉 강독에서 안정된 좋은 지점을 확보하는 것과 같다. 그때 우리는 안식하면서 암류에서 일어나는 것과 더불어 존재하는 법을 배운다.

위의 연습에서와 같이 우리는 암류에 개입하기보다 암류와 더불어 같이 존재하는 느낌을 얻는 것으로부터 시작한다. 당신은 제2장에서 지원과 안식화 사이에서 교대로 왔다 갔다 하는 것을 배웠다. 만약 암류에 강한 끌림을 느낀다면 그때는 지원에 밀착해야 한다. 우리는 강둑에 확실히 안착해야 한다. 암류가 안정되면 그때는 암류의 흐름에 우리의 알아차림의 영역을 열고 우리의 주의를 강에서 쉬게 한다. 이러한 초점의 이동은 우리로 하여금 암류에 관여하지 않는 것과 암류 속에서 일어나는 것을 인식하는 것 사이에서 미묘한 균형을 발견하는 것이다. 이곳은 우리를 통찰 수행의 영역으로 인도하는 것으로 많은 수행이 요구되는 지점이다. 우리는 이 장의 말미 '암류 알아차리기' 연습에서 이 점을 더욱 계발할 것이다.

여기에서는 알아차림의 성질에 따뜻한 환영의 태도를 보내는 것이 중요하다. 이것은 현재 존재하는 것에 대해 완전히 가슴을 여는 것을 의미한다. 마음을 닫거나 철수하지 않아야 한다. 쉬운 일은 아니다. 많은 사람들이 어렵다고 한다. 예를 들어 마음챙김 수행을 하고 있는 중에 불안한 생각이 일어나고 그 결과로 암담한 기분 속으로 들어가는 두려움이 일어났다고 상상해보라. 이곳이 핵심 요체가 발동할 수 있는 곳이다. 우리의 본능은 수행을 중단하고 초콜릿을 먹으려고 할 수도 있다. 하지만 이곳이 연민을 불러올 수 있는 지점이다. 우리는 우리가 경험하기를 원하지 않는 것에 가슴을 열고 현재에 머물며 있는 그대로의 경험이 전개되는 것을 허용할 수 있다. 이것이 진정한 수용의 시작이다. 그렇게 하여 '스스로 드러남(self-displaying)'을 위한 조건을 만드는 것이다.

통찰 수행의 한 참가자는 수용에 의해 암류가 스스로 드러난다는 것을 경험을 통하여 이야기하였다. 즉 암류의 숨겨진 자원이 드러났다는 것이다. 이 참가자는 한때 아주 극심한 불안을 느끼며 고독에 휩싸였다. 직장에서 빈집으로 돌아왔을 때 순간적으로 외로움이 몰려왔다. 그는 작업장을 떠나 집으로 향하였을 때 이미 두려움을 느꼈다. 그는 두려운 생각과 느낌으로 버스에 앉았다. 그는 자신 안에 있는 것을 느끼지 않기 위하여 머리를 식히고 편안해져야겠다는 강렬한 충동이 생겼다. 아이플레이어(iplayer)를 보고, 스낵으로 저녁을 먹을 계획을 세웠다. 집에 도착하여 현관에 들어섰을 때 그는 "이 느낌에 한번 완전히 부딪혀보자"고 생각하였다. 그래서 컴퓨터와 냉장고로 가는 대신 명상 방석에 앉았다. 강렬한 고독에 휩싸인 생각 모두를, 즉 불안정한 느낌을 가라앉히기 시작하였다. 그는 연민 어린 의도의 느낌 속에 앉았고 자신을 따뜻한 포옹으로 감싼다고 상상하였다. 이때 어린 시절의 기억이 폭포처럼 쏟아져 나오는 것을 경험하였는데 그것들은 현재의 느낌과 연결되어 있었다. 그는 계속 앉아 있었고 그가 겪었던 어린 시절의 고통스런 경험에 마음이 천천히 부드러워지고 있는 이 광경에 열려 있었다. 따뜻한 포옹에 대한 그의 충심은 아주 강하였고 그를 통하여 흐르고 있는 느낌의 힘을 수용하기 위해 자신이 크게 성장하고 있는 것 같았다. 눈물이 왈칵 쏟아졌다. 그것은 해방감, 안도감 그리고 사랑의 눈물이었다. 그는 일어나 부엌으로 갔고 동시에 그의 고독은 사라졌다. 그 자신은 편안함, 밝음 그리고 괜찮음을 느꼈다. 그는 이 경험 이전과 이후의 사태를 온전히 믿을 수가 없었다. 이제 그는 이 경험이 그에게 확인되었음을 느낀다. 그가 억압이나 회피로부터 수용으로 결정적인 이동을 할 수 있었던 이유는 거기에 항상 변용과 성장을 위한 가능성이 있었기 때문이다.

따라서 우리는 수용이 암류의 원천 가운데 어떤 것을 드러내는 기회를 줄 수 있다고 본다. 메아리의 예로 되돌아가면 우리가 그 소리를 들었을 때 그 소리의 원천 중 어떤 것, 즉 이름하여 '처음의 소리 지름'이 자동적으로 드러나는 것과 같다. 이와 유사하게 우리 마음에서 나타나는 생각은 어떤 확실한 원천에서 일어난다. 일부는 빵냄새와 같이 외부 자극에 대한 반향으로 단순하게 일어날 수도 있다. 또 이전의 생각에 의해 발화될 수도 있고, 어떤 것은 위의 예에서 본 바와 같이 지금까지 숨겨져 오면서 해결되지 않았던 심리적 이슈의 표현일 수도 있다.

여기서의 핵심 포인트는 우리가 암류를 해석하거나 분석하지 않고 홀로 내버려두면 암류에 대해 우리가 알고자 하는 어떤 것을 그 스스로 드러낸다는 것이다. 암류에 대한 우리의 반응은 스스로 드러남의 과정을 막을 뿐이다. 그것을 홀로 내버려두는 것이 그 자신의 이야기로 말할 수 있는 공간을 제공하는 것이다. 이것은 고통 속에 있는 어떤 사람에게 지원과 공간을 주고, 그들에게 그들 자신의 경험을 자신의 방식대로 자신의 시간에 말하게 하는 것과 유사하다. 그것은 경험 속에서 일어나는 것을 따뜻하게 감싸 안는 것이다. 알려고 시도하거나 어떤 개념적 라벨을 붙이려는 것이 아니다. 이것이 통찰을 위한 조건을 만들기 위한 우리의 핵심 접근법이다. 로브 네른은 이것을 꼬마 보핍(Little Bo Peep)의 원리로 묘사하였다.

꼬마 보핍이 양을 잃어버렸네.

어디에서 양을 찾아야 할지 몰랐네.

그냥 두어라. 그러면 양은 집으로 올 것이다.

그들의 이야기를 뒤로하고.

짧은 연습: 자기 해방

편안하게 앉는다. 그리고 3분 동안 마음 챙겨 호흡을 한다. 당신의 마음이 안정된다. 호흡의 지원에 초점을 두고 잠시 시간을 보낸다. 당신의 초점을 이동시켜 당신의 마음 안에서 발생하는 것을 본다. 일어나고 있는 생각, 이미지 혹은 이야기를 알아차린다. 이때 마음 안에서 일어나는 것에 개입하지 않고 그것을 밀어내지도 않고 그것과 더불어 앉아 있을 수 있는가? 이와 같은 방식으로 당신의 마음에 관여할 때 어떤 생각이나 느낌이 얼마나 오래 남아 있었는가?

이 연습에서 우리는 마음 안에서 일어나는 것이 순간순간 변한다는 것을 알 수 있다. 그것은 끊임없이 변하는 게임이다. 만약 우리가 수용을 유지하고 이 순간에 알아차림을 열면 감정적으로 강하게 고조되던 험악한 자기 대화도 완전히 빠르게 이동한다. 그것들을 단단히 자리 잡게 하였던 원인은 우리가 그들과 관계를 맺었기 때문이다. 티베트의 위대한 라마 한 분이 "어떤 생각의 생명은 3분이고 그 외의 나머지는 모두 과장된 것이다!"라고 말하였다. 여기서 생각이란 순식간에 스쳐 지나가는 것이 아니고 감정에 묶여 있는 생각의 흐름의 패턴을 말한다. 그가 옳다면 그것은 매우 경이로운 일이다. 이 말이 뜻하는 것은 고통스런 기억이 떠오르고 그것을 느끼지만 그냥 내버려두면 3분 후에는 사라져 없어진다는 것이다. 그러나 우리는 이런 상황을 거의 경험하지 못하고 있다. 그 이유는 우리가 많은 시간

동안 우리의 생각과 강박적인 관계를 맺고 그것에 개입하고 있기 때문이다.

생각의 생명이 짧다는 것을 마음에 새기면 수행에서 양질의 휴식을 즐길 수 있다. 왜냐하면 생각을 홀로 내버려두면 생각은 오래지 않아 사라진다는 것을 알기 때문이다. 이 점은 특별히 통찰의 입구인 마음챙김 수행의 안식화와 관련되어 있다. 우리는, 만약 우리가 마음에서 일어나는 것의 한가운데서 열린 상태 그리고 무반응의 상태로 앉아 있다면, 거기에 있는 깊은 진실이 점차 저절로 드러날 뿐만 아니라 그것이 아주 빠르게 변한다는 사실에 대한 신뢰를 계발할 수 있다. 이것은 마음에 기쁨과 신뢰의 감각을 스며들게 한다. 하지만 우리는 항상 숨어 있는 의제를 만들지 않아야 한다. 숨어 있는 의제는 우리가 제거해야겠다고 마음먹은 원하지 않는 경험이다. 어떤 경험을 없애기를 원하는 것은 저항의 미묘한 형태이고 아마도 원하지 않는 경험에 붙잡히게 될 것이다.

요약하면 불교, 현대의 신경과학, 그리고 심리학으로부터의 통찰이 모두 명백하게 동일한 결론을 말하고 있다. 가장 현명한 길은 암류를 홀로 내버려두라는 것이다. 그러나 우리가 그렇게 할 수 있을까? 이 질문에 대한 답은 다른 곳에 놓여 있다. 우리가 180도 회전하여 관찰자를 돌아보는 것이다.

관찰자(Observer)

이 장을 시작할 때 언급한 바와 같이 관찰자는 우리의 마음에서 일어나는 것을 아는 우리의 일부이다. 더욱이 인간 존재로서 우리는 자각(self-aware)—이것은 동물과 인간을 구별하는 특성 중의 하나—하는 존재이다. 이것은, 관찰자는 암류를 지각하고 있고 또 지각하고 있는 그것을 지각하고 있다는 의미이다.

질문의 다음 단계는 관찰자가 관찰하는 방식에 주의를 기울이는 것이다. 이러한 이유로 두 가지 유형의 생각을 구별하는 것이 도움이 된다. 먼저 우리가 '거친(coarse)' 생각이라고 말하는 암류 안에서 일어나는 생각이 있다. 그것들은 우리의 알아차림 앞에 나타난다. 사실 이것은 생각에 대한 일반적인 이해이다. 이들은 개념화된 느낌과 신체적 감각뿐만 아니라 언어화된 생각과 이미지의 형식을 취한다. 개념화된 느낌이란 즉각적으로 느낀 감정적 경험에 반하는 것으로 "나는 화를 느낀다"와 같은 생각이다. 이와 비슷하게 개념화된 신체적 감각이란 무릎에서 느끼는 직접적인 감각의 경험에 반하는 것으로 "나는 무릎을 다쳤다"와 같은 생각을 포함한다.

둘째로 우리가 '미세한(subtle)' 생각이라고 부르는, 관찰자 안에서 일어나는 생각이 있다. 그것들은 알아차림의 가장자리에 반쯤 웅크린 채 숨어 있다. 미세한 생각은 태도, 가정, 기대 그리고 선호이다. 그것들은 우리가 사물을 보는 방식에 색칠을 하는 생각이다. 그러나 그것들을 발견하기는 어렵다. 그리고 그것들은 강력하다. 우리가 그것들을 보지 않는 한 우리는 그들의 관할 아래에 들어가 그들의 지배를 받는다. 그것들은 우리가 우리의 경험에 어떻게 반응할지를 결정하는 습관과 조건의 힘의 전달자이다.

거친 생각과 미세한 생각의 구별을 명확하게 하기 위해 우리가 강둑에 앉아 있는 비유로 돌아가자. 암류 안에서 일어나는 거친 생각은 강에서 떠다니는 것으로 그들 중 일부는 새끼 오리나 꽃다발과 같이 즐거운 것이고, 낡은 통조림 캔이나 기름띠와 같은 불쾌한 것이며 또 어떤 것은 우리의 주의를 거의 끌지 못하는 잔 나뭇가지나 낙엽 같은 것이다. 관찰자는 강둑에 앉아 이들을 편견 없이 관찰할 수 있다. 그러나 관찰자는 선호의 태도를 갖고 암류를 관찰한다. 그래서 새끼 오리와 꽃다발을 볼 수도 있고 낡은 통조림과 기름띠를 같이 볼 수도 있으며, 낙엽과 잔가지를 무시해버릴 수도 있다. 이러한 태도는 관찰자의 미세한 생각으로 드러난다. 예를 들어 "나는 이것이 좋아", "나는 저것이 싫어", "나는 이것에 관심이 없어"와 같은 것이다. 다른 미세한 생각도 관찰자 안에서 드러난다. 예를 들어 "나의 암류에는 꽃다발이 항상 있어야만 해"라는 가정이나 "나의 강 속에 기름 찌꺼기가 있는 건 싫어"와 같은 기대 그리고 기타 등등이다.

요약하면, 관찰자는 암류 안에서 일어나는 거친 생각을 알고 있다. 그리고 관찰자는 자기 자신 안에서 일어나는 미세한 생각을 알아차릴 가능성 역시 가지고 있다. 이것이 통찰 수행의 핵심이다. 그러나 지금은 암류에서 일어나는 것을 관찰자가 관찰하는 법에 초점을 두도록 하자. 이것을 당신 자신의 경험의 영역으로 가져와 며칠간 다음 연습을 하도록 하라. 그리고 당신이 발견한 것에 주목하라.

일상의 수행: 내용 강박

일상생활을 할 때 자신이 힘든 생각의 패턴 혹은 감정적으로 부담이 되는 이슈를 반추하였거나 개입하였거나 혹은 부정적인 자기 대화에 갇혀 있었던 때를 회상한다. 잠시 멈추고 이것이 지금 나에게 어떻게 느껴지는지를 알아차린다. 그 일이 해결되었나? 내가 더 좋아지거나 혹은 더 나빠졌다고 느끼나? 마음의 평정을 회복한 뒤 짧은 자기연민 휴식을 가진다. 그리고 하루를 계속한다.

위의 짧은 연습을 통하여 우리는 하루의 대부분을 감정적으로 부담되는 이슈, 부정적인 생각의 패턴, 험악한 자기 대화 그리고 반추와 강박적인 관계를 맺은 채 보내고 있음을 알 수 있다. 비유로 말하면 우리는 강둑에서 강의 급류 속으로 떨어져 바위에 부딪히고 폭포에 의해 파괴되고 있는 것이다.

로브 네른은 이 과정을 '내용 강박(content obsession)'이라고 하였다. 우리는 암류의 내용에 사로잡혀 강박 상태에 빠진다. 강을 보고 있는 비유로 돌아가면 우리는 흐르는 강을 응시한다. 이러한 응시의 근원은 우리가 암류를 변경시키고, 합리화하고, 제거하고, 건전하게 만들 수 있다고 하는 뿌리 깊은 신념이다. 때때로 우리는 상이한 결과를 기대하면서 마음속에서 사건을 재생한다. 예를 들어 원한을 가진 어떤 사람을 생각할 수 있다. 마음챙김 수행을 하고 있는 어떤 시점에도 과거의 원한 맺힌 그 상황을 지금 다시 체험하고 있는 자신을 발견할 수 있다. 이 순간이 마음챙김 지원과의 접촉을 상실하여 강으로 추락한 순간이다. 이때는 화, 정의, 분노와 같은 아주 격앙된 감정의 소용돌이에 사로잡힌다. 그것은 마치 우리의 생각이나 느낌이 "어떻게 그녀가 감히?" 하고 소리치는 것과 같다. 이때 화가 파괴적임을 인식하면 화를 가라앉히고 그것의 영향력을 줄이려는 시도를 할 수 있다. 만약 그러한 시도를 하지 않는다면 우리는 그것을 억제할 뿐이고 나중에 화는 다른 형태로 분출된다. 어느 쪽이든 해결은 되지 않는다. 내적 갈등과 긴장을 만들고 있을 뿐이다. 그리고 문제는 나중에 다시 나타난다. 다음번에 명상을 하기 위해 앉았을 때 전체 시나리오 그 자체가 되풀이될 수 있다.

우리는 선호, 가정 그리고 기대의 미세한 생각이 이 시나리오 안에서 어떻게 저절로 움직이는지를 볼 수 있다. 이것으로 인해 우리는 자유를 잃는다. 우리는 선택할 수 있는 가능성을 잃고 대신에 습관과 길들이기의 힘에 의해 구동될 뿐이다. 더욱이 우리는 다른 결과를 기대하면서도 반복적으로 똑같은 일을 되풀이하고 있다. 이것을 아인슈타인은 정신 이상(insanity)이라고 정의하였다.

이러한 사실이 우리를 의기소침하게 만들지만 그러나 희망을 놓을 수는 없다. 우리는 지금 탐구 여행 일정의 초반에 있을 뿐이다. 제3장에서 논한 것을 회상해보면 통찰은 우리의 경험 요소들을 각각으로 푸는 해체의 과정이다. 그 과정을 통하여 내면의 경험의 다른 면을 분명하게 구분할 수 있고 그 요소들이 원인과 결과의 연쇄 안에서 서로 어떻게 연결되어 있는지를 볼 수 있다. 여기서 핵심 포인트는 관찰자가 그 자신의 선호의 마법 아래 어떻게 놓여 있는지를 보는 것이다. 그것은 마음을 교착(deadlock)과 투쟁 상태에 감금시키는 것이다.

삼위일체의 뇌

신경과학으로부터의 통찰이 어떻게 마음이 내용 강박에 묶이는가를 해명한다. 뇌는 진화과정을 통하여 뇌 활동성의 여러 가지 능력이 다른 시기에 진화하였다. 진화는 아무런 사전 준비 없이 재디자인하는 능력을 가지고 있지 않다. 대신 사전에 존재하는 역량 위에 구축되어왔다. 대부분의 고대의 뇌의 활동성 층은 공격성, 지배성 그리고 세력권 의식의 본능적 행위를 지배하는 것으로 파충류가 이 단계에 포함된다. 그다음 층은 변연계(limbic system)로, 먹이주기, 재생산 그리고 새끼를 돌보는 것에 관한 동기와 감정에 책임을 가지고 있다. 가장 많이 진화한 뇌의 영역은 인간에게서 유일하게 발견되는 대뇌피질(cerebral cortex)로, 언어, 추상화, 계획수립 그리고 메타 인지(생각에 대해 생각하는 것)의 능력을 부여받은 것이다.

대뇌피질은 고도로 진화한 것으로, 인간문명의 복잡성을 오롯이 설명해준다. 그러나 그것은 자주 고약하고 빠르게 일어나며 아주 강하게 일어날 수 있는 파충류 단계의 자극과 구동에 대해서는 취약하다. 우리는 잔혹 행위와 고문을 자행하는 인간의 행위를 생각할 수 있다. 더욱이 대뇌피질에 의거하여 우리가 생각하고 상상할 수 있는 방식이 편도체(amygdala)와 같은 변연계 영역을 악화시킬 수도 있다. 뇌는 외부적 위협과 내부적 위협의 차이를 알지 못한다. 따라서 자기비판적인 생각이 편도체를 악화시켜 불안을 유발시킬 수 있다.

위협에 대한 얼룩말의 반응과 인간의 반응을 비교해보자. 사자의 접근으로부터 도망치던 얼룩말은 일단 안전해지면 억압된 불안을 떨쳐버리기 위해 몸을 부르르 떤다. 그리고 마치 아무 일도 없었다는 듯 먹이를 먹는 행위로 되돌아간다. 진화된 신피질을 가진 인간은 이와 같은 상황에 직면하면 끝없이 그 상황을 회상하면서 재발할 것에 대해 불안해하는 자신을 발견할 것이다. "오! 아니 죽을 뻔했잖아! 내 새끼에게 무슨 일이 일어났지? 그리고 내일은 어찌 될 것인가, 결코 마음을 놓을 수 없어!" 인간은 낡은 뇌-새로운 뇌의 고리(loops)에 빠져 있고, 그것에 의하여 외부적인 위협이 마음속에서 고려되고, 몸속에서 심리적 위협의 반응으로 계속 발화된다.

이러한 진화적 이해를 우리의 분석에 적용하면 암류는 관찰자를 흥분시키는 것이다. 그때 관찰자는 암류를 통제하고 조절하기 위해 마음속으로 방향을 돌리지만 암류는 더욱 흥분 상태가 된다. 이러한 과정을 구동하는 것이 관찰자가 보유하고 있는 격정과 공격성인 파충류의 자극이다—우리가 선호(preference)라고 하는 것이다. 그리하여 반응은 부정적인 고리에 빠진다. 우리는 이것을 '내용 강박'이라고 부른다. 진화의 모델로부터 드러나는 핵심은 그것이 우리의 과오가 아니라는 것이다. 우리는 진화의 과정을 설계하지 않았다. 우리를 자주 상이한 방향으로 당기는 뇌의 까다롭고 복잡한 과정 속에서 우리 자신을 발견할 뿐이다. 하지만 관찰자가 자각할 수 있다는 것을 전제하면 우리는 이 과정을 생각해보고 그리고 행위의 다른 경로를 선택할 수 있는 능력을 갖고 있다. 이것이 알아차림과 통찰의 길이다.

관찰자를 관찰하기

이것은 관찰자의 두 번째 특성을 의미한다—이름하여 스스로를 알아차릴 수 있다는 것이다. 그것은 스스로를 되돌아볼 수 있는 능력이고, 관찰하는 것을 형성하는 미세한 생각을 인식하는 것이다. 특히 미세한 생각들의 노예가 되지 않고 그것의 선호를 알아차릴 수 있으며 그것들을 다룰 수 있다. 이것을 우리 경험의 일부로 만들기 위해서 한번 더 수행을 해보자.

짧은 연습

편안하게 앉는다. 그리고 3분 마음챙김 호흡을 한다. 호흡의 자연스런 리듬에 주의를 기울이면서 당신의 마음을 안정시킨다. 그리고 당신의 초점을 이동하여 당신의 마음에서 발생하는 것을 알아차린다. 일어나는 생각, 이미지 혹은 이야기를 알아차린다. 또다시 당신의 초점을 이동시킨다. 마음속에서 분투하는 미세한 감각이 있는가? 제대로 이해 못한 어떤 감각이 있는가? 당신이 느끼고 있는 것을 당신은 어떻게 느끼나? 당신의 일기장에 당신이 알아차린 것을 기록하라.

우리는 이 연습을 다음에 있는 수행 코너에서 확장할 것이다. 그러나 이 짧은 연습이 관찰자의 미세한 생각을 드러낸다. 작동하고 있는 이들 미세한 생각—분투하고 있는 우리의 경향, 우리가 생각하고 느끼는 것의 토대가 되고 있는 우리의 가정, 그리고 뿌리 깊이 내장된 좋음과 싫음—을 보는 것으로 충분할 것이다. 미세한 생각이 우리를 더 많은 반응성(reactivity)과 내면의 투쟁에 옭아맬 때 우리가 그들을 보는 것 외에 따로 할 일은 없다. 이 책의 핵심 원리는 "봄이 행이다"라는 것이다. 일단 우리가 마음 내부의 패턴을 명확히 보고 그것을 마음챙김의 알아차림과 수용에 가져오면 이것이 바로 그 자체로 자기 해방의 과정을 시작하는 것이다. 우리를 감금시키는 것은 무지(ignorance)—발생하는 것을 보지 못하는 것—와 무지로부터 일어나는 모든 것, 이름하여 우리를 반응성의 순환적인 연쇄에 빠지게 하는 우리의 '선호의 습관'이다. 이것에 대해서는 제6장에서 다룬다.

결론

이 장의 핵심 포인트를 요약하여 다루는 것이 도움이 될 것이다. 먼저 우리는 마음의 두 가지 수준을 인식하였다. 그것은 알려지는 것과 아는 자이다. 전자를 암류, 후자를 관찰자라고 한다. 통찰 수행에서는 이들 두 가지 마음의 수준을 분리하는 것이 중요하다. 그렇게 함으로써 우리는 변화를 가져오기 위해서 초점을 두어야 할 곳을 분명하게 할 수 있다. 우리는 암류를 표면적인 마음 아래에서 흐르는 반복적인 사고의 흐름으로 인식한다. 우리가 암류에 주의를 기울일 때 우리는 그것이 스스로 일어나고, 메아리와 같은 과거의 현현임을 볼 수 있다. 때문에 우리는 직접적인 개입으로 암류를 변경시킬 수 없다. 그러나 그것을 홀로 내버려두면 암류는 그 자신을 드러낸다. 어떤 경우에는 이러한 과정에서 암류의 원천이 폭로된다. 그리고는 저절로 사라진다. 이것이 자기 해방이다. 결론적으로 분명한 것은 암류를 혼자 내버려두는 것이 유일한 정신적 길이라는 것이다. 하지만 만약 순간순간의 기준으로 우리의 마음에서 발생하는 것을 본다면 우리들 대부분은 암류를 조작하고, 바꾸고, 변경시키려는 강박 상태에 빠진다.

왜 이러한 일이 발생하는지를 이해하기 위하여 관찰자를 바라볼 필요가 있다. 여기서 우리는 거친 생각(암류에서 발생하는 것들)과 미세한 생각(우리의 알아차림의 바깥 가장자리 즉 관찰자 안에서 일어나는 것들)을 구분한다. 관찰자는 자기인식을 할 수 있기 때문에 거친 생각과 미세한 생각을 모두 관찰할 수 있다. 미세한 생각에 주의를 보낼 때 우리는 미세한 생각이 관찰자와 관련되어 있는 암류에 계속 영향을 미치고 있음을 볼 수 있다. 간단하게 말하면 관찰자는 항상 암류를 선호의 태도로 보고 있다—이것은 좋고 저것은 싫다는 식이다. 그리고 그것에 따라 행동한다. 이것이 우리를 내용 강박에 몰아넣는 것이다. 즉 암류를 변경시키려는 불가능한 시도를 하게 한다. 이것이 바로 마음속에서 고통이 영구화되는 방식이다.

여기에서 제기되는 핵심 질문은 무엇이 선호의 태도로 관찰의 과정을 구동하는가이다. 이 책은 경험적 탐구에 초점이 있기 때문에 앞서의 연습이 유용할 수 있다. 다시 묻는다. "나의 관찰자의 미세한 생각과 선호의 배후에는 무엇이 있나?" 이 질문이 문제의 핵심으로 우리를 인도할 때까지 곰곰이 생각하자. 우리는 이 테마를 다음 장에서 논의할 것이다.

수행 코너

연습 4 암류 알아차리기

현재에 머물면서 당신의 암류에서 일어나는 생각을 알아차리겠다는 의도를 갖고 수행을 시작한다. 그리고 이 수행을 하는 당신의 동기를 반영한다. 암류가 어떻게 일어나고, 그 자체로 드러나고 사라지는가를 이해한다. 이제 안정화, 접지화, 안식화 그리고 지원으로서의 호흡이나 소리로 이동한다.

아주 이완된 상태로 마음챙김 지원에 초점을 맞춘다. 그리고 생각을 방해하지 않도록 조심한다. 생각이 마음속에서 일어난다는 사실에 흥미를 느낀다. 암류의 존재가 당신에게 점점 분명해지도록 그것들을 본다. 그리고 매번 당신이 생각에 빠져 있다는 것(생각과 관계하고 있는 것)을 알아차린다. 당신의 마음이 방황하고 있는 것을 알아차리고 부드럽게 당신의 주의를 마음챙김 지원으로 되돌린다. 일단 마음챙김 지원으로 돌아와 안정되면 다시 마음에서 일어나는 생각을 알아차린다.

때때로 당신의 알아차림을 통하여 이동하는 생각, 이미지 혹은 배경 이야기의 흐름에 주의를 돌린다. 그리고 20초 내지 30초 동안 그것들을 당신의 지원으로 삼는다. 그다음에 당신이 선택하였던 마음챙김 지원으로 되돌아온다.

이런 방식의 수행을 신뢰하면서 당신의 암류에서 일어나는 것의 현존 속에서 단순히 안식하는 실험을 해본다. 일어나고 있는 생각에 개입하거나 그것을 밀어내지 말고 그것과 같이 있는 것이 어떤 느낌인지를 알아차린다. 당신이 생각에 사로잡혔음을 알아차렸을 때는 지원으로 되돌아오며 지원과 안식화 사이에서 번갈아 왔다 갔다 한다. 수행의 끝에서 아래 질문을 반영하고 일기장에 기록을 남긴다.

어떤 종류의 생각이 있었는가?
그것들은 개념적인 생각, 이미지 혹은 감정적으로 부담이 되는 이슈
　　였나?
그것들은 저절로 일어났는가?
당신이 그것들에 관여하지 않았을 때 그들에게 어떤 일이 발생하였나?
그것들은 오래 남아 있었나 아니면 다른 것으로 바뀌었거나 변하였나?
그것들은 어디로 갔는가?

수행의 효익을 공유하려는 의도를 갖고 수행을 마친다. 이런 방식으로 수행하고 자신의 마음 움직임을 더 잘 인식함으로써 당신은 당신의 삶에 지혜를 가져올 수 있고, 또한 연민으로 타인의 삶에 접촉할 수 있는 열망을 만들어낼 수 있다.

연습 5 관찰자를 관찰하기

현재에 머물면서 관찰자의 태도를 인식하겠다는 의도로 수행을 시작한다. 당신이 강박적으로 생각에 개입하는 이유를 더 잘 이해하려고 하는 것이다. 그리고 잠시 이 수행을 하는 당신의 동기를 반영한다. 그다음에는 안정화, 접지화, 안식화 그리고 호흡이나 소리의 지원으로 이동한다.

마음챙김 지원에 가볍게 초점을 유지한다. 그리고 당신의 마음에서 일어나는 것을 알아차린다. 그것은 암류의 거친 생각으로, 이미지, 감정적으로 문제가 되는 것, 자기 대화 그리고 기억 등이다. 생각에 빠졌다는 것을 알아차릴 때마다 부드럽게 당신의 주의를 마음챙김 지원으로 되돌린다.

마음이 안정되었다고 느낄 때 당신의 초점을 관찰자—암류를 인식하는 당신의 일부분—로 이동한다. 그리고 이 이동의 신호로 좌석을 약간 움직인다. 이것은 앞서의 암류를 관찰하고 있는 우리 마음의 일부를 내부적으로 뒤돌아보는 것으로, 180도 회전하는 것과 같은 느낌이다. 그리고 이완된 상태에서 아래의 질문을 스스로에게 한다.

"마음속에 무엇을 시도하고 있는 미세한 감각이 있는가? 예를 들어 당신은 고요해지는 것 혹은 통찰을 원하고 있는가?"

"제대로 이해하지 못하거나 실패한 어떤 감각이 있는가? 당신은 당신
    이 관찰자를 관찰하려는 시도를 하고 있지만 그렇게 할 수 없다고
    생각할 수도 있다."

"당신의 몸이 느끼는 것을 알아차린다. 수축이나 긴장의 감각 혹은 감
    각이 없는 느낌이 있는가?"

"마음의 감정적 분위기를 알아차린다. 당신은 슬픔, 침울, 긴박감, 골
    치 아픔 혹은 흥분을 느끼는가?"

"당신의 느낌을 당신은 어떻게 느끼고 있나?"

위의 질문을 반영하고 있는 동안 생각에 사로잡히게 되면, 당신이 선택
한 지원으로 되돌아온다. 일단 당신의 마음이 안정되면 마음챙김 지원을 놓
아버린다. 그리고 당신의 경험에서 일어나는 것과 같이 그냥 쉰다. 이제 당
신이 관찰자의 미세한 생각과 태도를 판단하지 않고 혹은 그것들이 사라지
기를 희망하지 않고 그것들과 현존할 수 있는지 그리고 그것들을 위한 공간
을 만들 수 있는지를 본다. 회기 마지막에 위의 질문을 하여 알아차린 것을
공유하고 일기장에 기록한다.

5
자기중심적 선호 시스템

만약 우리가 자신의 내면을 얼마 동안 보고 있으면 '나(I)'라는 감각이 관찰자의 태도와 선호의 배후에 놓여 있음을 볼 수 있을 것이다. 나라는 감각이 선언한다. "이것은 나다. 나는 여기에 있다. 나는 생각하고 있다." 나의 영향 아래에서, 우리의 경험에서 일어나는 것에 대한 계속되는 모니터링이 있다. "떠올랐던 생각이 좋은 생각인가? 일어났던 감정을 나는 좋아하는가? 이 마음의 상태가 나를 기분 좋게 만드는가?" 우리는 이와 같은 자아의 감각이 관찰자와 함께 일어나는 것을 그리고 자아감에 내장된 좋아함과 싫어함을 볼 수 있다. 우리는 이것을 '자기중심적 선호 시스템(Egocentric Preference System: EPS)'이라 한다. 관찰자는 조작에 능한 장관의—이 경우에는 EPS이다—통제를 받는 동화 속의 임금과 같은 것이다. 예를 들면 반지의 제왕(The Lord of the Rings)에 나오는 테오덴 왕과 그의 수석비서 웜통과 같다.

EPS는 우리를 장악하고 있다. 우리가 생각하고, 말하고, 행동하는 모든 것이 이것의 지시를 따르고 있다. 우리가 암류와 어떻게 관계하는지를 알아차리려면 먼저 이것을 발견해야 한다. EPS는 암류를 조작하고 통제하기 위해 우리의 충동을 구동시킨다. 하지만 과거의 원인으로 인해 암류가 불수의적으로 일어난다는 점을 가정하면 EPS의 노력은 반복적으로 난관에 부딪친다. 우리가 얼마나 자주 부정적인 생각이나 느낌에 사로잡히는지 그리고 이들을 변화시키고, 억누르거나 회피하기를 시도하는 데 얼마나 많은 에너지를 투입하는지를 보기 위하여 우리 자신의 경험에서 EPS와 대면하는 것은 하나의 경이로운 깨달음이다.

　예를 들어 현 시점에서 우리는 오직 긍정적인 생각을 하겠다고 결심을 할 수도 있다. 많은 긍정적 사고를 다룬 문헌들이 우리가 그렇게 할 수 있도록 용기를 준다. 긍정적인 생각을 하면 행복해질 것이고 세계가 우리를 사랑할 거라고 말한다. 이 패러다임을 따른다면 우리는 명상하기 위해 앉아서 행복한 생각의 연속된 흐름을 준비해야 할 것이다. 우리는 근사한 음악을 듣고 멋진 옷을 챙겨 입는다. 그런데 무슨 일이 일어날까? 이웃집 개가 갑자기 짖는 바람에 화가 나는 것과 같이 현실에 부딪히면 우리의 노력 전체가 궤도를 이탈한다. 이때 우리는 실패했고 모든 것이 잘못되었다고 느낄 수 있다.

　짧게 말하면, EPS 마법 아래에서 관찰자는 좋아하지 않는 것을 재배치하고, 수정하고, 건전하게 하고 혹은 제거하려고 시도한다. "나는 화를 제거해야 해, 고통스런 생각을 하지 않아야 해, 이 우울한 기분을 느끼지 않아야 해." 그러나 직접적 개입을 통하여 이들 경험을 제거할 수 없다는 것을 발견하게 되면 억제와 부정에 기대게 된다. "이 느낌을 갖지 않을 거야… 결코 화내지 않을 거야." 그러나 이러한 생각은 자기기만이다. "나는 행복하고 긍정적이길 원해. 그래서 나는 오직 긍정적인 생각만 할 거야. 나는 부정적인 생각이나 느낌을 갖지 않을 거야." 그리고 자기 자신의 고통스럽지만 해결 못한 이슈를 타인에게 투사하고 자신이 고통을 느끼는 것은 타인 때문이라고 비난한다.

이것은 아무 희망이 없는 고통스럽고 자기 파괴적인 책략이다. EPS가 느끼기를 원하지 않는 모든 것을 짊어지고 있는 암류는 원인이라기보다는 결과이다. 그리고 그것은 직접적인 개입으로 변경시킬 수 없다. 긍정적 생각활동은 이 점을 설명하지 않는다. 이것은 우리가 머리를 모래 속에 파묻고 오직 선하고 긍정적인 것에 초점을 두면 부정적인 것은 사라질 거라는 가정 하에 있다. 그렇지만 그것은 부정적 경험이 과거의 행동에 뿌리를 두고 있는 강력한 습관의 패턴에서 일어난다고 하는 근원적 원인을 설명할 수 없다. 우리가 실제로 느끼는 것에 어떤 우선적 대안을 덧붙이고자 할 때 우리는 부지불식간에 암류의 내용을 억제하려는 시도를 하게 된다. 어떤 것을 억제하려는 시도는 다만 그것을 강화시킬 뿐이다. 이것이 우리의 경험에서 어떻게 드러나는지를 보자.

짧은 연습

편안하게 앉는다. 3분 마음챙김 호흡을 하면서 호흡의 자연스런 리듬에 주의를 기울인다. 마음을 안정시킨다. 그리고 초점을 이동시켜 당신의 마음에서 일어나고 있는 것을 알아차린다. 생각, 이미지 그리고 느낌이 일어나고 있는 계속되는 흐름(암류)을 알아차린다. 그리고 당신이 지금 느끼고 있는 것에 대한 당신의 태도를 알아차린다. 아마 당신이 느끼고 있는 그것을 느끼기를 싫어할 수도 있다. 당신의 태도 배후에 있는 '나'라는 느낌을 감지할 수 있나? 그것은 몸의 수축이나 생각 혹은 자기 대화의 흐름 형태로 나타날 수도 있다. 이 '나'라는 감각이 태도를 확인하고 마음에서 일어나는 것과 투쟁하기 시작할 때 발생하는 것을 알아차린다. 이때 무슨 일이 발생하나?

당신은 마음의 일부가 마음의 다른 일부와 싸우고 있을 때 당신 내면의 긴장의 느낌을 알아차릴 수 있을 것이다. 만약 당신이 매일 위의 연습을 여러 번 한다면 이것이 자주 발생한다는 것을 알 수 있을 것이다. EPS는 암류를 계속 감시하는데 이것은 보통 교착상태나 투쟁으로 결말이 난다. 우리는 우리가 보고 있는 것을 싫어하는 우리를 본다. 우리는 우리 자신을 회피하고, 밀어내고, 멍때리고 혹은 산만하게 하는 것과 싸우고 있는 우리를 본다. 우리는 그 순간에 일어나는 것을 멈출 수 없음을 본다. 그래서 우리는 점점 고조되는 반응성(reactivity)의 나선형에 사로잡히게 된다. 당신 자신을 위해 당신의 경험 안에서 일어나고 있는 이러한 상황을 보는 것이 아주 중요하다. 이것들을 판단하지 않고 그러한 상황을 수정하지 않으며 펼쳐지는 과정 그대로 보는 것이 통찰 과정의 핵심이다.

이와 같은 내면의 갈등과 투쟁의 심장부에 놓여 있는 것은 관찰자 안에 있는 '나'라는 감각이다. 바로 우리가 EPS라고 부르는 것이다. 제3장에서 우리는 이 '나'라는 감각이 단지 환상임을 보았다. 우리는 그것을 본능적으로 우리 경험 안에 있는 고정된 준거점으로 축약하였다. 그러나 더 자세히 관찰하면 우리는 고정되고 영구한 어떤 것을 발견할 수 없다. 그것은 유동적이고 변화하는 것이다. 그럼에도 불구하고 우리들 대다수는 우리 머리 안에 유형의 실질적인 '대상적 나'가 있고 그것이 우리의 의사결정을 하고 있다고 생각한다. 그것은 논리와 이성에 반하는 것으로 깊이 뿌리박고 있는 습관일 뿐이다.

우리는 우리의 동기와 선택이 우리 의식의 지배하에 있다고 생각한다. 하지만 알아차림의 길에서 보면 우리는 더 깊은 힘에 의해 휘둘려지고 있음을 알 수 있다. 우리는 우리의 통제 안에 있지 않은 설명 불가능한 기분의 변화를 감지할 수 있고 바람직하지 않은 생각과 감정이 일어나는 것을 원하지 않았음에도 불구하고 그것이 일어나고 또 그것을 방지할 수 없음도 알고 있다.

앞에서 여러 번 언급한 바와 같이 우리는 생존과 재생산이라는 삶의 목적을 추구하면서 생물학적으로 진화해온 존재이다. 이들 삶의 목적이 애착, 지위, 집단 소속감 등을 향한 강력한 구동을 야기시킨다. 더욱이 우리는 이들 삶의 목적을 추구함에 있어서 우리가 하고 있는 일을 끊임없이 점검하는 내장된 감시시스템을 갖고 있다. 우리가 이것을 만들지 않았지만 우리는 우리가 생각하고 관계 맺으며 행동함에 있어서 그것의 영향을 끊임없이 경험하고 있다. 대부분의 우리의 동기, 자극 그리고 선택이 의식적 알아차림 밖에 있다는 사실을 입증하는 연구가 심리학, 신경과학, 신경생물학에 의해 뒷받침되고 있다.

이 책에서는 비록 통찰 수행을 위해 경험적으로 접근한다 할지라도 심리학과 신경과학 연구의 성과를 활용하는 것이 중요하다. 왜냐하면 통찰 수행의 초점이 어디에 놓여야 할 것인가를 명확히 하는 데 그것들이 도움을 주기 때문이다.

의식적 통제 안에 있지 않다

프로이트(Freud)의 연구가 우리에게 보여주는 것은 정신생활의 대부분이 무의식적이라는 것이다. 인간의 성격 안에 있는 많은 어두운 힘이 의식적 마음에 강력하게 영향을 미치고 우리의 삶을 지휘하는 억압, 부정, 분열 그리고 승화와 같은 방어기제에 의해 숨겨져 있다는 것이다. 그러나 어둠 속에 있지만 그럼에도 불구하고 우리가 생각하고, 느끼고, 행동하는 것에 영향을 미치는 상충되는 자극과 욕구에 시달리고 있는 우리 자신을 발견할 수 있다.

칼 융(Carl Jung)은 이러한 이해를 확장하여 개인적인 무의식의 억압된 욕구와 갈등뿐만 아니라 집단적인 무의식의 전형적 패턴과 상징의 더 큰 차원이 있다고 주장하였다. 우리들은 개인적인 삶의 스토리를 넘어서 여러 세대에 걸쳐 다양한 문화 속에서 인식될 수 있는 생활 각본(life script)으로 살고 있는 자신을 부지불식간에 발견한다. 이것의 예시를 자신의 문화나 종족을 위하여 큰 전투를 치르고 어떤 큰 가치를 회복하는 영웅의 원형에서 찾을 수 있다. 많은 소설과 영화가 영웅과 악당의 이야기를 다루고 있는 이유이기도 하다. 악당은 어둠의 원형인 또 다른 전형으로 창피스러운 것으로 인식되어 의식적 알아차림에서 밀려나 있는 것이다. 융은 우리의 삶과 선택에서 집단적 무의식을 깨닫지는 못하지만 그것이 영향력을 발휘한다고 주장하였다.

다윈(Darwin)의 업적에 의해 우리는 우리의 삶이 자연 선택(natural selection)이라는 과정을 통하여 진화하여 왔음을 알고 있다. 이것이 진화적 접근법의 심리학을 탄생시켰다. 그것은 진화적 동기와 정서의 관점에서 마음을 이해하는 것이다. 이 접근법에 의하면 우리들의 많은 동인(motives)과 목적은 무의식적이다. 예를 들어 우리는 동료를 구하고, 집단 혹은 종족의 일원이 되고, 거기에서 지위와 소속을 얻고, 거부감과 수치심을 두려워하는 자신을 발견한다. 우리의 감정은 이들 목적과 연관되어 있고 이들을 향하게끔 우리를 인도한다. 이러한 접근법은, 개인은 단독자이고 자유의지와 의식적 선택에 기초하여 자신의 삶을 결정한다고 주장하는 대리인 이론(agency theory)*의 신화를 폭로한다. 대신에 개인은 여러 목적을 가지고 있고 그것들은 각각 그 사람이 세상을 보는 법과 집단 안에서 행동하는 것에 기초하여 '이기적(selfish)'인 영향력을 행사한다. 이것이 현재의 목적에 이바지하는 판단과 행위를 인도하지만 개인의 실제적이며 전반적인 최상의 이익에 이바지하는 데 필수적인 것은 아니다. 결론적으로 우리는 오랜 기간 동안의 진화과정을 통하여 유전적으로 그리고 생물적으로 뿌리내린 동인과 구동장치에 의해 강제되는 우리 자신을 발견한다. 이와 같은 관점에서 EPS의 선호는 선택의 문제가 아니다. 그것은 우리가 좋아하고 싫어하는 것으로, 우리의 심리 안에 내장되어 있는 것이다.

이와 같은 인식은 우리의 몸을 만들고 우리가 행동을 하게 하는 유전자와 그들의 역할에 대해 점증하는 이해에 의해 뒷받침되고 있다. 리차드 도킨스(Richard Dawkins)의 '이기적 유전자 이론(selfish gene theory)'에 의하면 유전자는 자연 선택이라는 맹목적 과정을 통하여 그 자신을 미래세대로 전달하려는 유일한 의도를 가지고 그들의 숙주 유기체의 설계에 관여한다. 유전자는 개별 유기체의 행복과 안녕

---

* 주인(principal)과 대리인(agent) 관계에서는 주인의 선호 또는 관심사항과 대리인의 그것이 일치하지 않거나 주인이 대리인에 비해 전문지식과 정보가 부족하기 때문에 대리인이 주인의 이익을 충실하게 대변하거나 확보하지 않는 대리인 문제가 발생한다.

에는 관심이 없다. 사실 유기체는 단순한 '생존기계(survival machine)' 이다. 그것은 수명이 짧도록 그리고 순수하게 유전자의 생식과 복제의 목적으로 설계된 것이다. 숙주 유기체의 희망, 기쁨, 동경과 즐거움은 2차적인 것으로, 유전자의 관점에서 보면 아무 상관 없는 일이다. 우리의 통제를 벗어난 힘이 우리의 삶을 만들고 우리가 선택하지 않는 방향으로 살아가도록 우리를 강제한다.

인지심리학으로부터의 통찰이 마음의 무의식적 힘의 과정을 더 잘 설명한다. 인지심리학이 명상과 마음의 시스템을 최근에 분석한 바에 의하면, 무의식은 억압된 욕구와 갈등적인 자극의 저장소라기보다는 오히려 처리 시스템으로 보인다고 한다. 이 분석에 의하면 우리의 모든 지각, 선호 그리고 의사결정은 우리가 그것들을 의식적으로 알기 전에 무의식적 수준에서 결정된다고 한다. 우리는 우리의 행동을 어떤 방식으로 결정한다고 생각하지만 이것은 다양한 방식의 무의식적 하위 마음의 정보 처리 과정을 통하여 발생한다. 그것에 대한 우리의 자아감(sense of self)은 사후의 결과물이라는 것이다. 이 견해에 따르면 의식적 마음이란 무의식적 하위 마음의 상이한 표상이 무의식적으로 일어나는 것을 추가로 처리하기 위하여 그들 스스로를 드러내는 화면이라는 것이다.

이러한 견해를 분명히 하기 위하여, 예를 들어 우리는 어떤 회사의 서로 다른 부서 업무를 이용하여 이를 설명할 수 있다. 그들은 기업 활동의 다른 일들을 처리하고 있고 회의실에서 만나 개별적인 업무를 화면에 띄워 실행한 업무를 공유한다. 다른 부서들은 무의식적 하위 마음의 표상이고 화면은 의식적 알아차림을 대표한다고 할 수 있다. 개별부서의 업무를 화면에 띄워 다른 부서들에 이 정보를 공유

함으로써 그들이 작업에 활용하게 할 수 있다. 여기서 핵심 포인트는 모든 작업이 무의식적으로 발생하고 의식적 알아차림의 화면은 보이지 않는 무의식적 작업을 더욱 용이하게 한다는 것이다.

다음에 발생하는 것이 매우 흥미롭다. 무의식적 마음 시스템의 다른 일부분인 '이야기하는 마음(narrating mind)'은 여러 부서에서 입력된 정보를 하나의 이야기로 엮는다. 이야기의 상이한 에피소드를 하나로 묶는 것은 '나(I)' 그리고 '대상적 나'라는 감각이다. 이것은 주연 배우가 이야기의 중심적인 실타래인 영화와 같다. 그는 이야기를 엮는 결합요소(binding element)이다. 회사로 비유하자면 이것은 기업의 홍보영화를 제작하는 것과 같다. CEO는 모든 부서의 작업을 이용하여 기업이 하는 일을 묘사하고 기업의 서비스를 광고한다.

그다음에 무의식적으로 처리하는 마음의 다른 일부인 '분별력(discriminating mind)'은 알아차림의 화면에 투사된 이야기—무대의 중앙에 '나(I)'가 있다—를 보고 그것을 현실로 받아들인다. 그것은 '나(I)'라는 감각과 '다른 것(other)'으로 지각되는 것을 둘 다 확고히 한다.

자아(self)라는 환상

이야기하는 마음의 '나(I)'는 허구이고 마음의 시스템 안에서 일어나는 모든 의식적 경험을 조직화하기 위해 편의적으로 사용하는 구성물(convenient construct)에 불과하다. 우리의 자아(self)라는 개념은 이야기를 하나로 묶는 무게중심인 이야기하는 '나

(I)' 이외의 다른 것이 아니다. 마찬가지로 '그것(it)'이라는 것도 이야기하는 마음의 다른 상상의 구성물이다. 이야기의 다른 일부를 하나로 연결하기 위해 필요한 편의적인 허구인 것이다. 진리는 '그것'에 상응하는 어떤 실체를 실제로 경험할 수 없다. 경험되는 모든 것은 의식 안에서 일어난 이미지, 개념, 향락적인 느낌 그리고 어떤 감정이다.

제3장에서 본 바와 같이 우리에게는 우리의 내면의 경험과 나머지 세계와 동떨어져 존재하는 연속되는 '나(I)'라는 감각이 있다. 이 자아감은 마치 중앙사령부(HQ)와 같이 우리의 삶에서 우리가 하는 것을 독립적으로, 자율적으로 의사결정하는 것과 같이 보인다. 우리는 이것을 사실인 것처럼 느끼지만 더 자세히 관찰하면 이 자아감은 아주 불확실한 토대 위에 서 있음을 알 수 있다. 그것은 우리가 우리의 경험에 투사한 어떤 개념임이 밝혀졌다. 불교철학과 명상으로부터의 통찰, 그리고 현대의 과학적 연구와 심리학 연구에 의하면 자아로 투사된 모든 것이 순간순간 변하는 여러 요소로 만들어져 있음을 보여주고 있다. 우리의 삶과 동떨어진 자아는 없다. 우리는 삶과 불가분하게 얽혀 있다.

요약해보자. 이 서로 다른 가닥들을 함께 묶어 그것들이 우리의 일상의 경험에 어떻게 관련되어 있는지를 보자. 삶을 살아갈 때 우리는 우리가 행하는 것, 우리가 가는 곳, 그리고 우리와 관련되어 있는 것에 영향을 미치는 강력한 동인과 구동력을 가진 유전자 구축체인 몸으로 살고 있다. 우리는 우리 자신이 생각하고, 느끼고, 행동하는 것이 우리의 의식적인 통제 바깥에 놓여 있음을 발견한다. 또한 대부분의 우리의 선택과 삶의 의사결정이 우리가 그것들을 알아차리기 이전의 무의식적 수준에서 처리되고 결정된다. 우리가 의식적 알아차림이라고 부르는 것은 단지 무의식적 수준에서 발생한 것을 추가 처리하기 위한 하나의 화면에 불과하다. 우리가 암류라고 부르는 느낌, 생각 그리고 이미지는 우리가 경험하는 것에 대한 우리의 태도와 성향이 하는 것으로, 부지불식간에 일어난다. 더욱이 우리가 생각하고 행동하는 것을 지배한다고 믿고 있는 자율적인 개별체로서의 자아감은 우리의 머릿속에서 우리가 우리 자신에게 말하는 이야기를 같이 묶는 하나의 단순한 허구이며 사후적으로 일어난다.

우리는 지금 어떤 지점에 서 있나? 우리의 유전적 구성과 진화적 길들이기가 마치 우리를 옭아매는 것같이 느껴진다. 우리는 우리가 열중하였던 삶의 드라마를 뒤돌아볼 수 있는 자각하는 마음을 가지고 있다. 그러나 이 부분 역시 길들여진 것이다. 이러한 사실을 아는 것이 그 자체로 해방이다. 우리를 만든 우리 경험의 많은 부분이 우리에 의해 만들어진 것이 아니고—그중에 아주 작은 부분만이 개인이 만든 것이다—우리는 더 큰 삶의 드라마의 일부로 그 속에서 존재하는, 본의 아니게 연기하는 배우이다. 따라서 이것이 우리가 자신을 비난하지 않아야 할 토대이고(우리는 비난의 대상이 아니다), 우리를 통제할 수 있다는 환상에서 벗어나야 할 이유(우리는 우리의 통제 안에 있지 않다)이기도 하다.

대담하게 바라봄

이 장의 심장부에 놓여 있는 핵심 질문은 우리가 어떻게 변화할 수 있는가이다. 우리는 우리가 생각하고 행동하는 것을 형성하는 강력한 힘에 대한 통찰을 얻을 수 있을까? 아니면 단순히 무의식의 힘에 휘둘려 살아갈 수밖에 없는가? 이와 같은 관점에서, 마크 윌리엄스(Mark Williams) 등의 저서 『마음챙김에 기초한 인지 치료: 우울증 치료를 위한 마음챙김의 길』에서 다음의 글을 인용한다.

1세기 전 지그문트 프로이트(Sigmund Freud)는 우리 모두가 무의식을 가지고 있다는 사실을 대중들에게 알렸다. 무의식은 우리의 알아차림의 표면 아래 깊은 곳에 있는 것이며 매우 복잡한 방식으로 우리의 행동을 동기화시키는 것으로, 그것을 밝혀내고 이해하는 데는 상당한 노력이 필요하다고 하였다. 그러나 주류심리학은 이와 같은 견해를 입증할 수 없는 것이라고 부정하였다. 그 대신에 관찰 가능한 행동(행동주의라고 알려져 있는 운동)에 집중했다. 그들은 프로이트의 주장을 맹렬하게 공격하였다. 행동에 초점을 맞추던 심리 치료사들이 환자의 내면세계, 즉 생각과 기억, 아이디어, 예감 그리고 계획의 주관적인 영역을 진지하게 고려하기 시작한 것은 1960년대 후반과 1970년대였다. 그들은 놀랄 만한 발견을 하였다. 우리의 감정과 행동을 구동하는 것의 대부분이 무의식 깊은 곳에 있는 것이 아니고 알아차림의 표면 바로 아래에 있다는 사실이다. 그뿐만 아니라 동기유발, 기대감, 해석 그리고 이야기 줄거리로 구성된 풍부한 내적 세계는 우리가 감히 바라보기만 하면 얼마든지 접근 가능한 곳이다. 우리는 모두 매 순간 우리 마음속에서 진행되는 '의식의 흐름'을 더 잘 인식할 수 있다. 그것은 중계를 하는 실황방송의 형태를 취한다. 만약 그것이 잠재적으로 우리에게 해가 되는 것이라면 그것이 정신 속에 깊이 묻혀 있기 때문이 아니고 사실상 관심을 기울이지 않았기 때문이다. 우리는 그것이 지금 여기에 있다는 것조차도 인식하지 못하고 있다. 그러나 바로 그것이 우리의 삶을 형성한다.

지난 30년 동안 마음챙김 명상의 도래로 사람들은 정신활동의 처리 과정 가운데 많은 것이 정상적인 알아차림의 바로 아래에서 일어나고 있음을 발견하였다. 우리는 생각활동의 이와 같은 흐름을 언급하기 위해 암류라는 용어를 사용하였다. 미국 심리학의 선구자인 윌리엄 제임스(William James)는 그것을 최초로 '의식의 흐름(stream of consciousness)'이라고 하였다. 규칙적으로 마음챙김을 수행하고 있는 사람이면 누구나 정신활동의 이 수준과 매우 친숙해질 것이다. 지난 장에서 언급한 바와 같이 관찰자와 암류는 대부분의 사람에게는 같이 뒤섞여 있다. 마크 윌리엄스는 이것을 우리가 너무 익숙해진 것의 속삭임에 관한 계속되는 해설이라고 말하였다. 우리는 대부분 우리의 내부를 보고 이 계속되는 해설에 주의를 기울이면 그것이 의미한 것과 즉시 관계를 맺을 수 있다. 앞의 2개 장에서 우리가 한 것은 암류—생각, 느낌 그리고 이미지가 부지불식간에 일어나는 것—를 관찰자—부지불식간에 일어나는 것을 좋다 그리고 싫다라는 의제로 보는(이것을 선호라 한다) '나(I)'라는 감각—와 분리하는 것이었다.

앞의 제3장에서 언급한 바와 같이 통찰은 서로 다른 정신활동의 과정을 분해하고 분리하는 일을 수반한다. 그렇게 함으로써 우리는 구성요인을 부분별로 명확하게 볼 수 있고, 그들 서로 간의 인과관계를 보는 통찰을 얻을 수 있다. 암류가 부지불식간에 일어난다는 사실을 아는 것이 첫 번째 중요한 단계이다.

다음으로는 우리가 자기알아차림(self-awareness)의 능력, 즉 자각능력을 가졌음을 인식하는 것이다. 우리는 암류를 인식할 수 있고, 인식하고 있음을 인식할 수 있다. 앞에서 본 바와 같이, 이 자기알아차림은 '나(I)'라는 생각을 수반한다. 나라는 생각은 파도를 타고 빠르게 접근하면서 해변을 살피는 서퍼(surfer)와 같이 자기알아차림의 파도 위에서 나타난다. 우리가 이미 본 바와 같이, '대상적 나'라는 생각은 환상이지만 진화의 목적에 이바지하고 있는 것이다. 이 서퍼는 그(He)가 파도를 탈 수 있고 바위를 피할 수 있다고 생각하는 그(Him)라는 선택의 환상을 수반하고 있다. '나(I)'라는 환영은 선호의 강력한 힘—좋아함, 싫어함 그리고 중립—에 의해 구동되지만 이것은 무의식적 과정과 사회적 길들이기(social conditioning)에 의해 형성되는 것임을 우리는 보았다. 그것은 의식과 합리적 사고의 산물이 아니다.

핵심 포인트는, 우리가 해야 할 모든 것은 이 알아차림 속에서 활동하고 쉬는 이 상호 관련된 과정을 보는 것이라는 점이다. 이것은 일어나는 것에 대해 열려 있는 것이며 그것에 공간을 주는 것을 의미한다. 이 책의 중심 주제는 "봄이 행이다"이다. 마크 윌리엄스 등이 지적한 바와 같이 "동기유발, 기대감, 해석 그리고 이야기 줄거리 등으로 구성된 풍부한 내부의 세계는 우리가 바라보기만 하면 얼마든지 접속할 수 있는 곳이다." 안식화를 통하여, 우리는 더 깊은 수준의 경험이 일어나는 공간을 만들 수 있는 방식으로 알아차림의 영역을 확장할 수 있다. 의식의 흐름을 자동적으로 확인하는 대신에 그 흐름에 의해 우리가 어떻게 움직이는가를 주목한다. 이때 우리는 더 많은 것을 보기 시작한다. 이전에 무의식이라고 알려졌던 기제의 일부는, 썰물이 빠져나가 물속에 있던 삐죽삐죽한 바위 꼭대기가 노출되는 것과 같이, 우리의 전망 속에 들어오기 시작한다. 더 많이 봄으로써 이전처럼 선호의 태도로 행동하는 것을 삼갈 수 있는 기회가 생긴다. 그리하여 행동의 다른 코스를 선택할 수 있을 가능성이 생긴다.

다음의 간단한 예를 보자. 마음챙김협회의 어떤 동료는 자신이 소금을 너무 많이 먹고 있다고 생각하였다. 그녀는 음식에 소금을 많이 뿌리고 소금기가 많은 스낵을 자주 구입하는 자신을 발견하였다. 그녀는 그녀를 둘러싸고 있는 인간관계에서 소금을 먹는 것으로 인하여 자신에게 발생하고 있는 것을 관찰하기 시작하였다. 그녀는 음식을 먹을 때마다 소금에 대해 느끼는 자신의 충동에 주목하였다. 그녀는 거의 무의식적으로 소금에 대한 갈망이 자신의 행동을 지배하는 것을 보았다. 그녀는 자신이 인식하기도 전에 자신이 먹는 음식에 소금을 과다하게 뿌리고 있는 자신을 보았다. 음식에 소금을 과다하게 넣는 자신의 생각, 느낌 그리고 충동을 본 뒤 그녀는 다른 삶을 살아야겠다고 결심하였다. 즉 건강을 위해 소금을 삼가야겠다고 결정했다. 그녀가 이 일을 실행에 옮겼을 때 처음에는 소금이 부족하다고 느끼면서 몸이 가려운 불편함을 느꼈다. 그리고 시작한 지 몇 분 만에 식사를 끝내버리는 자신을 발견하였다. 다음 식사 때도 여전히 소금에 대한 갈망으로 불편하였다. 그녀는 자신에게 "소금을 더 많이 넣지 않은 이 음식의 맛을 인정할 수 있는가?" 하고 물었다. 그녀는 인정할 수 있었다. 채소나 소스의 맛과 질감에 만족할 수 있었다. 그러나 가끔 음식을 먹을 때면 "소금을 더 먹고 싶어" 하는 생각이 떠올랐다. 그래도 매번 그 생각을 흘려보내고 소금을 더 먹지 않았다. 점차 소금을 더 먹어야겠다는 생각이 나지 않았다. 그녀는 그동안 자신에게 일어나는 것들을 보았고 자신이 선택할 수 있는 자유를 찾았다. 자신의 생각과 갈망의 지배에서 벗어나 다른 행동 코스를 선택하고 결정하고 실행할 수 있었다. 더욱 놀라운 것은 이 과정에서 마음 챙겨 감사하며 먹는 법을 그녀가 배웠다는 것이다.

식역하 알아차림

이와 같은 방식으로 우리의 알아차림 영역을 확대하여 마음의 식역하(subliminal) 활동에 대한 인식을 시작한다. 식역하의 정의는 "의식의 문턱 아래에 존재하는 혹은 작동하는"이다. 최상의 접속 가능한 수준에서 '식역하'는 태도, 기대감 그리고 가정이 드러나는 곳이다. 이것들은 지난 장에서 '미세한 생각(subtle thought)'이라고 말한 것이다.

만약 지금 당장 반영하면 이와 같은 미세한 생각의 수준을 발견할 수 있을 것이다. 자기 자신보다는 다른 사람에게서 이것을 발견하기가 더 쉽다. 예를 들어 어떤 상황에서 특별히 강한 태도를 보이는 사람—그는 경멸이나 혹은 우월의 대상일 수 있다—을 볼 수 있다. 그 사람은 자신의 태도를 인식하지 못하지만 그와 상호작용하고 있는 우리는 그러한 사실을 예민하게 인식할 수 있고, 아마 그 결과도 느낄 것이다.

지난주에 당신이 겪었던 일을 반영하여 당시 당신의 마음에 나타났던 어떤 태도를 한 사례로 채택할 수 있을 것이다. 잠시 동안 반영하여 보면 당신이 당시의 그 태도를 인식하지 못하고 있던 것을 알아차릴 수 있는 기회가 될 수도 있다. 그러나 그럼에도 그 태도는 당신이 느끼고 행동하였던 방식을 지배하는 강력한 존재였다. 이 점은 미세한 생각이 의미하는 것의 관념과 그리고 그것이 항상 우리의 마음에서 거의 항상 식역하 수준으로 나타나는 것을 우리에게 알려주는 것이다. 우리가 마음의 이 층에 채널을 맞추면 맞출수록 우리는 자신에 대해 더 많이 알게 된다. 그것은 의식적 마음보다 더 강력하게 우리가 생각하고 행동하는 것 대부분을 통제한다.

그것은 또한 다른 사람과 환경에 관한 더 많은 정보를 얻을 수 있는 마음의 수준이다. 몸 언어(body language)와 분위기가 전형적인 예이다. 종종 우리는 다른 사람과 시간을 보낼 때 당시에는 완전히 이해하지 못했던 것을 나중에 돌이켜 생각해보면 자신의 몸 언어가 자신이 말하고 있는 것과 아주 모순되는 강한 표시를 보내고 있었음을 알 수 있다. 보통 우리의 의식적인 생각하는 마음은 우리가 말하고 있는 것을 추적하고 있지만 식역하에서 알아차리고 있는 것을 무시한다. 따라서 대부분의 사람은 그것을 알아차리지 못하고 쉽게 속는다. 식역하에 채널을 맞추는 사람은 더 잘 지각하고 조작에 쉽게 속지 않는다.

경험에 의하면, 만약 사람들이 억제 없이 마음챙김 수행을 하면 '곁눈질로' 활동을 엿보는 것으로 시작하는 식역하 알아차림을 자연스럽고 자발적으로 계발할 수 있다. 그것은 처음에는 번뜩이는 활동으로 드러나지만 보통 사라지거나 부분적으로만 보이고 이해되지 않는다. 우리가 훈련을 통하여 이들 섬광에 더 초점을 두면 이들은 강해지고 안정된다. 이것이 우리를 통찰 수행의 영역으로 인도한다. 그리고 더 많은 수행을 통하여―특히 HIFAWIF와 반영(Reflection)을 이용한다―이 수준의 마음에 계속적으로 접속할 수 있다.

식역하의 가장 중요한 기능은 아마 조건반사신경과 관련이 있다. 자극은 신체적 느낌 중의 하나를 통하여 외부로부터 혹은 마음의 내부로부터 생긴다. 이것은 반사작용이 발화되는 곳인 식역하 층에서 파악된다. 이 과정을 우리가 이해하는 것은 완전히 초보적인 일이다. 예를 들어 갈매기의 울음소리는 새에 대한 이미지와 어린 시절 해변에서 놀던 기억을 떠올리게 할 수 있다. 우리가 알아차릴 수 없는 다른 더 미세한 과정이 역시 발화되고 있는 것이다. 이것들은 휴일에 투사된 갈망과 관련된 감정일 수도 있다. 이런 감정이 일어나는 이유는 그 휴일이 우리의 마음속에 부모와 행복했던 순간의 한 상징으로 간직되고 있었기 때문이다.

더욱 미세한 반사작용이 위에 있는 모든 것의 기저가 되고, 마음속에 진실, 실체 그리고 실재 기운(aura)의 시나리오를 제공하는 어떤 메시지를 투사한다. 우리는 결국 "좋은 시절이었어"라는 느낌을 갖게 된다. 그러나 이제 그 시간은 사라지고 '좋았던 시절'의 신드롬으로 남는다. 마음은 향수에 젖지만 사건의 진실은 그 휴일이 그리 대단한 것이 아니었을 수도 있고 그 휴일이 지나갔을 때 완전히 해방된 느낌의 상태일 수도 있다. 식역하 반사작용에 의해 지배되는 마음은 과거를 장밋빛 안개로 세탁하여 우리가 다른 버전을 받아들이도록 속임수를 쓴다.

중요한 점은 식역하의 반사신경이 종종 반쯤 감춰진 메시지를 전달한다는 점이다. 이 메시지들을 받아들임으로써 우리는 메시지가 지시하는 방식으로 느껴야 한다고 믿는다. 예로서 현대사회에서 만연하고 있는 자기공격(self-attacking)이 있다. 자기공격의 경향은 우리가 완벽해야 한다는 생각 때문이다. 이 경향은 자신을 충분하지 않다고 여기게 하고 우리를 계속되는 정밀감시 하에 둔다. 우리가 어떤 일을 할 때 우리가 생각하는 어떤 완전한 기준에 도달하지 못하면 벌을 받아야 한다는 반사작용의 '이야기'가 우리에게 발화된다는 것이다. 그래서 우리는 자기 자신을 벌주게 되고 그 결과 자신을 더욱 나쁘게 느끼게 된다. 이와 같은 순환이 하루에도 여러 번 반복되고 소외와 무가치한 느낌은 점차 커진다. 이것이 우리들의 의식적 마음의 일상의 삶 가장자리에서 맴도는 잿빛 구름 속으로 들어간다. 그리고 어느 순간 별로 중요하지 않아서 우리가 알아차리지 못한 어떤 사건이 이 잿빛 구름으로 안내하는 식역하 반사작용을 발화한다. 그것이 다른 식역하 반사작용과 같이 우리의 마음에 스며들어 "이제 당신은 이런 방식으로 느껴야만 해. 그리고 이렇게 영원히 갈 거야"라고 말한다.

핵심 포인트는 식역하 반사작용이 계교를 부린다는 사실이다. 그것은 어떤 메시지를 발화시킨다. "이제 나는 이런 식으로 느껴야 해." 이러한 작용은 우리의 의식적 마음이 그것을 볼 수 없는 어떤 미세한 수준에서 일어난다. 이와 같이 식역하 반사작용은 완전한 권위를 가진다. 외부적으로 발생하는 어떤 관점에서 보면 그것은 이치에 맞지 않고 물론 합당하지도 않다. 식역하 반사작용에 의해 발화되는 미세한 생각의 힘은 너무 엄청나기 때문에 우리에게는 선택의 여지가 없고 그것이 지시하는 방식으로 느낄 뿐이다.

우리가 식역하 알아차림을 계발할 때까지 우리는 이들의 메시지에 휘둘리게 될 것이고 그것들이 우리의 삶을 지배할 것이다. 그것들은 우리를 속여 우리의 삶에 영향을 미치는 끔찍한 이야기의 모든 방식을 믿게 한다. 우리의 통찰이 식역하의 반사작용을 노출시킬 때 우리는 그것의 속임수를 간파하게 될 것이고 나아가 더 가벼워지고 자유로워질 것이다. 통찰과 식역하 알아차림은 불가분의 관계인 것 같다. 그리고 위의 사례는 통찰이 왜 우리를 자유롭게 하는가에 대한 어떤 실마리를 제공한다. 이제 우리는 자신에 대한 하위의 신념에 우리를 가두어놓는 내면의 속임수의 악마를 간파하기 시작한 것이다.

내가 느끼고 있는 것을 나는 어떻게 느끼나(HIFAWIF)

식역하 알아차림을 계발하기 위한 주요 수행 하나는 HIFAWIF이다. 이것은 소설 『해리 포터』에 나오는 어떤 인물의 이름과 같이 들리지만 사실은 "내가 지금 느끼고 있는 것을 나는 어떻게 느끼나(How do I feel About What I am Feeling: HIFAWIF)"의 영어 약어이다. 이 수행은 우리를 한 걸음 물러나 우리가 느끼는 것에 대한 우리의 반응을 알게 한다. 이것은 우리의 미세한 생각—태도, 가정, 선호 그리고 기대감—을 폭로하고 이들 생각이 나오는 마음의 식역하 수준에 우리를 접근할 수 있게 한다. 미세한 생각은 보이지 않는 곳에서 번성하므로 그것들을 본다는 것은 우리가 그것들과 동일시되는 것을 삼가하는 기회를 가질 수 있다. 이렇게 하는 것이 미세한 생각에 자리 잡고 있는 EPS의 힘을 약화시킨다. 우선 짧은 HIFAWIF 연습을 하고 나중에 이 장의 끝에서 충분히 수행을 하도록 해보자.

짧은 연습

편안하게 앉는다. 그리고는 마음을 안정시키기 위해 3분 마음챙김 호흡을 한다. 이때 호흡의 자연스런 리듬에 주의를 기울인다. 그다음에 지금 당신이 느끼고 있는 것을 알아차린다. 이것은 감각의 복잡한 집합체, 슬픔이나 화 같은 감정, 배경 분위기 혹은 이들의 복합체일 수도 있다. 이때 당신이 느끼고 있는 그것을 당신이 어떻게 느끼는지 질문하라. 먼저 일어나고 있는 것을 알아차린다. 그것은 짜증이거나 자기 판단일 수도 있다. 그리고 이 반응에 대해 당신이 어떻게 느끼고 있는지를 알아차린다. 이것은 당신이 이들 느낌을 갖지 않아야 한다거나 혹은 그것들이 옳지 않다는 가정을 드러낼 수도 있다. 그러나 그들에 대해 어떤 무엇도 하지 않고 단순히 이들 반응을 알아차리고 수용하도록 노력하라.

당신이 한 걸음 물러나 이들 상세한 반응의 집합을 인식할 때 당신이 어떻게 느끼는지를 알아차려라. 중요한 것은 어떤 반응이 일어나든 그것을 받아들이고 그것들을 위한 공간을 만드는 것이다. 만약 당신이 자기수축이나 내면의 긴장감을 알아차리면 자기연민의 휴식을 갖는 것이 좋다(제3장 참조). 이것은 당신이 느끼는 것에 친절한 몸짓을 하는 것—손을 가슴에 얹는 것과 같은—과 당신의 자기수축 느낌 주변을 부드럽게 완화시킬 수 있는지를 보는 것을 포함한다.

이 장에서 통찰을 이끌어낼 때, 이것은 우리의 자아감이 일어나는 것이라고 인식을 하는 것이 도움이 된다. 비록 우리가 자아감을 느낀다 할지라도 그것은 실재하는 것이 아니고 고정된 것이 아님을 인식한다. 우리는 그것의 주변을 부드럽게 하며 느낌, 생각 그리고 감각이 알아차림의 화면에 나타나는 것을 허용한다. 의식적 마음은 더 깊은 수준의 무의식적 처리 과정을 현시하기 위한 화면이라는 인지심리학의 이해와 마찬가지로, 우리는 이와 같은 방식으로 지난 장에서 마음의 자기현시 성질에 대한 이해를 이끌어냈다.

이 점은 우리의 안식화 경험을—지금에 와서 HIFAWIF 과정까지를 포함하여—깊게 한다. 즉 우리가 마음의 식역하 수준에 문을 열고, 더 많은 미세한 생각의 수준을 알아차리고, 그것을 받아들이고, 그것들이 스스로 드러나도록 허용한다. 발생한 것을 더욱 민감하게 하는 것이 우리가 더 많은 것을 보게 하고, 그렇게 함으로써 통찰을 위한 조건을 만드는 것이다. 우리는 제8장 '모든 것의 한가운데서 안식하기'라는 수행에서 이들을 함께 다룰 것이다.

의도의 힘

이 과정에서는 의도가 중심이 된다. 우리는 마음에서 발생하는 것을 알아야 한다. 마크 윌리엄스 등의 인용문으로 돌아가서 마음이 미세하게 속삭이는 해설을 감히 보아야만 한다. 이것은 분명하고 결정적인 것이다. 대부분의 사람은 그들 자신의 마음에서 그들의 삶이 여러 분야에서 진행되고 있는 것을 알기를 원하지 않는다. 그들은 마음의 문을 닫고 있다. 만약 당신이 회상해 보면 지금까지 안내한 모든 수행이 의도와 동기로 시작한 것을 알 수 있다. 그것들이 맞추는 초점, 에너지 그리고 방향에 따라 우리 수행의 뼈대가 만들어졌다.

의도와 관련된 이슈에 대해 신경과학으로부터의 통찰을 참고하는 것이 유용할 것이다. 리사 펠드먼 배럿(Lisa Feldman Barrett)은 미국의 신경과학자로 최근에 뇌의 예측적 성질과 우리의 감정을 구성하는 방법에 관한 파격적인 책을 저술하였다. 배럿은 인간의 행동을 고정되고 예정된 것이라고 보는 고전적 모델을 반박하였다. 배럿에 의하면 고전적 이해에서는 감정이 우리가 살고 있는 세계에 의해 예측할 수 있는 방법으로 발화되는 뇌의 특정 영역에서 온다고 한다. 이것은 만약 어떤 자극이 있으면 우리는 뇌의 자동적인 반응으로 인해 무력하다는 의미다.

새로이 출현한 구성주의자의 견해(Constructivist View)에 의하면 감정은 자신이 거주하는 몸과 우리가 살고 있는 사회적 환경에 의존하여 다양한 방식으로 작동하는 뇌의 복합적인 회로로부터 생긴다고 한다. 감정은 우리가 살고 있는 방식에 따라 발생하는 것이지 내장된 것도 아니고 예정된 것도 아니다. 고전적 견해는 뇌를 반응을 하는 기능적 관점에서 바라본다. 반면에 구성주의는 뇌를 우리가 어떻게 생각하고 우리가 어떤 의도를 갖고 있는가를 포함한 여러 가지 요인의 결합에 의존하여 발제하는 과정(emerging process)으로 본다. 배럿에 의하면 "우리가 어떻게 생각하고 어떻게 의도하는가 하는 것의 변화는 당신의 통제하에 있다. 내가 여기서 명확히 하고자 하는 것은 통제가 현재 순간의 반사작용 반응을 극복하는 것을 의미하지는 않는다는 것이다. 감정 개념을 포함한 당신의 개념들을 기획하기 위한 경험을 계발함으로써 당신은 당신의 미래 경험과 행동에 대한 당신 뇌의 자동조종 통제기능을 비틀 수 있다. 문자 그대로 뇌에 배선되는 감각인, 당신이 오늘 배운 개념이 내일의 당신의 삶에 영향을 미친다."

이것은 우리가 앞 장에서 토의한 불교의 카르마(karma)와 연결된다. 우리는 과거 행동으로 야기된 결과(암류)를 변화시킬 수는 없지만 우리의 미래를 결정하는 현재 순간의 상황을 만들 수 있다. 카르마의 핵심은 지향성(intentionality)이다. 의도의 힘이 우리 삶의 경험의 방향과 흐름을 만든다. 카르마의 법칙에 따르면 우리가 경험하는 결과는 경험한 것을 야기한 원인과 유사하다. 결론적으로 만약 우리가 마음에서 일어난 화에 먹이를 주는 식으로 화의 급증에 반응하면 미래에 더욱 화를 낼 수 있는 동력을 만드는 것이다. 그러나 만약 우리가 화를 느낄 때마다 의도적으로 화를 수용하고 친절하게 대한다면 화에 대한 나의 습관적 성향은 약화되고 친절한 습관이 강화된다. 신경과학의 입장에서 보면 이것은 우리의 뇌가 미래를 예측하는 것이라는 개념과는 다른 개념을 안내하는 것이다. 따라서 반대의 상황이 발생할 때 뇌의 자동조종 반응으로 친절과 관용이 더 많이 일어난다.

통찰 수행의 맥락에서 의도는 특정한 방식으로 마음에 접근하는 것을 의미한다. 그것은 우리의 습관, 미세한 생각 그리고 선호를 구동하는 것을 실제로 이해하기를 원하는 것이다. 그것은 반영적 의도—호기심 많은 탐구심—를 우리 마음의 알아차림에 가져오는 것을 의미한다. 우리는 부드럽게 의식의 흐름이나 암류에 질문을 던진다. "여기서 무엇이 진행되지? 무엇이 나를 구동시키지? 내가 어떤 조건의 신념에 빠져 있지?" 이런 유형의 질문이 우리를 더 깊은 지혜의 수준에 도달하게 하고 그 전에는 보지 못하였던 것을 보게 하는 마음의 공간을 만든다.

반영(Reflection)

지향성은 주요 통찰 수행의 하나인 반영의 기초이다. 그것은 숨겨져 있는 마음의 깊은 수준에 접속하는 하나의 방식이다. 그것은 열린 질문을 만들어 마음에 던지는 것이다. 마치 연못에 조약돌을 던지고 조약돌이 만드는 파문을 지켜보는 것과 같다. 그 질문들은 위에서 언급한 것들과 같은 것이다. "무엇이 나를 구동시키지?" 등등이다. 보통의 경우 우리의 마음은 분석과 합리적 사고를 통하여 빠르게 대답을 내놓는다. 그러나 반영을 통하여 우리는 무의식과 식역하 마음의 수준이 더 느리게 그리고 다른 언어로 말하는 것을 인식한다. 반영은 깊이 듣기의 형태이다. 그것은 그 자신의 방식과 시간에 대답이 드러나는 공간을 제공한다. 우리는 이 장 끝의 수행 코너에서 반영에 대해 상세하게 설명할 것이다. 그러나 지금은 짧은 수행을 하여 그것을 느껴보도록 하자.

짧은 반영

편안하게 앉는다. 마음을 안정시키기 위해 3분 마음챙김 호흡을 한다. 마음챙김 지원으로 가볍게 호흡에 집중하는 동안 당신 마음의 내면이 느끼는 것을 알아차린다. 당신은 생각이나 느낌뿐만 아니라 짜증과 같은 태도 혹은 "나는 다르게 느껴야 해"와 같은 기대감이 일어나는 것을 알아차릴 수 있다. 이 순간 당신의 즉각적인 경험 배후에 놓여 있는 것에 접근하기 위하여 다음과 같이 열린 질문을 한다. "이 느낌 배후에는 무엇이 있나?", "무엇이 나를 구동시키고 있나?", "무엇을 이해해야 하나?" 이러한 질문을 연못에 조약돌을 던지듯 당신의 마음에 던진다. 그리고 일어날 수 있는 파문을 알아차린다. 한 번의 짧은 회기에 질문 하나를 세 번씩 한다. 그리고 답을 얻기 위한 어떤 기대감이나 가정 없이 당신의 경험이 펼쳐지도록 몇 분을 기다린다.

당신은 수행 후 어떤 특별한 것을 알아차리지 못할 수도 있다. 어떤 깊은 통찰을 구하지도 말고 어떤 것을 기대하지도 마라. 당신의 하루를 그대로 보내라. 이따금 당신은 멈추어서 다시 질문을 만들어 당신의 마음에 한 번 더 던진다. 운전이나 접시닦기 등 완전히 일상적인 일을 할 때 당신은 예상하지 않은 통찰이 일어나는 것을 발견하고 놀라워하는 자신을 발견할 수 있을 것이다.

결론

이 장에서 우리는 마음의 자각하는 성질(관찰자)이 선호와 더불어 마음에서 일어나는 것(암류)을 관찰하는 자아감에 의해 어떻게 지배되는지를 보았다. 우리는 이것을 '자기중심적 선호 시스템(EPS)'이라 하였다. 이것이 마음을 교착상태와 투쟁으로 몰아넣는다. 암류의 내용은 불수의적인 것으로, 과거의 현현이다. EPS는 암류를 계속해서 조작하고, 수정하고, 세탁하려고 한다. 우리는 계속해서 발생하는 이러한 과정을 일상의 경험에서 보고 있다. 우리는 인지심리학과 신경과학으로 EPS를 더욱 상세히 탐구할 수 있다. 우리는 EPS의 선호가 무의식적 과정으로 불수의적 방식으로 일어나는 것을 보았다. 반면에 이들 선호의 배후에 놓여 있는 자아감은 단지 환상이라는 것을 보았다.

이 장의 핵심 초점은 미세한 생각이 마음의 식역하에서 작동하는 법을 인식하는 것과 EPS를 구동시키는 것을 깊이 조사하기 위한 의도를 계발함으로써 다루기 힘든 상황으로 보이는 것을 우리가 다룰 수 있다는 것이다. 이와 같은 관점에서 주된 수행은 HIFAWIF와 반영이다. 둘 다 제8장에서 다룰 모든 것의 한가운데서 안식하는 핵심 통찰 수행을 위한 토대이다.

수행 코너

연습 6 내가 느끼고 있는 것을 나는 어떻게 느끼나(HIFAWIF)?

이 수행은 우리의 느낌과 감정에 대한 반응의 서로 다른 층(layers)을 명확히 하는 데 아주 유용하다. 우리는 종종 우리의 느낌의 세계를 우리에게 큰 고통과 괴로움을 야기할 수 있는 감정과 반응의 복잡한 다발로 경험한다. 여기에서 삶의 불가피한 통증으로서의 우리의 경험은 실제 이슈가 아니다. 대신에 우리가 문제 삼는 것은 '우리가 느끼고 있는 것을 우리는 어떻게 느끼나'이다. 이것은 종종 회피, 부정 그리고 밀어내기를 야기하기도 한다. 하지만 HIFAWIF는 우리로 하여금 이들 느낌과 반응을 풀어헤치게 한다. 특히 미세한 생각을 식별하는 데 도움을 준다. 이러한 이유로 이것은 통찰의 과정을 용이하게 하기 위한 중요한 수행이다.

이 수행을 하는 방식은 두 가지이다. 첫 번째는 수행을 하나의 시각화 과정으로 만드는 것이다. 당신 앞에 빈 의자들이 있다고 상상한다. 그리고 지금 당신의 느낌을 알아차린다. 그리고 이것이 하나의 시각적 형태 'X'라고 상상한다. 시간을 갖고 당신의 상상력을 자유롭게 발휘하여 나타나는 것을 바로 본다. 그다음에 X가 당신 앞에 있는 의자 하나에 앉아 있다고 상상하라.

이제 당신 자신에게 묻는다. "나는 X에 대해 어떻게 느끼나?" 다시 시간을 갖고 인과적 방식으로 이것 역시 하나의 시각적 형태 'Y'이며 당신 앞에 있는 다른 의자에 앉아 있다고 상상한다.

다음에 당신 자신에게 묻는다. "나는 X 혹은 Y에 대해 어떻게 느끼나?" 그리고 만약 다른 느낌 'Z'가 나타나면 이를 알아차린다. 이 단계에서 Z는 당신이 Y에 대해 느끼는 것일 수도 있고, X에 대한 다른 반응일 수도 있다.

그리고 상황 전체에 대해 당신의 가슴을 부드럽게 열고 있는 그대로 허용한다. 당신 앞에 앉아 있는 형태들—그들 중 어떤 것은 당신 자신의 일부라고 볼 수 없지만—을 당신의 일부로 보라. 그리고 당신이 그들을 친절과 수용으로 포용할 수 있는지를 본다. 이 시점에서 짧은 자기연민의 휴식을 갖는 것이 도움이 될 수도 있다. 그리고 당신 경험의 이들 상이한 요소들과 함께 현존하면서, 친절하고 수용하는 알아차림 안에서, 그냥 쉬어라.

HIFAWIF를 행하는 두 번째 방식은 그것을 일상의 정좌수행인 안정화, 접지화, 안식화 그리고 지원에 통합하는 것이다(제2장 연습 1을 보라). 당신이 수행의 지원 단계에 있고, 일어나는 강한 느낌과 반응을 알아차릴 때 당신은 "내가 지금 느끼고 있는 것을 나는 어떻게 느끼는가?"라고 질문하면서 HIFAWIF를 할 수 있다. 이것이 미세한 생각 즉 태도와 선호를 노출시킬 수 있다. 이때 필요한 것은 당신의 경험 안에서 일어나는 모든 것을 알아차리는 것이고 이제 당신의 주의를 지원으로 되돌린다. 미세한 생각을 보는 것만으로도 충분하다(봄이 행이다!). 우리 마음의 관찰하는 부분을 담당하고 있는 미세한 생각을 우리가 보지 못하고 있을 때 그것을 보는 것만으로 충분하다. 우리는 8장에서 이런 방식의 HIFAWIF를 우리 경험 한가운데서 하는 안식화의 핵심 통찰 수행에 통합할 것이다.

연습 7 반영

앎 속으로 여유롭게 다가가기 위해서는 감히 기다려야 한다.
드러나는 앎은 무지에 대한 응답이다.

— G. 클랙스톤, 『토끼 뇌 거북이 마음』

우리가 반영을 할 때 주안점으로 하나의 주제를 소개한다. 이것은 우리의 마음 혹은 삶의 경험에 관한 어떤 것을 알거나 이해하기 위한 어떤 의도를 표현하는 열린 질문의 형태를 취한다. 예로 다음과 같은 것을 들 수 있다. 무엇이 여기서 나를 구동하고 있나? 이 마음의 상태 배후에는 무엇이 있나? 이 상황에서 주의를 기울여야 하는 것이 무엇인가? 그리고 우리는 이 질문이 우리 마음의 더 깊은 층과 상호작용하는 것을 허용하고, 그것이 이끌어내는 반응을 보고, 그것을 문서로 캡처한다. 우리가 이들 질문을 할 때 질문에 대해서는 생각하지 않아야 한다는 것을 분명히 하는 것이 아주 중요하다. 질문을 분석하지 않아야 하고 논리적인 답을 찾으려고 하지 않아야 한다. 우리는 우리의 반응에 대해 이해하기를 시도하지 않아야 하고 일관성 있는 '답'을 내놓으려고 하지도 않아야 한다. 우리는 그것을 제시만 하고 내 버려둔다. 단지 그 결과만을 알아차릴 뿐이다. 우리의 마음이 그 자신의 언 어로 있는 그대로 반응하게 한다. 이것은 약간의 시간이 소요되는 인내와 깊이 듣기를 필요로 한다.

준비
먼저 열린 질문(예 혹은 아니오라는 답을 요구하는 것이 아님)을 만든다. 그리고 종이의 상단에 그것을 기록한다. 안정화, 접지화, 안식화 그리고 지 원에 가볍게 초점을 두는 정상적인 마음챙김 단계를 따라 수행한다.

질문을 던짐
다음에는 질문을 한다. 그리고 당신의 알아차림의 배경에 그것을 걸어 둔다. 이것은 연못에 조약돌을 던지는 것 그리고 물 위에 파문을 만드는 것 과 같다. 일단 당신은 호흡의 지원으로 가볍게 안식상태에 있고, 조용하게 질문을 하고 있으며, 그 질문에 대해 생각하지 않고 그것을 당신의 알아차 림의 현재에 남긴다.

반응을 관찰함
연못에 조약돌을 던짐으로써 생긴 파문을 알아차린다. 다른 말로 하면 마음에서 일어나는 것을 알아차리고 그것을 기록한다. 어떤 검열도 하지 않 고 기록한다. 일어나는 것이면 무엇이든 기록한다. 당신의 경험 전체와의 접속에서 머물도록 시도한다. 그러면 반응이 감정적이거나 혹은 파문이 당 신 몸에서 일어나는 것을 발견할 수 있다. 당신은 또한 이미지가 일어나는 것을 알아차릴 수도 있다. 당신은 처음에는 질문에 관한 생각활동과 질문에 의해 드러나는 더 깊은 수준의 이해 간의 차이를 아마 알아차리지 못할 수도 있다. 그래서 발생하는 것이 무엇이든 그것을 기록한다. 수행을 통하여 당신은 합리적 생각활동이 관여된 것을 놓아버리는 것과 더 깊은 마음의 과정의 수준을 수용하는 것을 천천히 구별할 수 있을 것이다. 당신은 일어나고 있는 그것을 그릴 수 있다. 잠시 후에 창조적인 흐름이 중단되고 당신이 산만함과 분별 속에 빠진 것을 쉽게 발견할 수 있다. 이런 일이 발생하면 마음챙김 지원에 다시 초점을 맞춘다. 그리고 마음이 안정되면 다시 질문을 던진다. 이렇게 하는 반영의 과정을 되풀이한다. 주어진 수행 회기에서 세 번 이렇게 한다. 당신은 수행 회기에서 동일한 질문을 세 번 하는 것이 유용함을 발견할 수 있을 것이다. 그 질문을 다시 읽기 전 하루 혹은 이틀 동안 당신이 기록한 것을 남겨두는 것이 좋다.

숙고

당신은 이 연습을 잠자리에 들 때까지 계속할 수 있다. 이것은 "그 위에서 자다(sleeping on it)"라는 구어체 개념과 동일한 원리로 작동한다. 잠들 때까지 자신에게 다시 질문하라. 아침에 깨어났을 때는 즉각 눈을 뜨지 않는다. 적극적인 생각 활동을 시작하기 전까지 이 상태에 머문다. 당신이 어떻게 느끼는지, 당신의 알아차림에 나타난 것이 무엇인지를 알아차린다. 그리고 당신의 꿈을 상기한다. 그것들을 검열하지 않는 방식으로 기록한다. 반영을 통하여 우리는 더 깊은 수준의 정직성에 접속할 수 있다. 합리적이고 논리적이고 지적이고, '실용적인' 것을 우회하여 우리 경험의 피상적인 수준 배후로 이동할 수 있다. 반영 안에서 일어나는 것이 놀라운 것일 수 있다. 때때로 그것은 우리 자신에 대해 보통 노골적으로 이야기하지 않았던 어떤 것을 폭로한다. 반영은 우리로 하여금 마음의 식역하 수준—우리 삶을 지배하지만 우리가 알 수 없는 미세한 태도와 조건 반응을 일으키는 수준—
에 접근할 수 있게 한다.

고통의 수레바퀴

안내

지금에 이르러 분명해진 것은 변화가 EPS의 지배를 받는 관찰자 안에서 일어난다는 것이다. 그래서 이 오염된 내면의 캐릭터와 능숙하게 관계하는 길을 발견하는 것이 우리 연구의 핵심 초점이다. 제3장을 회상해보면 통찰은 하나의 해체 과정이었다. 따라서 우리가 해야 할 일은 현재 순간에 일어나고 있는 내면의 경험 요소들을 해체하는 일이다. 그렇게 함으로써 우리는 어떻게 그리고 왜 생각하고, 지각하고, 대응하는지를 더 잘 이해할 수 있다. 경험의 요소들이 일어나고 있는 과정과 그들 간의 인과관계를 보는 것이 진정한 통찰과 변화를 위한 토대를 놓는 일이다.

이것이 정확하게는 2600년 전 인도의 보리수나무 아래에서 붓다가 '깨달았던 것'이다. 붓다는 자신의 삶에서 고통의 수레바퀴가 어떻게 계속되는지 그리고 그가 윤회(samsara)라고 불렀던 악순환에서 자신의 마음을 해방시킬 수 있는 법을 분명히 보았다. 우리의 용어로 말하면 붓다는 자신의 EPS가 끊임없이 어떻게 암류를 휘젓고 있는지—이로 인해 미래에 더 많이 사나워지는 것을 야기하는 기본적 습관 패턴이 강화된다—를 본 것이다. 이러한 통찰은 붓다의 탁월한 가르침인 연기사상(dependent origination)을 낳았다. 명상과 더불어 연기사상은 인간의 마음을 이해하고 인간이 자기 스스로 만든 고통의 구속에서 벗어나 자유로울 수 있게 하는 통찰을 제공하는 것으로, 붓다의 위대한 공헌이다.

연기사상의 12개 연결고리

이 장에서는 붓다의 가르침인 연기사상의 12개 연결고리를 설명하고자 한다. 그리고 이것이 EPS 탄생의 원인이 되는 상호 연결된 과정을 어떻게 해명하는지를 탐색할 것이다. 이 가르침은 2개의 관점에서 접근 가능하다. 먼저 한 관점에서는 환생(reincarnation)의 과정이 삶에서 삶으로 이동하는 의식의 흐름에 각인된 카르마의 패턴에 의해 어떻게 구축되는가를 설명하는 것이다. 하지만 이것은 우리의 관심 대상이 아니다. 왜냐하면 이 책은 대중을 위한 세속적인 것을 다루고 있기 때문이다. 다른 한 관점은 우리가 순간순간의 기준에서 무의식적으로 행하는 12개의 연결고리에 의해 고통의 자기 영속적인 순환에 어떻게 빠져드는가를 설명하는 것이다. 이것이 우리 관심의 초점이다.

12개의 연결고리는 도미노와 같다. 일단 첫 번째 것이 넘어지면 연쇄반응이 시작된다. 만약 우리가 연결고리 중 하나를 없애버리면 넘어지는 도미노의 연쇄는 중단된다. 붓다는 12개의 연결고리가 원형으로 연쇄되어 있음을 알았다(그림 1). 그것은 무지, 업, 의식, 명색,

육입, 촉, 수, 갈애, 취온, 유, 탄생 그리고 노사이다. 전통적으로 연기 사상의 순환은 삶의 순환적 성질로 나타내기 위해 하나의 바퀴로 그렸다. 우리가 그 바퀴에서 해방되기 위해 무엇을 할 때까지 순환은 끝없이 계속된다.

바퀴의 연결고리는 앞선 연결고리에 의해 조건 지워진다. '조건 지워진(길들여진)'이란 의미는 어떤 하나의 연결고리가 일어나는 것은 그 앞 연결고리의 존재에 의존한다는 뜻이다.

이제 우리의 순간순간 경험에서 드러나는 12개의 연결고리를 각각 설명하고자 한다. 우리의 통찰 수행의 일부로서 이 연결고리들에 어떻게 알아차림을 가져올 수 있는가 하는 데 초점을 둘 것이다.

순환의 고리를 깨뜨린 자는 욕망으로부터 자유롭다.
바싹 마른 개울물이 더 이상 흐르지 않듯이,
순환의 고리를 깨뜨리면 더 이상 굴러가지 않는다.
이것이 바로 불행의 끝이다.

-법구경 7.62

무지(Ignorance)

12개의 연결고리 모델은 삶을, 에너지의 복잡한 흐름이 미묘하게 얽혀 있는 실타래와 같이 모두 인과적으로 연결되어 있는 것으로 이해하는 모델이다. 에너지의 흐름은 사물에 대한 근본 무지와 오해에 의해 작동한다. 무지를 설명하기 위해 사용된 고전적인 비유는 우리가 제1장에서 언급한 뱀과 새끼줄이다. 이 비유를 다시 간단히 음미한다. 어떤 부인이 불빛이 흐릿한 방에 들어가서 바닥에 있는 구불구불한 물체를 보았다. 그녀는 즉각 이것이 2미터 정도의 뱀이라고 느꼈고 자신이 치명적인 위험에 빠졌다고 생각하면서 공포에 얼어붙었다. 그 순간 그녀는 "나는 지금 무서운 뱀의 머리와 겨우 몇 발자국 떨어져 있다. 뱀에게 물릴 수 있기 때문에 움직이면 안 돼!"라고 지각하였다. 그때 어떤 사람이 전등 스위치를 켰고 그 순간 바닥을 보니 그것은 새끼줄이었다. 즉각 모든 상황이 변했다. 뱀은 없었고 위험도 없었다. 따라서 무서워할 필요도 없었다. 사건의 진실(새끼줄)은 항상 그대로이지만 오해에 의한 왜곡(뱀)이 있었다는 게 핵심 포인트이다. 이것이 첫 번째 연결고리인 무지(ignorance)이다.

무지란 우리 각자는 세상 속에서 그리고 우리와 분리된 사람들 속에서 자유의지를 갖고 행동하는 견고한 독립적 실체라는 가정을 그대로 인정하는 것이다. 제3장에서 우리는 이러한 가정이 허위임을 보았다. 문제는 일단 이러한 오해에 빠지면 빠져나오기가 어렵다는 것이다. 우리가 뱀이라고 생각하였던 것이 스위치를 켜고 불이 들어온 순간 새끼줄인 것으로 바로 드러났다. 우리는 사물과 세상을 보는 우리 자신의 주관적인 방식 때문에 그것을 바로 인식하지 못하였다. 사물을 보는 우리의 방식은 이전의 경험과 습관적인 방식에 길들여져 있는 것이다.

즉각적으로 본능적 수준에서 우리는 자신을 견고하고 실재하는 그리고 분리된 존재로 인식한다. 우리는 이러한 것을 눈으로 보고 몸으로 느낀다. 우리는 견고한 '나'와 나를 둘러싸고 있는 공기 사이의 경계를 분명히 본다. 그리고 우리는 우리의 손가락과 우리가 접촉하는 대상 간의 접촉의 감각을 분명히 느낀다. 우리는 지금까지 살아온

기억에 기초하여 시간과 공간을 이동하는 아주 확실한 '대상적 나'의 어떤 이야기를 갖고 있다. 이러한 지각은 우리의 언어로 소중히 간직되고 있다.

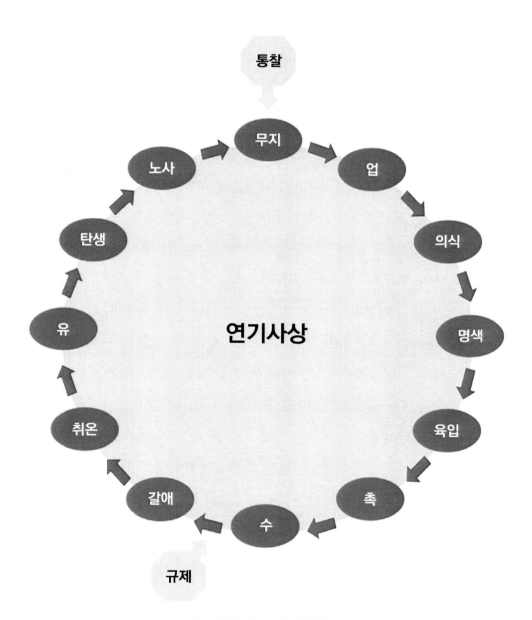

그림 1 연기사상의 12개 연결고리

이러한 지각은 우리가 우리의 경험을 사회 속에서 어떻게 개념화하느냐에 기초하여, 이 확실하고 분리된 감각을 단단히 자리 잡게 하는 '언어'로 소중히 간직된다. 우리의 주류 문화 안에서는 자아(self)를, 통제되지 않는 수많은 원인과 조건에 의존하는 하나의 과정으로 바라보는 담론이 거의 없다.

만약 우리가 지각(perception)의 과학에 정통하다면 우리는 우리의 감각으로부터 오는 소량의 정보에 기초하여 우리의 눈으로 보고 있는 것을 우리가 믿는 우리의 세계로 구성하는 것이 마음임을 안다. 뇌는 이전 경험에 기초하여 현실의 경험을 예측하고 기획한다. 그리고 감각에 의해 실제로 인식된 것에 기초하여 수정을 한다. 우리의 몸은 주로 빈 공간으로 채워진 원자로 구성되어 있고 이 원자는 우리를 둘러싸고 있는 공기의 원자와 다르지 않다. 제3장에서 본 바와 같이 우리의 피부는 우리를 외부 세계와 분리시킨다고 가정하였다. 그러나 실제로 피부는 사실상 구멍이 많은 투과성을 가진 것으로, 우리가 살고 있는 환경과 끊임없이 상호작용하고 있다. 우리는 식량을 생산하고, 집을 건축하고, 의료행위를 제공하는 사람들이 없다면 생존할 수 없다. 그럼에도 뿌리 깊은 습관적 편견에 의거하여 우리 자신에 대한 지각을 견고한 것으로 그리고 분리된 것으로 느낀다.

여기서의 핵심 이슈는 우리가 우리 자신을 다른 사람과 그리고 삶의 다른 것들과 분리시키는 데 더 많이 초점을 두고 있다는 것이다. 우리는 우리가 다른 사람과 얼마나 가까이 연결되어 있고, 삶의 다른 것들과 어떻게 얽혀 있는지를 보지 못하고 있다. 틱낫한(Thich Nhat Hanh)이 말한 '상호연결의 존재(interbeing)'의 진리를 모르고 있는 것이다. 우리는 이것을 진화적인 관점에서 이해할 수 있다. 우리의 유전자는 생존을 위해, 새끼를 낳기 위해, 그리고 이들 유전자를 다음 세대에 전하기 위해 프로그램화되었다. 결론적으로 우리는 우리가 필요로 하는 것을 얻기 위해 그리고 위협을 피하기 위해 뿌리 깊은 강한 구동력을 가지고 있다. 우리는 이 목적을 더 잘 달성하기 위해 집단을 이루고 살고 있다. 이것이 자연스럽게 우리의 마음/몸의 복합체를 '대상적 나'라는 존재의 정체성으로 그리고 우리와 가까운 가족과 집단을 '나의 종족(my tribe)'이라는 정체성으로 인도한다. 반면에 다른 사람이나 집단을 나의 관심에서 벗어난 생경한 것으로 본다.

현대의 신경생물학은 자아감(sense of self)을 점차 넓은 관점에서 보고 있다. 신경 영상화(neural imaging)의 도래로 신경과학 안에서 마음의 처리 과정을 뇌의 어떤 구역으로 지도화하는 경향이 있다. 이러한 경향으로 "마음이란 뇌가 하고 있는 그것이다."라는 상식이 신경과학에서 지지를 얻고 있었다. 이것은 환원주의(reductionist)적인 것으로, 흠결이 있는 것으로 보인다. 마음은 뇌, 몸, 관계 그리고 환경과의 상호작용으로부터 출현하는 것이다. 대인관계에 관련된 신경생물학에 의하면 마음은 우리의 몸/마음 시스템 안 그리고 우리 자신과 다른 유기체 간에서 그리고 우리가 거주하고 있는 환경과 우리 자신 간의 에너지와 정보의 흐름으로부터 출현하는 것이다. 우리는 눈과 코로 우리가 누구인지를 정의하지 않는다. 그것은 우리가 누구인지를 정의하는 것의 일부분이다. 이와 유사하게 우리는 우리의 몸/마음 복합체를 생명과 분리되지 않는, 생명의 나머지 부분과의 연결망의 교점으로 볼 수 있다. 우리가 누구인가 하는 것은 내재성(within-ness) 못지않게 관계성(between-ness)에서도 존재하는 것이다. 이것이 상호연결의 존재(interbeing)라는 붓다의 개념에 통합된다.

간단히 말해서 연기사상의 사슬에서 첫 연결고리는 상호연결 존재의 개념—대인관계에 관련된 신경생물학에서는 내재성과 관계성이라 부른다—에 대한 무지를 의미한다. 이 연결고리는 지극히 중요하다. 왜냐하면 나머지 11개의 연결고리를 야기하고 고통의 수레바퀴를 구동시키기 때문이다.

수행의 관점에서는 '대상적 나'의 주변 순간순간의 수축과—견고하고 실제적인 것으로 느끼는 것—'타인(other)'과의 본능적인 분리를 인식하고 있다는 것을 아는 것이 중요하다. 매일매일의 수준에서 이것은 항상 현존하는 '대상적 나'에 대한 느낌을 단순히 알아차리는 것이고, 다른 사람과 우리가 살고 있는 세계와의 분리를 어떻게 느끼는지를 알아차리는 것이다. 통찰 수행은 이것을 판단하거나 변경하지 않고 바로 보는 것이다. 이것이 우리로 하여금 직접적으로 무지를 다룰 수 있게 한다. 이렇게 함으로써 우리는 무지의 흐릿한 토양에 깊이 묻혀 있는 EPS의 뿌리를 알아낼 수 있다.

업(Karma)

업은 두 번째 연결고리이다. 이것은 무지에 의해 길들여진(조건지워진) 것이다. '업' 즉 '카르마(Karma)'는 행위(actions)를 말하는 것으로 우리가 행동하는 것과 경험한 결과 간의 인과적인 연결고리이다. 우리의 행동은 우리 자신과 세계에 대한 우리의 이해에 의해 영향을 받는다. 일단 '대상적 나'라는 감각, 즉 현존하고 다른 사람과 분리된 감각이 있다. 그리고 우리는 우리의 세상에 대해 행동해야 한다고 느낀다. 우리는 원래 잘못된 지각에 의해 영향을 받으며 인과적으로 연결되어 있는 사건들의 사슬에 의해 움직인다. 만약 우리가 새끼줄이 아니라 뱀을 보고 있다고 믿는다면 이것이 우리가 느끼는 것, 생각하는 것 그리고 결정하는 것에 영향을 미친다. 뱀에 물릴 위험에 처해 있다고 믿는 그것이 우리가 하는 모든 일에 평생 영향을 미친다.

업은 몸, 말, 마음의 자극적 그리고 의지적 활동을 야기하는, 깊이 뿌리박힌 습관이다. 이들은 유익하거나 유익하지 않을 수도 있으며 우리가 다양한 방식으로 생각하고, 말하고, 행동하게 재촉하고 밀어붙이는 조건반사신경을 포함하고 있다. 앞 장에서 언급한 바와 같이 조건반사신경은 마음의 식역하 영역에 숨어 있는 것으로, 무의식적 목적과 구동으로부터 나온다.

이 단계에서는 의식의 형태를 취하지 않는 단순한 자극으로 존재한다. 간단히 말하면 이것은 '대상적 나'라는 느낌이다. 나는 타인과 분리되어 있다는 느낌이고 거기에는 행동을 위한 자극이 있다.

의식(Consciousness)

의식은 세 번째 연결고리이다. 그리고 의식은 업에 의해 길들여진 것이다. 이와 같은 맥락에서 의식은 어떤 고정된 그리고 영구한 실체에 반하는 것으로, 의식작용의 흐름이다. 일단 '대상적 나'라는 느낌이 있고 행동을 위한 자극이 있으면 에너지가 다음 순간을 야기하는 시동을 건다. 의식은 이들 순간을 매일매일 진행되는 상이한 생각, 느낌, 지각 그리고 행동을 포함하는 경험의 흐름 속으로 연결한다. 덧붙여 거기에는 '이것은 알아차리는 나'라는 계속되는 느낌이 있다. '대상적 나'에 대한 감각은 우리의 경험을 관통하는 알아차림과 융합된다.

수행의 관점에서 보면 우리의 삶이란 한 순간에서 다음 순간으로 흐르는 경험의 흐름이며 우리는 펼쳐지는 삶에 주의를 기울일 뿐이다.

명색(Name-and-Form)

명색은 네 번째 연결고리로, 의식에 의해 길들여진 것이다. 전통적인 삶의 수레바퀴 가르침에서는 명색은 오온(five Skandhas)* 혹은 총합으로 알려진 경험의 기본적 구성단위이다. 그것들은 우리가 애착을 가진 몸과 마음뿐만 아니라 견고하게 보이는 세계의 출현으로 귀결된다.

우리는 이러한 경험의 견고함이 뇌에 의해 만들어진다는 것을 신경과학의 발전으로 알고 있다. 뇌는 과거 경험에 의해 만들어진 예측에 기초하여 '외부 세계'로 실체에 대한 감각을 투사한다. 우리의 의

---

* 오온(五蘊)은 인간 존재를 색(色), 수(受), 상(想), 행(行), 식(識)의 다섯 가지 집합체로 관찰하는 관점에서 무아를 통찰하기 위한 틀이다. 여기서 색(色)은 일반적으로 모양이 있는 물질을 의미하지만, 오온에서 색은 물질적 신체를 의미한다. 수(受)는 감각기관과 대상의 접촉으로 생겨나는 원초적인 감각 인상이며, 괴로운 느낌, 즐거운 느낌, 괴롭지도 즐겁지도 않은 느낌(중성)의 세 가지로 분류된다. 감수(感受)라고도 불리며, 신체감각에 가깝다. 상(想)은 대상을 인지하는 의식 활동이며, 이미지, 개념, 언어활동 등을 포함한다. 행(行)은 선악의 업을 만드는 의도[意思]를 중심으로 하는 감정과 사고에 의한 형성 작용이다. 식(識)은 수·상·행 이외의 의식 활동 전반을 가리킨다.

식 흐름 안에서 자유롭게 흐르는 에너지는 '대상적 나'라는 확실한 느낌과 나와 분리되고 견고해 보이는 외부 세계로 굳어진다.

또다시 우리는 우리가 누구인가에 대해 우리가 갖는 이 경험의 뿌리에 무지가 놓여 있음을 볼 수 있다. 우리의 자아감—우리가 EPS라고 부르는 것—은 무지의 어둠에서 출현하여 점차 형태를 갖추기 시작한다. 통찰 수행의 관점에서 우리는 우리가 누구인가 하는 견고한 기준으로 우리의 몸과 마음을 본능적으로 확인한다. 그리고 우리는 우리와 구분되고 분리된 외부적 실체로서의 사람과 세계를 망설임 없이 관련짓는 것을 알아차린다.

육입(Six Sense Bases)

육입은 다섯 번째 연결고리이고 명색에 의해 길들여진 것이다. 육입은 보고, 듣고, 냄새 맡고, 맛보고, 접촉하고, 생각하는 능력이다. 이것들은 우리가 경험하는 세계와의 통로이며 명색에 의존하여 존재하는 것이다. 왜냐하면 마음/몸의 복합체는 이들 육입이라는 존재의 전제조건이기 때문이다.

각각의 감각은 감각기관과 이와 연관된 의식으로 구성된다. 예를 들어 눈의 내적 감각기관은 외적으로 보이는 대상에 반응하며 안식(eye-consciousness)과 관련된다. 이것이 의미하는 바는, 우리는 볼 수 있는 눈을 가지고 있고, 보여지는 대상이 있으며 이 둘을 연결하는 안식이 있다는 것이다. 다른 감각도 이와 같다. 여기서 핵심 포인트는, 우리는 '나' 그리고 '나의 의식'을 가지고 있을 뿐만 아니라 "나는 사물을 의식적으로 보고 있다", "나는 의식적으로 소리를 듣고 있다"

그리고 "나는 어떤 것을 의식적으로 생각하고 있다"는 것이다. 그것은 바로 보고 듣고 생각하는 것이 아니라 '내'가 듣고 있고, '내'가 보고 있고 '내'가 생각하고 있다는 것이다. 다시 말하면 우리가 자아의 존재를 가정하기 때문에 각 연결고리의 뿌리에 무지가 놓여 있는 것이다.

통찰 수행의 관점에서 보면 우리가 보고, 듣고, 냄새 맡고, 맛보고, 접촉하고, 생각할 때마다 '나'라는 감각이 이것들 배후에 놓여 있다는 것이다. 이 점이 종종 너무 명백하게 보여 우리가 이 점에 유의를 하지 않기도 하지만 우리 삶의 모든 것에 이 무지가 자리 잡고 있음을 보는 것은 도움이 된다. 예를 들어 우리가 보는 '나'의 감각을 굳히면 우리가 보고 있는 것과 자동적인 분리가 생겼음을 알아차릴 수 있다. 이와 같은 내용이 다른 감각에도 모두 적용된다.

접촉(Contact)

접촉은 여섯 번째 연결고리이고 육입에 의해 길들여진 것이다. 그것은 내적인 감각, 외적인 감각 대상 그리고 감각 의식과 같이 오는 것이다. 이것은 맨(bare) 감각 수준에서 우리 주변의 세계와 접촉하는 것을 의미한다. 예를 들어 우리는 눈으로 보고, 우리가 보고 있는 것과 접촉하고 있다. 혹은 귀로 듣고 소리와 접촉하고 있으며 마음속에 일어나는 생각이 있고 그것에 대한 순간적인 알아차림이 있다. 이 순간은 접촉에 대한 반응으로 인해 순간적으로 일어나는 느낌으로, 다음 연결고리와 순식간에 연결된다.

출현하는 우리의 자아감은 이제 감각의 문을 통하여 세상을 바라본다. 그리고 모든 종류의 외부 사물과 접촉할 수 있다. 접촉은 '저쪽에' 있는 세계에 대해 경험을 갖는 '여기 있는 대상적 나'의 감각을 강화시킨다. 그것은 무지를 강화한다. 즉 외부 세계의 사람이나 사물과 분리된 견고하고 현실적인 실체, 즉 자아감이 출현하는 것을 강화한다.

느낌-감각(Feeling-Sensation)

느낌-감각, 즉 수는 일곱 번째 연결고리로, 접촉에 의해 길들여진 것이다. 이것은 육입과 그 감각 대상 간에 접촉이 이루어질 때 일어나는데 즐거움, 불쾌함 혹은 중립으로 규정된다. 접촉으로 인한 감각의 결과는 느낌이고 우리는 이를 통제할 수 없다. 왜냐하면 즐거움, 불쾌함 혹은 중립의 느낌은 무지가 시작되고 일어나는 연속적인 연결—각 연결고리가 뒤따르는 연결고리를 길들이는 것—을 관통하는 과정의 최종 결과이기 때문이다.

심리학에서는 느낌-감각을 쾌락적인 색조(hedonic tone)로 묘사한다. 모든 경험이나 존재의 상태는 그 경험에 대해 즐거움 혹은 불쾌함을 느끼는 감각인 쾌락적인 색조를 갖는다.

느낌-감각 혹은 쾌락적인 색조의 경험은 자아감을 더욱 강화시킨다. "여기에 나는 느낌을 경험하는 나의 모든 감각과 함께한다… 그래서 나는 실재하는 것이 틀림없다."

이 단계에서 수행을 향한 우리의 접근법은 우리의 경험에 대해 맨(bare) 알아차림을 유지하는 것이다. 그리고 느낌-감각이 일어날 때를 알아차리는 것이다. 이때 우리는 자기연민 휴식(Self-Compassion

Break: 제3장 참고)을 수행하여 우리가 느끼는 것에 친절할 수 있다. 그렇게 하여 이 연결고리를 뒤따르는 이후 연결고리의 영향을 완화시킬 수 있다.

갈애(Craving)

갈망 또는 갈애는 여덟 번째 연결고리이고 느낌-감각에 의해 길들여진 것이다. 붓다의 4개의 고귀한 진리(4성제)에 의하면 갈애는 우리에게 고통을 주고 우리를 연기의 순환에 빠지게 한다. 그것은 시각적 대상, 소리, 냄새, 맛, 육체적 감각 그리고 정신적 대상에 대한 갈망이다.

즐거운 느낌의 결과는 욕망이다. 고통스런 느낌의 결과는 회피이다. 중립적 느낌의 결과는 무관심이다. 이것이 EPS가 살아가는 방식이다. 우리는 EPS가 무지의 어둠에서 점차 출현하는 것과 앞선 연결고리에서 형태를 갖추는 것을 보았다. EPS는 직접적으로 그리고 본능적인 방식으로 그 자신을 표현한다. "나는 이것을 좋아해. 그래서 나는 그것을 가지고 놀 거야." "그건 지루해, 나는 그것을 무시하고 그것이 없는 척할 거야." "그건 즐겁지 않고 고통스러워서 나는 그것을 원하지 않아. 그래서 그걸 없애버릴 거야!"

느낌에 대한 이러한 반응은 어떤 사람이 '여기에서' 갖는 경험의 감각을 강화시킨다. 시각적 대상의 존재를 녹화하는 안식과 같은 공정한 경험이 개인적이고 이원적인 것으로 변형된다. 예를 들어 "나는 아름다운 것을 보고 있다. 나는 그것을 원한다. 이제 나는 그것을 애착한다." 어떤 학자는 이와 같은 연결고리를 '연루 혹은 개입

(involvement)'이라고 하였다. 왜냐하면 우리가 지각, 접촉 그리고 느낌 (앞의 연결고리)을 통하여 경험하는 객관적 세계에 관여하는 것을 뜻 하기 때문이다. 마음챙김 수행의 핵심은 비연루(기피)이다. 갈망을 알 아차리고 연루를 회피하는 것이다.

　역설적으로 부정적 경험 역시 애착(attachment)을 야기한다. 그리 고 우리는 이것을 노이로제 정신 상태로 보곤 한다. 예를 들어 우리 는 불안하고, 우울하고, 부정적 자기 대화에 빠져 있는 느낌이 계속 되는 마음 상태를 경험할 수 있다. 비록 이러한 느낌이 불쾌하여 보 다 긍정적인 마음의 상태로 이동하고 싶다 할지라도 부정적 마음의 상태가 떨어지지 않고 달라붙어 있는 경우를 볼 수 있다. 만약 우리 가 이와 같은 진행 상태를 가까이에서 본다면 우리가 그러한 경험을 하고 있는 한 우리의 허약한 자아감은 굳어지고 강화된다는 것을 먼 저 알아차릴 수 있다. 만약 우리가 통증과 불행을 느낀다면 명백하 게 '여기에 있는' 어떤 사람의 것임에 틀림없고 그래서 그것은 '그 사 람의' 통증이다. 그러므로 우리가 그것에 매달리는 한 그것이 우리의 존재를 보장하기 때문에 우리는 이상하게도 안전함을 느낄 수 있다. 두 번째로 보이지 않는 수준에서 우리의 마음은 불안을 제거하기 위 해 맹렬하게 싸운다. 그러나 이것은 역효과를 낸다. 왜냐하면 심리적 수준에서 어떤 것을 제거하려고 하는 것은 오히려 그것의 존재를 강 화시키기 때문이다. 그것과 싸우는 것은 그것에 에너지를 흐르게 하 기 때문이다. 비치볼을 물 아래로 밀어 넣어 누르면 누를수록 더 힘 차게 떠오르는 것과 같다.

　결론적으로 애착은 매우 역동적이고 복잡한 것이다. 왜냐하면 그것이 '여기에서' 경험을 하고 있는 어떤 사람의 이원론적 감각을 강화시키기 때문이다.

취온(Grasping)

취온은 아홉 번째 연결고리이고 갈애에 의해 길들여진 것이다. 일단 애착에 완전하게 초점이 맞추어지면 취온으로 숙성한다. 가벼운 접촉으로 시작된 것이 빠르게 느낌으로 변하고, 갈애로부터 이동하여 취온의 꽉 쥔 주먹으로 이동한다.

이것은 두 살배기 어린아이가 슈퍼마켓 선반에 있는 과자를 움켜쥐고 바닥에서 뒹굴고 비명을 지르며 울부짖고 고함을 치는 것과 같은 것이다. '대상적 나'라는 감각과 '내'가 원하는 것이 이제 빠르게 '나의' 정체성—이것이 우리를 다음 연결고리로 인도한다—으로 합쳐지는 감정적 힘을 모은다. 이러한 감정적 힘은 EPS의 생명의 혈액이다.

이 단계의 수행 접근법은 취온의 꽉 쥔 주먹을 알아차리는 것이고 우리의 주의를 마음챙김 지원으로 되돌리는 것이다.

유(becoming)

유는 열 번째 연결고리로, 취온에 의해 길들여진 것이다. 12개의 연결고리가 순간순간의 경험으로 이해될 때 이것은 새로운 상황이 일어나고 있는 것으로 볼 수 있다.

이 상태를 존재의 순간으로 표현할 수 있다. 단순히 감각적 경험으로 시작된 것이 나의 정체성의 일부가 된 것이다. 그것은 지각과 경험 같은 지나가는 대상이 아니라 사물로서의 존재로 다가온다. 애착에 대한 예로 돌아가 보면 우리가 시시각각으로 경험하는 불안의 느낌이 더 이상 하나의 조건이 아니라는 것을 알 수 있다. 불안이 우리 속으로 들어와 굳어진 것이다.

불안을 경험하는 어떤 사람이 불안을 지닌 존재로 진전을 한다. 이 순간에 EPS는 어떤 특유한 형태로 가정된다. 그것은 깨지기 쉬운 불안해하는 생물이다. 아마 언젠가는 성난 독재자가 될 수도 있고 비열한 몽상가가 될 수도 있다.

이 단계에서는 수행이 어렵다. 왜냐하면 우리가 유의 감정적 힘과 융합되었기 때문이다. 하지만 전혀 희망이 없는 것은 아니다. 그리고 여기에서 도움이 되는 수행은 수용의 마음챙김 정좌 수행이다. 왜냐하면 그것이 탈동일시(disidentification)를 위한 조건을 만들기 때문이다.

탄생(Birth)

탄생은 열한 번째의 연결고리이며 유에 의해 길들여진 것이다. 이것은 새로운 상황의 발생으로 이해할 수 있다. 일단 존재가 확립되면 탄생이 있다. 이것은 심리학적 수준에서 말하자면 '응결(solidification)'이라 할 수 있다. 앞의 예로 돌아가면 불안에 대한 자유로운 흐름의 느낌은 이제 생명과 실재보다 더 커진다. 그것은 우리에게 힘을 발휘하는 독립적인 실체로서의 형태를 갖춘다. 그리고 그것은 모두 우리가 연루되었던 순식간의 경험의 순간에서 시작된 것이다.

이 단계에서 수행은 매우 어렵다. 마음챙김 지원을 사용하는 해방의 상태도 거의 불가능하다. 이것은 우리를 빠르게 해변가로 몰고 가는 강력한 파도에 비유할 수 있다. 대안도 없고 그것에서 벗어날 수도 없다. 이것은 우리를 마지막 연결고리로 데리고 간다.

늙음과 죽음(Old age and Death)

늙음과 죽음은 열두 번째 연결고리이고 탄생에 의해 조건 지워진 것이다. 이것은 상황의 소멸과 사라짐으로 이해할 수 있다. 우리의 정신적인 집착, 지속적인 마음 상태 그리고 정서적 고정관념 모두가 끝을 맞이한다. 어떤 점에서는 형체가 변형(shape-shifting)된 EPS가 감각의 문을 통하여 보고, 다시 접촉하고, 새로운 애착과 연루의 경험으로 이동하는 것으로 볼 수 있으며 마음이 자신의 고정관념을 해방시키는 것이다.

이것이 삶이 진행되는 길이다. 매우 치열하고 고통스런 경험이 이동하고 변화한다. 하지만 불행히도 근원적 원인은 남아 있다. 그것은 무지이다. 더욱이 무지로부터 생긴 습관적 패턴은 우리가 12개의 연결고리를 통해 순환할 때마다 강화된다. 잿더미에서 피어나는 불사조처럼 EPS는 다시 출현한다. 전 과정은 다시 시작되고 계속 진행된다.

이러한 상호의존적인 과정을 이해한다면 이 수레바퀴가 그 자체로는 끝날 수 없음을 깨달을 것이다. 왜냐하면 우리는 자신도 모르게 그것을 재생하고 있기 때문이다. 우리는 견고하고 독립된 자아라는 신념에 묶여 있는 모든 생각, 말 그리고 행동에 숨어 있는 무지의 엔진에 끊임없이 연료를 공급하고 있다.

일상생활에서 12연결고리의 사례

위에서 언급한 바와 같이 일상의 삶에서 12연결고리가 우리의 마음 상태와 삶의 경험에서 어떤 역할을 하는지를 보는 것이 중요하다. 이것을 보지 못하면 연기사상은 하나의 흥미로운 아이디어일 뿐이다. 반면에 이것을 우리 자신의 경험에 적용한다면 우리는 통찰을 위한 조건을 만들 수 있다. 삶에서 상호 연결과 흐름의 느낌을 얻는 것으로부터 시작한다. 어떤 하나가 어떻게 다음 연결고리를 발화하는지 그리고 모든 것이 어떻게 인과적으로 연계되어 있는지를 볼 수 있다. 이것은 여기에 있는 견고한 '대상적 나'가 견고한 외부세계와 구별되는 것으로 보이게 하기보다는 사물을 덜 고정된 것으로 보게 하는 데 도움을 준다. 이렇게 하는 것은 무지를 약화시키는 것으로부터 시작하여 우리를 존재의 상호의존성의 흐름에 들게 한다.

우리의 경험을 과정과 흐름의 관점에서 볼 때 우리는 연결고리의 어떤 것을 행동화하는 것—그것들이 우리의 경험에서 행사하는 것—을 삼가할 수 있는 선택을 할 수 있다. 우리는 늘어서 있는 도미노 하나를 제거할 수 있다. 그리하여 습관적 패턴의 관계에서 일어나는 연기의 과정을 중단시킬 수 있다. 일단 우리가 연기의 과정이 작동되고 있다고 느끼면 우리는 더 큰 힘을 느낄 것이고 우리 자신의 정신 과정에 휘둘리지 않아야겠다고 깨달을 수 있을 것이다. 우리는 뒤로 물러서서 그것들이 작동하는 것을 보게 되고 우리의 에너지를 어느 곳에 보내야 할지 선택할 수 있다. 이것은 통찰 수행의 핵심 원칙의 하나인 "봄이 행이다"의 다른 응용이다.

이와 같은 이해를 우리의 실제 삶에 적용하는 것이 중요하므로 매일의 삶에서 일어나는 12개 연결고리의 가상 시나리오를 검토하자. 이 시나리오는 연기에 관한 로브 버베아(Rob Burbea)의 책 내용을 각색·요약한 것이다.

상사가 당신에게 내일 동료들 앞에서 프레젠테이션을 하라는 지시를 하였다. 그러나 당신은 언젠가 프레젠테이션에서 실수했던 과거의 기억 때문에 대중 앞에서 하는 프레젠테이션에 두려움을 갖고 있다. 결론적으로 이 임무가 과거의 부적절했던 당신의 이야기를 상기시켰다. "나는 그런 식이야. 나는 항상 프레젠테이션을 잘 못해. 나는 그 일로 비난을 받았어." 이와 같은 이야기가 당신의 마음속에서 견고해졌고 현실이 되었다. 이것은 무지의 표현이다(연결고리 1). 이러한 현상은 무의식적으로 발생한다. 여기서 무지는 당신이 당신의 과거를 한 면에서만 바라보는 것과 미래를 두려움으로 보는 당신의 낮은 자존감을 포함하여 여기에서 진행되는 상호 연관된 과정 전부를 말한다. 이들 과정을 알아차림으로 비추면 그것이 무지로부터 해방되는 길이다. 그러나 당신이 과거에 일어났던 개인적인 일을 확인하게 되면 이러한 가능성은 차단된다.

당신은 비판하는 타인과 구별되는 두렵고 부적절한 '대상적 나'의 이야기 주변에서 본능적으로 부지불식간에 의식의 수축을 경험한다. 이 이야기를 확인함으로써 내일 있을 프레젠테이션과 관련하여 어떤 기대와 가정이 일어난다. 이것들이 우리가 '미세한 생각'이라고 앞에서 불렀던 것이다. 이 미세한 생각은 인식하기는 어렵지만 업의 예이다(연결고리 2).

자기충족적인 이야기에 빠져서 당신의 무의식적 기대와 가정은 두려움과 무서움이라는 연료에 의해 기력을 얻는다. 그리고 당신의 의식(연결고리 3)은 다음 날에 있을 굴욕감이라는 강박적인 분별의 주변에서 수축된다. 이것이 한 순간을 다음 순간으로 연결하는 알아차림의 가닥이 된다. 당신은 당신이 반복적이고 역기능적인 생각의 흐름에 빠진 것 같은 불안과 긴장을 몸과 마음(연결고리 4)에서 느끼기 시작한다. 이때 마음의 감각 기반(연결고리 5)과 이들 생각이나 이미지와의 접촉(연결고리 6)이 있을 뿐만 아니라, 몸의 감각 기반(연결고리 5)과 그들이 신체적으로 유발하는 긴장이나 두려움의 경험과의 접촉도 있다. 이 두 개의 접촉은 불쾌한 느낌(연결고리 7)을 수반한다. 이 불쾌한 느낌에 대한 당신의 본능적인 반응은 혐오이다. 즉 불쾌한 느낌을 제거하는 것이거나 당신의 관심을 딴 곳으로 돌리는 것이다. 이러한 혐오는 갈애(연결고리 8)의 한 형태이다.

혐오에 대한 반응은 당신을 불쾌한 느낌에서 도망가게 하는 대신에 그 느낌을 더욱 악화시킨다. 오히려 당신의 마음은 공포와 고착화의 단단한 매듭에 묶인다. 이러한 스트레스와 내면의 갈등이 악화되는 순환은 마음이 어떤 해결책을 향해 요동치는 취온(연결고리 9)이라는 사태로 번진다. 당신 마음의 취온의 행동은 복잡하다. 몸과 마음에서 생기는 느낌과 이미지로부터 필사적으로 도망가려고 한다. 내일 있을 프레젠테이션을 회피하려는 전략에 대한 생각 활동―아마 병가를 요청하는 것 혹은 다른 사람에게 그 일을 떠맡기는 것―등이 있다. 이러한 내면의 드라마를 겪는 동안에는 당신 자신이 빠져 있는 덫의 진행 과정에 대해 알아차릴 수가 없다. 왜냐하면 당신은 무지의 마력에 빠져 있기 때문이다. 대신에 모순되는 자극과 전략이 당신의 마음에서 질주하고 당신의 관심을 끌기 위해 여세를 몰아 경쟁한다.

결국에는 그중 하나가 이긴다. 당신은 병가를 청하기로 결정한다. 이것이 유(연결고리 10)이다. 이제 당신이 고민하였던 문제가 해결되고 나면 당신은 전화기를 들고 상사에게 전화로 메시지를 전달한다. 이것이 탄생(연결고리 11)이다. 당신은 행동의 경로를 결정하였고 그것을 이행하였다. 이제 당신은 곤란한 상황에서 벗어나 내일 하루 편한 시간을 가질 것이다. 그러나 이런 긴장완화의 시간은 오래가지 않는다. 왜냐하면 당신은 곧 당신의 거짓말이 탄로날 것을 우려하기 때문이다. 그래서 당신은 거짓말을 감추기 위한 여러 거짓말을 상상하기 시작한다. 이것은 사건의 한 상태의 쇠퇴와 소멸(연결고리 12)로 귀결된다. 그리고 당신이 업무에 복귀했을 때 거짓말에서 벗어나는 새로운 12개의 연결고리가 시작된다. 이것이 우리가 연결고리의 순환에 갇혀 있는 모습이다.

이 순환의 어느 지점에서 당신이 유(becoming)가 되어가는 과정에 사로잡혀 있음을 알고 그것을 멈출 수 있는 선택권이 있다. 그것은 갈애의 연결고리에서 무지로 짜깁기된 고통의 순환으로부터 벗어날 수 있는 선택권이다. 이 선택권이 자유의 문을 연다. 앞에서 언급한 상상의 시나리오로 돌아가면, 당신은 당신의 습관적 패턴에서 일어나는 불쾌한 느낌을 알아차리면서 확대되는 반응성의 순환을 멈추고 거기에서 빠져나올 수 있는 것이다. 이때 당신은 자기연민의 시간을 가질 수 있다. 이것이 혐오의 영향을 완화하고 그것을 삼가는 기회를 제공할 것이다. 그것은 또한 다음 날의 프레젠테이션이 당신의 두려움이나 과거의 길들이기와 함께 창조적으로 일할 수 있는 기회임을 반영하는 공간을 당신에게 열어줄 것이고, 이로 인해 당신은 약간의 자유를 얻을 수 있을 것이다. 이것이 무지의 흠결을 더 깊게 하는 것이 아닌, 통찰을 위한 조건을 만드는 것이다.

일상의 수행

당신이 일상의 삶을 살 때 위에서 상상의 시나리오로 기술된 것과 같은 마음의 반응 상태에 사로잡혀 있었던 때를 회상해보라. 연기사상의 연쇄에서 서로 다른 연결고리들이 당신의 몸과 마음에서 어떻게 작동하였는지를 알아차릴 수 있는가? 당신이 회고해보면 알아차릴 수 있는 것은 느낌-감각이다. 특히 갈애가 애착, 거절 혹은 무관심의 형태로 자리 잡는 순간을 알아차려라. 당신이 자기연민 휴식의 수행으로 이들 반응의 주변을 완화시킬 수 있는지를 보라. 그리고 이들 반응에 알아차림을 가져올 때 이것이 당신에게 어떤 느낌을 주는지도 알아차려라.

4개의 고귀한 진리(사성제)

역사 속의 붓다인 싯다르타(Siddhartha)가 인도의 보리수나무 아래에서 깨달았을 때 그의 핵심 통찰의 하나는 연기사상이었다. 그는 연기의 과정이 계속되는 고통의 순환의 원인인 것을 분명히 보았다. 그리고 명상 수행을 통하여 이 순환을 깨뜨릴 수 있다는 것을 깨달았다. 이러한 통찰은 나중에 '불교'로 알려지는 것의 기초가 된 4개의 고귀한 진리(사성제)에 관한 가르침에 반영되었다. 불교의 핵심은 고통이 어떻게 일어나고 그것을 어떻게 완화시킬 수 있느냐에 대한 이해이다.

고통(Dukkha)

첫 번째 고귀한 진리는 고통 혹은 불만족(dukkha)으로 번역된다. 붓다의 뇌리를 강타한 것은 삶의 모든 것이 한편으로는 극심한 고뇌와 곤경으로부터, 다른 한편으로는 불편과 불만족의 기본적 느낌에 이르는 고통에 의해 오염되었다는 것이다. 그의 유명한 가르침 '화살'에서 그는 통증(pain)과 고통(suffering)의 중요한 구별을 하였다. 그는 선하고 현명한 사람도 삶에서 피할 수 없는 통증, 즉 탄생, 늙음, 질병 그리고 죽음 등의 첫 번째 화살을 맞는다고 말했다. 그리고 대부분의 사람들은 첫 번째 화살에 맞아 악화된 신체 부근에 두 번째 화살을 맞는다고 말했다. 왜냐하면 이미 첫 번째 화살에 맞아 악화된 신체 부근에 두 번째 화살이 박히기 때문이다. 이것을 '저항 강박(resistance obsession)'—첫 번째 화살로 인한 통증을 느끼기를 원하지 않는 마음—이라 한다. 통증은 문제의 10%를 차지하지만 통증을 느끼기를 원하지 않는 고통은 문제의 90%를 차지한다. 붓다에게는 이것이 고통의 원인 즉 사무다야(Samudaya)라는 두 번째 고귀한 진리를 이해하는 핵심이었다.

우리의 통찰 스승 한 분은 '저항 강박'의 전형적인 예를 다음과 같이 설명하였다. 어떤 수련생이 직장 관리팀과의 회의에서 극심한 혹평을 받고 있었다. 그는 복부와 명치에 수치심이 내려앉는 느낌을 받았고 어둠 속에 있는 것 같았다. "이제 나는 잘못되었고 모든 사람이 그것을 알고 있다"라는 메시지를 발산하고 있는 것 같았다. 그는 회의 후에도 이와 같은 무거운 느낌을 떨쳐버릴 수가 없었다. 그의 마음에는 회의에서 언급된 말들이 계속 반복하여 생각났다. 그가 그것에 대해 생각하면 생각할수록 그 느낌이 자꾸 커져 그의 기분을 망쳤다. 3일이 지난 후에도 여전하였다. 그리고 그는 기분을 더 악화시키는 꿈도 꾸었다. 그런데 저녁을 준비하기 위해 부엌에 서 있다가 갑자기 그는 이 상황이 큰일이 아니라는 생각이 들었다. 그는 자기 자신에게 말했다. "이 일은 별것 아니야." 그는 여러 번 반복하여 자신에게 말했다. 그가 그렇게 할 때마다 어둠이 걷히는 것을 느꼈다. 감동적인 느낌이 그 자신에게 일어나기 시작하였다. "내가 가끔 잘못을 저지르지 않는다면 나는 인간이 아니야, 나는 언제나 모든 사람의 과오와 잘못된 판단을 용서하고 있어. 나 자신의 과오도 용서할 수 있어." 하고 그는 생각하였다. 그는 그가 그동안 받았던 명상의 가르침을 회상하며 그 자신에게 "나는 여기 서서 내가 잘못되었다는 느낌을 받을 수 있지."라고 말하였다. 그 순간 그의 저항 강박—두 번째 화살—이 사라지고 있었다. 그는 삶에서 피할 수 없는 통증—이 경우에는 존재의 불완전성의 통증—에 열려 있었다.

고통의 원인(Samudaya)

붓다는 자신의 마음에 밀착된 주의를 보내는 명상으로 연기사상의 과정을 관찰하였다. 그의 가르침의 특징은 우리 자신의 마음을 관찰하는 것에서 일어나는 진정한 이해였다. 이 점에서 그는 가장 위대한 스승이다. 명상을 통하여 그는 고통의 뿌리에는 무지가 놓여 있음을 관찰하였다. 그리고 여기에서 연기사상의 연쇄에서 말하는 다른 연결고리가 생긴다고 보았다. 그는 통증이 고통으로 변하는 연쇄의 포인트가 갈애라고 보았다. 이것이 위에서 언급한 갈애의 세 가지 유형 중 하나인 '저항 강박'의 순간이다. 갈애의 순간에 좋아하는 것을 가지려고 하고, 좋아하지 않는 것을 거절하고, 관심이 없는 것을 무시하는 자아감이 일어난다. 이것들은 마음의 큰 독으로 알려진 것이다. 왜냐하면 그것이 사물의 본성에 반하는 현실을 구성하기 때문이다. 이름하여 모든 것은 영원하지 않고 고정되어 있지 않으며 영원한 자아는 없다는 것이 사물의 본성이다. 사물의 본성에 반하기 때문에 고통을 받는다. 이와 같은 붓다의 위대한 통찰은 고통을 어떻게 끝낼 수 있는가 하는 세 번째 고귀한 진리인 고통의 소멸에 문을 연다.

고통의 소멸(Nirodha)

이것은 중단의 진리라고 기술되기도 한다. 무지가 끝남으로써 업의 형성이 중단된다. 업의 형성이 중단되므로 의식이 중단된다. 이와 같이 진행된다. 12연결고리 순환의 중단은 탄생, 늙음과 죽음, 슬픔, 애통, 통증, 낙담과 실망을 끝내는 것이다. 붓다는 무지가 미세하면서도 만연하고 자아감의 기저에 있기 때문에 우리가 바르게 지각하고 세계와 관련지을 수 있는 방법을 알기가 어려움을 깨달았다. 결론적으로 무지에 의해 가려져 있는 존재의 상호의존성이라는 진리를 드러내기 위해서는 우리 모두 자기중심적 고착화로부터 점차 마음을 자유롭게 하는 수행이 필요함을 깨달았다. 이것이 고통 소멸의 길인 네 번째 고귀한 진리이다.

고통 소멸의 길(Magga)

이 길은 8정도(Noble Eightfold Path)라고 알려진 길이다. 이 길은 불교도들의 수행의 길 세 가지 구성요소를 목표로 하고 있다. 바로 윤리적 행동(sila), 명상(samadhi) 그리고 지혜(prajna)의 길이다. 붓다는 연기사상의 12개 연결고리를 느낌-감각에서 갈애로 가는 지

8정도(The Noble Eightfold Path)

지혜(Prajna)의 계발

1. 정견(right view)

2. 정사유(right intention)

윤리적 행동(Sils)의 계발

3. 정어(right speech)

4. 정업(right action)

5. 정명(right livelihood)

정신 수련(Samadhi)의 계발

6. 정정진(right effort)

7. 정념(right mindfulness)

8. 정정(right concentration)

점에서 깨뜨릴 수 있음을 깨달았다. 이것은 연쇄의 줄 밖에 있는 도미노로 줄 안에 있는 도미노를 쓰러뜨림으로써 가능하다. 결론적으로 붓다의 길의 핵심 초점은 마음의 독 혹은 감정적 고통을 약화시키고 이들 감정을 위한 해독제를 계발함(cultivating)으로써 갈애의 힘을 줄이는 것이다. 화에 먹이를 주는 대신 자애를 계발한다. 욕망에 먹이를 주는 대신에 연민을 계발한다. 무지에 먹이를 주는 대신 평정(equanimity)을 계발한다. 이와 같은 수행을 통하여 우리는 고통과 고통의 원인을 줄일 수 있다. 동시에 무지에 의해 가려져 있는 존재의 상호의존성의 기본 원리를 통찰할 수 있는 조건을 만들어낼 수 있다.

결론

이 장에서 우리는 자아감—자기중심적 선호 시스템(EPS)—이 어떻게 무지의 늪에서 12개의 연결고리를 통해 점차 형성되는가를 밝혔다. 이것은 우리를 고통의 수레바퀴에 묶고, 나타남과 사라짐의 과정을 거쳐 통과한다. 그러나 그것은 불사조와 같이 무지라는 비옥한 땅에 심어져 있는 습관적인 패턴이라는 종자에서 다른 형태로 다시 태어난다.

붓다는 4개의 고귀한 진리라는 가르침에서 고통의 주요 원인을 갈애라고 확인하였고, 이것이 연기사상의 연쇄를 깨뜨릴 수 있는 지점이라고 명확하게 지적하였다. 이 지점 앞에서는 연쇄를 깨뜨릴 수가 없다. 왜냐하면 일단 무지가 존재하고 업의 형성이 일어나면 그 후의 연결고리들은 우리의 통제 밖에서 부지불식간에 일어나기 때문이다.

그러나 우리가 일단 느낌-감각이 일어나는 것을 멈추거나 중단하고, 그것을 맨 주의(bare attention)의 대상으로 할 수 있다면 그때는 갈애를 회피할 수 있다. 우리는 이러한 과정을 상상의 시나리오를 통해 보았다. 실로 이것이야말로 세속적인 마음챙김 수행의 초점이다. 우리의 주의가 분별로 이동하는 것을 알아차리고 마음챙김 지원으로 우리의 초점을 되돌리는 것이다. 분별 속에 빠지는 우리의 성향은 갈애의 표현이다. 왜냐하면 우리는 생각에 대한 매력, 혐오의 느낌과 그 생각을 거절하기를 원하는 것, 혹은 지루한 느낌과 우리 자신을 그것에서 탈피시키기를 원하는 것을 통하여 연루되기를 강제받고 있기 때문이다. 우리의 주의를 마음챙김 지원으로 계속하여 되돌리는 것은 혁신적인 행동이다. 왜냐하면 그것은 갈애의 지점에서 연기사상의 연쇄를 깨뜨리는 것이기 때문이다.

마음챙김 수행은 통찰 수행의 기초이다. 이 시점에서 우리는 12개의 연결고리가 일어나고 끝나는 전 과정을 알고 있다. 이것이 12개의 연결고리가 통찰에 도움이 되는 이유이다. 12개의 연결고리는 무지가 어떻게 모든 것의 뿌리에 놓여 있는가를 보여준다. 그리고 어떻게 EPS를 야기하는지도 보여준다. 그러므로 우리는 연쇄 속에 있는 모든 연결고리가 어떻게 우리의 마음속에서 순간적으로, 날마다, 일주일마다, 달마다 그리고 해마다 그들 스스로를 작동시키는지를 안다. 이것이 일어나는 것을 보는 것이 결정적이다. 우리의 행복과 평화의 성패가 여기에 달려 있다. 만약 우리가 그것들을 보지 못한다면 그것들이 우리의 삶을 결정한다. 만약 우리가 그것들을 본다면 우리는 자유로 가는 문을 여는 것이다.

많은 사람들은 삶에서 무지가 드러나는 법을 식별하지 못한다. 무지는 자기기만이라고 말할 수 있다. 결론적으로 통찰 수행이 중요하다. 통찰 없이는 마음이 무지로부터 벗어나기가 거의 불가능하다. 그것은 아주 미세하기 때문에 식별하기가 쉽지 않다. 많은 사람들은 평온(tranquility)을 계발하는 법을 알지만 그러나 통찰을 계발하지 않는다면 그들의 마음은 미세하게 "나는 여기 있다. 이것이 내가 좋아하는 것이다"라고 하는 감각 속에 갇혀 있을 것이다. 우리 자신이 이들 미세한 나타남에 민감하게 반응하는 것이 다음 장의 초점이다.

수행 코너

당신의 경험에 질문하기

이것은 하루 중 상이한 시간에 할 수 있는 일상의 수행이다. 이 수행을 진행하기 위해 스마트폰에 알람을 맞추어 보자.

먼저 당신의 발이 바닥에 있음을 알아차린다. 그리고 발과 마룻바닥 사이의 접촉을 느낀다. 그리고 몸 전체를 느끼기 위해 당신의 초점을 점차 발에서 머리 꼭대기까지 이동하면서 피부의 외피 안에서 드러나는 감각을 느낀다.

이제 당신의 마음에 다음 질문을 던진다. "이 경험은 무엇인가?" 질문에 관해서는 생각하지 않는다. 그러나 이 질문으로 구체화된 감각적인 응답 혹은 저절로 떠오르는 이미지나 생각의 여부를 알아차린다. 몇 분 후에 두 번째 질문을 던진다. "누가 이 경험을 하나?" 그리고 쉬면서 반응을 기다린다. 이 연습은 당신이 공간과 관점을 발견하는 데 도움을 줄 수 있고 당신이 당신의 경험과 동일시되는 것, 그리고 12개의 연결고리 안에 그것이 휘말려 있는 법을 보게 하는 데 도움을 줄 수 있다.

생각이 어떻게
분별이 되는가

안내

이 장의 주제를 논하기 전에 지금까지 우리의 여정을 요약해보자. 우리는 제2부를 통하여 마음의 자각 능력이 마음 안에서 일어나는 것을 어떻게 확인하는가를 탐구해왔다. 이것의 간단한 예는 부정적 생각이나 느낌이 일어날 때 우리가 즉시 그들과 융합하는 것이었다.

제4장에서 우리는 암류와 관찰자를 구별하였고 암류는 마음속에 깊이 뿌리박고 있는 습관의 패턴으로부터 일어나는 것임을 알았다. 우리는 이것을 항상 마음에서 떠오르는 생각 이미지 그리고 느낌의 형태로 경험한다. 대부분의 암류는 우리가 과거에 생각하였던 것 그리고 반응하였던 것과 관련이 있다.

제5장에서 우리는 계속되는 자기연루(self-involvement)의 가해자로서의 자기중심적 선호 시스템(EPS)—암류에서 일어나는 것을 선호로 감시하는 관찰자 안의 '나'라는 감각—을 확인하였다. 우리는 또한 관찰자의 태도와 선호가 의식의 알아차림의 정상범위를 벗어난 마음의 식역하에서 일어나는 것을 보았다. 결론적으로 우리는 마음

의 흐름 안에서 일어나는 것을 인식하지 못하면서 끊임없이 그것을 확인하는 우리 자신을 발견하고 있다.

문제는 분별의 역기능적인 부정적 습관을 확인하는 것 즉 생각활동(thinking)이 기본적 패턴의 홈을 깊게 하고 리듬을 더욱 악화시킨다는 것이다. 신경과학의 언어로 보면 함께 발화하는 신경세포들은 같이 배선된다. 그러므로 우리가 부정적 사고 패턴에 더 많이 융합하면 그 홈은 점점 깊어지고 우리의 마음은 더욱 뇌의 신경연결통로에 조각된 습관의 포로가 된다.

이 책의 핵심 초점은 융합이 어떻게 발생하는가를 이해하는 것이며, 이것을 완화하는 길을 발견하는 것이다. 혹은 다르게 표현한다면, 융합이 일어나는 것을 우리가 어떻게 확인하고 있는가를 이해하는 것이며, 융합이 일어나지 않는 길을 발견하는 것이다. 이것은 진화심리학의 핵심 주제이기도 하다. 앞에서 언급한 바와 같이 '새로운 뇌(new brain)'의 자각 능력은 '옛 뇌(old brain)'에서 나오는 강력한 구동력과 감정의 꼭대기에 앉아 있고, 우리는 스스로 끊임없이 이들 자극의 포로가 되고 있는 것을 발견할 수 있다. 폴 길버트는 초덴과 나눈 대화에서 이 과정을 비유하기 위해 재미있는 예를 들었다. 우리가 화장실에 가서 용변을 볼 때 우리는 변을 확인하지 않고 또 그것이 몸 밖으로 나오는 것이 굉장한 일이라고 생각하지도 않는다. 이것을 정상적인 생리작용이라고 보고, 바로 변기 버튼을 눌러 그것을 물로 씻어 내린다. 하지만 변과 같은 것이 우리의 마음에서 나올 때는 종종 자연의 마음에서 나오는 '똥'인, 예를 들어 화, 성욕, 불안, 집단 내의 경쟁 그리고 지배욕 등의 포로가 된다. 우리는 이 모든 것을 개인적인 일로 받아들이면서 그것을 확인하고 더 나아가 실행한다. 그러나 우리의 핵심 이슈는 이런 감정들을 자연의 마음 방출 그 자체로 보고, 그것을 내보내면서 확인하지 않는 것에 있다. 비유적으로 말하면 버튼을 눌러 그것을 물로 씻어내는 것이다.

부지불식간에 일어나는 감정의 고조와 습관적 반응을 확인하지 않는 길을 발견할 수 있음은 앞 장의 연기사상에서 보았다. 이 모델이 유용하다. 이 모델은 동일시의 과정이 단계별로 무지로부터 드러나고 있는 것을 보여주는데, 각각의 단계는 앞 단계에 의해 길들여진(조건 지워진) 것이다. 지난 장에서 우리의 초점은 자기중심적 선호 시스템이 12개의 연결고리에서 드러나는 것을 보는 것이었다. 이 장의 초점은 동일시와 융합을 구동하는 미세한 기제를 보는 데 있다.

사실 지금까지의 통찰 여정을 요약하면 자기중심적 선호 시스템이 문제의 핵심임을 알 수 있다. 제5장에서 우리는 그것이 어디에서 (관찰자에서) 발견되는지를 알았고 제6장에서는 그것이 12개의 연결고리에서 드러나는 것을 보았다. 이 장에서는 그것의 주요활동이 동일시와 융합임을 밝히고자 한다.

우리는 지난 장에서 처음 7개 연결고리는 의식의 통제를 받지 않고 일어남을 알았다. 그러나 갈애(연결고리 8)에서는 순환을 깨뜨릴 기회를 가질 수 있다고 하였다. 우리는 취온(연결고리 9)과 유(연결고리 10)를 일으키지 않을 기회를 가질 수 있다. 이것이 붓다가 사성제의 가르침에서 밝힌 핵심 통찰 중 하나이다. 갈애가 고통의 원인이다. 갈애를 인식하고 그것이 어떻게 일어나는가(12개의 연결고리를 통하여)를 앎으로써 우리는 그것을 소멸시키는 길을 배울 수 있다. 결국에는 이것이 제3의 고귀한 진리인 고통 소멸의 길로 우리를 인도

한다.

이 책의 통찰 접근법은 이들 과정이 우리의 마음에서 작동하는 법을 인식하는 것이다. 그리하여 우리는 자신을 위하여 붓다의 세 번째 고귀한 진리를 실현하는 법을 발견하고 연기의 순환을 끝낼 수 있다. 더욱이 우리는 생각에 연루되었을 때 이를 알아차리고 그것으로부터 철수하는 데 관심이 있을 뿐만 아니라—이것이 마음챙김의 핵심이다—우리 마음속에서 작동하고 있는 전 과정을 알아차리는 데 관심이 있다. 다른 말로 하면 우리는 '대상적 나'에게 고착된 것, 즉 무지가 고통에 묶여 있는 경험의 전체적 패턴을 야기하는 것을 보려고 한다.

우리가 이것을 더 자주 보면 볼수록 고통에 묶이는 경향이 줄어들고 모든 감정, 즉 폴 길버트가 말하는 마음의 똥의 방출이 일어난다. 이때 융합의 힘은 약해지고 우리의 마음을 지배하는 힘이 줄어든다. 그 이유는 우리가 근원적 과정을 보고 있기 때문이다. 그것은 마술사의 속임수 과정을 모두 보는 것과 같다. 우리는 더 이상 속지 않는다. 대신에 속임수가 속임수임을 안다. 뱀과 새끼줄 비유로 돌아가서, 우리가 보고 있는 것이 새끼줄임에도 왜 어렵게 그것을 뱀이라고 분별하였는지를 깨닫게 된다.

생각이 어떻게 분별이 되는가

이 제목은 이 장의 주제를 이해하기 위한 맥락 즉 생각이 어떻게 분별(생각의 활동)이 되는가 하는 것이다. 마음속에서 끊임없이 일어나는 생각과 느낌의 자극을 우리는 '생각(thought)'이라 한다. 이것은

제4장에서 우리가 암류라고 불렀던 것이다. 생각이 일어나는 순간에 이들 생각들은 넓찍하고(spacious) 자유롭지만 마음의 다른 일부—관찰자 안에 있는 자기중심적 선호 시스템—는 넓찍함과 자유가 상실된 방식으로 생각들에 반응하고 확인한다. 이러한 반응성(reactivity)과 연루(involvement)를 분별(thinking)이라고 한다. 이것은 융합의 순간이다. 이것은 내적인 수축, 스트레스 그리고 불협화음—붓다가 둑카(dukkha)라고 불렀던 것들—의 느낌을 수반한다. 따라서 우리는 일어나고 있는 생각의 광활함이 생각활동에 개입되는 억압(oppressiveness)으로의 이동을 중재하는 미세한 과정을 탐구하고자 한다.

전체 개요

생각이 분별이 되는 과정을 안내하기 위해 우리 내면의 환경에 대한 지도로 연기사상의 12개 연결고리를 이용하고자 한다. 먼저 이 지도의 개요를 제시한다. 다음에는 각 단계별 과정을 더욱 상세하게 탐색한다. 이 단계별 과정을 우리의 개인적 경험과 연결시키고 연습을 통하여 이 과정을 삶에 적용할 것이다

(a) 어떤 자극(impulse)이 암류 안에서 부지불식간에 일어난다. 이것은 넓찍한 순간으로 경험된다. 이 자극의 일어남은 연결고리 1에서 7까지의 결과이다. 무지에서 느낌-감각까지로, 각각의 고리는 연기사상의 순환에서 앞의 연결고리에 의해 조건 지워진(길들여진) 것이다.

(b) 자극이 일어날 때 자극은 관찰자에 거주하는 자기중심적 선

호 시스템에 의해 스캐닝되고 평가된다. 이것을 연결고리 8 갈애 혹은 애착과 상관시킬 수 있다.

(c) 거의 즉각적으로 자기중심적 선호 시스템이 자극과 관계를 맺는다. 이 시점에서 널찍함은 사라진다. 이것은 연결고리 8 과 9가 상관하는 것이다. 갈애가 강화되어 취온이 된다.

(d) 이것이 동일시로 인도한다. EPS가 자극과 융합한다. 이것은 그 이전의 경험에 의해서 알려진 생각의 범주 안에 자극을 끼우는 것이다. 다시 이것은 연결고리 8과 9를 연결 짓게 한다. 갈애가 강화되어 취온이 된다.

(e) 동일시와 융합의 과정은 처음에 자극이 일어났을 때 발화되는 식역하 반사작용에 의해 중재된다. 일어나는 자극에는 습관적 반응이 부과된다. 생각의 자유로운 흐름은 분별의 개념적 범주 안에서 동결된다. 이것이 취온의 정점 즉 연결고리 9 와 상관된다.

(f) 이것이 마음을 고착된 정신 상태인 디폴트 모드(default mode)에 자리 잡게 하는 것이다. 이것은 연결고리 10과 11, 즉 유와 탄생에 해당되는 것이다. 이들 마음의 상태는 한동안 지속되고 그리고 진정된다. 이것은 연결고리 12 늙음과 죽음과 관련된다.

하나의 사례

어떤 사람이 중요한 회의에 참가하기 위해 기차를 타고 가고 있다고 상상해보자. 그가 회의 준비를 위해 기차 안에서 노트를 하고 있을 때 기차가 많이 연착될 것이라는 안내방송이 나왔다. 이 시점이 듣는 것과 생각하는 것의 두 감각능력이 만나는 순간이다. 그는 안내 방송을 듣고 그것을 마음에 새긴다. 이때 짜증이 수반된다. 이것이 '자극이 일어남'의 상황이다. 그는 그것을 통제할 수 없다. 그것은 저절로 일어난다. 이것이 위의 (a)에 해당한다.

이 단계에서는 널찍한 순간이 있다. 커피를 홀짝거리며 마시고 있고 다른 선택도 가능한 상태에서 그의 마음은 여전히 열려 있고 긴장이 완화된 상태이다. 그러나 이 상황은 짧다. 그의 자기중심적 선호 시스템은 일어나는 자극을 스캐닝하고 평가한다. 그리고 내린 결

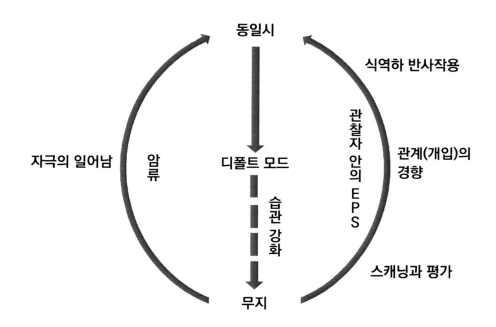

그림 2 : 자극이 일어남을 확인

암류에서 자극이 일어날 때 관찰자는 그 자극에 개입하는 경향을 갖는다. 두 과정은 부지불식간에 일어난다. 이들 둘이 만날 때 융합과 동일시가 있다. 이것이 마음을 디폴트 모드 혹은 습관적 심적 경향(태도)에 묶는다. 이로 인해 미래에도 유사한 방식으로 반응하는 습관이 강화된다. 그리하여 전 과정을 야기하는 근원적 무지가 깊어진다.

론은 "나는 이러한 상황을 싫어한다."이다. 혐오가 드러난다. 그의 마음과 몸은 수축되기 시작한다. 이것이 위의 (b)에 해당한다. 자극이 일어남과 초기의 혐오 반응과 더불어 그들의 관계는 동시적 경향이 있다. 이것은 "이런 일이 나에게 일어날 순 없어. 나는 중요한 회의에 참석해야 해."라는 것과 같이 화라는 생각(angry thought)의 형태를 취한다. 이 지점에서 그의 마음이 혐오의 느낌 주변에서 수축될 때 널찍함이 사라지기 시작한다. 이것이 위의 (c)에 해당한다.

이와 같은 개입으로 동일시의 과정이 시작된다. 이 과정에서 그는 자극과 융합하고 그것들을 그 이전의 경험에 의해 알려진 생각의 범주에 끼워 넣는다. 이것은 "나에겐 항상 이런 일이 일어나. 항상 기차가 연착되어버린단 말이야!"와 같은 생각의 형태를 취한다. 그의 지각이 이원적인 것이 되었다. 그리고 그것은 개인적인 것이다. 그의 자아감은 부풀려졌고 그는 외부의 불편한 세상(기차의 연착)에 대해 양극화의 감각을 느낀다. 짧게 말하면 자아(self)와 타자(other) 사이에 선명한 구분이 있다는 것이고, 이것이 위의 (d)에 해당한다.

이제 그는 화의 생각에 몰입하였다. 이것이 지금의 맥락에서 분별(thinking)이다. 이 과정은 식역하의 반사작용에 의해 발화된다. 일어나는 자극에 습관적 반응이 부과된다. 그리고 널찍함은 상실된다. 이 사례에서 식역하 반사작용은 명백한 권위를 가지고 발언한다. "기차가 늦게 도착할 때 나는 굉장히 화가 난다." 이러한 반사작용은 보이지 않는다. 그것은 마음의 식역하 부문에서 작용하기 때문이다. 그것은 그의 반응을 강렬하게 하고 그 힘 아래서 그는 이제 자신이 아주 화가 난 것을 안다. 이곳이 그가 본래의 생각을 더 정교하게 하고 부정적인 분별의 흐름을 야기하는 익숙한 이야기 줄거리 속에 휘말리는 지점이다. 그래서 그는 마음에 과거의 사례를 떠올리며 "중요한 회의에 갈 때마다 나에게 이런 일이 생긴단 말이야!" 하고 미래의 결과를 상상한다. 그리고 화를 더 내는 분별을 한다. 이것은 위의 (e)에 해당된다.

식역하 반사작용의 발화와 이야기 응결의 결과로 그의 마음은 고정된 상태에 묶이게 된다. 이것을 우리는 디폴트 모드(default modes)라고 한다. 그는 화난 마음 상태에 갇힌다. 그리고 이것이 이제 그가 하는 모든 것을 오염시킨다. 기차가 마지막 종착역에 도착할 때에는 거친 행동이 일어날 수도 있다. 지금부터 그가 생각하고, 말하고, 행동하는 모든 것이 이 마음 상태에 의해 영향을 받는다. 하루 종일 지속될 수도 있다. 그래서 저녁때 집에 돌아왔을 때는 끔찍한 기차 서비스에 대해 파트너에게 고함치며 투덜댈 수도 있다. 하지만 이 시점에서 그의 마음이 다른 분별의 흐름에 의해 연료를 공급받는 다른 디폴트 모드에 갇히게 되면 그는 화난 마음의 상태에서 벗어난다. 이것이 위의 (f)에 해당한다.

하지만 이것이 이야기의 끝은 아니다. 다음번에 또 기차가 지연되면 그때 일어나는 자극과 성향은 이전에 일어난 일과 관계를 맺어 더 강해지고 근원적 습관은 강화된다. 12개의 연결고리 관점에서 보면 무지가 깊어지고, 그 무지로부터 야기되는 습관이 깊게 뿌리박는다.

더욱 깊이 봄

우리는 이제 생각이 분별이 되는 과정을 더 깊게 보기 위해 연습을 제시하고 이 과정에 대한 경험적 이해를 얻을 수 있도록 할 것이다. 통찰의 길은 명상하며 자신의 일상을 살아갈 때 우리의 마음속에서 이 과정을 인식하기 위해 자신을 열고 자신에게 민감해질 것을 요구한다.

자극의 일어남-연결고리 1에서 7까지

위의 사례를 반영하여 보자. 어떤 자극이 도화선—기차의 연착 알림—에 대한 반응으로 마음에서 일어났다. 자극은 다양한 방식으로 일어난다. 어떤 때는 외적 도화선으로, 또 어떤 때는 내적 도화선으로 그리고 많은 경우에는 두 개의 결합으로 일어난다. 예를 들어 맛있는 음식 냄새는 즐거운 식사에 대한 기억의 도화선이 되고 결국에는 연인과 보냈던 즐거운 시간의 이미지를 발화시킬 수 있다. 어떤 자극은 스스로 일어난다. 무작위의 생각, 이미지, 그리고 이야기 줄거리가 종종 마음속에 불쑥 나타나는 것과 같다.

핵심 포인트는 자극이 일어나는 순간에 이들 자극이 불수의적이고 비인격적이라는 것이다. 어떤 것은 제 스스로 일어난다. 우리는 이것을 계획할 수 없다. 우리는 아침에 깨어나서 "나는 편안한 느낌이 이제 싫증이 나. 나는 오늘 불안을 일으키는 몇 가지 생각을 할 거야. 그래서 나는 점심을 먹고 재미있는 공황 발작 상태에 머물 거야."라고 생각하지 않는다. 우리는 이 이슈를 제4장에서 암류의 불수의적 성질을 탐색할 때 언급하였다. 그리고 이 장에서 또 배운 것은 우리가 이들 자극을 홀로 내버려두면 그것들은 우리가 알려고 하는 것을 드러내고, 그리고 사라진다는 것이다. 이들 두 개의 성질, 즉 자기현시(self- display)와 자기해방(self-liberation)을 하게 하는 것이 통찰을 일어나게 하는 데 중요하다. 그러나 우리는 이것을 거의 하지 않는다.

더욱이 자극의 불수의적 성질을 자세히 탐색해보면 우리는 그것이 일어나는 시간에 이미 많은 것이 발생하였음을 볼 수 있다. 자극은 연기사상의 연결고리 1에서 7단계까지의 결과물로, 자동적이다. 우리가 그것들을 변경시킬 수 없다. 그리고 그것들을 알기 전에 우리는 그 결과물을 경험한다. 이것은 삶에서 언제나 발생한다. 우리는 생각, 이미지 그리고 느낌의 형태의 자극을 끊임없이 경험하고 있다. 그것들의 나타남은 그 자체로 발생한 것이다. 위의 기차의 예에서, 방송 안내를 듣자마자 바로 짜증이 나는 것을 경험하였다. 우리는 이 짜증을 통제할 수 없다. 그것은 즉각 발생하였다.

우리는 연결고리 1부터 7단계까지의 과정을 인식할 수 없지만 그들이 실시간으로 발생하였다 할지라도 이들 과정을 회고하여 되짚어 갈 수는 있다. 어떤 특정한 자극의 궤적을 거슬러 추적하는 것을 통하여, 연기사상의 관점에서 우리 마음속에서 발생한 어떤 이야기를 역추적하는 것이 도움이 된다. 이야기는 무지의 표현이다. 그래서 우리가 이야기에서 뒤로 물러날 때마다 무지에서 드러나는 미세한 과정을 노출시킬 수 있다.

뒤로 물러날 때 우리는 자극이 일어나는 순간이 자유의 가능성을 가진 널찍함의 순간임을 알 수 있다. 자극이 있고 그 존재에 대한 알아차림이 있는 것이다. 그러나 "이것은 나의 생각/느낌이다." 그리고 "나는 좋아한다, 나는 싫어한다, 그리고 나는 중립이다."라는 개념은 아직 그림 속에 들어오지 않았다. 이것은 아침에 깨어나서 마음속에 떠도는 생각, 이미지 그리고 자극의 흐름이 있지만 우리가 아직은 그것들에게 사로잡히지 않았다는 뜻이다.

우리가 자극에 개입하고 그것을 확인하기 전에 존재하는 널찍함의 맛을 보는 것이 도움이 된다. 짧은 연습을 해보자.

일상의 연습: 잠이 깰 무렵의 탐색

잠이 깰 무렵의 상태에서 마음챙김 수행을 하면 자극에 수반되는 널찍함의 느낌을 얻을 수 있다. 이것은 잠이 깨기 바로 전의 마음의 반각(semiware) 상태이다. 때문에 알람을 사용하여 깨어나서 즉각 사고 활동을 하는 것은 좋지 않다. 약간 조는 상태로 이 연습을 하는 것이 좋다. 잠들기 전에 마음의 내적 활동을 알아차리면서 마음 챙겨 깨어나겠다는 강한 의도를 갖는다. 이것은 명상수련회에서 자연스럽게 발생하는 일이다. 이런 방식으로 점차 깨어날 때 당신은 암류의 가볍고 자유로운 흐름을 알 수 있다. 이것은 꿈같은 상태로부터 스스로 일어나고, 현시하고 그리고 사라지는 생각의 흐름을 더 분명하게 지각할 수 있는 곳으로 이동하는 것이다. 이와 같은 널찍한 흐름 속에 당신의 주의를 쉬게 하라. 그러면 곧 당신의 마음이 어떤 생각에 관여하는 것과 같은 수축의 느낌을 알아차리는 순간이 온다. 이것이 융합의 순간이다. 이 순간의 느낌을 알아차려라.

우리가 이런 널찍함의 순간을 알아차리고 거기에 우리의 주의를 쉽게 하면 우리는 일어나는 자극과 융합하는 경향을 약화시킬 수 있다. 그러나 일단 우리가 자극과 융합하면 그때는 다른 연속적인 단계들이 뒤따른다. 그것은 열두 개의 연결고리이다. 그것들이 우리의 이야기 속에 얽혀 들어온다. 다음 절에서 이들을 탐색해보자.

이제 되돌아가 자극이 마음에 처음 나타날 때 무슨 일이 일어나는지를 검토해보자. 위에서 우리가 언급한 바에 따르면 자극이 일어나는 시간에 이미 많은 것이 발생하였다. 우리가 맨 먼저 알아차린 것은 자극과 관련된 느낌(연결고리 7)이다. 심리학적 표현으로는 쾌락적 색조(hedonic tone)이다. 그것은 즐거움, 불쾌함 그리고 중립이다. 기차의 예에서 보면 우리는 짜증을 느꼈다. 정상적으로 이것은 갈애(연결고리 8)로 고정되는 순간이고 취온(연결고리 9)과 동일시(연결고리 10)로 인도된다.

우리는 이 시점에서 멈추려고 한다. 그리고 느낌에 앞선 것을 알아차린다. 열두 개의 연결고리 중에서 접촉(연결고리 6)이 느낌을 야기한다. 접촉은 육입(연결고리 5)에 의해 생긴다. 우리는 보고, 듣고, 느끼거나 생각을 경험한다. 이것이 우리의 내면세계가 외부세계와 접촉하는 길이다. 여기에는 우리가 삶을 살아갈 때 서로 다른 감각 간의 상호작용이 항상 있다. 기차의 예에서 우리는 안내 방송을 들었고, 이것이 그때 마음의 대상이 된 생각을 발화시켰다.

여기서 중요한 것은 각 감각 기준 또한 의식(연결고리 3)의 표현이라는 것이다. 우리는 사물을 볼 뿐만 아니라 보고 있는 그 자체를 안다. 이것은 비디오 카메라와 인간의 지각이 완전히 다른 이유이다. 카메라는 대상의 존재를 기록하지만 의식이 없다. 반면에 우리는 우리가 보고 있고 그리고 보고 있다는 것을 안다. 앎의 이러한 성질은 거의 중립적이지 않다.

신경과학에 의하면 우리가 지각하는 것의 대부분은 뇌에서 구성된다. 인지심리학과 신경과학은 우리의 시 지각(visual perception)이 작동하는 흥미로운 통찰을 제공한다. 기본적으로 우리의 시야 영역 안에서 우리가 '보는(see)' 모든 것은 우리의 선행 경험에 기반을 둔 뇌가 예측한 것이다. 눈을 통하여 들어오는 정보는 이러한 예측과 비교되고 그때 만약 들어온 정보와 예측 간에 어떤 불일치가 있으면 뇌는 필요한 조정을 한다. 분명하게 말하면 우리가 눈으로 '보고' 있다고 생각하는 것은 뇌에 의해 만들어진 예측이고 우리의 두개골 안에서 발생한 것이지만 반면에 이 내적으로 발생한 예측이 '저 바깥(out there)'을 지각한 것으로 느낀다는 것이다. 같은 작용이 마음을 포함한 다른 기관에서도 일어난다. 지각되는 모든 것은 우리 삶의 사전적인 경험과 우리의 진화적인 길들이기에 의존하여 뇌에서 만들어진 것이다.

우리들의 목적을 위해서는 마음 감각이 가장 유용하고 흥미롭다. 그것은 다른 신체적 감각과 같이 동일한 방식으로 작동하지만 중요한 차이점이 하나 있다. 다섯 가지 신체적 감각의 경우에는 감각 대상이 외부적 실체로 인식된다. 새가 날고 있으면 우리는 그것을 보고 "오! 새와 같은 내가 있다"고 생각하지 않는다. 우리는 새와 분리되어 있다고 믿는다. 마음 의식은 다르다. 왜냐하면 마음의 대상(생각과 느낌)은 '내심에서(inwardly)' 일어나기 때문이다. 우리는 "나의 생각 그리고 나의 느낌"이라고 말한다. 그러나 "나의 나쁜 냄새가 배수구에서 나오고 있다" 혹은 "개 짖는 나의 시끄러운 소리"라고 말하지 않는다. 위에서 제시한 폴 길버트의 예에서, 우리가 마음에서 '폐기물

(waste)'로 확인한 것을 화장실 변기의 '폐기물'과 같은 방식으로 동일시하지는 않는다.

이것은 무지가 그 자신을 표현하는 방식이다. '나'라는 감각이 출현하고 나라는 '대상적 나'의 편으로 넘어온 것과 대상적 나와 분리된 '다른 사람'의 편으로 넘어간 것 간에 구별이 만들어진다. 지난 장에서 본 바와 같이 무지는 모든 것이 일어나는 것의 기저선(baseline)이다. 그것은 연기사상의 과정을 구동시킨다. 비록 우리는 무지를 직접적으로 보거나 만질 수 없지만 무지의 존재에 대한 단서는 '나(I)', '대상적 나(Me)' 그리고 '나의 것(Mine)'이라는 미세한 생각에서 찾을 수 있다. 이들은 경험의 한순간을 다음 경험의 한순간과 연결 짓는 의식(연결고리 3)과 더불어 우리의 몸과 마음의 복합체(연결고리 4)에서 작용하는 자극(연결고리 2)으로 표현된다.

'나(I)'라는 생각은 우리의 진화적인 길들이기와 더불어 연기사상에서 앞의 순환으로부터 온다. 자극은 무지로부터 일어나고 '나(I)'라는 생각이 내장되어 있다. 그러나 자극은 우리가 그것들과 융합될 때까지는 우리에게 힘을 발휘하지 못한다. 우리가 그것들을 확인할 때 우리는 자극을 낳는 근원적 패턴에 에너지를 공급한다. 이것이 우리가 제2장에서 학습한, 에너지는 초점을 따라 흐른다는 원리이다.

우리는 이것을 우리의 습관이 작동하는 곳에서 언제나 볼 수 있다. 우리는 어떤 사람을 본다. 그리고 이것이 이전에 있었던 만남의 기억과 생각을 발화한다. 이것들은 어떤 방식으로 반응하기 위해 마음속에서 자극으로 일어난다. 이것은 습관의 이행으로, 우리의 몸과 마음에서 어떤 방식으로 행동하기 위한 미세한 자극으로 표현된다.

자극이 일어나는 순간, 비록 '나(I)'라는 생각이 내장되어 있다 할지라도 그것은 아직은 여전히 비인격적이다. 다만 우리가 그것을 동일시할 때 그것은 견고한 실재가 된다. 만약 우리가 그것을 보지만 동일시하지 않는다면 그때는 그것이 힘을 잃는다. 그때 우리가 다르게 행동할 수 있는 가능성이 생긴다.

통찰 수행자 중 한 사람은 이 점을 예시하는 어떤 경우를 상기하였다. 그녀는 이탈리아에서 더운 여름날 어느 일요일 저녁, 평온한 상태에서 부지런히 수행하고 있었다. 덧문이 열려 있어 산들바람에 모슬린 커튼이 우아하게 날리고 있는 아파트 라운지에 앉아 아주 느긋한 시간을 보내고 있었다. 새소리와 멀리서 사람들의 목소리가 담담한 분위기에 뒤섞여 들려왔다.

그때 술에 취한 10대 소년들이 그녀의 창문에서 몇 걸음 떨어진 곳에서 술을 마시고, 뛰어다니고, 소리를 지르면서 놀기 시작했다. 그녀는 명상 중이었는데 어깨가 마치 혐오로 수축되는 것같이 덜컥하는 충격을 느꼈다. 그때 몇 가지 생각이 그녀의 마음속에서 빠르게 흘러갔다. 맹렬한 에너지의 이동이 그녀의 몸을 감쌌고 그녀가 창문쪽으로 몸을 기울여 소년들에게 소리치는 이미지가 떠올랐다. 그 순간 그녀는 호흡에 초점을 맞추었고 몸에 알아차림을 보냈다. 그리고 그녀의 마음에서 격노하는 과시(raging display)가 있음을 목격했다.

그때 반응성의 힘이 재빠르게 진정되었다. 그 어떤 것도 고착되지 않는 것같이 보였다. 소년들이 너무 시끄럽게 떠드는 것을 여전히 불쾌하게 느꼈지만 완전히 괜찮았다. 그녀는 어떤 것도 동일시할 필요가 없었다. 모든 것이 그녀를 통하여 흘러갈 수 있었다. 명상이 끝난 후에는 힘이 솟아나는 걸 느꼈다. 그녀는 아주 분명한 통찰을 하였다. 시끄러운 소년들은 더 이상 문제가 되지 않았다. 즉 불쾌한 느낌을 경험하는 것이 문제가 되지 않았다. 문제는 항상 제 길을 가기를 주장하는 자기중심적 선호 시스템의 반응성과 길들이기에 있다. 그녀는 그 길이 고통의 길임을 보았고 그 길을 받아들이지 않음으로써 자유로울 수 있었다.

이러한 이해가 통찰 수행 전체의 뿌리에 놓여 있다. 우리가 통찰 수행의 뿌리를, 위의 예에서 본 바와 같이, 개인적인 방식으로 깊이 경험할 때 자유로워질 가능성이 있다. 그것은 고전적인 신경과학의 원리와 관련되어 있다. 같이 발화하는 신경세포들은 같이 배선된다. 만약 우리가 순환의 주기를 깨뜨리면 그곳에서 부정적 습관을 취해 온 신경연결경로는 약화된다. 우리는 지난번보다 긍정적이며 낙관적인 습관을 지지하는 방식으로 신경세포들이 배선될 수 있게 할 가능성을 만들어낼 수 있다. 이것 역시 제4장에서 간단히 언급한 붓다의 카르마 법칙의 뿌리이다.

무지에 뿌리를 두고 있는 과거의 습관으로부터 일어나는 자극을 바로 알아차리는 것이 자유의 순간이다. 많은 사람들은 이것을 볼 수 없다. 자신도 모르게 고통을 야기하는 습관대로 행동하고 습관을 강화한다. 이러한 사실을 인식함으로써 습관이 시키는 대로 행동하는 것을 삼가게 되고 12개의 연결고리 순환에서 벗어날 수 있다. 연기의 진행과정을 인식하는 것은 우리가 자유로워지는 것을 돕는다. 우리는 이것을 멈춤(pausing)과 역추적(backtracking)으로 할 수 있다.

역추적(backtracking) 연습: 자극의 일어남

마음에 이미지, 감각적 인상 혹은 생각과 같은 자극이 일어나는 때를 알아차려라. 그리고 쾌락적인 색조, 즉 즐거움, 불쾌함 혹은 중립을 알아차린다. 물론 자극을 인식하는 앎의 질이 있음도 알아차린다. 또 이 앎의 질에 '나(I)'라는 것이 내장되어 있음도 알아차린다. 당신이 알아차리는 순간 거기에는 알고 있는 '나(I)'라는 감각이 있다. 당신이 그것과 관계하기 전에는 자극에 널찍함이라는 성질이 있는 것을 알아차려라(당신은 위의 잠이 깰 무렵의 연습에서 이 널찍함을 인식하기 시작할 수 있다). 당신이 이 널찍함의 느낌과 더불어 현재에 머물 수 있는지를 보라. 여기서 도움이 되는 것은 일어나는 것 모두를 환영하기다. 그리고 만약 불쾌한 느낌이 있다면 짧은 자기연민의 휴식을 갖는다.

스캐닝(scanning)과 평가-연결고리8

이 연습을 함으로써 우리는 널찍함의 느낌으로 현재에 머무는 것이 쉽지 않다는 것을 알아 차렸을 것이다. 우리 인간 존재가, 생각이란 것이 스스로 일어나고(self-arising), 스스로 현시하고(self-displaying) 스스로 해방된다(self-liberating)는 것을 어떤 도약이나 개입 없이 간단히 알아차린다는 것은 아주 정상적인 일이 아니다. 자기중심적 선호 시스템이 "나는 이것을 좋아하는가 혹은 싫어하는가?"에 계속적으로 초점을 맞추고 있기 때문이다. 자기중심적 선호 시스템의 관심은 '대상적 나', '나의 관심', 그리고 "내가 어떻게 느끼는가?"에 있기 때문이다.

이 과정을 의식적으로 알아차리지 못할 때라도 그 과정은 관찰자 안에 있는 계속되는 감시 시스템으로 인해 여전히 식역하 수준에서 활성화되고 있다. 자극이 마음속에서 일어날 때 그것들은 스캐닝되고 평가된다. 지금까지 우리가 배운 바에 의하면 자극은 암류에서 일어나고, 마음의 관찰하는 부분은 끊임없이 일어나는 것을 모니터링하고 판단한다. 내장된 좋아함과 싫어함에 의거해서 그렇게 한다. 이것이 연기사상의 여덟 번째 연결고리인 갈애의 역동적인 활동이다.

현대의 신경과학은 이 과정에 대해 유용한 관점을 제공한다. 제2장과 제4장에서 디폴트 모드 네트워크(DMN)에 대해 토의하였다. 이것은 마음이 쉴 때 활성화하는 뇌의 일부이다. 정상적으로는 우리가 삶을 적극적으로 살 때 우리는 잠재적 위협을 주시하고, 생존과 번영을 위해 유용한 것을 얻을 수 있는 하드웨어를 내장하고 있다. 하지만 우리가 쉴 때는 이렇게 진화된 능력이, 유사한 목적으로, 생각과 느낌을 모니터링하기 위해 내부로 방향을 바꾼다. "나는 이것을 좋아하는가 그리고 갖고 싶은가? 혹은 나는 이것을 싫어하는가? 그렇다면 버려야 하는가?" 하고 모니터링을 한다.

이 시점에서 알아차림을 우리의 몸에 가져오면 큰 도움이 된다. 우리는 이러한 끊임없는 모니터링과 평가가 경계심으로 몸에 반영되는 것을 알아차릴 수 있다. 자극이 일어날 때 우리가 경험한 널찍함은 "나는 내가 느끼는 것을 좋아한다 혹은 좋아하지 않는다"와 같은 미세한 생각의 주변이 팽팽해지기 시작할 때 사라진다. 우리는 우리의 수행이나 일상생활에서 마음챙김 순간에, 우리가 실제로 느끼는 것 주변에서 수축의 단단하고 마음을 졸이는 느낌과 더불어, 미세한 생각들이 아주 규칙적으로 재발하는 것과 같은 것을 알아차릴 수 있다.

지금까지 이 책에서 설명한 대부분의 수행에서 강조한 전형—몸 안에 있는 감각과 감정에 대한 알아차림―을 인식하는 것이 중요하다. 몸 알아차림은, 열려 있는 널찍함의 느낌을 가진 자극의 일어남으로부터, 미세한 수축의 느낌을 가진 갈애로의 움직임을 인식하기 위해서 결정적인 것이다. 경험에 의하면 이러한 전이는 너무나 미세하여 마음 안에서만 단독으로 바로 알아차릴 수 없다. 그러나 체화된 수행(embodied practice)을 통하여 몸 안에서 느껴지는 감각으로 경험할 수 있다. 이것은 사람마다 다르게 나타난다. 그래서 중요한 것은 이것이 우리의 경험에서 어떻게 작동하는가를 발견하는 것이다. 다음 연습을 수행하라.

일상의 연습: 모니터링과 평가를 알아차리기

당신이 동네 주변을 걷고 있을 때 당신의 마음이 잠재적 위협을 모니터링하면서 경계하고 있는지 그리고 당신이 바라고 원하는 것을 찾고 있는지를 알아차려라. 이것으로 인해 초조함과 불편함을 느낄 수도 있다. 만약 당신이 주의를 마음속으로 돌리면 당신 역시 내면에서 발생하는 것을 볼 것이다. 당신이 좋아하는 생각과 느낌을 보살피는 마음의 일부가 있고 반면에 좋아하지 않는 느낌과 마음의 상태를 모니터링하는 마음의 일부도 있다. 어떤 곳에 앉아 있든 이 수행을 시도할 수 있다. 예를 들어 차를 운전할 때, 버스나 기차에 앉아 있을 때, 혹은 카페에서 커피를 마실 때 할 수 있다. 당신이 몸에서 이것을 느끼는 곳과 몸의 이 부분에 나타나는 감각에 조율할 수 있는지를 보라. 무슨 느낌이든 그것을 환영하고, 자기연민 휴식을 갖는 것이 도움이 될 것이다,

사로잡힘의 경향-연결고리 8과 9

지금까지 수행을 하지 않았던 사람의 마음을 스캐닝하고 평가한 결과는 다음 세 가지 중에 하나로 명백하게 결정된다.

1 "나는 그것을 좋아한다." 이것은 욕망 혹은 자만의 습관의 기저에 있는 애착의 현전이다.

2 "나는 그것을 싫어한다." 이것은 화 혹은 질투의 기저가 되는 혐오의 현전이다.

3 "나는 그것에 관심이 없다." 이것은 무지의 현전이다.

흥미로운 점은 모니터링과 평가 단계에서 상이한 선택이 가능하다는 것이다. 그러나 아주 빠르게 임계질량(critical mass)이 하나의 행동코스 주변에 모인다. 신경과학이 이것이 일어나는 것에 대해 이해를 돕는 통찰을 제공한다. 데이비드 이글맨(David Eagleman)은 뇌를 우리의 유전적 상속(genetic inheritance)과 사회적 조건화로부터 출현하는 경쟁자들의 팀이라고 기술하였다. 선택을 요구하는 어떤 삶의 상황에서 자극들은 항상 우리의 주의를 얻기 위해 경쟁하고 있다. 그러나 뇌 속에서 무의식의 서브프로그램(subprogram)에 의해 하나의 행동코스가 아주 빠르게 결정된다. 그리고 다른 자극들은 이 행동코스를 지원하거나 의식적 알아차림에서 탈락한다. 앞에서 본 연착된 기차여행의 사례에서 안내방송이 여행객의 마음에 닿자마자 불쾌한 느낌의 순간이 있었다. 바로 평가가 뒤따랐고 "나는 이것이 싫어." 하는 반응이 있었다. 곧이어 "이런 일이 나에게 발생하면 안 돼, 나는 참가

해야 할 중요한 회의가 있어." 하는 다른 생각이 뒤따랐다. 이것은 다음에 발생할 일을 알리는 것이었다. 화를 내며 역무원을 만나기 위해 기차의 복도를 쿵쾅거리며 가는 행동이다. 우리는 자극과 반응이 추진력을 얻고, 그리고 어떤 행동의 코스가 불가피해지는 것을 볼 수 있다.

이제 승객이 인내와 자애의 수행을 해왔다고 상상해보자. 그래서 안내방송이 있었을 때 화난 반응과 더불어 친절과 관용 또한 있었다고 하자. 이와 같은 수행을 그가 얼마나 오래 해왔는가에 따라 임계 질량이 상황에 대처하는 인내, 관용 그리고 유머 쪽으로 기울어질 수 있다. 그리고 이것은 사로잡힘에 대한 그의 경향을 알리는 것이다. 아래에서 식역하 반사작용을 탐색할 때 이 점을 이해할 수 있을 것이다. 그러나 지금은 마음챙김과 연민을 수행하는 것이 뇌의 무의식 프로그램을 통해 우리가 어떤 일을 하기로 작정하는 생각의 결정에 영향을 미친다는 것을 이해하는 것이 중요하다.

융합과 동일시-연결고리 9 와 10

대부분의 사람들에게 연기사상의 진행과정은 매우 매끄럽고 자동적으로 일어난다. 자극이 일어나고, 내장되어 있는 선호에 의거하여 그 자극에 반응한다. 그리고 우리는 이들 반응을 확인한다. 자기 중심적 선호 시스템은 스스로를 강화한다. 생각은 분별이 된다. 한순간에 마음에서 일어난 자극은 비인격적인 것이고 자유로운 것이다. 그러나 잠시 후에는 그것은 아주 개인적인 것, 견고한 것 그리고 현실적인 것이 된다. 불교의 관점에서 보면 이것은 니르바나(깨달음)와 삼사라(samsara, 우리의 습관적인 조건을 따라 행동하는 것)에 빠지는 것 사이의 칼날 위이다.

이때가 융합의 순간이다. 우리는 우리의 마음에 떠오른 생각을 확인한다. 이 확인의 융합의 순간에 우리는 에너지를 '대상적 나(me)'와 '나의 것(mine)'에 깊이 뿌리박고 있는 신념에 묶여 있는 과거의 습관에 연결한다.

이것은 개념화(conceptualization)의 과정을 통하여 발생한다. 생각이 이전 경험의 범주에 끼워 넣어진다. 그것은 마치 자기중심적 선호 시스템이 내적 데이터베이스를 탐색하는 것과 같은 것이며, "오 그래, 이것은 내가 정상적으로 생각하고 느끼는 것이야. 이것은 이런 종류의 경험에 내가 정상적으로 반응하는 것이야."라고 말하는 것이다. 기차여행의 예에서 우리는 우리 자신의 분별을 발견한다. "이런 일이 항상 나에게만 일어난다 말이야. 나는 늘 연착하는 기차만 타!"

자극을 일으키는 에너지는 이제 우리가 우리 자신이라고 하는 것의 일부가 되는 어떤 개념 안에서 동결된다. 자극이 일어나는 순간 그것을 내버려두면 그것은 무지에 뿌리를 둔 습관적인 패턴의 원천 가운데 어떤 것을 드러낼 수 있으며, 이 순간에 통찰이 일어날 수 있다. 그리고 이것은 상이한 행동 코스를 위한 공간을 만들 수 있다. 그러나 우리가 그것을 확인하고 익숙한 경험의 범주에 끼워 넣자마자 옛날과 똑같은 이야기가 또다시 작동한다. 그리고 더 심한 것은 이들 이야기가 아주 강하게 각인되고, 우리가 그것들은 깨뜨리고 자유를 얻을 수 있는 일이 점점 어려워진다는 것이다.

역추적(backtracking) 연습: 생각에 사로잡힘

당신이 일상에서 마음챙김 수행을 하고 있거나 고요함을 즐기고 있는데 마음이 산만해지고 분별에 빠지는 때를 알아차려라. 이 시점에서 잠시 멈춘다. 당신은 어떤 생각이 산만한 생각을 이끌고 왔는지를 역추적하여 알아차릴 수 있는가? 당신은 무슨 생각이 산만한 생각에 선행하고 있었는지를 본다. 당신이 얼마나 멀리 역추적할 수 있는지도 본다. 생각은 보통 외부의 자극이나 다른 생각에 의해 무작위로 발화된다. 당신을 현재의 순간에서 벗어나게 한 최초의 생각을 알아낼 수 있는가? 즉 역추적을 할 수 있는가? 그러나 더 중요한 것은 사로잡힘의 경향을 알아차리는 것이다. 이것은 몸 안에서 본능적인 당김으로 일어난다. 이때는 사로잡힘의 느낌에 주의를 보내라. 일단 다시 이것이 몸에서 어떻게 반영되는지를 알아차린다. 종종 몸 안의 어딘가가 수축되고 굳어지는 느낌이 있다.

식역하 반사작용(Subliminal Reflex)

위에서 언급한 바와 같이 사로잡힘의 경향은 식역하 반사작용에 의해 매개된다. 자극이 일어남과 동시에 자극에 사로잡히는 경향이 있다. 이 과정에 대한 우리의 이해는 불교의 카르마(업) 개념에서 연유한 것이다. 우리가 특정한 활동에 더 많이 관여하면 할수록 그 자극은 더 많이 일어난다. 또한 그것을 더 많이 확인한다. 예를 들어 우리가 화의 생각에 먹이를 주면 그것들은 다양한 자극에 응하여 더 많이 일어난다. 그리고 우리는 역시 그것들을 더 많이 확인한다. 이와 같은 방식으로 우리는 화가 계속 증가하는 악순환에 빠진다.

우리의 행동 습관 혹은 카르마는 마음의 조건반사신경 회로망에 각인된다. 이것은 연결고리 2—업—에서 일어난다. 그것들은 정상적인 의식적 알아차림의 범위 밖에 있다. 그러나 일단 발화되면 우리의 사고 활동과 행동에 영향을 미친다. 그것들에 대한 정보 혹은 의식적 알아차림은 없다. 우리는 이것을 제5장에서 다루었다. 그것들은 미리 형성된 행동의 패턴이다. 우리가 그것들을 실행하면 할수록 그것들은 더욱 강해지며, 그것들이 발화될 때마다 우리가 생각하고, 말하고, 행동하는 것을 지시한다. 로브 네른은 우리의 반응을 야기하는 눈에 안 보이는 이들 구동자들(driver)을 '식역하 반사작용(subliminal reflex)'이라고 명명하였다. 왜냐하면 그것들은 의식의 아래에 놓여 있고 자동적으로 일어나기 때문이다.

이것은 우리의 정신활동 대부분이 뇌에 있는 무의식의 서브프로그램에 의해 수행되고 있다는 신경과학의 견해와 상관된다. 이들은 대부분 본능적인 것으로, 진화적으로 내장된 프로그래밍에서 연유한 것이다. 그러나 그들 중의 일부는 학습된 것이다. 다음 사례에서와 같이 일단 어떤 행동을 반복하여 여러 번 하면 그것은 우리의 신경회로에 더 깊게 새겨지고 더 이상 의식적이지 않게 된다. 그렇게 되면 그것을 변경시키기가 더욱 어려워진다. 자동차 운전 경험을 생각해보라. 처음에는 운전의 여러 기술을 익히는 데 많은 의식적 에너지가 필요하다. 운전할 때 다른 일을 생각하는 것이 어렵다. 그러나 일단 운전기술을 익히고 나면 그것은 하나의 습관이 되고 우리는 더 이상 운전기술에 대해 신경 쓰지 않는다. 운전기술은 우리의 신경회로에 새겨지고, 우리는 운전할 때 다른 일을 생각하면서도 운전할 수 있다.

같은 논리가 부정적인 습관의 패턴에도 적용된다. 우리가 부정적으로 행동하면 할수록 그 행동이 더 깊이 새겨지고 부정적인 방식으로 행동하는 자극이 더 많이 일어난다. 뇌에서 경쟁하는 팀에 대해 다시 언급하면, 많은 상이한 자극들이 일어나고 우리의 주의를 끌기 위해 경쟁한다. 인지심리학과 신경과학 모두에서 우리는 자유의지(free will)를 갖고 있지 않다고 보편적으로 받아들여지고 있다. 즉 자극은 저절로 일어나기 때문에 우리는 어떤 자극을 선택할 수 없다. 그럼에도 불구하고 우리는 습관적인 행동을 자제할 수 있는 의지를 가지고 있다. 우리는 일어나고 있는 것을 알아차리고 그것에 사로잡히지 않는 수행을 통하여 그렇게 할 수 있다.

자유의지와 비자유의지

우리가 의식적인 의사결정을 하지 않았음에도 불구하고 우리의 행동이 이전의 경험과 조건화에 기초하여 습관적으로 발생하는 것을 나타내는 증거들이 많이 있다. 우리는 선택을 위한 자유의지를 갖고 있다고 느끼지만 이것은 환상일 수 있고 우리는 자유의지를 갖고 있지 않을 수도 있다. 하지만 자유로이 하지 않을 수 있는 의지, 즉 습관적인 행동을 자제할 수 있는 능력을 가졌다는 강한 증거도 있다. 가장 두드러진 증거는 벤저민 리벳(Benjamin Libet)이 연구한 일련의 실험이다. 연구의 참가자들은 그들 자신이 선택한 순간에 손을 움직이는 행동을 하는 데 있어서, 그들이 손을 움직여야겠다고 결정했을 때의 시간을 기록하였다. 연구자는 참가자의 뇌의 움직임의 시작을 나타내는 뇌

안의 전기적 회로의 시간을 측정하였다. 연구자는 손의 움직임을 결정하는 시간이 뇌가 움직임을 시작하기 이전에 이루어졌을 것이라고 예상하였다. 하지만 연구자들은 뇌의 전기적 회로에서 움직임을 시작하는 활동이 있은 후에 손을 움직여야겠다는 의식적 의사결정이 있었음을 발견하였다. 이것은 뇌가 무의식적으로 행동을 시작하고 그다음에 우리가 이것을 알아차린다는 것이다.

그러나 참가자들이 움직임을 중지하라는 요청을 받았을 때 그들은 중지할 수 있었다. 이것은 뇌에 의해서 무의식적으로 시작된 행동을 그들이 자제할 수 있다는 것이다. 그들은 자유롭게 하지 않을 수 있는 의지를 연습할 수 있었다.

예를 들어 만약 우리가 단기적 만족을 위해 초콜릿을 먹는 자극을 택하고, 반면에 장기적인 건강을 위해서 초콜릿을 삼가는 자극을 택해야 한다면, 여기에는 이들 2개의 경쟁하는 힘 간의 균형이 있지만 단기적 자극을 삼가려는 수행에 의해 균형이 기울어질 가능성이 있다. 이것은 과자를 먹는 것을 삼가려는 의도를 갖고 자극이 일어날 때마다 과자 먹기를 삼가는 수행에 의해 가능할 수 있다. 이것은 에너지는 초점을 따라 흐른다는 원리의 또 다른 표현이다.

이 점이 통찰 수행을 위해 아주 중요하다. 우리는 거의 대부분의 시간에 우리의 마음과 우리의 삶에서 일어나는 것에 대해 우리의 반응을 결정하는 보이지 않는 반사신경의 마법 아래에 있다. 이것이 우리가 우리의 습관적인 반응을 확인하고 그것에 사로잡히는 경향에 저항하기 어려운 이유이다. 우리는 사로잡혀야 한다고 말하는 눈에 보이지 않는 내부의 속삭임에 계속 포로가 되고 있다. 왜냐하면 이것이 지금까지 늘 하던 일이기 때문이다. 만약 똑같은 습관적 반응의 포로가 되지 않으면 우리를 우리 자신이 아니라고 느끼기 때문이다. 하지만 만약 점차 그들을 알아차리는 법을 배우게 되면 우리는 그들과 동일시되는 것을 삼가는 선택을 할 수 있고 동시에 보다 긍정적이고 낙관적인 자극을 계발하기 위한 선택을 할 수 있다. 이것이 제3장에서 언급한 수행을 위한 기초이다.

반복 수행으로 우리는 생각이 일어남을 알아차릴 수 있고, 이때 우리를 사로잡힘으로 유도하는 식역하 반사작용이 발화되는 것을 알아차릴 수 있다. 이렇게 우리는 부지불식간에 일어나는 생각과 사로잡힘 경향을 모두 볼 수 있다. 이들 두 개가 융합되면 그때 우리는 동일시(identification) 혹은 유(becoming)가 된다. 이것이 발화되는 신경세포들과 같이 연결되는 지점이다. 우리의 모든 통찰 수행은 이 지점에 모인다. 다시 말해 이 두 가지 과정, 즉 일어남과 사로잡힘의 경향을 보는 것이다. 신경과학과 심리학으로부터 우리는 자유의지를 갖고 있지 않고, 자유롭게 하지 않을 수 있는 의지를 갖고 있다는 것을 알았다. 우리는 사로잡힘의 경향과 그것을 삼가는 것 모두를 볼 수 있다. 이것이 순환을 깨뜨리고 우리가 상이한 패턴을 만들 수 있는 공간을 준다. 예를 들어 우리는 화라는 충동이 일어나는 것을 확인하는 대신에 사로잡힘의 경향을 발견하고 이를 삼갈 수 있으며 자애를 계발할 수 있다. 이것이 다음 장에서 우리가 초점을 두는 것이다.

일상의 연습: 식역하 반사작용을 알아차리기

앉아서 명상수행을 할 때보다 일상생활에서 식역하 반사작용을 알아
차리기가 더 쉬울 때가 있다. 예를 들어 식당에 갈 때 잘 모르는 식당
을 찾아가도록 한다. 그리고 당신이 메뉴판을 보고 있을 때를 알아차
린다. 당신이 특정한 음식을 택하기 전에는 무엇을 먹을까 하고 여러
개의 욕구가 경쟁한다는 사실을 알아차려라. 하나의 음식으로 향하
는 당신 마음의 움직임과 그것이 당신의 몸에서 어떻게 느껴지는가
를 알아차리도록 하라. 당신의 자기중심적 선호 시스템이 "나는 내가
선택하지 않는 다른 음식들보다 이 음식이 더 나을 것 같다." 하고 조
용히 속삭일 때 불안한 느낌이 있을 수 있다. 당신은 이 연습에서 어
떤 재미있는 일을 할 수 있다. 즉 당신이 실제로 좋아하는 음식 대신
에 다른 음식을 무작위로 선택한다면 어떤 느낌일까 하고 알아차려
볼 수도 있다.

디폴트 모드-연결고리 11과 12

식역하 반사작용을 방치하고 놓아두는 것은 우리를 일정 기간
지속되는 고정된 사고방식에 묶어두는 것이다. 우리는 이것을 디폴
트 모드(default modes)라고 하였다. 왜냐하면 우리의 마음이 예전의
진부한 방식으로 인식하고 행동하는 곳으로 되돌아가기 때문이다.
관찰자는 이 디폴트 모드에 의해 알려진 특정 유형의 관찰 스타일에
묶인다. 예를 들어 화난 마음 상태가 지속될 때를 회상해 보면 우리
가 보고, 듣고, 생각하는 모든 것이 이 감정에 의해 채색되고 있음을
관찰할 수 있다. 이것은 연결고리 11과 12를 상관시킬 수 있는 것이
다. 잠시 동안 지속되는 마음의 상태인 탄생 그리고 진정되는 마음의

상태인 늙음과 죽음을 상관시킬 수 있다.

우리는 문제가 되는 디폴트 모드의 어떤 것들이 다음과 같이 한정된 감정에 의해 자리 잡는 것을 알아차릴 수 있다.

- 화 ─ 예를 들어, 초조함, 좌절감, 억울함 혹은 옹졸함의 태도
- 욕망 ─ 예를 들어, 어떤 것을 원하는 태도
- 질투 ─ 예를 들어, 경쟁자 혹은 다른 사람이 우리가 원하는 것을 갖지 않기를 바라는 태도
- 자만 ─ 예를 들어, 우리 자신을 다른 사람보다 높게 보는 것 혹은 우리 자신을 제일 앞세우는 태도
- 무지 ─ 예를 들어, "내가 누구인지 모른다." 하는 태도
- 수치심 ─ 예를 들어, "나는 나쁜 놈이다. 그리고 사랑할 가치도 없다."와 같은 느낌

일상의 연습: 당신의 디폴트 모드 알아차리기

일상생활을 하면서 힘든 마음 상태였던 때를 회상해본다. 어떤 감정이 마음의 상태를 부채질하고 있었고 그리고 그 감정이 그 순간을 지속하고 있었던 것을 관찰한다. 여러 감정이 섞여 있을 수도 있다. 당신이 서로 다른 마음 상태와 그것들을 부채질하는 감정이나 몸 안에서 느껴지는 느낌을 알아차리면서 그것들과 친숙해질 수 있는지를 보라. 상이한 마음의 상태가 상이한 이야기 줄거리와 자기 대화의 유형에 의해 어떻게 특징 지워지는지를 알아차려라. 당신 경험의 이들 상이한 구성 요소에 알아차림을 가져오는 것은 그것들을 보다 깊게 보고 그것들을 점차 자유롭게 할 수 있게 하는 조건을 만든다. 당신은 이 수행을 짧은 자기연민 휴식을 하면서 끝내라.

디폴트 모드가 모두 부정적인 것은 아니다. 우리는 타인과 연계하는, 예를 들어 우정, 연민, 기쁨 혹은 평정과 같은 디폴트 모드를 가질 수 있다. 그러나 이것들을 갖기 위해서는 항상 수행이 필요하다. 우리는 이 책의 제3부에서 부정적 디폴트 모드를 야기하는 감정적 고통과 그리고 존재에게 유익한 모드를 야기하는 긍정적 감정을 탐색하면서 이 문제를 다룰 것이다.

결론

많은 사람들은 삶을 형성하는 반복적이며 역기능적인 분별의 순환의 포로가 된다. 그들은 이 과정에서 똑같이 분별하고 행동하고 비참함을 느끼는 습관을 강화한다.

붓다는 이것을 윤회(samsara), 즉 고통의 순환이라고 묘사하였다. 윤회는 연기사상에 의한 12개의 연결고리로 구성되어 있다. 이것은 우리 모두에게 불가피한 것이다. 그것이 바로 삶의 길이기 때문이다.

하지만 통찰 수행을 통하여 우리는 이 과정이 자동적인 길이 되지 않게 하는 방법을 발견할 수 있다. 이것은 생각이 분별이 되는 과정에 민감해짐으로써 우리 자신이 발견할 수 있는 길이다. 흥미로운 것은, 생각과 자극은 그것들 자신의 삶을 갖지 않는다는 것이다. 그것들은 우리에게 힘을 행사하지 않는다. 우리가 그것들에게 힘을 준다. 그것들은 단지 과거의 메아리일 뿐이다. 만약 우리가 그것들을 내버려두면 그것들은 재빠르게 사라진다. 끊임없이 생각에 사로잡히고 그것들을 자신과 동일시하는 것이 통찰이 일어나는 것을 방해하고 자유를 경험하는 것을 가로막는다. 만약 우리가 그것들을 홀로 내버려둘 수 있고 우리의 내면 활동에 대한 공정한 증인이 될 수 있다면 우리는 생각이 항상 스스로 생기고, 스스로 현시하고, 스스로 자유로워지는 것을 발견할 수 있다. 우리가 우리 자신을 위해 이것을 보고, 우리의 힘줄과 뼛속에서 그것을 느낄 때 그것이 바로 '통찰(insight)'이다. 그때 현실적인 그리고 지속적인 변화가 생길 수 있다. 우리는 우리 존재가 지금까지 살아온 방식이 아닌 다른 방식으로 살아갈 수 있는 문을 열 수 있다.

수행 코너

통찰 수행의 핵심은 생각이 분별이 되는 여러 단계별로 우리 자신을 민감화하는 것이다. 이것은 수행의 단계별 행동을 통하여 우리 자신의 경험에 그것을 적용하는 것이다. 위에서 우리가 제공한 것에 추가하여 아래에 일련의 연습을 제시한다. 이 장의 핵심 수행은 역추적이었다. 그것은 이 책의 여러 연습들 중 하나이다.

자극이 일어나는 과정에 우리 자신을 민감화하기

만약 우리가 자극이 일어날 때 느끼는 감각, 그리고 갈애와 취온이 개발될 때 '대상적 나'의 감각 주변에서 진행되는 수축에 익숙해질 수 있다면 우리는 점차 일어나는 자극과 함께 머물 수 있음을 배울 수 있다. 이것이 우리가 갈애의 도미노를 잽싸게 제거할 수 있게 하고 그 순간에 일어나는 12

개 연결고리의 순환을 중단시킬 수 있는 길이다. 이것은 자기현시의 과정을 위한 공간을 허용함으로써 통찰이 일어나는 조건을 만든다. 그리하여 곧 우리의 무지를 사라지게 한다.

일상의 연습: 입면(Hypnagogic) 탐구

입면 상태는 매일 밤 당신이 잠들기 전에 경험하는, 긴장이 완화되고 졸리는 상태이다. 이때 암류는 일련의 깨어 있는 생각에서 일련의 입면 이미지 상태로 변한다. 이것이 잠들었을 때 꿈으로 변하는 것이다. 당신은 매일 밤 잠이 들 때, 깨어 있는 상태에서 잠드는 상태로 이동하는 경험에 호기심을 가짐으로써 이것을 알아차릴 수 있다.

당신은 또한 깨어 있는 상태에서 잠든 상태로 졸리면서 이동할 때 마음 챙겨하는 바디 스캔으로 암류의 자유로운 흐름을 알 수 있다. 정좌 수행에서 졸음을 느끼면서 꾸벅꾸벅 졸기 시작하면서도 그것을 알아차릴 수 있다. 수행 중에 졸음에서 깰 수도 있겠지만 마음의 이런 상태에 관심을 갖는 것이 매우 값진 일일 수 있다. 마음은 이런 상태에서 편안하다. 그리고 마음이 어떤 일을 하고 있다는 감각을 놓아버린다. 이것이 마음챙김 정좌수행의 안식화 단계의 특성이다. 그러나 깨어 있는 마음챙김의 알아차림 안에서 안식화할 수 있는 지속적인 수행이 필요하다. 마음이 졸린 상태에 대한 탐구는 안식화 마음에서 느끼는 감각을 제공한다,

짧은 연습: 소리를 알아차림

자극이 일어나는 느낌에 접촉하는 다른 방식은 소리를 마음 챙겨 알아차리는 수행을 하는 것이다. 이렇게 하기 위해서는 눕는 것이 가장 좋다. 다음 방식으로 당신의 알아차림을 당신의 몸 다른 부분으로 이동하면서 시작한다. 몸 전체를 알아차리고 몸이 접지에 의해 무조건적

으로 지지되는 것을 느낀다. 당신의 알아차림을 몸과 주변의 공간에 이르게 한다. 몸을 통하여 이동하는 호흡의 느낌을 알아차린다. 그리고 점차 발에서 머리끝까지 몸을 스캔한다. 이때 바닥에 의해 무조건적으로 지지되고 공간에 의해 둘러싸인 몸 전체를 다시 한 번 알아차린다. 몸에 대한 알아차림을 유지하고 있는 상태에서 당신이 오고 가는 소리를 듣기 위해 무심하고 편안하게 귀에 초점을 둔다. 당신이 산만해진 것을 알아차릴 때마다, 당신은 귀에서 소리가 오고 가는 것에 열려 있으면서, 바로 그 상태로 그대로 있거나 마루에서 안식하고 있는 몸 전체의 느낌으로 돌아갈 수 있다. 잠시 후에 방금 당신이 소리에 대해 한 것과 같이, 몸에 대한 알아차림에서 머무는 것을 기억하면서 마음속에서 오고 가는 생각에 열려 있어라. 이 수행을 통하여 당신은 갈애와 취온이 자리 잡기 전에 일어나는 자극의 널찍한 성질에 대해 민감해질 수 있다.

생각에 사로잡히는 과정에 우리 자신을 민감화하기

만약 우리가 일어나는 생각에 대한 공정한 목격자가 될 수 있다면 우리는 일어나는 생각에 사로잡히는 강박적 습관을 깨뜨릴 수 있다. 그리고 느낌-감각(연결고리 7)과 갈애(연결고리 8) 간의 순환을 깨뜨릴 수 있다. 이와 같은 방식으로 우리는 우리의 습관적 경향의 힘을 약화시킬 수 있다. 이것이 우리 수행의 핵심 초점이다. 연기사상의 순환에서 규제의 위치를 제6장의 그림 1에서 볼 수 있다.

우선 마음챙김 수행에서 우리는 일어나는 자극에 처음으로 사로잡힌 이후 곧 분별에 빠진 것을 알아차린다. 하지만 더 많은 수행의 경험을 쌓고 나면 우리가 분별에 개입되었음을 보다 빠르게 알아차릴 수 있다. 그러나 그것은 여전히 뒤늦은 앎이다. 하지만 사로잡힘의 과정에 우리를 민감화하는 수행을 하면 실시간으로 사로잡힘이 발생하는 것을 경험할 수 있다. 우리는 많은 수행으로 전체적으로 사로잡힘이 발생하는 것을 경험할 수 있다. 또 우리는 더 많은 수행으로 완전히 사로잡힘에서 벗어나고, 일어나는 자극을 자기현시와 자기해방으로 바꿀 수 있는 능력을 계발할 수 있다. 이것은 연결고리 7과 8 사이의 순환을 깨뜨리고, 우리의 무지 수준을 감소시키는 통찰이 일어나는 조건을 만든다.

일어나는 생각과 생각에 사로잡히는 동시적 경향에 우리를 민감화하는 주요한 수행은 역추적 수행이다. 우리는 이미 이 장의 앞에서 짧은 역추적 수행을 연습하였지만 여기에서 이 수행의 더 완전한 버전을 제시하고자 한다.

연습 8 역추적

우리는 자세, 의도, 동기, 안정화, 접지화, 안식화 그리고 호흡이나 소리의 마음챙김 지원과 함께하는 정상적인 과정으로 수행을 한다. 우리의 의도를 생각이 일어나는 부지불식간의 과정과 이들 생각에 사로잡히는 강박적인 경향을 알아차리는 것에 둔다. 우리는 마음챙김 지원으로 안식하고 있으며, 우리의 주의가 방황하는 것을 알아차리면 잠시 멈추어 방금 가졌던 일련의 생각을 통하여 최초에 일어났던 생각을 알아내겠다는 열망을 가지고 역추적을 시도한다. 우선 2 내지 3개의 생각에 한정해서 역추적을 할 수 있다. 물론 무지가 건망증이라는 안개로 내려앉을 수도 있다. 그러나 우리가 수행을 끈기 있게 계속할 때 우리는 더 많은 생각의 뿌리를 역추적할 수 있고 이때 마음속에서 우리를 산만하게 하였던 최초의 생각을 알아낼 수도 있다.

예를 들어보자. 고릴라와 함께 있는 동물학자 데이비드 아텐버러(David Attenborough)에 대해 생각하고 있는 자신을 발견하였다고 하자. 이때 잠시 멈추어서 이 생각 앞에 무슨 생각이 있었는지 알기를 시도한다. 그때 우리는 이 생각 전에 PG Tip의 녹차 광고에 나온 침팬지를 생각하고 있었음을 회상할 수 있다. 침팬지에 관한 생각이 고릴라에 관한 생각과 연결되어 있었다. 또 잠시 멈추고서 그 생각 앞에 무슨 생각이 있었는지를 알아차리기를 시도한다. 우리는 차 한 잔을 끓이는 것에 대해 생각하고 있었다. 그리고 이것은 PG Tip 녹차 광고의 침팬지에 대한 생각과 연결되어 있었다. 더 역추적할 수 있는지를 본다. 우리는 그때 '갈증의 느낌'에 대해 생각하고 있었음을 기억한다. 이것이 우리의 주의를 마음챙김 지원에서 멀어지게 한 최초의 생각이었다.

30분 수행 중에 두 번 내지 세 번만 역추적을 해야 한다. 일련의 생각을 통한 역추적에 대해 너무 초조해하지 않아야 한다. 또한 이 수행을 하는 동안, 순간적으로 널찍함의 감각을 알아차리고, 몸 안에서 일어나는 생각의 느낌과 접촉하면서 머물러야 한다. 또한 우리는, 몸 수축의 느낌을 알아차리면서, 몸 안에서 생각에 대한 강박적 사로잡힘의 느낌에 접촉하며 머물 수 있다. 이 많은 과정들이 몸 안에서 느껴질 수 있고, 변화하는 몸의 감각이 우리에게 무엇을 발생시키고 있는지를 알 수 있다. 우리가 산만해질 때 현재로 되돌아올 수 있다.

우리는 이 수행을 매일 한다. 수행 중에 우리가 산만해진 것을 알아차렸을 때 우리는 역추적에 나설 수 있고 무엇이 발생하였는지를 볼 수 있다.

입말(Spoken Words)에 대한 마음챙김

이것은 생각이 불수의적으로 일어나는 것과 그것에 사로잡히는 강박적 경향에 우리를 민감화할 수 있는 또 다른 수행이다. 우리는 의도, 동기, 안정화, 접지화, 안식화 그리고 소리의 지원에 수반한 보통 수행을 하는 식으로 시작한다. 수행을 지도하는 사람이나 사운드 트랙(sound track)에 있는 사람이 한 마디 소리를 지른다. 그리고 몇 분 동안 침묵을 유지한다. 또 다른 한 마디를 소리 지르고 몇 분간 침묵을 유지한다. 수행 중에 이렇게 여러 번 입말을 소리 낸다. 다만 입말 한 마디가 점차 더 개인적인 것이 되게 한다. 한 마디에 대한 진행의 예로서 다음과 같은 것이 있을 수 있다; '나비', '자전거', '시험 평가', '나의 지난번 휴일', '내일이 어때', '내가 할 일의 목록'

매번 우리는 그 한 마디를 들었을 때 발생하는 것을 알아차린다. 우리는 그 소리를 이완된 그리고 중립적인 방식으로 듣는가? 그 한 마디에 대한 반응으로 좋아하거나 혹은 싫어하는 느낌을 갖는가? 우리는 지난번 아름다운 나비를 보았을 때나 시험을 보았을 때 우리의 마음속에 가졌던 이야기와 같은 방식으로 한 마디를 면밀히 검토하는가? 우리는 우리의 할 일 목록에 대한 분별에 몰두하는가? 그리고 벨이 울려 회기가 끝날 때 이것을 알아차리는가? 우리는 불공정한 시험평가에 대해 화를 내는가? 시종일관 우리의 몸이 느끼는 것에 장단 맞추기를 시도한다.

이 연습은 입말에 대한 반응으로 일어나는 자극을 마음에서 범주화하고 개념화하는 과정에 우리를 민감화하는 것이다. 또한 그 한마디에 관한 이야기 줄거리와 관련된 감정이나 디폴트 마음 상태에 우리를 사로잡히게 하는 식역하 반사작용의 발화에 우리를 민감화하는 것이다. 우리는 발생하는 것에 열려 있고 호기심을 가질 필요가 있다.

식역하 반사작용에 우리 자신을 민감화하기

이들 반사신경은 우리가 누구이고 무엇인지에 대해 우리가 무의식적으로 갖고 있는 핵심 신념을 운용할 수 있게 한다. 이들은 우리가 지각하고 있는 우리 자신이 누구인지를 규정하고 우리가 세계에서 어떻게 나타나는가를 규정한다. 일반적으로 우리는 이들을 인식하지 못하지만, 이런 이유로 우리는 완전히 그들의 통제하에 있다. 이들 반사신경의 배후는 "나는 그 일이 일어날 때 이런 식으로 반응해야만 한다"는 식의 눈에 보이지 않는 신념이다. 신념은 우리를 우리의 안락 구역(comfort zone) 안에 고정적으로 머물게 한다. 그리고 작동 중인 식역하의 반사작용을 보는 엄청난 일은 우리 자신을 안락 구역 밖으로 내보내는 일을 하게 하는 것이다.

일상의 연습: 어떤 일을 다르게 하라

여기서 어떤 일을 다르게 하라는 것은 우리가 따라 하고 있는 눈에 보이지 않는 규칙에 반하여 행동하는 것을 의미한다. 이러한 행동은 같이 사는 사람에게 종종 짜증을 내게 만든다. 하나의 예로, 우리는 식당 앞에서 "여기서 좌석을 기다리시오"라는 표지판에 따라 기다린다. 그러나 대부분의 사람들은 종업원이 없을 때 바로 식당 안으로 들어간다. 또 다른 예로, 우리는 롤러코스터를 타지 않겠다거나 달리기를 하지 않겠다는 강한 신념을 가질 수 있다. 그 신념들은 "나는 그것을 할 수 없어. 저는 아닙니다!"의 형식을 취한다. 그러나 우리는 습관에 반할 수 있고, 우리 자신을 테마공원으로 나오게끔 유도하거나 수행 프로그램을 시작하는 기회를 가질 수 있다. 그리고 우리는 안락 구역에서 나올 때 식역하 반사신경이 작용하는 것을 관찰하는 기회를 가질 수 있다.

3부

우리는 어떻게
자유를 되찾는가

8

봄이 행이다

제3부 안내

많은 사람들이 심각하게 자신이 부족하고 결함이 있다고 느끼고 있다. 그들은 자신 안에 항상 존재하는 자유의 가능성을―충분히 경험하는 것은 말할 것도 없고―결코 접하지 못하고 있다. 불교 전통에서 사용되는 비유로는 똥 무더기 위에 살고 있는 극빈자 이야기가 있다. 그 극빈자는 전 생애 동안 똥 무더기 아래에 큰 금덩이가 묻혀 있는 것도 모르고 그 위에서 가난하게 살고 있다. 그는 사실상 그가 도저히 꿈도 꿀 수 없을 정도의 부자임에도 자신은 가난하다고 생각하고 있다. 이와 같은 비극적인 상황은 그가 가난한 사람으로 살고 있다고 생각하는 것뿐만 아니라 그가 부자라는 사실을 인식하지 못하는 것에서 발생한다. 이 사례를 보면 우리는 우리가 누구인지를 무의식적으로 계속하여 믿게 하는 정신적 길들이기의 망(Web)을 확인할 수 있다. 우리는 이 점을 제2부에서 다루었다. 중요한 점은 우리의 인생과 불가분하게 연결되는 자유의 가능성에 있다. 이 자유를 되찾기 위한 길을 여기 제3부에서 다루고자 한다.

여러 번 언급한 바와 같이, 통찰 수행의 핵심 주제는 자극, 느낌, 생각이 우리 마음에서 어떻게 일어나는가, 그리고 우리가 어떻게 그것들을 습관적으로 확인하는가 하는 것을 알려주는 미세한 과정을 더 잘 조율하는 것에 있다. 하지만 우리는 여기서 주로 마음의 내면 환경에 대한 관련성과 외부 환경의 관계에 적용되는 규칙이 서로 다름을 유념하는 것이 중요하다. 통찰 수행은 대부분 전자와 관련되어 있다. 여기에서는 진행되는 것을 분명하게 보고 그리고 아무것도 하지 않는 것이 중요하다. 아무것도 하지 않는 것이 이 수행의 핵심이다. 분명 이 접근법은 우리가 외부 세계와 관계하는 방식으로는 언제나 적절하지 않다. 왜냐하면 외부 세계는 우리가 다양한 방식으로 행동하기를 요청하고 있기 때문이다. 그러나 만약 우리가 우리 내면의 환경과 능숙하게 관계한다면 이것이 외부 세계에서 능숙하게 행동할 수 있게 하는 명료성을 제공할 것이다. 결론적으로 우리는 내적으로 일어나는 미세한 과정에 우리 자신을 민감화하고 그 과정을 위한 공간을 만들고, 그리고 아무것도 하지 않는다. 이것이 통찰 수행 핵심 원리의 표현이다. 즉 "봄이 행이다(The seeing is the doing)."

일단 우리가 어떤 것을 내적으로 명확하게 보면 더 행할 것은 없다. 사실 어떤 행동을 한다는 것은 최초의 봄(seeing)의 명료성을 흐릴 뿐이다. 이것이 주된 통찰 수행이다. 말하자면 우리의 경험의 한가운데서 안식하는 것이다. 일단 우리가 우리의 마음속에서 작동하고 있는 모든 미세한, 상호 관련된 과정을 보고, 우리가 보고 있는 모든 것의 한가운데서 안식한다. 우리는 우리가 이전에 수행한 마음챙김, 수용 그리고 자기연민의 기초 위에서 이것을 한다. 더욱이 이 봄은 개념적인 것이 아니다. 그것은 느낌이고 체화된 것이다. 우리는 내면의 과정이 몸의 감각영역에서 작동하는 것을 알아차린다. 앞에서 언급한 바와 같이 어떤 것을 몸에서 먼저 알아차리고 그다음 마음에서 알아차린다. 따라서 몸이 느끼는 것에 밀착하여 조율하는 것이 통찰력 있는 봄이라는 과정의 핵심 요소이다.

이 장의 첫째 절에서 우리는 '나'의 경험을 더욱 가까이에서 봄으로써 민감화의 과정을 세련화할 것이다. 우리는 이 점에 대해 이미 약간 다루었는데, 제6장 연기사상의 12개 연결고리에서 자아감이 일어나는 것을 보았다. 이것은 우리가 '자기중심적 선호 시스템'이라 부르는 것으로, 자아에 집착하는 취온의 원천이다. 이제 우리는 우리의 자아감이 세계 안에서 어떻게 작동하는지 그리고 무엇이 자아감에 연료를 공급하는지를 탐색하려고 한다. 우리는 자아형성의 3단계, 즉 단순한(mere) '나', 구체화된(reified) '나', 그리고 자기애호(self-cherishing)의 '나'를 식별하는 불교심리학을 설명할 것이다. 우리의 초점은 주로 두 번째 단계인 구체화된 '나'에 있다. 구체화된의 뜻은 마치 사물과 같이 견고하고 실재적이라는 의미이다. 우리는 구체화된 '나'에게 연료를 공급하는 감정적 고통을 본다. 고전적으로 불교 전통에서는 5개의 주요한 감정적 고통이 있다. 바로 화, 욕망, 질투, 자만, 무지이다. 이것들은 상호 연결의 존재인 우리를 분리시켜 연결을 단절시키는 감정들이다.

이들 감정적 고통이 우리 수행의 중심 초점이다. 이들은 각각 다른 방식으로 우리의 자아감을 고형화한다. 그리고 이것들이 마음을 다양한 디폴트 모드에 갇히게 한다. 이들 디폴트 모드 혹은 사고방식(mind-sets)은 우리가 살아가고, 일하고 그리고 외부의 현실과 관계하는 법을 규정한다. 이와 같은 방식으로 우리는 마음의 내면 환경에 조심스럽게 주의를 보내는 것이 우리 삶의 외부적 실재와 세심하게 관계하는 것에 왜 그렇게 중요한지를 볼 것이다.

우리는 이들 감정적 고통을 직접적으로 보는 법을 배울 것이다. 그러면 그것들이 만들어내는 정신적인 시나리오에 휘둘리는 대신에 그것들을 극복할 수 있다. 해결책도 제시할 것이다. 우리는 우리의 마음 안에서 작동하고 있는 미세한 과정을 모두 우리 자신이 볼 수 있도록 민감화할 것이다. 또한 그것들에 대항할 수 있는 긍정적인 힘을 계발할 것이다. 예를 들어 우리는 화가 마음에서 일어나고 그것이 나타나는 것을 알아차리는 것과 화에 대응하는 자애를 계발하는 법을 배울 것이다

이것과 관련하여 우리는 자애, 연민, 공감의 기쁨 그리고 평정(equanimity)의 사무량심(four limitless qualities)을 탐구할 것이다. 이것들은 우리를 상호연결의 존재(interbeing)라는 심오한 진리와 이어주는 감정들이다. 이것들은 우리의 삶을 지금과는 다르게 살 수 있게 하는 가능성을 만든다. 우리를 반복되는 이기적 습관의 노예가 되게 하는 대신에 습관에게 먹이를 주고 있는 감정적 고통에 세심한 주의를 보내면서, 우리 자신보다 타인에게 더 초점을 둔 삶의 친절하고, 열려 있고, 긍정적인 길을 계발(cultivation)하게 할 것이다.

우리는 릭 핸슨(Rick Hanson)에 의해 개발된 모델을 통하여 계발에 관한 신경심리학을 탐색할 것이다. 핸슨은 만약 우리가 우리의 핵심적 욕구인 안전, 만족 그리고 연결을 충족시킨다면 갈애의 힘은 사라질 것이라고 주장하였다. 앞선 두 개의 장을 회상해보면 갈애는 생각이 분별이 되는 과정을 구동하는 것이었다. 신경심리학의 관점에서 보면 그것은 정신장애와 결핍의 상태로 정의할 수 있다. 신경과

학의 증거에 의하면 마음이 갈애의 힘이 미치지 않은 상태에 있을 때 부정적 사고 패턴을 확인하는 경향이 덜하다고 한다. 우리는 결핍과 장애가 아닌 충만함과 균형으로 우리의 삶을 더 잘살 수 있다. 릭 핸슨은 전자를 '적색 구역(red zone)' 그리고 후자를 '녹색 구역(green zone)'이라고 하였다. 이와 같은 이해는 우리의 사무량심 수행에 영향을 미친다. 특히 좋은 일을 받아들이는 것이 얼마나 중요한 일인가를 강조하는 공감의 기쁨이 그러하다. 그 길은 우리의 삶에서 감사를 계발하는 것이다.

우리는 적색 구역에서 일어나고 있는 것이 무엇인지를 확인할 것이고 또한 녹색 구역을 육성하는 법을 계발할 것이다. 이와 같은 접근법은 단순히 불편하고 힘들게 느끼는 것을 억제하고 좋아하는 긍정적 성질에만 초점을 맞추는 것이 아니다. 오히려 부정적인 패턴에 대한 마음챙김의 알아차림에 기초하여 그것들을 받아들이고, 친절하게 대하면서도 그들에게 먹이를 주지 않는 현명한 방법을 선택하는 긍정적 대안을 계발하는 것이다.

그리고 우리는 모든 것의 한가운데서 안식한다. '안식한다 (resting)'의 의미는 우리의 몸과 마음에서 순간순간 일어나는 생각, 느낌 그리고 감각에 문을 열고, 그것들을 받아들이고, 그것들과 함께 존재하는 것이다. 여기에서 우리는 우리가 경험한 것의 내용보다는 경험 주변에 있는 공간에 더 많이 관심을 가진다. 우리의 부정적인 생각, 느낌 그리고 습관에 대한 미세한 알아차림을 증가시키면서 안식할 뿐만 아니라 사무량심의 수행과 이들을 우리 삶의 핵심가치로 만들어가는 것에서 오는 충만함이나 균형의 감각을 증가시키면서 안식한다.

이것이 우리 수행의 핵심이다. 이것은 우리의 스승 중 한 분인 켄포 라부(Khenpo Lhabu)가 명상수련회에서 여러 번 말씀하신 것이다. "모든 불교수행은 한 가지로 귀결된다. 그것은 이기심과 감정적 고통에 대항하는 것이다." 이것은 불교수행뿐만 아니라 일반 삶에도 바로 적용될 수 있다. 세속적인 언어로 말하면 자기중심적 선호 시스템으로 고형화하는 경험에 직면하여 그것의 생명의 연료와 감정적 고통을 끊는 것은 쉽지 않다. 그러나 그렇게 함으로써 우리의 삶은 놀라우리만큼 예상하지 못한 길로 나아갈 수 있다.

봄이 행이다

제6장과 제7장에서 많은 정신상태의 혼란과 불행의 뿌리에 무지가 놓여 있음이 분명해졌을 것이다. 무지는 우리를 세상과 분리된 것으로 느끼게 하고, 여러 가지 제한적이고 능숙하지 않은 방식으로 이 세상에 영향을 주는 수축된 자아감을 야기한다. 이것은 우리가 이미 언급한 바와 같이 고통의 수레바퀴를 돌린다.

이 지점에서 우리는 무지의 손아귀에서 벗어나는 법에 관한 이슈를 다룰 수 있다. 핵심은 단어 그 자체에 놓여 있다. '무지(ignorance)'는 어떤 것을 알지 못한다는 것이다. 우리가 무엇을 모른다는 것인가? 간단하게 말하면 그것은 사물이 실재하는 방식을 모른다는 것이다. 구체적으로 말하면 이것은 여기서 이 단어를 공부하면서 앉아 있는 사람의 자기중심적인 실체가 없음을 모른다는 것을 의미한다. 여기에 있는 어떤 것은 아마 알아차림이지만, 그러나 그것이 무엇인가 하는 것은 불분명하다. 왜냐하면 '나(I)'는 여기에 있는 어떤 사람에 대한 대안 버전을 믿는다는 것이다. 예를 들어 나는 '로브 네른'이라고 부르는 자기중심적인 실체가 있다고 가정한다. 이 가정을 믿게 되면 나는 '실재(real)'의 상황을 보지 못하게 되고 대신에 착각의 대용물에 빠지는 것이다.

여기에서 '봄(seeing)'에 대해 이야기할 때 우리는 이 무지를 통해 더 깊은 진리—보는 것을 통하여 바로 해방되는 진리—를 꿰뚫어 보는 것을 이야기하고 있는 것이다. 이것은 우리를 제1장의 뱀과 새끼줄 비유로 되돌아가게 한다. 어두컴컴한 방에 들어가서 방 안에 꼬여 있는 어떤 것을 보았을 때 우리는 두려움에 휩싸였다. 그리고 우리가 그 상황을 좋아하거나 싫어하거나 간에 그 상황은 우리의 생각, 느낌 그리고 상상에 영향을 미쳤다. 그것이 그 순간 우리의 현실이었다. 그러나 전등을 켜자마자 곧 우리는 그것이 우리가 무서워하는 뱀이 아니라 낡은 새끼줄임을 알았다. 우리에게 구성된 현실은 즉각 사라지고 진실이 드러났다.

이 이슈에서 가장 중요한 부분은 지각(perception)이다. 우리가 우리의 현실을 지각하는 방식(무지로 인해 혹은 오해로 인해)이 무수하게 나타나는 고통의 수레바퀴를 돌린다. 일단 빛이 방 안을 비추면 우리의 지각은 즉시 변한다. 뱀이라는 환상은 사라지고 우리는 새끼줄을 본다. 더 이상 해야 할 일이 필요하지 않다. 봄 자체가 행이다. 이 원리는 지극히 평범한 것에서 가장 심오한 것에 이르기까지 우리 삶의 모든 면에 적용될 수 있다. 다음의 수행으로 이것을 탐색해보자.

반영 수행

어떤 사람이 당신을 미워하거나 혹은 당신에게 해가 되는 말이나 행동을 하였다고 당신이 생각하였을 때의 그 순간으로 되돌아가보자. 당시 당신이 그 사람을 어떻게 인식하였는지를 회상할 수 있는가? 아마 당신은 그 사람을 적으로 간주하였을 것이다. 그 사람을 보았을 때 혹은 마음에 떠올렸을 때 당신의 마음에 나타났던 생각과 느낌을 반영하라. 그 사람에 대한 감각이 적이라는 존재로 굳어지고 실제로 느꼈는지를 회상할 수 있는가? 이제 사실은 그 사람이 당신에게 해가 되는 말이나 행동을 하지 않았다는 것을 당신이 알았을 때를 회상하라. 잠시 동안 당신이 느꼈던 것과 그 사람에 대한 당신의 견해가 바뀐 것을 곱씹어보라. 짧은 순간에 당신의 적이 당신과 중립적인 사람 혹은 당신의 친구로 바뀌었다. 현실에 대한 당신의 지각이 변한 것을 볼 수 있는가? 첫 번째 현실은 당신에게 해를 끼쳤다고 생각한 당신의 적이었다. 당시 당신의 느낌은 처음 지각으로 인해 생긴 화, 분노 혹은 피해망상에 의해 형성된 것이다. 그 환상이 깨졌을 때 모든 것이 변했다. 당신이 그 사람을 지각했던 방식, 그리고 당신이 느꼈던 것이 모두 변했다. 무지는 한순간에 떨쳐졌다.

이것이 "봄이 행이다"의 의미이다. 이것은 심오한 원리다. 왜냐하면 우리가 보통 하고 있는 일의 방식과 아주 크게 다르기 때문이다. 대부분의 삶의 상황에서 사람들은 "어떤 것은 좋지 않다"라고 생각했을 경우 만약 그들이 행복하려면 그 상황을 수정해야만 한다는 원리로 일한다. 이것은 사람들이 에고를 적으로 보고, '깨달음'을 얻기 위해서는 에고를 제거해야 한다고 생각하는 영성적 맥락에서 종종 일어난다. 하지만 에고를 제거하기 위한 어떤 노력이 에고 그 자체보다 더 큰 문제의 존재로 귀결될 수 있다. 이와는 대조적으로 통찰 접근법은 "잘못된 것은 아무것도 없다"는 입장이다. 우리가 경험하는 것은 바로 사물이 이 순간 나타나는 방식이다. 그것은 우리가 새끼줄을 뱀으로 보는 그것이다. 그러므로 수정하거나 해야 할 것은 없다. 다만 새끼줄을 새끼줄로 보면 된다.

그렇지만 이것은 이야기의 일부분에 불과하다. 중요한 부분은 우리가 실재를 '보기' 위해서는 오랜 시간 동안 착각에 빠져 있는 우리의 지각을 놓아버릴 수 있는 힘을 움직여야 한다는 것이다. 짧게 말하면 우리가 진실을 보기 위해 꼬여 있는 새끼줄이 있는 방의 전등을 어떻게 켜느냐 하는 것이다. 대답은 통찰 수행에 놓여 있다.

이것을 이해하는 것은 단순하게 보이지만 행하기는 어렵다. 왜냐하면 이 수행은 기존의 지식에 새로운 정보를 보태는 지적인 학습 방식에 의존하지 않기 때문이다. 이것은 우리의 마음을 직접 관찰하는 것에서 오는 이해에 기초한다. 이것은 우리 안에 있는 지혜의 가능성을 일깨우는 것이며 이로 인하여 우리는 우리 자신을 보는 착각의 방식에 도전할 수 있다. 이렇게 할 때 우리는 착각에 빠진 우리의 인식을 끊임없이 지탱하고 강화하는 심리적 기제의 그늘에서 벗어날 수 있다. 그것들은 틀린 것도 아니고 나쁜 것도 아니다. 그것들은 단지 우리가 인간으로 존재하는 방식이다.

우리는 그것들을 보고, 받아들이고 그리고 우리 자신에게 친절하게 대하는 일에 용기를 내어(제1부에서) 작동하고 있는 보다 미세한 과정을 볼 수 있는 조건을 갖추었다(제2부에서). 이제 제3부에서는 더 나아가 이 자기중심적 실체가 세계 속에서 어떻게 작동하는가 그리고 자기중심적 실체에게 먹이를 주고 있는 감정적 에너지를 확인할 것이다. 이 도전이 변화를 원치 않거나 안락 구역에서 이동하기를 원하지 않는 무지의 관성을 타파할 것이다.

'나(I)'의 세 가지 수준

우리는 자기중심적 선호 시스템의 작동에 빛을 비추고 생각이 분별이 되는 것을 가까이에서 탐구함으로써 무지의 관성에 대항하는 과정을 시작한다. 이것이 이원론적 지각을 이해하는 방식이다. 즉 우리는 '저 바깥에(out there)' 있는 실재를 '여기 안에서(in here)' 경험하는 자아감(sense of self)의 구성을 이해하는 것이다. 다른 말로 하면 새끼줄이 놓여 있는 방에 불을 켜서 무지를 노출시키는 방식이다.

이제 우리는 한걸음 더 나아가 가동 중인 우리의 습관적인 마음의 상태에 있는 감정적 고통을 다룰 것이다. 돌이켜 보면 생각이 분별이 되는 과정의 마지막 단계는 디폴트 모드 혹은 사고방식(mind-sets)으로 고정되는 것이었다(제7장). 이들 디폴트 모드 각각은 하나 혹은 그 이상의 감정적 고통에 의해 연료가 공급된다. 물론 기쁨 혹은 행복에 의해 부채질되는 마음의 상태도 있다. 그러나 여기에서는 우리들에게 고통을 주고 상호연결의 존재의 진리를 가로막는 마음 상태에 초점을 둔다. 이들 감정적 고통은 이원론적 지각의 과정을 단단히 자리 잡게 하는 접착제이다.

이러한 분석은 티베트 불교도의 마음수행에서 연유한 것이지만, 경험적이고 세속적인 것으로 각색된 것이다. 우리가 이들 감정을 다루기 전에 먼저 이것들이 어떻게 자아감을 악화시키고 이 자아감이 세상에서 어떻게 작동하는지를 탐구하는 것이 도움이 될 것이다. 우리는 자아감에 초점을 둔다. 왜냐하면 그것 주위의 긴장된 수축이 통찰을 가로막기 때문이다. 중요 이슈는 자아 혹은 에고의 존재가 아니다. 우리는 모두 건강하고 작용을 잘하는 자아감을 필요로 한다. 따라서 이슈는 자기중심성(egocentricity)이 된다. 이것은 우리의 모든 활동과 에너지가 우리의 자아감을 유지하고, 방어하고, 강화하는 것을 중심으로 회전하는 것을 말한다. 우리는 또한 자기중심성이 어떻게 선호 시스템, 즉 몸에 밴 좋아하고 싫어하는 것과 연결되어 있는지를 보았다. 따라서 자기중심적 선호 시스템(EPS)이라는 용어를 사용하였다. 우리는 자아감이 어떻게 일어나고 그것이 세계 안에서 어떻게 작동하는가 하는 것에 관한 불교 모델을 보는 것으로 자기중심적 선호 시스템에 대한 분석을 확대하고자 한다. 이 분석은 건강하고 작용을 잘하는 자아감의 일부가 어떻게 유독성의 불량한 것으로 변하는가를 보여준다. 다음 두 개 장에서 여러 가지 감정적 고통이 어떻게 자기중심적 과정에 먹이를 주고, 마음을 다른 디폴트 모드에 가두는지 상세하게 탐구함으로써 선호 시스템에 대한 이해를 깊게 할 것이다.

불교심리학에 따르면 '나(I)'라는 감각은 세 단계를 통하여 드러난다.

단순한 '나'(Mere 'I')

이것은 우리를 세계 여기저기로 돌아다닐 수 있게 건강하게 기능하는 '나(I)'를 말한다. 이 단계의 '나'의 감각에는 흐르는 물과 같은 민첩함과 유동성이 있다. 그것은 우리가 생각하고, 계획하고, 상황에 대처하고 그리고 우리가 살고 있는 세계를 항해하는 데 필요한 것이라는 의미에서 삶을 위한 기초적 준거점이다. 그래서 그것은 명료성과 지능을 가지고 있다. 우리는 우리에게 감각적 인상, 이미지 그리고 정보가 쏟아지는 세계 안에서 살고 있다. 그리고 우리는 항상 의사결정과 선택을 요청받고 있다. 이 모든 것은 삶에서 필수적인 것이고 중요한 것이다. 티베트의 초크니 린포체(Tsoknyi Rinpoche)*는 "존재의 열린, 총명한 수준―'단순한 나'로 알려진 것임―은 존재의 경험을 통해 관통하는 것에 대해서 높은 감수성과 예민한 민감성―이것들 모두가 편안하고 즐거운 것은 아니다―을 가지고 있다. 그것은 차이에 대한 감각과, 자아와 타인, 주체와 객체 간의 구별에 아주 민감하다."고 말하였다. 가장 중요한 것은 '나'의 이 수준이 우리를 우리의 여생과 연결시키고, 흐르게 하고, 호응하게 한다는 것이다. 그것은 우리를 통하여 흐르는 삶을 위한 공간을 만든다.

구체화된 '나'(Reified 'I')

이런 가벼운 흐름의 감각은 삶이 우리에게 던지는 계속되는 불확실성과 변화의 한가운데서 안정성과 안전을 얻기 시작할 때 빠르게 상실된다. 초크니 린포체는 "우리는 우리의 경험―우리 자신의 것인 우리의 느낌과 생각―에 사물과 같은 견고함을 부여하기 위해 그 경험을 구체화하려는 경향이 있다… 우리는 말 그대로 경험의 드라마가 펼쳐지는 한가운데서 하나의 견고한 센터임을 고수하는 '나'라는 어떤 감각을 찾고 있다"고 말하였다. 이것은 물이 얼어서 얼음이

---

* '린포체'란 티베트 불교 전통에서 사용하는 용어로 특별히 자격을 갖춘 스승에게 주어지는 칭호이다. '라마(Lama)'라고도 한다.

되는 과정에 비유될 수 있다. 핵심 포인트는 우리가 본능적으로 느끼는 것이 우리 경험의 중심에 놓여 있는 '나'로 지금 구체화된다는 것이다. 처음에는 견고한 '나'의 감각이 우리의 몸에서 확인되지만 우리가 성장하고 성숙해짐에 따라 이와 같은 견고성이 우리의 생각, 느낌 그리고 견해에 달라붙는다. 경험의 자연스런 흐름이 개념의 단단함 안에 감싸인다. 동일한 과정이 '나' 이외의 '타인'에게도 적용된다. 타인에 대한 우리의 경험 역시 우리의 개념 안에 감싸이고 우리는 우리가 '타인'으로 보고 있는 이들의 견고한 것으로 보이는 실체에 좋아함과 싫어함이라는 우리의 태도를 끊임없이 안겨준다. 당신이 알고 있는 중대한 편견과 의견을 가진 어떤 사람이 당신 앞에 있고 그리고 이 사람의 존재가 무엇과 같은지를 반영하라. 마치 그의 에너지 장이 당신을 거의 포로로 잡고 있는 것같이 짓눌리고 맥이 빠지는 것 같은 느낌을 받을 것이다!

우리는 제7장에서 생각이 어떻게 분별이 되는가를 고찰할 때 철저하게 이 과정을 탐구하였다. 우리는 고착화와 개념화가 생각의 자유로운 흐름을 역기능적인 분별의 과정에 감금시키고 이와 같은 분별이 마음을 교란시키는 것을 보았다. 이 장에서는 이러한 구체화 과정이 야기하는 것, 고통스런 감정이 구체화에 먹이를 주는 것과 우리가 어떻게 이 순환을 깨뜨릴 수 있는지를 볼 것이다.

자기애호의 '나'(Self-Cherishing 'I')

구체화의 결과로서 '나'라는 감각이 우리의 삶을 위한 준거점이 된다. 그리고 우리는 우리의 '나'가 타인의 '나'보다 더 가치가 있다고 보기 시작한다. 이것이 우리를 자기중심적인 삶으로 인도한다. 우리는 우리 자신을 다른 사람보다 더 소중히 여긴다. 우리는 '저기 바깥의' 세상과 분리된 좁은 '대상적 나'의 감각 안에 감금된다. 이와 같은 점에서 초크니 린포체는 다음과 같이 언급하였다. "[이것은] 실제로 우리를 타인의 욕구, 소원, 그리고 문제를 넘어 '나의 필요', '나의 소원', '나의 문제', '나의 이야기'에 초점을 맞추도록 나를 구동시키는 '견고한 나'의 수준 위에 수립된, 분리된 얼음조각 같은 것에 대한 심각하면서 무서운 감각을 지적한 것이다. 우리의 '나'는 우리의 모든 생각, 느낌 그리고 행동이 지향하는 주요한 경로가 된다는 점에서 귀하고 소중한 것이 된다." 이때 이것이 여러 가지 감정적 고통이 일어나고 확산되는 온상이 된다. 이들 감정의 힘 아래에서 자기중심적인 '대상적인 나'는 서로 모순되어 보이는 두 가지 방향으로 끌어당겨진다.

첫째는 우리의 아이디어와 견해가 우리의 웰빙(wellbeing)에 해가 될 때에도 그것을 옹호하는 것이다. 다른 사람들이 당신을 완전히 다른 관점에서 볼 수 있다 할지라도 당신은 당신 자신을 게으르고, 부정직하고 혹은 사랑받기에 부족한 사람으로 여기는 생각(이들은 종종 유아시절의 안전 전략과 연결되어 있다)에 매달리고 있는 자신을 생각해보라. 그리고 당신의 좋은 성품에 대해서 간단한 칭찬을 듣기가 얼마나 힘든 것인가를 반영해보라. 이것은 당신 자신에 대한 당신의 관념과 모순된다.

둘째는 우리 자신의 바깥에 있는 어떤 사람 혹은 어떤 사물에서 우리 정체성의 타당성을 찾는 것이다. 당신이 사랑에 빠졌을 때와 그때 느꼈던 "이제 나는 행복해질 거야. 내가 항상 꿈꿔온 완전무결함을 느낄 거야!"라는 감정을 생각해보라. 그리고 얼마 후에 당신의 계획이 일그러지고 흠 있고 깨지기 쉬운 인간존재의 현실이 당신의 면전에 나타났을 때의 실망과 경악을 회상해보라! 이 이슈는 다른 사람의 현실에서는 별로 보이지 않지만 자기애호의 '나'에 의해 생성된 비현실적인 개념이 땅에 추락한다는 사실을 보여주고 있다.

이러한 자기애호의 현현 역시 항상 변하는 삶의 환경에 직면하여 완전함, 충만함 그리고 안정성의 순간적인 느낌을 우리에게 주는 물질적 부를 얻기 위해 갈애의 형태를 취한다. 하지만 우리 모두 아는 바와 같이 이러한 느낌은 빠르게 변하고, 우리는 충만한 느낌을 다시 얻기 위해서 마음속으로 새로운 모델 혹은 다른 것을 얻기를 시도한다. 우리가 좀처럼 '바로 봄'을 선택하지 못하는 것은 이 모든 것의 배후에 있는 자기애호의 '나' 때문이다. 우리는 우리가 중독되어 있다는 사실을 모르고 있다. 왜냐하면 중독에 직면한다는 것은 나의 이기적인 가식의 공성(emptiness)을 노출시킬 수 있기 때문이다. 사실 이 수준의 '나'는 '중독된 나'라고 할 수 있다. 간단하게 언급하면 구체화가 중독으로 이어지고 중독은 감정적 고통을 먹고 산다.

우리의 삶에서 세 가지 수준의 '나'가 어떻게 작동하는지를 살펴보자.

일상의 연습:
단순한 '나'에서 구체화된 '나'로 그리고 자기애호의 '나'로
당신이 일상 활동을 계속할 때 한 순간에서 다음 순간에 당신이 해야 할 일을 결정하고 선택하는 당신의 일부가 있음을 알아차린다. 이러한 당신의 일부는 외적으로 초점이 맞추어진 것이다. 그것은 상이한 일들의 계획을 수립하고 생각활동을 하는 것이다. 어떤 사람을 만나기로

한 약속, 식료품점에 가는 것 그리고 실행 과제의 정리 등이다. 우리는 이런 종류의 활동으로 종종 스트레스를 받지만 좋은 날에 이'나'의 수준으로 가볍게 흐를 수 있는 마음과 당신의 주변에서 진행되는 삶의 복잡한 태피스트리(tapestry)*의 일부를 느낄 수 있는지를 알아차린다. 이것이 단순한 '나'이다. 이제는 어떤 일이 당신이 원하는 대로 진행되지 않았을 때 마치 '대상적 나'의 감각이 당신 안에서 거의 견고한 실체가 되는 것 같은 내적으로 수축되고 팽팽한 느낌으로 이동하는지를 알아차려라. 당신은 무엇이 이와 같은 느낌을 발화시켰는지 알아차릴 수 있는가? 당신은 마치 내부의 견고한 '대상적 나'가 외부의 견고한 실체와 분리된 것과 같이 당신 주변에서 진행되는 삶과 분리된 존재의 느낌을 발견할 수 있는가? 이것이 구체화된 '나'이다. 당신은 이것이 몸 안에서 느껴지는 것을 알아차릴 수 있는가? 이제 내부의 견고한 '대상적 나'가 어떻게 당신이 생각하고, 말하고 그리고 행하는 모든 일의 중심 준거점이 되는지를 반영해보라. 이것이 자기애호의 '나'이다. 당신의 손을 가슴 혹은 몸의 다른 부분에 갖다 대는 당신 자신에 대한 간단한 친절 동작을 하면서 수행을 끝내라. 그리고 당신이 보았던 많은 것과 이 수행을 한 당신 자신에게 축하를 보내는 장면을 반영한다.

단순한 '나'에서 구체화된 '나'로 그리고 자기애호의 '나'로의 이동이 우리의 삶에서 계속하여 일어나고 있는 것—때때로 우리가 열림과 널찍함을 느끼고 또 다른 시간에는 견고하고 폐쇄된 느낌을 느끼는 것—과 그리고 이것이 우리가 생각하고, 느끼고, 다른 사람과

---

* 실내 벽면에 걸어 장식하는 직물. 태피스트리는 고대 이집트를 비롯하여 중세 초기의 페르시아를 중심으로 화려한 작품이 많이 나왔는데 서양에는 로마네스크 시대에 전파되어 17~18세기에 프랑스에서 기교적인 황금기를 맞이하였다.

관계하는 방식에 영향을 미치는 것을 알아차리는 것이 매우 도움이 될 수 있다. 우리 학생 중 한 명이 언젠가 자신의 삶의 경험이 달라진 것이 단순한 '나'가 삶의 키를 잡고 있을 때였다는 것을 알았다고 언급하였다. 그녀는 수없이 계획을 세웠고, 가볍고 널찍한 방식으로 동료와 관계하였다. 모든 것이 밝고 살아 있는 것 같았다. 그리고 그녀는 삶의 작은 일에도 기뻐하였다. 그러나 그녀는 이 내적인 흐름의 공간이, 그녀가 불안하고 스트레스를 받을 때, 빠르게 사라지는 것을 알았다. 그녀는 그녀의 내면세계와 외부세계가 완전히 다르다는 것을 느꼈다. 그녀는 불안한 생각으로 괴로웠고 이로 인해 다른 사람과의 상호작용이 매우 무거웠으며 기쁨이 사라졌다. 그녀는 자신의 가슴에 돌덩어리가 있는 것같이 느꼈다고 말했다. 그녀는 갇혀 있고, 자기 초점적이며 다른 사람과 감정적으로 멀어지는 것을 느꼈다. 모든 일에 무기력하고 귀찮았다. 그러나 그녀는 구체화된 그리고 자기애호의 '나'가 자신의 마음을 휘어잡았을 때 이런 내적 변화가 발생하였음을 볼 수 있었다. 이 과정의 작동을 단순히 보는 것은 그녀의 널찍하고, 열려 있으며 연결된 부분을 키운 삶의 조건들을 계발한 내면의 깨어남이었다.

'나에 대한 세 가지 수준'의 모델은 자기중심적 선호 시스템에 대한 우리의 이해를 더 높인다. 자기중심적 선호 시스템의 '자기중심적'인 측면은 구체화된 '나'에서 자기애호의 '나'로 들어가는 수축의 과정을 말한다. 제3부에서 우리는 이들 상이한 용어를 맥락에 따라 상호교환해서 사용할 것이다. 때때로 우리는 자기중심적 선호 시스템이라는 용어를 사용하고 그리고 다른 시점에는 '구체화된 나'와 '자기애호의 나'라는 용어를 사용할 것이다. 그러나 우리는 동일한 과정에 대해 언급하고 있음을 마음에 새겨두어야 한다.

자기중심적 선호 시스템의 '선호 시스템'은 우리의 좋아하고 싫어하는 습관적인 패턴을 말한다. 우리는 감정적 고통을 이해함으로써 선호 시스템에 대한 이해를 높일 수 있다.

감정적 고통

제9장에서 11장까지는 불교심리학에서 다루는 주요 감정적 고통 즉 화, 욕망, 질투, 자만, 무지를 다룰 것이다. 이것들이 감정적 고통의 전부는 아니다. 여기에는 많은 감정, 예를 들어 두려움과 부끄러움 등이 포함되어 있지 않다. 이 다섯 가지 감정은 원색(primary colors)으로 볼 수 있다. 원색을 혼합하면 2차색을 얻을 수 있는 것과 같이 주요 감정 상태가 혼합되면 다른 감정 상태가 나타날 수 있다.

이 장에서 감정적 고통에 대한 수행 접근법의 개요를 제공한다. 불교 전통에서는 이들 감정과 고통을 클레샤(Klesha, 마음의 독)라고 한다. 이것은 우리가 이것들에게 먹이를 주고 우리 자신을 그것들의 힘 아래에 둘 때 이 감정의 잠재적 독성을 말하는 것이다. 이것들은 '파괴적 감정'이다. 이것들의 독성이 우리에게 해를 주기 때문이다. 예를 들어 우리가 화를 냈던 때를 반영하면 화는 우리가 다른 사람에게 말하는 것에 영향을 미칠 수 있고, 우리가 화난 상태에서 행동할 때 화의 독성이 얼마나 해로운가를 알 수 있다. 다른 말로는 '제한적 감정(limiting emotions)'이라고도 한다. 이들이 우리의 상호 연결 존재의 경험을 차단시킬 수 있기 때문에 제한적인 것이다. 예를 들어 질투는 마음을 악화시키며 우리와 우리가 질투하는 사람을 갈라놓는다. 또 욕망은 우리를 우리가 원하는 것에 고착화시키고 다른 것을 배제시킨다. 이 두 가지 경우, 이들 감정은 삶의 흐름과 직접 연결하는 상호의존성이라는 더 큰 그림으로부터 우리를 차단한다.

불교심리학에 의하면 다양한 감정적 고통은 무지로부터 생기고 이원론적 감각 즉 '여기 안에' 있는 자아감이 '저기 바깥에' 있는 분리된 실체를 경험하는 과정을 강화한다. 이원론적 지각을 경험하는 것은 그 자체로는 문제가 아니다. 우리는 사람과 사물이 존재하는 세계에서 살고 있다. 그리고 우리는 모든 종류의 구별과 선택을 하면서 살고 있다. 이러한 이유로 우리가 삶을 살아가는 데 안내를 해주는 단순한 '나'가 필요하다. 그것은 우리에게 도움을 주는 필수적인 것이다. 그러나 앞에서 본 바와 같이 이런 '나'의 감각이 굳어지기 시작할 때 문제가 생긴다. 사실 단순한 '나'가 구체화된 '나'로 이동하는 것이 흑백 논리 혹은 변형 불가능한 것은 아니다. 그것은 우리가 둘 사이에서 오락가락하는 것 이상이다. 고형화(solidification)를 향한 이 내면의 움직임을 알아차리는 데 도움이 되는 것은 감정적 고통의 존재이다. 왜냐하면 그것들이 구체화된 '나'의 연료이기 때문이다. 우리가 감정적 고통에 많은 관심을 갖는 이유이기도 하다.

그 과정은 다음과 같은 방식으로 작동한다. 연기사상의 진행과정(제6장 참조)을 통하여 이원론적 지각은 무지에서 나오고 좋아하지 않는 것을 피하려고 하는 '나'라는 느낌화는 여기에서 생긴다. 이 '나'는 또한 좋아하고 필요로 하는 것을 얻기를 원한다. 이것으로부터 욕망이 생긴다. 원하는 것을 '내'가 얻을 때 그것이 최상이다. 이것으로부터 자만이 생긴다. 원하는 것을 얻으려는 사람은 라이벌과 경쟁의식을 느낀다. 이것으로부터 질투가 생긴다. 이와 같은 방식으로

'나'의 느낌은 아주 빠르게 굳어지고 현실이 된다. 그리고 이것은 아주 빠르게 제3단계로 이어진다. 다른 사람의 '나'보다 우리의 '나'를 더욱 사랑하게 된다.

진화심리학에 의거하여 마음을 이해해보면, 우리는 두려움을 피하고 우리의 생존을 위해 필요한 자원을 얻는 데 관여하는 내장된 목적을 가지고 있다. 그리고 우리의 감정은 이 목적을 위한 방향으로 우리를 조종한다. 결론적으로 화나 욕망 같은 감정은 진화적 기능을 갖고 있다. 이와 같은 관점은 우리가 감정적 고통을 악마화하는 것을 피하게 하고 감정적 고통이 자연스러운 것임을 이해하는 데 도움이 된다. 하지만 이런 이유로 우리가 그런 감정을 제멋대로 두고 그것들의 힘에 의해 지배당하여야 한다는 의미는 아니다. 마음챙김의 알아차림으로 우리는 이들 감정이 우리의 마음과 몸에서 작동하는 법 그리고 이것들이 다양한 방식으로 우리의 습관적 패턴을 구동하는 법과 친해질 수 있다.

수행 접근법

이 수행의 핵심은 이들 감정적 고통과 '함께하면' 우리가 친숙한 이야기와 길들이기에 끌려간다는 점을 알아차리는 것과 이들을 직접 보고 투사로 가는 끌어당김에 이끌려서 가지 않으면 그것이 자유로 가는 열쇠임을 발견한다는 것이다. 불교 안에서 보면 이것은 길들이기와 고통을 강화시키는 것(samsara), 그리고 깨어남과 자유로워지는 것(nirvana) 사이 순간순간의 칼날 위에 서 있는 것이다.

우리가 우리의 내적 이야기와 그것을 부채질하는 감정에 알아차림을 가져오면 우리는 그것들이 더 이상 견고하지 않음을 볼 것이다. 윌리엄 셰익스피어(Wiliams Shakespeare)는 다음과 같이 말했다.

삶이란 걸어 다니는 그림자,

무대 위에서 뽐내고 초조해하며 시간을 허비하는 가련한 배우,

더 이상은 들리지 않는다. 백치가 지껄이는 것같이

시끄럽고 분노로 가득찬 이야기.

아무 뜻도 없다.

핵심은 감정에 빠지는 대신 그것을 직접 보는 법을 배우는 것이다. 이 일이 결코 쉽지는 않다. 우리는 고통스런 감정을 개별적으로 보면서 한 단계씩 이 과정을 탐구할 것이다. 우리는 불교의 명상 수행에서 유래한 방법을 여기서 세속적이고 경험적인 방식으로 응용하고자 한다. 승려이면서 저술가인 마티유 리카르(Matthieu Richard)의 말씀을 다음과 같이 인용한다.

불교 수행 중 하나의 고전적인 접근법은 명상가가 화를 똑바로 들여다보고 이렇게 묻는 것이다. "화가 군대의 사령관 같은가, 타고 있는 불과 같은가, 무거운 돌과 같은가? 그는 손 안에 있는 무기를 휘두르고 있는가? 그것은 가슴에서, 심장에서, 머리에서 우리가 발견할 수 있는 것인가? 그것은 어떤 형상 혹은 색깔을 가졌나?" 물론 우리는 어떤 사람이 자신의 배를 창으로 찌를 것이라고 예상하지 않는다. 그렇게 생각하는 것은 우리가 화를 아주 강하고 강렬한 어떤 것으로 상상하는 것이다. 실험은 다음과 같은 사실을 보여준

다. 즉 당신이 화를 더 많이 보면 볼수록 아침 해에 의해 서리가 녹아내리는 것과 같이 사람의 눈앞에서 화는 더 많이 사라진다. 우리가 그것을 순수하게 바라볼 때 그것은 갑자기 힘을 잃는다.

이것을 일상의 수행으로 탐구해보자.

일상의 수행: 감정을 직접 보기

당신이 매일 일하러 갈 때, 화 또는 욕망과 같은 감정이 내적 혹은 외적인 발화에 대한 반응으로 당신을 통하여 흐르는 것을 알아차릴 때, 의식적으로 당신 자신을 이들 감정에 내적으로 맡긴다(그러나 사람들에게 소리치거나 혹은 어떤 것을 던지라는 것은 아니다). 당신 자신을 화 혹은 욕망의 생각에 잠기게 한다. 이것이 당신의 마음과 몸에서 어떻게 느껴지는지를 알아차려보라. 잠시 후, 이제 화 혹은 탐욕스런 감정을 경계하는 자세를 취한다. 그러면 당신은 스스로 화나 욕망을 발화하고 있다는 사실을 알게 될 것이다. 여기서 당신이 당신의 궤도를 중단할 수 있는지 그리고 감정에 직접 대면하기 위해 당신의 눈을 내면으로 돌려 감정을 볼 수 있는지를 본다. 당신이 당신의 감정을 볼 때, 호흡에 주의를 기울이는 것 그리고 바닥 위에 있는 당신 몸의 무게를 느끼는 것이 도움이 될 수 있다.

수행의 첫 번째 부분에서 당신은 화와 같은 감정에 빠질 때 아마 폭발이 예정되어 있는 시한폭탄같이 모든 것이 매듭지어지는 긴장된 기분으로 끝날 것을 알아차릴 것이다. 수행의 두 번째 부분에서 당신은 화를 마주 볼 때 보아야 할 것이 없다는 것을 알아차렸을 것이다. 그것은 마치 흔적도 없이 사라진 것 같다. 여기서 중요한 것은 화가 생각의 연속적인 상승작용에서 벗어날 때 마음속의 드라마는 갑자기 중단될 수 있음을 아는 것이다. 이것이 "봄이 곧 행이다"라는 원리의 표현이다. 그러나 당신도 이미 아는 바와 같이, 당신이 당신의 알아차림을 잃어버리면 감정은 재빠르게 되돌아오고 다시 내면의 드라마에 불을 지핀다.

수행의 두 번째 단계 접근법은 고통스러운 감정을 해독하는 작업이다. 고통스런 감정에는 각각 특정한 해독제가 있다. 다시 화로 돌아가서 만약 우리가 화나 혐오를 느끼는 사람이나 사물에 자애 혹은 친절을 계발한다면 그 순간 우리는 동일한 대상에 대해 화와 사랑을 동시에 느낄 수 없기 때문에 화가 사라진다.

이것은 하나의 미세한 과정이다. 왜냐하면 우리는 화의 느낌을 억누르지 않지만 대신에 화에 반하는 것을 계발하고 있기 때문이다. 화의 느낌이 일어날 때 그것을 느끼면서 직접 바라본다. 동시에 화의 해독제인 자애를 계발한다. 이와 같은 방식으로 우리는 직접 보고, 동시에 해독제를 계발하는 방법을 실행할 수 있다. 일상의 수행에서 이를 탐색해보자.

일상의 수행: 해독제 계발

일상생활을 영위할 때 화가 일어나면 그 고통의 감정에 대해 긴장하지 않고 호기심과 유머로 경계를 한다. 화가 났다고 알아차렸을 때 앞의 연습에서 본 바와 같이 맨 먼저 화를 직접 본다. 그리고 당신을 화나게 한 사람에게 자애 혹은 우정을 계발한다. 이러한 행위는 처음에는 부자연스러운 일이지만 씨앗을 심는 행위와 같다. 이때 이 사람도 나와 같이 행복을 원하지만 가끔 혼란에 빠져 다른 사람 즉 나를 해치고 있다고 생각하는 것이 도움이 된다. 그리고 당신 자신에 대한 친절한 행위의 몸짓으로 당신의 손을 가슴이나 몸의 다른 부위에 갖다 댄다.

당신은 자애라는 해독제를 사용하는 것이 당신 자신만의 세상에 문을 닫고 갇히는 것이 아니라, 더 많이 열려 있고, 관계하고 있는 것임을 알았을 것이다. 삶의 흐름과 분리되지 않고 삶의 흐름을 느끼는 것, 이것이 핵심 포인트이다.

사무량심(The Four Limitless Qualities)

자애(Loving‐Kindness), 연민(Compassion), 공감의 기쁨(Sympathetic Joy), 평정(Equanimity)이라는 사무량심은 감정적 고통에 대한 해독제이다. 이것은 브라흐마비하라스(Brahma-Viharas) 혹은 '무량(immeasurables)'으로 알려져 있다. 사무량심을 계발하는 것은 소승불교(Theravada)와 대승불교(Mahayana) 모두에서 중요한 수행이다. 사무량심은 붓다 이전 인도의 베다 전통(Vedic tradition)에 기원을 두고 있다. 이것들은 우리의 목적을 위해 특히 중요하다. 왜냐하면 우리가 사무량심을 계발하면 우리의 가슴은 무한히 열리고 확장되기 때문이다. 사무량심은 우리를 상호연결의 존재라는 진리와 접속시킨다. 그러나 고통스런 감정은 이 연결을 차단한다. 사무량심은 각각 특정의 고통스런 감정에 대한 해독제이다.

자애(Loving-Kindness: Maitri)는 우리와 타인의 행복과 웰빙을 위한 순수한 염원이다. 이것은 화와 혐오에 대한 해독제이다. 자애가 고통을 만나는 곳에서 연민이 일어난다.

연민(Compassion: Karuna)은 자신과 타인의 고통에 대해 민감하며 그 고통이 그치기를 깊이 바라는 것이다. 연민은 욕망에 대한 해독제이다.

공감의 기쁨(Sympathetic Joy: Mudita)은 우리 자신과 타인의 건강, 행운 그리고 성공에 대해 감사하고 기뻐하는 것이다. 질투의 해독제이다.

평정(Equanimity: Upekkha)은 좋고 싫고 하는 습관적인 마음에 구속되지 않고 세상과 따뜻한 관계를 맺는 것이다. 우리가 만나는 모든 사람과 사물을 동등하게 대하는 것으로, 편견에 사로잡히지 않는 공정한 상태를 말한다. 좋아하는 것에 집착하지 않고, 싫어하는 것을 거절하지 않으며 우리와 관계없는 것을 차별하지 않는 것이다. 이것은 자만과 무지에 대한 해독제이다.

사무량심의 기도

불교 수행에서 사무량심은 열망과 기도의 형태로 표현되곤 한다.

모든 존재가 행복해지기를(자애)
모든 존재가 고통에서 해방되기를(연민)
모든 존재가 기쁨을 함께 누리기를(공감의 기쁨)
모든 존재가 집착과 혐오에서 벗어나 평정심으로 살기를(평정)

자애, 연민, 공감의 기쁨 그리고 평정의 느낌에 적극적으로 에너지를 투입하면 사무량심은 자연스럽게 일어나고, 곧 새로운 습관이 생길 것이다.

신경심리학의 계발

세속의 마음챙김 전통에서 나타나고 있는 일반적인 오해는 마음챙김 수행이 존재에 관한 것이지 행동에 관한 것은 아니라는 것이다. 이것은 명상이 정신력(qualities of mind)을 계발하는 것이라고 제안하는 것과 같은 것으로, 거의 이단이다. 우세한 논리는, 우리가 마음속에서 일어나는 것에 주의를 주고 호기심을 갖고 받아들이는 태도를 취하면 그것이 우리가 해야 할 전부라는 것이다.

마음의 진행과정에서 마음의 과정을 분명하게 꿰뚫어 보는 알아차림을 대신할 것은 실로 없다. 마음수행의 전체 과정은 이 전제 위에 서 있다. 이것이 제2부에서 논한 토픽―미세한 마음의 과정에 대한 정확한 탐구―이었다. 이것을 해야 하는 주요 이유 중의 하나는 우리가 하는 방식 안에 우리 자신을 어떻게 그리고 왜 가두는가를 이해하는 것이다. 이것이 붓다가 12개의 정확한 단계를 통하여 그가 했던 방식으로 연기사상의 과정을 탐구하였던 이유이다. 이것은 학문적인 활동이 아니다. 붓다는 연쇄의 연결에서 약한 연결고리를 찾았다. 그는 존재의 순환 즉 그가 말한 윤회(Samsara)를 깨뜨릴 수 있는 연결고리가 갈애임을 깨달았다.

갈애가 어떻게 일어나는가를 보고 갈애에 어떻게 먹이를 주고 있는가를 알면, 거기에 그것을 중단시킬 가능성이 있다는 것이다. 즉 갈애와 고통의 종결이다. 첫 번째 화살에 의한 통증은 계속되지만 두 번째 화살의 고통을 뿌리 뽑을 수 있는 수행을 할 수 있다. 이와 같은 통찰은 틱낫한이 '상호연결의 존재(interbeing)'라고 표현했던 삶의 생기 있고 상호연결된 흐름으로 우리를 연결시키는 성품을 마음속에서 계발할 수 있는 공간을 만든다.

명백하게 보는 것에 기초하고 있는, 불교에 근거한 고대의 이해는 현대의 신경과학 연구에서 뇌의 기능이 밝혀짐에 따라 더욱 풍부하고 깊어졌다. 이 책을 통틀어서 우리는 우리가 걸어왔던 길과 관계있는 신경과학의 핵심 맥락에 대해 언급하였다. 긍정적인 마음 상태를 계발하기 위한 토픽에서는 릭 핸슨의 노작이 주로 인용되었다. 불교 수행자일 뿐만 아니라, 심리학자 그리고 신경심리학 분야의 개척자인 그는 갈애에 대한 신경심리학을 탐구해왔다. 붓다는 갈애가 마음에 미치는 영향에 관해서는 아주 통찰력이 뛰어났지만 갈애를 지지하는 뇌 안의 신경시스템 기제에 대해서는 접근하지 않았다.

신경시스템을 가진 동물에 대한 신경과학 연구의 관점에서 보면, 갈애는 필요를 충족시키기 위한 구동상태이다. 핸슨에 의하면 갈애는 동물이 욕구충족에서 결핍과 장애(모자라고 잘못된 감각)를 경험할 때 증가한다. 반면에 동물의 욕구충족 과정에서 포만감과 균형이 증가할 때는 감소한다.

진화심리학과 신경과학에서 인간은 세 가지 핵심 욕구를 가지고 있고 인간의 운영 시스템은 욕구를 충족시키기 위해 진화되어왔다는 광범위한 사회적 합의가 있다. 우리의 핵심욕구는 안전, 만족, 연결(connection)이고 이에 대응하는 운영 시스템은 회피(avoid), 접근(approach), 애착(attach)이다. 우리는 생존과 충족을 얻기 위해 두려움을 회피하고, 안전한 조건을 찾으며, 사랑하고 사랑받도록 행동양식이 고정화되어 있다. 폴 길버트와 초덴은 이들을 위협, 구동 그리고 안정/소속감의 감정 규제 시스템으로 기술하였다.

핸슨은 이들 운영 시스템을 반응(responsive, 녹색 구역)과 대응(reactive, 적색 구역)으로 규정하였다. 반응의 녹색 구역에서 몸은 충전, 수선, 회복(휴식과 소화하는 상태로 기술된다)의 지속 가능한 균형이 기본 값이 되고, 반면에 마음은 평화, 만족, 사랑으로 설정된다. 하지만 뇌에서 부정적 편향(negativity bias)이 주어진 상태에서는, 즉 두려움, 상실, 거절을 경험할 때 녹색 구역에서 탈락된다. 대응의 적색 구역에서 몸은 투쟁, 도주 그리고 동결의 스트레스 반응에 의해 흥분되는 반면, 마음은 두려움, 갈등 그리고 심적 고통에 휩싸인다.

녹색 구역과 적색 구역

핵심욕구	운영 시스템	녹색 구역 (반응)	적색 구역(대응)
안전	회피	평화	두려움
만족	접근	만족	갈등
연결	애착	사랑	심적 고통

자료원: 핸슨(Hanson), 행복 배선

진화는 우리를 녹색 구역에 오래 머물게 하고 적색 구역에서는 짧고 강력한 파열이 있도록 프로그래밍하였다. 녹색 구역이 우리의 기본적인 안식화 상태이다. 우리는 무리들 속에서 기분 좋게 풀을 뜯고 있는 사슴과 같은 동물을 생각할 수 있다. 갑자기 포식자가 나타난다. 즉시 도망이라는 반응이 발화된다. 무리는 도망을 간다. 포식자보다 더 멀리 달아났을 때 멈추고, 다시 풀을 뜯는다. 그들은 사바나에서 다시 풀을 뜯고 있는 무리 속에서 안전을 느낀다. 다르게 표현하면 그들은 녹색 구역으로 다시 돌아간 것이다.

현대적 삶의 계속되는 복잡성, 스트레스 그리고 고립상태하에서 적색 구역은 새로운 디폴트로 설정되고 이에 따라 많은 사람들은 녹색 구역에서 휴식을 취하는 일이 아주 어려워지고 있다. 사무실에서 스트레스를 많이 받고 난 뒤 마음에 고요함과 안정을 느끼기가 얼마나 힘든지, 거슬리는 생각이 우리를 얼마나 성가시게 하는지, 몸이 얼마나 긴장되는지 그리고 우리 자신의 피부에서 안전을 느끼기가 얼마나 어려운지를 생각해보라. 이것은 우리의 육체 및 정신 건강과 감정적 웰빙에 큰 문제를 던진다.

우리 목적의 핵심 포인트는 우리가 생물학적 존재라는 것을 아는 것이다. 따라서 우리는 우리의 욕구를 충족시키기 위해 설계된 내장된 운영 시스템을 가지고 있다는 사실에 비추어 볼 때 우리의 선택권은 거의 없다. 우리는 우리의 욕구를 충족할 것이냐 말 것이냐 하는 선택이 있을 뿐이므로 신경심리학에 대한 이해가 도움이 된다. 이러한 이해는 더 넓은 맥락 안에 갈애를 위치시킨다. 그것은 우리가 길들이기를 시도하는 정신상태의 문제만은 아니다. 그것은 핵심욕구에 대한 더 넓은 심리적 맥락과 뇌 시스템 안에서 존재한다. 만약 우리가 그들 욕구를 충족시키는 법을 배울 수 있다면 갈애의 힘은 사라질 것이다. 그리고 만약 우리가 욕구를 충족시키는 데 계속해서 실패한다면 갈애는 증가할 것이다. 앞의 두 개 장에서 본 바와 같이 이 이슈는 매우 중요하다. 왜냐하면 갈애는 우리를 연기사상의 순환에 묶어두기 때문이다. 붓다는 갈애가 삶에서 고통의 주요 원인이라고 이해하였다.

더 나아가 이 모델이 유용한 통찰인 이유 중 하나는 만약 우리가 반응의 녹색 구역에 충실하면 강한 스트레스에 직면했을 때 탐욕과 혐오로 대응하는 경향이 줄어든다는 것이다. 자기중심적 선호 시스템이 활기를 띠지 않기 때문이다. 그러나 우리가 대응의 적색 구역에 주로 있는다면 그때의 힘든 경험이 대응성과 내면의 스트레스를 더 많이 발화시킨다. 우리가 안전, 보안, 만족을 느꼈을 때 스트레스 요인, 이슈, 갈등에 어떻게 반응해왔는지를 반영해보면 이를 알 수 있다. 그리고 우리가 하나 이상의 중요한 관계에서 불안, 궁핍, 불안정을 느꼈을 때 동일한 스트레스 요인, 이슈, 갈등에 어떻게 대응하였는지를 반영해 보면 알 수 있다. 우리가 이들 상황을 경험하고 그것에 대응하는 두 상황 간에는 큰 차이가 있다. 릭 핸슨이 지적한 바와 같이 "어떤 욕구는 그야말로 적극적이거나 도전적이기 때문에 본질적으로 갈애를 발생시키지 않는다. 따라서 붓다가 가르친 바와 같이 우리는 경험의 쾌락적인 색조(hedonic tone)에 갈애, 집착 그리고 고통으로 대응하지 않는다."

이 접근법의 결말은 우리가 적극적으로 녹색 구역을 계발할 수 있다는 것이다. 그러나 쉬운 일이 아니다. 최근 수련회에서 우수 학생 중 한 명이, 자신은 적색 구역에서 성장하였다고 언급하였다. 즉 어떤 평화, 안정 혹은 안전을 발견하는 것이 그 자체로 그녀의 생명 탐구였다는 것이다. 그녀는 "기초욕구를 충족할 수 없다면 깨달음 같은 것은 아예 잊어버려라" 하고 말하였다.

여기서 얻을 수 있는 메시지는 우리가 우리의 삶에서 긍정적 경험에 관심을 기울인다면, 즉 삶을 이해하고 감사를 계발하면, 그때 우리는 녹색 구역에서 쉴 수 있다는 것이다. 그것은 바로 우리에게 먹이를 주는 곳에 우리를 안착시키는 것이다. "에너지는 초점을 따라 흐른다"는 원리를 명심하라. 두 마리 늑대에 관한 아메리칸 인디언의 이야기에 메시지가 있다. 지혜로운 할머니가 손녀에게 사람은 모두 가슴에 두 마리 늑대—하나는 착한 늑대이고 다른 하나는 나쁜 늑대—를 가지고 있다고 말했다. 손녀가 물었다. "어느 늑대가 이겨요?" 할머니는 "우리가 먹이를 주는 늑대가 이긴단다"라고 대답하였다.

계발(cultivation)을 통하여 반응적 상태가 계속 증가하는 긍정적 순환에서 성격의 특성이 형성된다. 예를 들어 자애를 계발하면 할수록 우리는 그것을 더 많이 느끼고 혐오 상황에서도 화보다는 자애로 더 잘 반응한다. 핸슨은 말하였다. "계발을 함으로써 반응적 상태가 반응적 특성(response trait)이 될 수 있다. 반응적 특성은 긍정적 순환에서 반응적 특성을 계발하는 데 더 많은 기회를 만드는 유익한 상태를 조장한다. 반응적 상태와 특성은 레드가 점멸하는 세상에서도 당신이 반응적일 수 있게 하는 데 도움을 준다." 이것은 특히 고통스러운 감정의 해독제로서 사무량심을 계발하는 우리의 수행법과 관련되어 있다.

긍정적 경험에 더 많은 시간을 투자하고 그것이 뿌리 깊은 특성이 될 수 있도록 하기 위해서는 반복해서 경험하는 것이 중요하다. 뇌는 나쁜 경험으로부터는 잘 배우지만 좋은 경험은 잘 배우지 못한다. 핸슨의 표현을 빌리면, 부정적 경험은 쉽게 달라붙는 찍찍이(Velcro)와 같고 긍정적 경험은 잘 붙지 않는 테플론(teflon) 코팅과 같다. 결론적으로 우리는 긍정적인 신경경로를 적극적으로 계발해야 한다. 이는 활성화(activation)와 장치화(installation)의 이중 과정을 통하여 가능하다.

활성화(Activation)

(1) 긍정적이고 유익한 경험을 갖는다. 이것은 불을 지피는 것과
   같다.

장치화(Installation)

(2) 강화하기-긍정적인 경험에 감사하는 시간을 갖는다. 이것은
   타는 불에 장작을 넣는 것과 같다.

(3) 좋은 것 받아들이기-적극적으로 긍정적 경험에 몰두한다. 이
   것은 불을 쬐는 것과 같다.

일상의 연습: 감사

이것은 일상생활에서 비공식 수행으로 할 수 있다. 당신에게 기쁨을
주는 간단한 일 즉 피부에 닿는 햇살의 느낌, 나뭇잎을 살랑거리게 하
는 미풍, 나뭇가지에 앉아 있는 새, 봄이 피어나는 냄새, 어린이의 웃
음, 그 외 많은 것들을 알아차리고 그것에 감사하는 시간을 갖는다.
위에서 언급한 바와 같이 이중적 방식으로 이것에 접근하라. (1) 긍정
적 경험을 알아차리는 시간을 갖는다. (2) 분별에 빠지지 않고 이런 경
험에 감사한다. (3) 이 경험에 적극적으로 몰입한다. 예를 들어 봄에
꽃이 피는 것을 보고 잠시 멈춰서 그것에 감사하고 향기로운 아름다움
에 잠시 빠져든다. 이런 방식으로 순간순간 옳고 선한 것을 느끼는 것
에 초점을 두는 수행을 한다.
잠들기 전 과거에 있었던 일 중에서 기분이 좋았던 일 세 가지를 회상
하여보라. 그 일 때문에 당신의 몸이 느꼈던 감각을 알아차리면서 감사
의 느낌도 같이 즐겨라. 그리고 오늘 당신에게 좋았던 일 세 가지를 기
억하여보라. 당신은 이것들이 당신에게 준 기쁨에 감사할 수 있는가?

좋은 일을 가볍게 생각하면서 말하지 마라. "그런 일은 나에게 오지 않아."라고 말하지 마라. 한 방울의 물이 모여 물 항아리를 채우듯, 현명한 사람은 한 걸음 한 걸음씩 선한 일로 그 자신을 채워나간다.

모든 것의 한가운데서 안식하기

안식화는 마음챙김 수행의 통상적인 틀인 안정화, 접지화, 안식화 그리고 지원 중 하나의 단계이다. 이 단계의 주요 초점은 마음챙김 지원을 사용하는 것이다. 그 이유는 명상을 시작할 때 우리의 마음이 원숭이처럼 제멋대로 여기저기로 뛰어다니면서 한 곳에서 쉬지 않기 때문이다. 그러므로 처음에는 마음을 안정시키도록 노력해야 한다. 호흡이나 소리 같은 마음챙김 지원과 더불어 인내심 있게 수행하는 것이 이 수행의 실천적인 길이다. 비록 우리가 마음이 산만해지기 전에 아주 잠시 열린 알아차림의 느낌에 접속한다 할지라도 우리는 그것을 얻기 위해 마음챙김 수행의 통상적인 틀 안에 안식화를 포함시킨다.

일단 어느 정도 안정을 경험하면 우리는 우리의 모든 경험을 포함시키기 위해 지원에 두는 초점을 확대한다. 이것이 명상의 주요 포인트이다. 모든 것이 수행이 된다. 이것은 이 순간에 우리의 모든 경험과 함께 존재하는 안식화의 본질적인 의미다. 이것은 마음속에서 발생하는 것을 잡는 것이라기보다 그것을 알아차리는 것을 의미한다. 제2장에서 배운 바와 같이, 수용이 이 과정에서 중요한 역할을 한다. 간단하게 말하면 이것은 내적으로 일어나는 것이 무엇이든지 간에 "아니오"라고 하지 않고 "예"라고 말하는 것을 의미한다. 우리가 예라고 말할 때 거기에는 공간이 있다. 우리는 내면의 경험을 있는 그대로 수용함으로써 만들어지는 공간에서 안식할 수 있다.

우리는 우리의 경험과 같이 존재할 수 있고 따라서 마음에서 일어나는 것을 아는 경우에만 안식할 수 있다. 이러한 이유로 마음 내면의 환경에서 일어나는 미세한 정신적 과정에 모두 알아차림을 여는 것이 중요하다. 이것이 제2부의 초점이었다. 우리는 우리 자신의 내부에서 작동하는 마음의 상세하고 완전한 드라마를 볼 필요가 있다. 우리는 부지불식간에 일어나는 암류를 본다. 우리는 관찰자가 선호로써 관찰하는 것을 본다. 우리는 자기중심적 선호 시스템(EPS)이 12개의 인과적 연결고리 안에서 일어나고 윤회하는 것을 본다. 우리는 융합과 동일시가 발생하는 것을 본다. 우리는 마음이 디폴트 모드에 빠지는 것을 본다. 이 모드는 서로 다른 감정적 고통에 의해 구동된다. 그리고 우리는 구체화의 과정을 보고 이것이 우리를 존재의 자기중심적인 방식 안에 가두는 것을 본다.

핵심 포인트는 이전에는 보지 못하였던 것을 보는 것이다. 그러나 이것은 수용과 자기연민의 감정적 환경 안에서 경험적 방식으로 해야 한다. 사실 '봄(seeing)'은 완전히 정착된 용어는 아니다. 그것은 일어나는 것을 감각하고 느끼는 것 이상이다. 거기에는 인지적 요인과 감각적 성분이 있다. 여기에서 봄과 느낌은 마음에서 일어나는 것과 같이 몸에서도 일어난다. 우리는 체화된 경험 속에서 일어나는 모든 것에 우리 자신을 완전히 빠지게 해야 한다.

하지만 거기서 멈추지 않는다. 우리는 감정적 고통에 대한 해독제로 사무량심을 적극적으로 계발해야 한다. 사무량심이 모든 것에 스며드는 수행을 하고, 일어난 모든 것의 한가운데서 안식화의 수행을 한다. 우리는 이런 수행을 일상의 일부분으로 만들 수 있다. 마음에서 움직이는 드라마를 보고, 취온과 혐오의 미세한 역동성에 조율하고, 수용하고, 해독제를 사용하면서 잠시 동안 모든 것의 한가운데서 안식한다. 이것은 과자를 굽기 위해 재료를 모아 오븐에 넣는 것과 같다. 이것이 안식화의 역할이며 심오한 직관적 앎을 일으키는 자연의 연금술이다.

안식화는 마음의 부정적이고 역기능적 패턴의 점증하는 미세한 알아차림에 머무는 것이 아니다. 그것은 적극적으로 긍정적인 마음을 계발하는 것에서 오는 충만함과 균형 안에서 쉬는 것이다. 릭 핸슨의 언어를 빌리면, 세계와 우리 자신의 습관적 패턴의 어떤 것이 적색을 발할지라도 우리는 녹색 구역에서 쉰다. 이것이 우리로 하여금 내면의 경험에서 일어나는 것과, 결핍과 부족이 아닌, 충만함과 균형으로부터 오는 우리의 삶에 반응하게 한다.

우리는 이제 수행 한가운데서 안식화의 기초적 윤곽을 소개할 것이다. 그리고 앞으로 세 개의 장에서 각각의 감정적 고통과 그 해독제를 다룸으로써 이 수행의 기반을 쌓고 심화할 것이다.

수행 코너

연습 9 모든 것의 한가운데서 안식하기

자세를 바르게 한다. 마음챙김 수행의 의도와 동기를 성찰한다. 그리고 안정화, 접지화, 안식화, 지원을 이용하여 단계별로 수행을 한다. 지원의 단계에서는 당신의 초점을 소리 혹은 호흡에 가볍게 둔다.

마음이 안정되고 생각이 줄어들면 지원을 놓아버리고 당신의 경험에서 일어나는 것의 한가운데서 안식하기를 시도하라. 이것은 지금 당신의 경험 안에서 일어나는 모든 것을 수행이라고 여기면서 마음챙김 명상의 안식화 국면을 깊게 하는 것이다.

소리를 인식하면서 당신 주위에 공간을 열 수 있는지를 보라. 당신이 지금 경험하고 있는 것 즉 생각, 느낌, 감각을 알아차리는 것의 한가운데서 느슨하게 쉴 수 있는지를 보라. 이 순간의 당신의 경험에 열려 있으면서 수용하는 존재로서 부드러운 호기심의 감각을 계발하라. 이것은 분별과 분석으로 일어나는 것을 향한 움직임이 아니며 어떤 것을 밀어내는 것도 아니다.

몸에서 불안, 긴장 혹은 슬픔 같은 감정이 일어나는 것을 느끼면서, 그 감정적 느낌의 세계와 조율할 수 있는지를 보라. 그리고 지금 일어나고 있는 것이 그 자신의 방식대로 당신을 통과하면서 이동하는 것을 허용할 수 있는지도 보라. 만약에 어떤 감정이 지속적으로 일어나면 RAIN(제2장 참조) 수행을 하거나 일어나는 모든 것에 "예"라고 부드럽게 말할 수 있어야 한다. 그러면 당신은 당신이 경험하는 것 한가운데서 안식할 수 있다.

만약 자기 비판적인 생각 혹은 냉혹한 내면의 목소리를 알아차리게 되면 손을 가슴에 얹어 부드럽게 하고, 진정시키고, 허용하는 자기연민(제3장 참조)의 만트라를 읊는 자기연민 수행을 한다. 그러고는 다시 모든 것의 한가운데서 안식하라.

이제 당신은 당신의 경험 한가운데서 바보같이 앉아 있을 수 있다. 바보는 현존하고 있고 알아차리고 있지만 어떤 것에 대한 견해를 갖지 않는다.

만약 당신의 주의가 분별에 빠지면 마음이 안정될 때까지 마음챙김 지원에 가볍게 초점을 맞춘다. 그리고 마음이 안정되면 다시 지원을 놓아버리고 당신의 경험 한가운데서 안식한다. 아무것도 하지 않고, 어디에도 가지 않고, 어떤 것을 성취하려고도 하지 않는다.

화와 욕망의
거친 고통

아침에 침대에서 일어나기 전부터 마음이 이미 부정적인 방향으로 흐르던 날이 있었을 것이다. 전날 있었던 불쾌한 일 혹은 먼 과거에 있었던 좋지 않은 일을 곱씹는다. 샤워를 하고 옷을 입으면서도 화가 나고 그것이 우리의 마음과 몸을 지배한다.

이렇게 시작되는 날이 있다. 화가 마음속에서 똑같은 생각의 시나리오를 계속 재생시키면서 힘을 얻으면 마음의 평정을 찾기가 어렵다. 일단 이러한 리듬을 타게 되면 하루 종일 기분이 우울해진다. 마치 검은 안경으로 세상을 보는 것같이 모든 것을 보고, 느끼고, 경험한다. 이때 다른 사람이 부적절한 말을 하면 버럭 화를 내고 그를 비난하기도 한다. 이런 날 저녁에 집으로 돌아왔을 때 스트레스가 쌓여 있고 기진맥진한 것이 놀라운 일은 아니다. 이것이 화라는 감정적 고통의 힘이다. 이와 같이 화 혹은 이기적 탐욕의 폭발이 가족이나 친구와 수년간 쌓아온 우정과 상호 간의 신뢰를 파괴하는 것을 우리는 모두 알고 있다.

제6장에서 탐구한 연기사상에 의하면, 감정적 고통의 뿌리에는 근본적인 무지가 자리 잡고 있다. 무지로 인해 견고하고, 실제적이

고 그리고 외부세상과 분리된 '대상적 나'가 탄생한다. 어떤 '타인'을 좋아하지 않는 견고하고 분리된 '대상적 나' 없이는 화도 없다. 또한 '타인들'에게 필요한 것임에도 그것을 먼저 얻기를 원하는 견고하고 분리된 '대상적 나' 없이는 욕망도 없다. 우리의 선생인 아콩(Akong) 린포체는 "모든 것 중에서 내가 먼저 있다. 다음에 나의 것이 있다. 그다음에 골칫거리(trouble)가 있다."고 말하였다.

이 장에서는 화와 욕망의 감정적 고통을 상세히 탐구할 것이다. 이것들을 먼저 다루는 이유는 빠르게 확인할 수 있고 쉽게 다룰 수 있기 때문이다. 이것들을 거친 고통(coarse afflictions)이라 한다. 이것들은 우리의 삶에서 큰 불화와 고통을 야기하는 강력한 에너지이다. 그러므로 이것들을 능숙하게 잘 다룰 수 있는 방법을 발견하는 것이 우리가 큰 고통을 겪느냐 혹은 행복과 충만한 내면의 조건을 발견할 수 있느냐의 커다란 차이를 만들 수 있다.

화는 '내'가 원하지 않는 것 주변의 수축이다. 삶의 윤회에 관한 붓다의 가르침에 의하면 억제되지 않는 화와 혐오는 우리의 마음을 화의 분출과 공격의 열기를 연상시키는 끓는 지옥에 머무르게 하고, 미움과 소극적인 공격으로 얼어붙는 것을 연상시키는 냉골의 지옥에 머무르게 한다고 하였다. 화에 대한 해독제는 자애(Loving-Kindness)이다. 이것은 우리 자신이나 타인의 행복과 웰빙을 위한 염원이다.

욕망은 '내'가 원하는 것 주변의 수축이다. 삶의 수레바퀴 가르침에서, 계속되는 욕망과 무의미한 활동은 우리 마음을 인간의 영역에 머무르게 한다고 하였다. 이것이 의미하는 바는, 인간 존재로서의 우리는 이미 가진 것에 대하여 만족하지 않고 따라서 항상 가지고 있지 못한 것에 초점을 두며 끊임없이 그것을 추구하고 있다는 사실을 지적한 것이다. 족첸(Dzogchen)* 의 폰롭(Ponlop) 린포체는 이것을 '빈곤심리(poverty mentality)'라고 하였다. 이것은 불만족(dukkha)의 경험을 야기한다. 이것은 인간 존재로서의 우리의 삶에 늘 존재하는 것이다. 욕망에 대한 해독제는 욕망의 상황에 처해 있는 우리 자신과 타인을 위한 연민이다. 욕망은 우리의 주의를 우리가 원하는 데로 향하도록 하지만 반면에 연민은 삶의 그림 전체 즉 좋은 점과 나쁜 점 모두에 우리의 알아차림을 여는 것이다.

수행 접근법의 세련화

우리는 지난 장에서 감정적 고통을 다스리는 법을 소개하였다. 이제 이것을 확장하자. 이 접근법의 요체는 우리의 주의를 감정이 야기한 드라마 속으로 들어가게 하는 대신에 방향을 180도 돌려 감정에 의해 악화된 마음을 직접 보는 것이다. 이것은 화면에 투사되는 이미지에 사로잡히는 대신에 영사기에서 나오는 빛의 흐름을 보기 위해 머리를 돌리는 것과 같은 것이다. 이렇게 할 때 우리는 길가에서 자동차의 불빛에 의해 깜짝 놀라 얼어붙은 토끼를 보는 것같이 완전히 공개된 자기중심적 선호 시스템을 볼 수 있다. 우리는 '나' 주위에 수축이 일어나는 것과 그리고 '타인'과 불가피하게 분열이 일어나는 것을 직접 본다.

우리의 과업은 이것이 우리 자신의 경험에서—지적 혹은 이론적인 것이 아닌—어떻게 발생하는가를 보는 것이다. 우리는 어떤 상황

---

* 티베트 불교 닝마파와 뵌교에서 전승되는 철학과 명상체계.

이 어떤 감정적 고통을 발화시킬 때 우리의 몸이 느끼는 것을 알아차린다. 우리는 우리가 자신에게 하고 있는 전형적인 이야기와 우리가 보통 이들 감정을 어떻게 표현하는가 하는 것에 관심을 기울인다. 때때로 우리는 외적으로 화를 분출하거나 우리가 원하는 것을 움켜잡으려고 한다. 다른 때에는 우리의 이런 감정을 느끼고 자기비판을 하며 우리 자신을 미워하는 식으로 내적으로 처리하기도 한다. 종종 그것들을 너무 위험하고 고통스런 것으로 간주하거나 의식적 알아차림을 허용하기에 무서운 것으로 취급하여 억제한다.

우리는 감정이 일어날 때 감정에 의해 발화된 이야기의 줄거리를 놓아버리고 그 순간 우리가 느끼는 것의 한가운데서 안식하는 실험을 할 수 있다. 예를 들어 화의 경우에, 이야기의 줄거리는 "나는 결코 내가 원하는 것을 얻을 수 없어…"이다. 욕망의 경우에는 "나는 그것을 가져야만 돼…"이다. 우리는 이러한 이야기 줄거리를 놓아버리고 내 몸에서 일어나고 있는 느낌과 더불어 머물 수 있는 수행을 할 수 있다.

이렇게 하는 것이 결코 쉽지는 않지만, 이것은 주목할 만한 어떤 것이 발생할 수 있는 공간을 만드는 것이다. 소위 부정적 감정은 다만 구체화된 '나'(자기중심적 선호 시스템의 가명 중 하나)가 자신의 길에서 빠져나올 수 있는 경우에만 늘 그곳에 있는 지혜와 풍요를 드러낼 수 있다. 그때 감정은 우리 마음에서 파괴적인 힘의 존재가 아닌 동맹, 친구가 된다. 이후에 감정적 고통을 다룰 때 이 점을 더욱 상세히 고찰할 것이다.

사무량심(제8장 참조)에서 다룬 해독제를 감정적 고통에 적용하면 지혜의 마음을 발굴하는 데 도움이 된다. 해독제는 지혜가 출현하도록 긍정적인 정신 환경을 만든다. 불에 관한 비유를 사용한다면, 만약 불길을 지혜의 요소로 표현하면 그 해독제는 불이 탈 수 있도록 연료를 공급하는 것이다. 또한 릭 핸슨의 노작을 참고하면 그것은 우리 마음을 녹색 구역에 위치시키는 것이고, 그렇게 함으로써 자기중심적 선호 시스템 혈액이 갈망하는 힘을 약화시킬 수 있다. 우리는 다음의 4단계로 이 수행 접근법을 간단히 요약할 수 있다. 당신은 이 방법을 통해 단계적으로 수행할 수 있다.

- 감정이 마음을 사로잡는 것을 알아차린다.
- 고통스런 마음을 직접 본다.
- 특정 해독제를 계발한다.
- 이 순간 우리의 경험 한가운데서 안식한다.

화 다스리기

화(anger)는 의심할 나위 없이 가장 파괴적인 인간 감정의 하나이다. 우리가 자제력을 잃고 분노 속으로 들어갈 때 화는 가장 분명하게 드러난다. 고함을 지르거나, 무엇을 던지거나, 집 안을 정신없이 돌아다니거나 인형을 걷어차기도 한다. 화는 우리를 부당하게 대하는 사람에게 복수를 유발하고 우리가 무작위로 만나는 다른 사람에게 화풀이를 하도록 유도한다. 우리는 화의 힘 아래에 있을 때 자주 이성을 잃는다. 그렇지 않을 경우에는 집에 들어갈 때까지 화의 느낌을 억누르고 있다가 친한 친구나 가족에게 이야기하면서 스트레스를 푼다. 우리는 가정이 자신의 화를 용서받을 수 있는 곳이라는 견해를 갖고 있지만 장기적인 관점에서 보면 이로 인해 사랑하는 사람과의 관계가 파괴될 수도 있다.

여러 종류의 화를 확인할 수 있다. 앞에서 언급한 바와 같이 표면상의 화와 분노로부터 내심으로 하는 자기공격 같은 것이다. 후자의 현현은 현대 서양사회에서 많이 나타나는 고유한 현상이다. 많은 사람들이 냉정하고 조용하게 보이는 얼굴로 걷고 있다. 그러나 표면 아래에서는 화의 맹렬한 기세가 마음을 흥분시키고 있다. 그리고 슬픔과 직접 연결된 화도 있다. 우리는 화난 사람들에게서 이러한 감각을 느낄 수 있다. 표면 아래에는 슬픔과 눈물의 깊은 웅덩이가 있다.

많은 사람들은 결코 화를 내지 않겠다는 환상 속에서 하루하루를 고투하며 살아가고 있다. 이것은 화를 내는 자신을 보호하고 있는 사람에 의해 처벌당할 것이라는 두려움으로 인해 안전을 보장받지 못하는 가정환경에서 양육된 사람에게서 많이 나타난다. 이러한 대처 전략은 우리가 젊었을 때는 하나의 이유가 되겠지만 성장한 성인에게는 별로 도움이 되지 않는 것 같다. 화를 억제하는 습관을 만들 뿐이다. 왜냐하면 우리 안에 있는 어린이는 거절의 두려움과 무의식적으로 연결되어 있는 화의 느낌을 아주 무서워하기 때문이다.

억제(suppression)는 우리가 그것을 인식하지 않아도 발생한다. 왜냐하면 화가 의식적 알아차림으로 들어오는 것을 허용하는 것이 너무 무섭기 때문이다. 대신에 화는 마음의 어두운 구석에서 곪아 터진다. 우리의 명상 코스를 이수한 많은 사람들은 수행기간 중에 자신들이 가졌던 소모적인 화의 경험을 이야기하곤 한다. 때때로 분노는 평생 억압된 화가 분출하고 그것의 면목을 보여주는 것같이 사람들의 일상으로 파고든다. 이것은 종종 비탄과 슬픔을 밀접하게 수반하는 불안이나 두려움의 느낌과 함께한다. 그러나 이런 이야기는 음울한 소리임에도 불구하고 하나의 좋은 신호일 수 있다. 왜냐하면 이것은 우리가 보다 의식적이게 되는 것이고, 우리 안에서 잃었던 우리 소유권의 일부를 다시 획득하는 것을 의미하기 때문이다.

화를 내는 습관이 없는 사람들은 대신에 소극적으로 공격하는 습관을 갖고 있을 수 있다. 그러나 우리 안에서 이것을 찾기는 어렵다. 그런데 다른 사람을 공격의 희생양으로 삼는 사람들에게서는 쉽게 볼 수 있다. 소극적 공격의 습관을 인식하는 한 가지 방식은 우리가 '다른 누군가에 대해 불평할 때' 즉 다른 누군가의 끔찍한 행동과 그 행동이 얼마나 불쾌한지에 대해 자기 자신에게 반복적으로 투덜거리고 있는 것을 알아차리는 것이다. 우리는 정직하지 않은 방법으로 다른 사람에게 잔인하게 행동하는 자신을 발견하기도 한다. 예를 들어 그들의 등 뒤에서 우리 편에 서 있는 사람과 함께 그를 비난하기도 한다.

불 속에서 타고 있는 석탄을 집어 다른 사람에게 던지면 우리의 손도 데이는 것이다. 그럼에도 불구하고 그 석탄이 그 사람에 닿을 것이라는 보장도 없다. 화에도 동일한 예가 적용될 수 있다. 우리는 정치가들에게 불평을 터뜨리고 악을 쓰기도 한다. 예를 들어 그들의 끔찍한 정책에 대해 소리치는 경우이다. 그러나 그 정치가는 우리의 존재를 의식하지 못할 수도 있다. 그럼에도 우리는 뜨거운 석탄을 손으로 잡아 던지고 우리의 손에는 더욱더 물집이 잡힌다. 화를 내는 것이 순간적으로 좋다고 느낄 수 있다 할지라도 장기적으로는 항상 우리를 고통 속으로 몰아넣는다. 화를 내는 순간 우리는 화의 습관을 강화하고 있는 것이다.

대부분의 사람들에게 화는 오고 가는 하나의 감정이 아니다. 그들이 하는 모든 일에 스며들어 있는 배경의 분위기이다. 이 경우 화는 다른 사람과의 관계뿐만이 아니라 우리 내면의 세계를 갉아먹는 마음의 상태, 즉 분노와 밀접하게 연결되어 있다. 우리는 화의 태도가 말하고 행동하는 모든 것을 오염시키고 있는 사람을 화난 사람이라고 한다.

다른 모든 감정과 같이 화는 복합적이고 여러 측면을 가지고 있다. 그러나 주요 초점은 그것이 우리 자신 안에서 어떻게 나타나는가를 식별하는 것이다. 일단 우리가 우리 자신의 화를 정직하게 인식할 수 있게 되면, 화가 자신의 삶에 영향을 미치기 전에, 그리고 우리가 그것의 인질이 되기 전에 그것을 보다 창조적으로 다룰 수 있다. 이제 우리는 정좌수행을 하고, 수행 접근법의 첫 번째 단계를 대표하는 일상의 수행을 시작하자.

1단계: 화가 나는 것을 알아차리기

당신의 마음이 널찍함과 편안함을 느끼고 있을 때 이 연습을 한다. 당신의 주의를 호흡의 흐름으로 보낸다. 들숨을 약간 깊게 쉬고 날숨을 길게 한다. 바닥에 있는 당신의 발을 느끼고 방석 위에 있는 당신의 몸무게를 느낀다. 일단 안정화와 접지화의 단계를 지나고 나면 지난주에 있었던 어떤 상황이나 혹은 당신을 화나게 한 상황을 떠올린다. 그리고 그것을 당신의 마음에서 숙고하면서 약간의 시간을 보낸다. 당신 자신을 화와 관련된 익숙한 이야기나 투사된 영상에 몰입시키고 이때 당신이 느끼는 것을 알아차린다. 이때 당신의 몸이 화에 대해 반응하는 감각에 호기심을 가진다. 아마 턱이 굳어지고 이마가 찡그려지거나 수축의 느낌이 있고 당신의 몸 어딘가에 열이 있을 수도 있다. 이제 당신은 화의 느낌을 알았지만 이전과는 다르게 그것에 사로잡히지 않고 그것을 다른 방식으로 인식할 수 있다. 손을 가슴에 놓는 간단한 동작으로 자신에게 친절을 보내면서 수행을 끝낸다.

일상의 화를 알아차리기

일상생활을 할 때 화가 당신의 마음과 몸에서 작동하는 것을 알아차리겠다고 마음먹는다. 당신이 화가 난 것을 발견했을 때 하던 일을 잠시 멈추고 당신의 마음에 화를 부채질하고 있는 생각 혹은 이미지에 채널을 맞추어 조율한다. 그리고 어떤 종류의 화가 일어나고 있는지를 인식한다(예를 들어 표면적인 것, 소극적 공격, 자기공격 혹은 배경 분위기). 이때 당신의 몸이 느끼는 화를 알아차린다. 몸의 어떤 부분에서 긴장 혹은 수축을 느끼는가? 그것이 호흡에 영향을 미치는가? 이와 같은 질문이 당신을 화의 느낌에서 되돌아오게 하고 화와 보다 친숙해지는 데 도움이 된다. 손을 가슴에 얹는 간단한 동작으로 당신 자신에게 친절을 보내면서 수행을 끝낸다.

우리 각자에게 화가 마음과 몸에서 일어나는 방식은 서로 다르다. 우리는 각자 자신의 성장과정과 길들이기에 뿌리를 둔 특별한 습관을 가지고 있다. 당신의 화를 발화시키는 것, 당신의 마음이 화에 의해 어떻게 악화되는지, 전형적으로 어떤 종류의 이야기가 당신의 마음에서 떠도는지를 아는 것이 화에 대한 통찰을 얻고 화의 파괴적 성분으로부터 해방될 수 있는 중요한 선결 조건이다. 그러나 화가 우리의 마음을 지배하는 것을 알기 전에 화와 관련된 신체적 감각을 인식하는 것이 더 쉽다. 몸의 느낌이 변하는 것이 화가 발화되었음을 우리에게 알리는 것이다. 이 순간이 화를 내지도 않고 화를 억제하지도 않는 선택을 할 수 있는 순간이다. 우리는 다르게 행동할 수 있다. 화의 감정에 직면하여 인내와 자애의 태도를 계발할 수 있다.

자애의 마음으로 전환하기 전에 화의 파괴적 힘을 가슴에 떠올리고, 과거에 화로 인해 다른 사람과의 관계가 손상된 일을 회상하는 것이 도움이 될 수 있다. 이렇게 함으로써 화의 습관적 패턴을 전환시켜 자애를 수행하는 습관을 계발한다.

자애(Loving-Kindness, Metta)

앞 장에서 언급한 바와 같이 자애(loving-kindness)는 사무량심의 하나이고 화와 혐오의 느낌을 해독하는 해독제이다. 자애는 우리 자신이나 타인의 행복과 웰빙을 열망하는 것으로 정의된다.

이런 마음을 고대 인도의 팔리어(Pali)로는 메타(metta)라고 한다. 이 언어는 붓다의 가르침이 처음으로 기록된 언어이다. 산스크리트어(Sanskrit)로는 마이트리(maitri)라 하는데 이 단어는 인도의 위대한 학자들이 붓다의 말씀을 옮길 때 사용한 언어이다. 서구사회에서 불교 가르침의 선두주자인 샤론 샐즈버그(Sharon Salzberg)에 의하면 메타는 "온화함(gentle)—모든 것에 차별 없이 내리는 조용한 빗속에 있는 것 같은, 그리고 우정(friendship)과 같이 예외 없이 모든 존재와 접촉하는 한결같은 조건 없는 연결의 감각 속에 있다."는 뜻이다. '온화한 우정(gentle friendship)'은 지금 우리가 사용하고 있는 자애(loving-kindness)보다 메타를 더 정확하게 번역한 것이다.

위의 인용문에서 예시하는 바와 같이 메타는 감상적인 애착 혹은 열렬한 욕망을 의미하지 않는 사랑과 우정을 말한다. 그리고 이것은 되돌려 받으려는 기대가 없다는 점에서 무조건적이다. 붓다는 메타 경(Metta Sutta)에서 자애 명상에 대한 요약된 가르침을 주었다. 이것을 5세기경의 불교 승려 붓다고사(Buddhaghosa)가 청정도론에서 정교하게 설명하였다. 이 가르침에서는 자애 명상을 붓다의 가르침에서는 보이지 않는 시각화 훈련(Visualization Exercise)으로 제시하였다.

이와 같은 자애 명상(metta bhavana) 안에서 가르침의 대상은, 어떤 구별이나 제한 없이, 나 자신을 포함하여 들을 수 있고 볼 수 있는 모든 살아 있는 존재를 상정하고 있다. 우리는 다음에 제시하는 구절과 같이 모든 종류의 존재에게 말하는 자애의 느낌을 계발한다. "모든 존재가 행복하고 건강하기를", "그들이 모든 위험으로부터 안전하기를", "그들이 정신적 육체적 고통으로부터 해방되기를", "그들이 기쁘고 행복하기를". 이들 구절의 순서는 전통적으로 자기 자신에게, 친구에게, 중립적인 사람에게, 적(enemy)에게, 마지막에는 예외 없이 모든 존재를 향한 염원의 구절 차례로 진행한다.

우리는 메타를 일상의 삶에서 계발한다. 전통적 가르침에서는 우리가 일상의 삶을 살아가면서 직면하는 모든 존재를 우리의 마음의 눈으로 상상하면서, 이들 구절을 읊는다. 더욱이 다른 사람에게 해가 되는 생각, 말 혹은 행동을 피할 뿐만 아니라 그들에게 유익하고 그들이 행복을 느낄 수 있도록 선한 행동을 한다.

이 시대의 메타 수행도 전통적인 붓다의 가르침에 근거하고 있지만 약간의 각색을 하고 있다. 미국의 명상가 페마 초드론(Pema

Chodron)은 실천적인 단계별 접근법을 주창하였다. 먼저 우리는 이미 우리가 사랑하고 있는 사람 혹은 동물을 상상하면서 그들에게 자애의 마음이 자연스럽게 흐르도록 한다. 그리고 앞에서 언급한 사람이나 동물에게 자애의 느낌을 말하면서 자애의 느낌을 불러일으킨다. 또 앞에서 역시 언급한 바와 같이 여러 종류의 존재를 향해 자애를 넓힌다.

이제 내게 무슨 일이 발생하는지를 알아차린다. 중립적인 사람에게 마음의 문을 열고 자애의 구절을 읊어도 우리 자신이 힘들어지고 혐오스러울 수 있다. 막히고 차단된 느낌을 가질 수 있다. 페마 초드론이 설명한 바와 같이, 우리가 문을 여는 것이 대단한 일이라면 문을 닫는 것 역시 대단한 일이다. 다만 메타의 느낌이 일어나고 그것들을 확장할 때 차단되는 곳의 위치를 정확히 알아내는 것이 중요하다.

우리는 차단점과 걸림돌에 대해 관심을 가져야 하고 그것들을 우리의 알아차림 안에 두어야 한다. 이와 같은 방식으로 차단점도 자애 수행 경로의 일부분으로 둘 수 있다.

사람들은 자애를 계발할 때 장애를 만난다. 이것이 큰 걸림돌이 될 수 있다. 사람들은 자신이 사랑받을 자격이 없다거나 혹은 자기 자신을 위해 메타 수행을 하는 것이 이기적이라고 여긴다. 이러한 난관에 접근하는 효과적인 방식은 계속 확대되는 순환에 우리와 가까운 존재를 먼저 포함시키고 나중에 우리 자신을 이 원 안에 포함시키는 것이다. 만약 자애의 느낌이 흐르지 않는 것을 발견한다면—우리 자신에게 혹은 타인에게—친해지려는 의도와 친절에 초점을 둘 수 있다. 이런 의도를 하면 할수록 점차 느낌이 흐르기 시작할 것이다.

임상 관찰과 연구에 의하면 메타를 규칙적으로 수행하면 긍정적 감정, 예를 들어 고요함, 기쁨 같은 느낌이 현저히 증가하고, 화, 불안, 슬픔 같은 부정적 감정이 감소한다고 한다.

먼저 정좌수행에서 자애를 수행하고 그다음에 일상의 수행에서 자애 수행을 하자(이것은 수행 접근법의 3단계를 위한 준비이다).

짧은 정좌수행: 자애의 원 확장하기

먼저 당신 자신과 타인에게 자애를 수행하기 위한 의도와 동기를 갖는다. 당신의 주의를 호흡의 흐름으로 가져온다. 들숨을 가볍게 쉬고 날숨을 길게 내쉰다. 바닥에 닿아 있는 당신의 발을 느끼고 의자에 앉아 있는 당신의 몸무게를 느낀다. 일단 안정화와 접지화의 단계를 거친 뒤 당신이 돌보고 있는 사람에게 자애의 느낌이 쉽게 흐르도록 마음을 연다. 그 사람은 어린아이, 친구, 파트너, 부모 혹은 동물일 수 있다. 마음속으로 그의 이름을 부르고 날숨을 쉴 때 자애의 구절을 두 번 내지 세 번 읊는다. 다음 구절을 읊거나 당신이 만든 구절을 읊을 수도 있다.

당신이 고통에서 해방되기를
당신이 행복하기를
당신의 삶이 풍성하기를
당신이 평화를 발견하기를
당신의 삶이 편안하기를

무엇보다 중요한 것은 단어와 구절이 아니라 당신이 느끼는 느낌의 흐름이다. 만약 당신에게 구절의 의미와 같은 느낌이 쉽게 흐르지 않으면 그때는 친절에 당신의 의도를 둔다. 그다음 다른 사람이나 동물을 포함시키기 위해 자애의 원을 점차 확대한다. 당신은 당신의 알아차림 속에 이 사람을 두고 그에게 하나 이상의 구절을 자발적으로 읊는다. 이때 당신의 알아차림을 통과하는 사람에게 의식적인 자애의 직접적 느낌이 어떻게 흐르는지를 알아차려라. 원 안의 중심에는 당신이 있고 그 원 안에서 펼쳐지는 당신의 자애를 생각하는 데 도움이 될 것이다. 당신이 새 사람이나 새 집단을 위해 구절을 말할 때마다 자애의 원이 더욱 커진다고 생각할 수 있다. 그때 당신 자신을 포함하여 원 안에 있는 모든 사람을 위한 자애를 수행하라. 그러나 만약 당신이 당신 자신 안에서 자애가 흐르지 않는다고 느끼면 몸 안의 막힘이 있는 곳에 부드럽게 주의를 기울이고 이 부분의 감각을 완화시켜라. 호기심과 친절한 마음을 이들 막힘의 느낌에 가져온다. 수행을 끝내기 전에 모든 존재를 원 안에 포함시킬 수 있도록 자애의 원을 무한정으로 넓히는 것을 상상하라. 이 시점에서는 눈을 감고 수행의 느낌 안에서 안식한다.

일상의 자애

일상을 살아갈 때 자애의 구절을 읊는 것이 도움이 될 수 있다. 거리나 쇼핑몰에서 많은 사람이 오가고 있을 때 자신의 옆을 지나는 사람을 향하여 어떤 자애 구절을 읊는다(조용히 자신에게만). 중요한 것은 그들이 잘되기를 기원하면서, 우정의 태도를 계발하는 느낌의 흐름과 연결하는 것이다. 만약 당신에게 그 감정이 쉽게 흐르지 않는다면 그때는 사람들이 잘되기를 바라는 당신의 의도에 초점을 둔다. 당신의 마음을 아는 사람에게 먼저 보내고 그다음에 자애의 원을 넓혀 모르는 사람들을 포함시킨다. 그리고 그 원 안에 당신 자신을 포함시킨다.

중요한 것은 화를 억제하기 위한 방식으로 메타 수행을 해서는 안 된다는 점이다. 자애의 구절을 말하여 화의 생각과 느낌을 우회하고 싶은 마음이 일어날 수 있다. 그러나 이것은 화를 느끼기를 원하지 않는 삶의 패턴에 먹이를 주는 것이다. 왜냐하면 화의 느낌이 두렵고 무섭기 때문에 대신에 사랑과 박애의 정신적 느낌을 계발하려 하는 것이다. 이런 방식으로 화를 억제하려는 경향이 신성한 노력으로 보임으로써 정당화된다. 그러나 이런 행동 코스는 치명적이다. 왜냐하면 우리의 화와 분노는 다른 느낌과 마찬가지로 마음속에 숨어 있다가 나중에 곪아 터지기 때문이다. 우리 자신이 화의 느낌을 느끼기를 허용하면서 우리의 에너지를 나쁜 의지가 아닌 박애로 흐르게 하는 균형점을 발견하도록 하여야 한다. 이것이 지금 우리가 다루려는 것이다.

화난 마음 직접 보기

우리는 제2장의 RAIN 수행에서 수용을 수행함으로써 화를 직접 볼 수 있는 토대를 마련하였다. RAIN의 처음 두 단계는 힘든 감정을 인식하는 것과 우리의 마음에서 그것의 현존을 받아들이는 것이었다. 이것은 우리의 수행접근법 1단계에 해당한다. RAIN의 3번째 단계는 친밀한 관심(intimate attention)이었다. 이 단계에서 우리는 느낌과 감각의 미세한 수준을 탐색하면서, 감정을 둘러싸고 있는 생각과 감정에 대한 우리의 관계를 인식할 뿐만 아니라 몸속의 감정을 알아차린다. 이것은 수행접근법의 제2단계를 위한 토대를 준비하는 것이다.

2단계: 화난 마음 직접 보기

위의 1단계 정좌수행을 반복한다. 당신을 화나게 하였던 사건 혹은 당신을 화나게 하였던 전형적인 어떤 상황을 회상한다. 그리고 당신의 마음이 화의 익숙한 이야기와 투사된 영상을 받아들이도록 한다. 이제 당신의 마음에서 작동하고 있는 드라마에 사로잡히는 대신에 초점을 이동시켜 당신의 마음을 직접 본다. 이것은 드라마를 내심으로 보기 위해 180도 회전을 하는 것과 같다. 처음에는 이 일이 쉽지 않다. 당신의 주의를 당신의 호흡에 가져오는 것과 접지하면서 앉아 있는 당신 몸에 알아차림을 가져오는 것이 도움이 될 수 있다. 당신의 화난 마음을 직접 보았을 때 무엇을 알아차릴 수 있나? 당신은 화에 의해 잔뜩 부푼 '대상적 나'의 견고한 느낌을 감각할 수 있나? 당신은 긴장, 멍함 혹은 열의 어떤 감각을 알아차리고 있나? 이제 다시 당신의 주의를 당신의 호흡과 접지에 있는 몸에 대한 알아차림으로 보낸다. 손을 가슴에 놓거나 몸의 다른 부분에 갖다 대는 것과 같이 자신에 대한 간단한 친절 자세를 취한 뒤 수행을 끝낸다.

우리가 화가 난 마음을 직접 보기 위해 주의를 이동시킬 때 지금까지 사로잡혀 있었던 정신적 드라마는 우리의 눈앞에서 사라진다. 한순간 견고하고 실제적인 것으로 느껴졌던 것이 다음 순간 신기루나 꿈과 같이 사라진다. 이것을 불교에서는 공성(emptiness)*이라 한다. 잠시 후에 그 드라마가 완연한 모습으로 되돌아올 수도 있다. 우리가 화가 난 마음을 다시 볼 때 그것은 한 번 더 사라진다. 우리의 주된 수행은 우리의 정신적 드라마가 견고하고 현실적인 것이 아니라고 믿을 때까지 이 수행을 거듭하는 것이다. 결국 우리는 자신이

---

* 25쪽의 주를 참고하시오

고통스런 환상과 파괴적인 마음의 상태를 만들었음을 알게 된다. 또한 우리가 그들에게 먹이를 주거나 그들의 공성을 직접 보는 선택을 할 수 있음을 깨닫게 된다.

마음을 직접 보는 이 과정이 단순한 '나'에서 구체화된 '나'로, 그리고 자기애호의 '나'로 이동하는 사슬의 반응을 깨뜨린다. 우리가 화에 의해 부풀려진 구체화된 '나'라는 '대상적 나'의 느낌을 직접 볼 때 화의 견고성은 깨진다. '대상적 나'의 부풀려진 느낌이 몸에 나타나는 것을 알아차리는 것 역시 중요하다. 화는 종종 긴장과 움켜쥠 같은 고통의 느낌과 관련되어 있다. 때로는 망연자실한 느낌(소극적인 공격의 경우)이기도 하고 타는 것 같은 열의 느낌(화가 외부로 향하는 경우)이기도 하다. 화가 난 마음을 분명하게 직접 보고 몸속의 느낌을 친절로 감싸 안으면 EPS(구체화된 '나'와 자기애호의 '나')의 꽉 조인 수축이 점차 완화된다. 그러나 우리는 다음과 같이 강한 메시지를 주면서 발화된 어떤 식역하 반사신경에 대해 호기심을 가질 수 있다. 예를 들어 "이것은 발생되었다. 그러므로 나는 …을 해야 한다." 혹은 "이와 같은 상황에서 나는 …을 해야 한다." 이것은 우리를 본래의 화의 궤도에 끌어들이려는 습관의 힘이다. 그러므로 다시 화를 직접 보는 것이 화의 굴레에서 벗어나는 길임을 알아야 한다.

파괴적인 마음상태의 환상적 성질을 보는 것의 가장 중요한 영향 중 하나는 감정 속에 잠재되어 있는 지성을 빛나게 하는 것이다. 이것은 티베트 불교의 마음 수행 전통에서 온 큰 통찰이다. 화와 관련해서 티베트의 위대한 스승 파툴(Patrul)* 린포체는 다음과 같이 표

---

* 　오갠 직매 최끼 왕뽀라는 이름을 가진 파툴 린포체(1808~1887)는 티베트의 동부

현했다.

　증오의 대상 뒤를 따라가지 마라; 화난 마음을 보라.
　일어날 때 스스로 자유로워지는 화는 맑은 빈 공간이다;
　맑은 빈 공간은 대원경지(mirror-like wisdom)*와 다르지 않다.

　우리는 화라고 부르는 감정의 에너지 자체가 순수하며 오염되지 않았다는 것을 보기 시작한다. 에너지는 잘못이 없다. 사실 그것은 우리에게 뭔가를 제공하는 것이다. 그것이 '대상적 나'의 견고한 감각과 EPS의 선호에 묶여 있을 때 매우 파괴적 기능의 가능성을 갖는다.

　티베트 전통에서는 화의 순수한 에너지를 대원경지(거울과 같은 지혜)라고 부른다. 이것은 화의 에너지가 내면 혹은 외적 드라마로 흐르지 않을 때 화의 에너지는 밤하늘을 밝히는 번쩍이는 번개와 같은 힘과 선명함이라는 것이다. 이것은 모든 것을 명확하게 드러나게 하는 것이다. 따라서 우리는 이슈의 모든 측면을 볼 수 있다. 따라서

에서 태어났다. 많은 스승으로부터 가르침을 받은 그는 궁극적 본성에 대한 깨달음을 얻은 뛰어난 성취자라고 알려졌다. 그의 삶은 보살의 삶을 여실히 보여주었으며, 산띠데바의 환생자로 여겨졌다. 그는 법담 외에는 말을 하지 않았다고 한다. 언제나 보리심을 명상했고 일체중생의 자유와 해탈을 염원했다. 달라이 라마, 딜고 켄체 린포체를 비롯한 많은 현대의 스승들은 그를 수행의 좋은 본보기로 삼으며 칭송한다. 그는 모든 이에게 늘 이렇게 말하곤 했다. "좋은 마음을 가지세요. 친절한 행동을 하세요. 이것보다 더 중요한 것은 없습니다." 저서로는 그의 스승 직메걀와 뉴구에게서 구전으로 전수받은 것을 펴낸 『위대한 스승의 가르침(The Words of my Perfect Teacher)』이 있다.

＊　대원경지(大圓鏡智)란 수행을 통하여 얻는 지혜로, 거울처럼 투명하고 원만하게 일체를 비추는 지혜를 말한다.

거울과 같다는 비유를 사용한다. 하지만 우리의 에고의 의제가 화로 채워지면 우리는 이러한 선명함과 지성을 빠르게 상실하고 화의 파괴적 가능성의 포로가 된다.

초덴은 화의 에너지를 다룬 자신의 사례를 언급하였다. 그는 잔뜩 감정이 북받친 상태에서 회의에 참가하기 위해 차를 운전하고 있었다. 토의 주제는 중요한 것이었다. 회의에서 만나기로 예정되어 있는 사람은 여러 종류의 힘든 방식으로 그와 다툰 적이 있는 사람이다. 운전 중, 예전의 두 사람 간 대화가 초덴의 마음속에 화의 감정으로 채색된 비디오테이프를 틀어 놓은 것같이 나타났다. 그는 그 순간 이번 만남에서 하고 싶은 말을 리허설하고 있는 자신을 발견하였다. 그때 그의 마음이 상상하는 그대로 그의 내면에는 외침과 분함이 있었던 것이다. "감히 나한테 어떻게 그렇게 말할 수 있나. 당신이 원하는 것은 터무니없어!" 초덴은 수주 전에 있었던 유사한 회의도 순조롭지 않았음을 알았다. 당시 회의에서 그는 자신의 입장을 확인하였고, 상대방과 맞섰다. 결론적으로 그 회의는 화, 긴장된 교착상태 그리고 성과 없음으로 끝났다. 초덴은 자신에 대한 반영을 통하여, 지난번 회의에 가고 있었을 때와 똑같이 지금도 화가 난 내면의 대화에 빠져 있음을 알았다. 지난번 회의장에 들어설 때 자신은 이미 굳어 있었고, 따라서 새로운 의견을 제시할 수도 없었다.

그러나 이번에는 자신의 마음에서 일어나는 것에 밀착된 주의를 보냈다. 그는 화가 치밀어 오를 때마다 이를 알아차렸고 화가 이전과 똑같은 부정적인 분별의 낡은 순환에 먹이를 주기를 원하고 있음도 알아차렸다. 그는 식역하 반사작용이 자신의 귀에 대고 속삭이는 것을 알아차렸다. "이건 당신이 보통 하고 있는거야. 만약 이들 부정적인 생각에 먹이를 주지 않으면 당신은 존재할 수 없을 거야." 이와 같은 식이었다. 그는 명치에서 불이 나는 느낌이 있음을 알았다.

초덴은 곧 개최될 회의에 대한 생각과 계획 자체를 방해하지 않으면서 화의 느낌의 현존에 머무는 실험을 하였다. 그것은 불 한가운데 앉아 있는 것 같았고 활기와 에너지가 넘치는 것 같았다. 잠시 후 그는 알아차림을 잃었고 화가 그의 생각을 장악하였다. 이때 그는 자신의 생각의 드라마를 직접 보았고 마침내 주의를 호흡으로 되돌렸다.

회의장에 들어갈 때 그는 긴장을 느꼈다. 이 순간 그는 상대를 적이 아닌 그 자신과 같은 유약한 사람으로 볼 수 있었다. 그는 화의 에너지가 이제는 창조적 힘인 것을 발견하였다. 사고의 흐름과 대화는 명확하고 선명하였으며 창조성과 생산성이 뒤따랐다. 그는 그의 관점과 상대방의 관점 그리고 해결책을 제시할 수 있었다. 지난번과 같이 '당신과 대결하는 나'라는 상호작용 대신에 서로 윈윈하는 해결책을 제시할 수 있었다. 활기차고 기쁜 마음으로 집으로 돌아오는 동안 초덴은 고대 불교의 경전에 있는 대원경지(거울 같은 지혜)를 명확하게 이해할 수 있었다.

3단계: 자애 해독제 계발
다음은 화를 유발하는 모든 시나리오에 대해 자애를 계발하는 것이다. 당신의 마음에 여러 주인공을 불러와 당신 자신을 포함한 그들 각각에게 자애의 구절을 말한다. 당신은 그들이 경험하는 취약성, 혼란 그리고 고통에 대해 불쾌해하고 혹은 짜증스러워하는 당신 행동의 배후를 본다. 당신이 행복을 원하고 고통으로부터 해방되기를 원하는 것과 같이 그들도 해방되기를 원하는 것을 인식한다. 그리고 아래의 구절을 말하거나 혹은 상황에 알맞은 자신의 구절을 계발하여 말한다.

우리 모두가 고통에서 해방되기를
우리 모두가 평화롭기를
우리 모두가 행복하기를
우리 모두의 삶이 번창하기를

그리고 당신의 몸에서 발생하는 것을 알아차린다. 만약 친절의 느낌이 생기면 좋은 일이다. 차단된 느낌이 있으면 그때는 수행이 필요하다. 그러나 그것 역시 그대로 좋다. 폐쇄, 저항 그리고 무감각의 신체적 느낌이 있을 수도 있다. 일이 어떻게 진행되는지에 대한 미세한 메시지를 포함한 생각이 있을 수도 있다. 당신이 이들 생각과 느낌을 바로 수용할 수 있는지를 보라. 무엇이 펼쳐지는지를 알아차려라. 그리고 당신의 주의를 호흡과 당신 몸에 대한 알아차림으로 되돌린다.

화와 그것의 공성(emptiness)을 직접 봄으로써 우리의 마음에 어떤 공간이 열리면, 우리는 앞에서와 같이 자애 수행을 할 수 있다. 우리가 싸우고 과오를 저지르는 것과 같이 다른 사람 역시 그럴 수 있음을 이해할 수 있다. 이것이 우리에게 인간성의 공통점의 토대를 발견하게 한다. 초텐의 사례에서, 그는 그와 싸우고 있는 적수가 자신과 같이 연약한 한 사람임을 깨달았다. 이것이 순수한 친절과 우정을 향하여 문을 열 수 있는 토대이다. 이때 우리 자신을 포함하여 상황에 관계되는 모든 사람에게 자애의 구절을 말한다. 이때 장애가 생긴

것을 발견하면 우리는 이것을 수행의 일부로 보고 장애의 느낌을 호기심으로 바꾸면서 그들을 친절과 알아차림으로 맞이한다.

친절을 계발하는 과정을 돕는 것은 화 안에 있는 지혜의 에너지에 접속하는 것이다. 우리가 화의 생각에서 벗어나 감정의 에너지에 머물면 명료성이 드러난다. 이러한 과정을 통하여 우리는 타인과의 연결을 볼 수 있고 어떤 상황의 다른 관점을 보다 분명하게 보게 된다. 우리는 삶이라 부르는 여정에 있는 모든 것을 보게 된다. 그러면 우리는 덜 이기적이게 되고 다른 사람과 그들의 욕구에 보다 민감해지는 자신을 발견할 수 있다.

4단계: 경험 한가운데서 안식하기

이 순간의 당신의 경험을 수용하는, 즉 분별이나 분석을 향한 움직임 혹은 어떤 것을 밀어내는 것이 아닌, 당신의 경험 한가운데서 안식하는 것에 부드러운 호기심의 감각을 계발한다. 그리고 당신의 몸과 마음에 있는 화의 에너지에 접속하도록 노력한다. 화가 때때로 당신의 분별을 어떻게 제어하고 있는지를 알아차린다. 이런 일이 발생할 때 화난 마음의 상태를 직접 보고, 당신이 직접 화를 볼 때 정신적 드라마가 사라지는 것을 알아차린다. 그리고 당신의 마음을 안식화로 되돌린다. 분별이 지속될 때는 호흡 지원의 힘을 빌린다. 당신의 마음이 안정되면 경험의 한가운데서 안식한다. 당신이 화를 냈던 사람과 당신 자신에게 친절하게 자애 구절을 읊는다. 이 수행을 여러 방식으로 전개할 수 있다. 그리고 우리는 전개되는 것이 무엇이든 단순히 호기심을 갖는다. 만약 명료한 지혜로 뿜어져 나오는 화의 에너지가 친절의 에너지와 결합하면 이것이 어떻게 느껴지는지 관심을 가진다. 그리고 어떤 방법도 놓아버리고 모든 것 한가운데서 편하게 쉰다.

화난 마음을 직접 보는 적극적인 과정과 자애라는 해독제를 사용한 이후에는 그냥 쉰다. 이것은 RAIN의 네 번째 단계인 비동일시와 같다. 우리는 화와 함께 오는 정신적 드라마, 자기 부풀리기 그리고 느낌의 복잡한 놀이라는 환상의 비영구성과 덧없음을 본다. 이것들이 우리가 누구인지를 규정하지는 못한다.

안식화는 심원한 직관적 앎의 상태인 지혜의 조건을 만드는 자연의 연금술이다. 이 수행의 중요한 부분은 우리 경험의 한가운데서 한 사람이 바보같이 앉아 있는 것이다. 그 바보는 현존하고 일어나는 모든 것을 인식하고 있지만 경험에 대해 선입견을 갖지 않는다. 그 바보는 어떤 것을 보고 행하는 기존의 방식에 순응하는 것을 넘어서서 존재하는 지혜를 가리키는 하나의 전형적인 상징이다.

우리가 분명하게 보는 지혜에 연민의 따스함과 친절을 가져올 때 심오한 성장과 변형을 위한 조건들이 자리 잡는다. 이 접근법은 티베트 불교에 뿌리를 두고 있지만 여기서와 같이 세속적 방식에도 적용된다.

이것은 지난 장에서 다루었던 릭 핸슨의 신경심리학 접근법과 연결된다. 자애와 같은 심성을 계발함으로써 녹색 구역(green zone)에 우리 자신을 안착시키면 화와 탐욕의 기제가 되고 있는 갈애의 힘의 영향을 적게 받게 된다. 화에 의해 부채질 되는 부정적 마음 상태에 빠지지 않는다. 충만하고 균형 있는 공간에서 쉴 수 있다. 이 공간에서 지혜의 명료성이 자애의 힘과 통합된다. 이와 같은 방식으로 고대 불교의 관점과 현대의 신경과학이나 심리학의 통찰이 일치하게 된다.

이 장 끝의 수행 코너에서 위에서 언급한 수행의 네 가지 단계를 모두 통합하여 화를 다루는 완전한 정좌수행과 일상의 수행을 제공할 것이다.

욕망 다스리기

욕망(desire) 혹은 욕구는 우리가 원하는 것이 무엇이냐에 따라 여러 가지 형태가 있다. 우리들 대부분은 돈, 지위 혹은 권세를 원한다. 어떤 사람들은 동반자나 가족을 원한다. 성적 욕망도 있다. 그리고 우리는 최신 아이폰, 스포츠카 그리고 고급주택을 원한다. 우리들 각자는 자신의 욕망을 갖고 있고 어떤 욕망은 다른 것보다 크다.

우리들의 많은 욕망은 미세하여 잘 보이지 않는다. 그러나 대부분의 욕망은 우리의 통제 하에 있다. 우리들은 유동적이며 계속 변하는 상태의 세계에서 외부환경을 통제하려고 시도한다. 우리의 생각과 느낌을 통제하려 하고 이를 위해 명상을 한다. 그러나 이 책에서 보는 바와 같이 우리 자신의 마음에서 일어나는 생각은 통제할 수 없다. 이것도 하나의 욕망이지만 그러나 그것은 완전히 비현실적인 욕망이다.

불교에서는 욕망을 갈애(craving)의 현현으로 본다. 이것을 릭 핸슨은 '빈곤과 부족의 상태'라고 묘사하였다. 우리들은 우리의 삶의 상황이 달라지기를 바란다. 반면에 다른 사람들은 자기 자신에 대해 만족하지 못하고 자기 자신의 일부가 달라지기를 원한다. 이러한 내면의 빈곤과 부족의 감각이 소비사회를 구동하고 있다. 이런 헤어스타일을 원하고, 저런 디자인의 옷을 원하고, 최신 성형 수술을 원한다. 우리는 마음챙김 수행자로서 색다른 수행 경험을 원한다. 이러한 모든 것은 욕망의 현현이다. 즉 갈애의 표현이다.

갈애의 다른 현현으로는 끊임없이 오락을 추구하는 욕망이 있다. 이 욕망은 계속되는 분별, 백일몽 그리고 이슈에 매몰되는 형태를—이러한 생각활동이 마음을 불안정하게 할지라도—취하는 산만함의 습관을 부채질한다. 별도로 할 일이 없을 때에는 휴대폰을 만지작거리거나 TV를 켠다.

미세한 수준에서 순간순간의 경험을 회피하는 이 욕구는 무의식이나 멍한 상태를 느끼지 않으려는 욕망이다. 우리는 현대인의 삶에서 만연한 이런 경향을 볼 수 있다. 이런 욕망은 우리를 알코올, 약물 혹은 TV에 빠지게 하는 중독의 습관을 만든다.

영향력 있는 불교 명상가 페마 초드론은 인간의 에고를 설명하는 방식으로, 그것은 중독과 같은 것이라고 하였다. 모든 인간은 자신의 독특한 습관의 집합에 중독되어 있다. 이러한 습관이 우리를 고통과 파멸에 빠뜨리곤 한다. 약물중독 혹은 운동중독에 빠진 사람들을 보라. 습관을 따라 하면 익숙한 것을 행하는 편안함이 있다. 반면에 습관을 거스르면 우리는 안락의 구역 바깥에 있게 된다. 그리고 가끔은 두려움과 불안에 휩싸인다. 우리 대부분은 습관의 역기능적 파멸이 있을 수 있음을 알고 있음에도 안락의 구역 안에서 머물고 싶어 하는 강력한 욕망을 가지고 있다.

모든 형태의 갈애는 뇌에 있는 도파민 시스템의 어떤 불균형 상태이다. 도파민은 보상에 반응하여 일어나는 쾌락의 느낌에서 핵심 역할을 한다. 신경과학자들은 즐거움과 관련된 뇌 안의 회로와 원하는 것과 관련된 뇌 회로를 구분한다. 신경과학의 선두 주자인 리치 데이비슨(Richie Davidson)은 "이들 2개는 종종 같이 간다. 따라서 우리는 우리가 좋아하는 것을 원한다. 그러나 원하는 것과 관련된 갈애의 회로는 강화되는 것으로 나타나고 좋아하는 것과 관련된 회로는 약화되는 것으로 나타난다. 경험을 통하여 좋아함 혹은 즐거움의 감각은 감소하고 원하는 것의 감각은 계속 증가하기 때문에 우리는 더 많이 원하지만 더 적게 좋아하게 된다. 우리는 계속 원할 뿐이지만 그러나 그만큼 즐기기 위해서는 더 많은 것을 필요로 한다."고 하였다.

계속되는 수행에서 우리는 원하는 마음과 우리 자신 안에서 그것을 인식하는 것을 배우는 데 초점을 맞춘다. 우리는 갈애와 원하는 것이 우리의 경험 안에서 작동하는 법과, 이것이 우리의 자아감을 어떻게 부풀리는 것인지에 관해 주의를 기울일 것이다. 신경과학의 발견에 따라, 우리는 갈애의 힘을 약화시키는 것이 삶을 즐기는 능력을 강화하고 경험의 풍부함과 다양성에 대한 민감도를 증가시키는 것을 볼 것이다. 이것은 갈애와 원하는 것이 감소될 때 욕망의 에너지로부터 출현하는 안목 있는 지혜이다.

화(anger)에서 공부한 방식과 같이 네 단계 수행 접근법으로 욕망을 탐구해보자.

1단계: 욕망이 일어나는 것을 알아차리기

당신의 주의를 호흡의 흐름에 보낸다. 들숨을 가볍고 깊게 쉬고 날숨을 길게 내쉰다. 바닥에 있는 당신의 발과 앉아 있는 당신의 몸무게를 느낀다. 일단 당신이 안정되면 자신에게 천천히 반영의 방식으로 질문한다. "지금 내가 원하는 것은 무엇인가?" 당신의 주의는 커피 한 잔을 원하는 것으로부터, 인터넷 서핑, 당신이 반한 사람에 대한 갈망 혹은 깨달음을 위한 열망으로 향하고 있다. 욕망은 미세하고, 복잡하며, 항상 변하는 것이다. 갈애와 원하는 것의 에너지가 당신의 몸과 마음에서 어떻게 느껴지는지를 알아차려라. 아마 목구멍이 조여오고, 몸 어딘가의 긴장이나 동공의 확장 등이 있을 것이다. 그리고 두 번째 질문을 한다. "내가 원하는 것과 그것들이 지금 존재하는 상황은 어떻게 다른가?" 이 질문은 지금 당신의 마음 상태, 재정적 상황, 당신과의 관계 혹은 당신의 삶과 관련된 것일 수 있다. 현재 순간의 불만족한 느낌을 더 나은 어떤 것을 갈망하는 느낌에 조율할 수 있는지를 보라. 그리고 이것이 당신이 생각하고 느끼는 방식에 어떤 영향을 미치는지를 알아차려라. 단순히 원하고 갈망하는 에너지가 당신에게 어떤 느낌인지를 인식하라. 손을 가슴이나 몸의 다른 부분에 놓아 스스로에게 간단한 친절을 보내는 행동을 하면서 이 수행을 끝낸다.

일상의 욕망을 알아차리기

일상생활을 할 때 무언가를 원하는 당신의 마음을 인식하겠다는 의도를 가진다. 다음에 갈애와 원하는 것이 당신의 생각, 느낌 그리고 행동에 미치는 다양한 방식을 알아차린다. 당신은 완화된 널찍함을 더 느끼고, 한 잔의 커피를 열망하고, 가게에 있는 옷 한 벌에 꽂힐 수 있고, 매력 있는 사람에게 끌릴 수 있고, 휴일을 즐겁게 지낼 백일몽을 꿀 수 있다. 원하는 것이 당신 몸에서 어떻게 느껴지는지를 조율할 수 있는가? 그것에 당신의 마음이 어떻게 고착화되는지 그리고 당신이 원하는 것을 얻기 전까지 당신의 마음이 어떻게 불편한지를 보라. 때때로 당신 자신이 원하는 것을 알아차렸을 때 당신은 그것을 갖지 않겠다는 결심을 하여보라. 그리고 좌절된 욕구로 인해 다가오는 어떤 감정, 예를 들어 화 혹은 두려움, 또 당신이 원하는 것을 지금 갖지 못한다는 사실이 당신 자신에게 하는 어떤 이야기를 알아차려라. 마지막에는 손을 가슴이나 몸의 다른 곳에 놓아 스스로에게 친절을 베푸는 간단한 동작을 하면서 이 수행을 마친다.

이 수행을 통하여 우리는 욕망이 우리의 삶에서 어떻게 현현하는지 그리고 우리의 마음을 어떻게 지배하는가를 보는 데 익숙해진다. 보통 우리는 욕망을 충족하고 난 뒤, 예를 들어 마지막 남은 비스켓을 다 먹었을 때나 휴대폰의 '구매' 버튼을 눌렀을 때, 그 시점에서야 자신에게 욕망이 일어났다는 사실을 인식한다. 욕망이 일어날 때 그것을 인식하지 못하면 우리는 욕망의 지배를 받는다. 욕망이 일어나는 순간순간 그것을 인식할 수 있다면 우리는 다르게 행동할 수 있다. 예를 들어 포도주 대신 청량음료를 선택할 수 있다.

욕망의 힘과 원하는 마음의 강렬함을 반영하여 욕망이 우리의 삶에 얼마나 큰 파괴적 힘을 가졌는가를 인식하는 것이 우리에게 도움이 된다. 우리를 불태우는 타오르는 야망, 결혼을 파괴하는 성욕, 물질적인 것을 원하는 맹렬한 욕망에 이르기까지 욕망은 파괴적인 힘을 가지고 있다. 물론 욕망은 우리가 보다 성숙하게 일하도록 하는 동기를 제공한다. 이 감정 안에 놓여 있는 활력과 지성을 위한 거대한 가능성을 열고 해독제를 계발하도록 하자.

연민(Compassion: Karuna)

존재들, 그들은 무지에 빠져, 망상에 사로잡혀, 하나의 고통에서 다른 고통으로 서둘러 이동하고, 진짜 원인이 무엇인지도 모르고, 도피할 줄도 모른다. 고통의 법칙에 대한 이와 같은 통찰이, 고통과 동떨어진 것이 아닌, 우리의 연민에 대한 실질적 토대이다.

　　　　　　　　　　　　　　　　　　　　　　　-승려 냐냐포니카

　　연민(Compassion)은 사무량심 중 하나이다. 이것은 욕망에 대한 해독제이다. 왜냐하면 욕망의 초점을 반대의 힘으로 균형을 잡아주기 때문이다. 욕망은 우리 자신에게 좋거나 즐거운 것을 원하는 모든 것인 반면에 연민은 어떤 삶의 상황에서 힘들고 고통스런 것에 대한 응답이다. 사랑에 빠졌던 경험을 회상해보면 우리는 우리가 원하는 것만 그 사람에게서 보고 그의 취약점과 결점을 무시하는 경향이 있었음을 나중에 깨닫게 된다. 그리고 우리 모두가 잘 아는 바와 같이, 어느 시점이 되면 허니문이 끝나고 그 사람의 실체를 보기 시작한다. 사람들은 때때로 결혼 후에 자신이 사랑에 빠졌던 사람과 자신과 결혼한 사람이 전혀 다른 사람이라고 언급하기도 한다. 이것은 원하는 마음의 힘이 자신이 원하는 것에만 초점을 두고 자신이 좋아하지 않는 부분을 차단하였기 때문이다. 이와는 대조적으로 연민은 전체로서의 인간을 의식하고 그 사람의 고통과 통증의 핵심에 대응하는 것이다.

　　연민을 가끔 동정심(pity)과 혼동한다. 사무량심의 가르침에서 동정심은 연민에 가깝지만 연민의 적(enemy)으로 간주된다. 왜냐하면 동정심은 비슷하게 보이지만 사실 아주 다른 것이다. 동정심은 "오! 불쌍한 당신"과 같이 아주 높은 위치에서 다른 사람의 고통을 내려다보고 있는 것을 의미한다. 이와는 대조적으로 연민은 모두가 고통을 겪고 있고 고통의 경험을 공유하고 있다는 인식의 평등성의 감각에서 시작한다. 우리는 모두 공통의 인간성을 찾고 있다. 연민은 이슈를 갖지도 않고 바라는 결과에 대한 애착도 없다. 간단하게 말하면 필요한 곳에, 무조건적으로 그리고 차별 없이 도움을 주는 것이다.

풀 길버트는 연민을 "자기 자신과 다른 사람의 삶의 고통에 대한 깊은 자각과 그 고통에서 해방되기 위한 염원과 노력이 결부된 근원적 친절"이라고 정의하였다. 이것은 두 가지 과정을 지적한다. 첫째는 고통을 향해 방향을 돌리는 것, 즉 고통을 회피하지 않는 것이고 둘째는 고통을 완화하기 위한 깊은 열망을 품는 것이다. 영어 단어 'Compassion'의 어원은 두 번째의 과정을 포함하지 않고 있다. 라틴어 'Compati'에서 유래한 것으로, 그 뜻은 "고통과 함께하다"이다. 그러므로 그 의미는 첫째 과정만을 의미한다. 이를테면 공감(empathy)이다.

연민에 대한 불교와 현대의 접근법은 둘 다 우리의 마음이 연민의 지속적인 성격적 특성을 갖추기 위해서는 수행이 필요하다고 강조한다. 수행 방법 중 하나로 통렌(tonglen)이 있다. 이것은 티베트 용어로 '접수 및 발송(taking in and sending out)'이라는 의미이다. 이 수행으로 우리는 타인의 고통을 받아들이고, 그들에게 긍정적인 마음을 보낸다. 이것은 자신을 위해 좋은 것을 지키고 나쁜 것을 몰아내는 보통의 자기중심적 경향에 완전히 반하는 것이다. 사람들은 종종 연민의 생각에서 뒷걸음치면서 자신의 상황이 다른 사람의 고통을 떠맡을 수 있을 만큼 좋지는 않다고 말한다!

통렌의 핵심 포인트는 삶의 불가피한 통증(pain)에 대한 우리의 저항이 우리에게 실제로 통증 그 자체가 아닌 고통(suffering)을 야기한다는 것이다. 우리는 우리가 싫어하는 것에 저항하는 데 막대한 양의 에너지를 투입하고 있다. 이것이 우리를 철저하게 보호하는 자기중심적 세계에 가둔다. 그러므로 통렌 수행에서는 실제로 타인의 고통을 떠맡지도 않고, 그들에게 자신의 긍정적 에너지를 주는 것도 아니다. 대신 우리의 투사(projections)를—삶에 문을 닫고 우리의 마음에서 다른 사람들을 차단하는 것—되돌리기를 한다. 저항하고 회피하는 에너지를 재활용하여 연민의 에너지로 변형하는 것이다.

통렌 수행의 간단한 예로 우리가 방석에 앉아서 명상을 할 때 아파오는 무릎의 통증과 싸우는 익숙한 시나리오를 이용한다. 우리는 이 통증과 그 주변의 긴장을 두려워한다. 그래서 그 통증이 사라지기를 원한다. 그러나 통증은 현실이다. 저항과 분별 활동은 그 통증에 대한 우리의 투사이다. 만약 우리가 이러한 상황에서 통렌을 수행한다면 우리는 들숨에서 무릎의 통증이 있는 곳으로 숨을 불어 넣는다고 상상하고, 날숨 때 무릎의 통증이 있는 곳으로부터 친절과 자유를 내쉬는 호흡을 한다고 상상한다. 이 수행의 결과로 우리의 저항과 분별 활동이 철회되고, 우리 자신과 통증을 향하여 보다 친절함을 느끼는 동안 우리에게는 무릎의 통증만 남을 것이다.

통렌 수행은 욕망의 감정을 야기하는 원하는 마음을 다루기 위한 하나의 기술적인 수단이다. 통렌 수행은 기본적으로 자신을 위한 수행이지만 다른 사람을 위한 수행이기도 하다. 다음 절에서 이 방법을 구체적으로 다룰 것이다. 그러나 지금 당장은 일반적인 방식으로 통렌을 수행하는 것이 유용할 수 있다. 이것은 우리의 수행 접근법의 3단계를 위한 준비가 될 것이다.

통렌 수행은 풍요로움의 관점에서 가장 잘 수행된다. 그래서 수행 초기에 무제한의 친절, 용기, 지혜 그리고 기쁨을 위한 가능성을 조율하기 위한 시간을 가져야 한다. 우리는 심장의 중앙에 이들 마음을 대표하는 해와 달의 빛을 상상함으로써 이것을 할 수 있다. 이때 우리는 통렌 과정을 호흡과 연결한다. 들숨에 고통을 들이마시고, 그것을 심장에 있는 해와 달의 빛으로 변형시킨다. 그리고 날숨에서 연민을 내뿜는 호흡을 한다.

통렌 수행

당신 자신과 다른 사람을 위해 연민을 수행하겠다는 의도를 갖고 수행을 시작한다. 그리고 당신의 연민의 동기를 확인한다. 왜 당신은 연민 수행을 하려 하는가? 숨을 가볍게 그리고 깊게 쉰다. 날숨에 초점을 두면서 당신의 알아차림을 보다 충분히 당신의 몸에 보낸다. 다음에는 당신 가슴에 연민과 지혜의 내재적인 능력을 나타내는 황금빛 해와 달이 있다고 상상한다. 그리고 당신이 아는 어떤 사람이 당신 앞에 앉아서 고통받고 있다고 상상한다. 이 사람의 고통에 당신 자신의 가슴을 열고 그의 고통을 느끼도록 하라. 당신 안에서 이 사람의 고통과 그 원인을 해소하기 위한 강한 연민의 염원을 느껴라. 그리고 어두운 안개 속에 있는 이 사람의 고통을 들이쉰다. 그것이 당신의 가슴 한가운데 들어온다고 시각화한다. 연민의 밝은 빛이 그 고통을 연료처럼 태우는 곳에서 연민과 지혜를 위한 당신의 능력이 강화된다. 날숨을 쉴 때 당신은 고통받고 있는 그 사람에게 당신의 모든 치유의 사랑, 따스함, 에너지, 신뢰 그리고 기쁨의 밝은 빛을 보낸다. 만약 당신이 장애와 멍한 상태를 느낀다면 이때는 당신 자신 안에 있는 느낌으로 주의를 이동시켜 이들을 수행의 초점으로 삼아, 들숨에 이들 느낌을 들이마시고 날숨에 장애가 있는 곳으로 널찍함과 자유를 내쉰다. 이와 같이 당신이 원하는 만큼 각 호흡마다(혹은 둘째, 셋째 호흡마다) '주고 받는(giving and receiving)' 식으로 수행한다. 당신의 수행이 더욱 강해질 때 비슷하게 고통받고 있는 모든 사람의 고통과 살아 있는 모든 존재의 고통에 대해 이와 같이 수행한다. 수행 회기의 끝에 이르러서는 당신의 연민이 모든 존재의 평화, 만족 그리고 웰빙에 채워져 그들의 고통이 완전히 용해되었다고 여겨라. 그리고 당신이 그들의 고통을 성공적으로 치유할 수 있는 수행을 한 것에 대해 스스로 기쁨을 느끼도록 하라. 통렌 수행의 회기를 끝낼 때는 당신의 긍정적 에너지 그리고 치유의 힘을 당신이 상상했던 사람과 다른 살아 있는 모든 생명에게 헌정하라.

욕망의 마음을 직접 보기

우리는 욕망이 우리의 삶에서 작동하는 법을 알아차리고(1단계) 통렌 수행을 소개함으로써 욕망을 다룰 수 있는 기초를 놓았다. 이제 우리는 수행 접근법의 다음 세 단계를 소개한다. 각 단계의 핵심 요소와 이들 수행에 가장 좋은 방법을 설명하면서 이 단계들 간의 관계를 해설하고자 한다. 이 장 말미의 수행코너에서 욕망을 다루는 수행 접근법의 네 단계를 모두 통합하여 완전한 정좌수행과 일상의 수행을 제공할 것이다.

2단계: 욕망의 마음을 직접 보기
당신의 욕망의 습관을 창조적으로 다루기 위한 의도를 가지고 수행을 시작한다. 당신의 동기를 명확히 한다. 그것은 당신이 왜 이 수행을 하는가, 그리고 이 수행이 당신의 삶에 어떤 혜택을 줄 것인가에 관한 것이다. 다음에는 당신의 마음을 안정시킨다. 그리고 당신이 1단계에서 하였던 것과 같이 질문을 한다. "지금 나는 무엇을 원하는가?" 혹은 "내가 원하는 것과 지금 그것들의 현재 상태는 어떻게 다른가?" 그리고 마음에 발생하는 것을 알아차린 후 당신의 마음에 욕망과 관련된 익숙한 이야기와 투사를 받아들이도록 하라. "나는 일이 이렇게 되길 원한다. 나는 더욱 행복해지고 더욱 평안하기를 진심으로 원한다. 나는 이런 …을 동경한다." 등이다. 당신은 마음이 이들 감정에 의해 흥분하는 것을 볼 수 있는가? 당신은 이들 감정이 당신의 경험 전체를 채색하는 것을 볼 수 있는가? 이제는 당신 마음속에서 전개되고 있는 드라마에 사로잡히는 대신에 초점을 이동시켜 그 드라마를 직접 본다. 처음에는 이렇게 보는 것이 쉽지 않다. 그러나 이때 당신의 주의를 호흡 혹은 앉아 있는 몸에 대한 알아차림으로 보내는 것이 도움이 될 수 있다. 이것을 기초로 하여 한 걸음 물러나 마음에서 전개되는 드라마를 본다. 당신이 원하는 마음을 직접 볼 때 알아차린 것은 무엇인가? 당신은 욕망에 의해 부푼 '대상적 나'의 견고한 느낌의 감각을 느낄 수 있나? 이와 같이 구체화된 '대상적 나'가 당신의 몸에서 어떻게 느껴지는가? 또다시 당신의 주의를 호흡 그리고 앉아 있는 당신의 몸에 대한 알아차림으로 되돌린다.

보통 갈애와 욕망의 에너지는 견고하고, 강력하며 현실적인 것으로 느껴진다. 그리고 우리는 마치 그 에너지와 함께하는 것 외에는 다른 선택권이 없는 것 같이 느낀다. 그러나 우리가 원하는 마음을 직접 볼 때 우리는 그것이 견고한 것이 아니고 유령이나 꿈 이상의 것이 아니라는 것을 알 수 있다. 처음에는 마음을 직접 보는 것이 힘들겠지만 이렇게 할 수 있는 것이 마음챙김 수행의 진정한 확장이다. 그 속에서 우리는 분별을 알아차리고 주의를 호흡으로 되돌린다. 하지만 통찰 수행으로 욕망의 생각을 알아차리고 주의를 호흡으로 되돌리기 전에, 우리는 그 욕망이 비어 있다(견고한 것이 아니다)는 사실에 주의를 기울인다. 그러나 욕망은 남몰래 되돌아와 우리의 주의를 사로잡는다. 언제나 이렇게 하기 때문에 우리는 욕망이 만들어내는 비현실적인 이야기에 주의를 기울여야 한다. 계속해서 이렇게 함으로써 우리는 고착화를 향한 경향을 완화시킬 수 있다. 이제 우리의 자아감은 욕망의 이야기 주변에서 단단하게 수축되지 않는다. 그리고 이로 인하여 우리의 에너지는 보다 쉽게 흐르고 단순한 '나'의 좋은 지점으로 돌아올 수 있다.

우리가 욕망이 일으키는 이야기 및 투사와 욕망의 에너지를 분리하기 시작하면 욕망에 내재된 지혜의 본질이 드러나 빛나기 시작한다. 티베트의 위대한 스승 파툴(Patrul) 린포체는 이러한 사실을 다음과 같이 읊었다.

욕망의 대상을 갈망하지 마라; 갈애의 마음을 보라.
스스로 일어났다 사라지는 욕망은 지복의 빈 공간,
지복의 빈 공간은 묘관찰지(discriminating wisdom)*와 다르지 않다.

욕망의 지혜로운 본질은 현재의 순간에 대한 높은 민감도이다.

---

* 묘관찰지(妙觀察智)란 잘못 계산하고 분별되는 의식이 수행을 통해서 정확하고 올바르게 관찰하는 지혜로 전환됨을 의미한다.

그 속에서 우리는 집착과 혐오에 근거하지 않는 방식으로 하나의 사물을 다른 것과 구별할 수 있다. 우리의 스승 중 한 사람은 자신이 남아프리카의 야생 삼림지대를 걷고 있었던 때의 사건으로 이것을 묘사하였다. 처음에 그녀는 자신이 살고 있는 영국의 숲과 이 삼림지대를 비교하는 일에 몰두하였다. 나중에 집으로 돌아가 친척들에게 이야기할 수 있도록 그녀가 보았던 모든 것에 집착하고, 범주화하고 기억하려고 하였다. 두통이 시작되었고 마치 그녀의 마음이 수축되어 단단한 매듭에 묶여 있는 것과 같이 머리가 욱신거리는 것을 느꼈다. 그때 그녀는 자신의 상태를 알아차리고 모든 것을 놓아버렸다. 집착과 원하는 것을 놓아버리고, 그 순간의 아름다움에 항복하였다. 그러자 주위에 있는 모든 것이 갑자기 활발해지는 것 같았고 생생하게 살아 있는 것 같이 느꼈다. 여러 종류의 새소리, 나무 사이로 비치는 햇살, 주위에 있는 모든 동식물을 상세하게 인식할 수 있었다. 그녀의 민감도와 안목은 예리했다. 그녀는 자신이 원하는 것 혹은 원하지 않았던 것에 의해 짓눌리지 않았다. 그녀는 나중에 자신이 느꼈던 생생한 기쁨과 두통이 완전히 사라진 것을 이야기하였다.

위에서 언급된 불교적 관점의 통찰이 리치 데이비슨의 연구에 의해 지지되고 있다는 사실이 흥미롭다. 즉 원하는 것과 기쁨은 뇌 안에서 경로가 분리되어 있고 원하는 것이 강하면 강할수록 삶의 기쁨은 더욱 약해진다는 것이다. 위에서 운문의 형태로 "지복의 빈 공간(bliss-void)"이라고 한 의미가 바로 이것이다. 일단 '대상적 나의 원함'은 사라지고, 삶의 충만함 그 자체가 우리에게 감사와 기쁨으로 나타난다. 그러나 이러한 기쁨도 견고한 것은 아니다. 그것도 변하고 덧없는 것이다.

3단계: 해독제로서의 통렌 계발

2단계에 이어서, 연민과 지혜를 위한 당신의 내재적인 능력을 나타내는 가슴속 해와 달의 황금빛을 상상한다. 그리고 자신을 위한 통렌 수행을 시작하라. 자신이 원하는 마음의 고통과 수축을 느끼도록 하라. 들숨에서 이러한 느낌이 가슴의 빛 속으로 들어가 완전히 변형된다고 상상하면서 들이쉬고, 날숨에서 변형된 충만과 균형의 에너지를 내쉬는 것을 상상하라. 그리고 당신이 외부 환경에 투사한 욕망에 대해 통렌 수행을 한다. 들숨에서 갈애와 원하는 것에 관한 당신의 투사를 되돌리는 것을 상상하면서 그것들이 당신의 가슴에서 변형되는 것을 상상한다. 당신의 환경인 사람, 상황 그리고 사물에—혹은 즉석에서 출현하는 모든 것에—예민한 감상을 불어넣는다. 당신 자신이 그곳에 있는 모든 것을 즐기면서 그렇게 한다.

이 단계의 수행에서 우리는 갈애와 원하는 것의 에너지를 직접 다루기 위해 통렌 수행을 이용한다. 갈애와 욕망에 의해 연료를 공급받고 있는 이야기와 투사에 사로잡히는 대신에, 우리는 이것들이 우리 가슴의 해와 달의 빛에 들어오도록 숨을 들이쉬고, 그곳에서 '대상적 나' 주위에 있던 수축이 완화되고 순수한 지혜의 에너지가 자유롭게 출현하게 한다.

통렌 수행은 EPS의 특질인 견고한 경향을 변형시키는 수행법이다. 그것은 만약 우리가 이야기를 숨으로 들이마시면 우리는 그 이야기 안에 있을 수 없다는 단순한 전제 위에 있다. 또한 우리의 가슴에 지혜의 영역을 그려보는 것은 항상 존재하지만 우리의 모든 이야기와 투사 그리고 이들 이야기의 중앙 무대에 있는 '나'라는 감각에 의해 가려져 있는 지혜를 긍정하는 방식이다. 이때 우리는 외부세계로 향하고 있는 우리의 투사를 철회하는 상상을 한다. 그리고 우리 주위의 삶의 풍부함을 즐길 수 있도록 우리의 가슴에서 투사들을 재처리하는 상상을 한다.

4단계: 경험 한가운데서 안식하기

이 순간의 경험을 잘 받아들일 수 있도록 온화한 호기심의 감각을 계발한다. 이것은 분별과 분석을 발생하게 하는 것이 아니며 어떤 것을 밀어내는 것도 아니다. 다만 지금의 경험 한가운데서 쉬는 것이다. 이제 당신의 마음과 몸에 있는 욕망의 에너지와 접촉하면서 머물고 때때로 갈애와 원하는 것의 힘이 당신의 분별을 어떻게 잡고 있는지를 알아차린다. 이런 일이 발생할 때 원하는 마음을 직접 보고 정신적 드라마가 유령과 같이 사라지는 것을 알아차린다. 그리고 당신의 마음을 안식화로 되돌린다. 원하는 마음의 에너지가 지속될 때 위에서 설명한 바와 같이 통렌 수행을 한다. 만약 당신이 분별에 빠지게 되면 호흡 지원의 힘을 빌린다. 그리고 마음이 안정되면 모든 것의 한가운데서 안식한다.

수행의 마지막에 안식화의 상태로 되돌아오는 일이 중요하다. 모든 것을 받아들이면서, 판단하지 않는 방식으로 경험의 모든 측면과 함께 존재한다. 열린 알아차림 안에서 안식함으로써 우리는 욕망에 의해 부채질되고 있는 이야기와 투사로부터 해방된다. 이때 갈애의 장악에서 벗어난 기쁨의 감각을 인식하는 공간이 우리에게 주어진다. 안식화는 경험의 원재료로부터 출현하는 지혜를 만드는 자연의 연금술의 조건이다.

결론

우리는 이 장에서 화와 욕망의 감정을 억제하는 것과 그것들을 실현하는 것 사이의 중간지대를 탐색하여 왔다. 우리가 설명하였던 기술을 세련화하기 위해서는 상당한 수행과 시간이 필요할 것이다. 어떤 때는 그 기술을 적용할 수 있을 수 있지만 어려움을 겪을 때도 있다. 그것이 정상이다. 만약 아무것도 할 수 없다면 화와 욕망의 파괴적 요소들이 실행되지 않게 하겠다는 의도, 그리고 자애와 연민이라는 해독제를 계발하려는 우리 자신의 의도를 항상 상기해야 한다. 의도를 늘 상기하면 결국에는 행동의 변화를 이끌어낼 수 있을 것이다.

화를 낼 때는 그것에 대한 책임을 져야 한다. 사과하고, 다시는 화를 내지 않겠다고 다짐을 해야 한다. 예를 들어 우리는 분위기를 망친 사정에 대한 반영을 하고 다음에는 다르게 행동할 것을 다짐할 수 있다. 화에 대한 느낌이 더 편안해질 때 우리 자신의 느낌의 세계를 덜 억제하는 자신을 발견할 수 있을 것이고, 우리 내면의 삶의 풍요로움과 복잡성이 의식적 알아차림 안에서 더 자유롭게 느껴질 것이다.

욕망의 힘에 휘둘릴 때도 우리는 그것에 대한 책임을 져야 한다. 우리는 발생한 일을 반성하고 다시는 그렇게 하지 않겠다고 다짐한다. 그러나 우리가 단지 인간으로서 욕망에 빠지는 경우 우리 자신을 자책하고 비난하지 않아야 한다. 에너지를 자기비판에 사용하기보다 다음번에 유혹에 빠지지 않고 다르게 행동하겠다는 의도를 강화시키는 데 사용해야 할 것이다.

수행 코너

이 절에서는 화와 욕망을 다스리기 위한 정좌수행의 네 단계를 스케치한다. 그리고 다음 장에서는 질투와 자만을 다스리기 위한 수행을 소개할 것이다. 이것은 앞에서 언급한 것의 반복이 될 것이다.

연습 10 화를 다스리는 정좌수행

1단계

화의 습관을 창조적으로 다스리기 위한 의도를 갖고 수행을 시작한다. 그리고 이것을 하기 위한 당신의 동기를 반영한다. 다음에 당신의 주의를 호흡으로 돌리고 가볍게 당신의 들숨을 깊이 쉬고 날숨을 길게 쉰다. 동시에 당신의 마음이 보다 충분히 당신의 몸에 깃들게 한다. 일단 안정화와 접지화에 들어서면 이전에 화를 냈던 때의 상황을 회상한다. 그리고 얼마 동안 그것을 마음속에서 숙고한다. 이제 당신 자신이 화와 관련된 익숙한 이야기와 투사에 몰입한다. "그가 …했고 일이 잘못되었지… 내가 …에 대해 화를 낼 만했어!" 등등. 당신은 당신의 마음이 이러한 감정에 의해 악화되고 있는 것을 볼 수 있는가? 지금 당신의 몸이 느끼는 것을 알아차려라. 당신의 몸이 말하는 화난 감각에 대해 호기심을 가져라. 아마 턱이 굳어지고, 이마가 잔뜩 찌푸려지고 혹은 당신 몸의 어떤 곳이 수축되거나 열이 나는 느낌이 있을 것이다. 당신은 화의 느낌을 알고 있지만 그것을 느끼는 것에도 차이가 있음을 인정하라.

2단계

이제 당신의 초점을 이동시킨다. 당신의 마음에서 전개되고 있는 드라마에 사로잡히는 대신에 그것을 직접 본다. 처음에는 이렇게 하는 것이 쉽지 않다. 도움이 되는 설명이 당신을 이야기 줄거리에서 벗어나게 하고 전개되는 경험과 더불어 머물게 한다. 즉 당신의 주의를 호흡에 보내거나 의자에 앉아 있는 당신 몸에 대한 알아차림으로 가져온다. 이것을 기초로 하여, 한 걸음 물러나 화난 마음을 내심으로 본다. 당신이 화난 마음을 직접 볼 때 당신은 무엇을 알아차릴 수 있나? 당신은 화에 의해 부푼 '대상적 나'의 견고한 감각을 얻을 수 있나? 이것이 당신의 몸에서 어떻게 느껴지는가? 당신은 긴장, 잡음, 멍함 혹은 열의 감각을 느끼는가? 또다시 당신의 주의를 당신의 호흡과 의자에 앉아 있는 당신 몸의 알아차림에 보낸다.

3단계

다음에는 당신을 화나게 한 시나리오에 개입한 모든 것들을 향하여 자애를 계발한다. 먼저 당신을 화나게 한 사람에게 당신의 마음을 기울여 자애의 말씀을 읊는다. 물론 당신 자신을 위해서도 그렇게 한다. 당신은 그가 경험한 취약점, 혼란 그리고 고통에 대한 공격적이고 짜증에 찬 행동의 배후를 볼 수 있는가? 당신이 행복을 원하고 고통에서 해방되기를 원하는 것과 같이 그 사람 역시 그러함을 인식하라. 다음 구절을 따라 하든지 혹은 상황에 가장 알맞은 당신 자신의 구절을 개발하여 읊는다.

우리 모두가 고통에서 해방되기를
우리 모두가 평화로워지기를
우리 모두가 행복하여지기를

우리 모두의 삶이 풍요로워지기를

이제 무슨 느낌이 발생하는지를 알아차린다. 만약 친절의 느낌이 일어 난다면 좋은 일이다. 그러나 먹먹하다면 그것 역시 괜찮다. 이것도 수행의 일부분이다. 막힘, 저항 혹은 무감각의 신체적 감각이 있을 수 있다. 또한 일이 어떻게 진행되고 있는지에 관한 미세한 메시지를 포함한 생각이 있을 수 있다. 당신이 이들 생각과 느낌을 바로 받아들일 수 있는지를 보라. 전개 되고 있는 것을 알아차리고 당신의 주의를 호흡과 몸에 대한 알아차림으로 되돌린다.

4단계

이 순간의 경험을 잘 받아들일 수 있는 온화한 호기심의 감각을 계발한 다. 이것은 분별과 분석을 발생하게 하는 것도 아니고, 어떤 것을 밀어내는 것도 아니다. 지금 당신의 경험 한가운데서 쉬는 것이다. 그리고 당신의 몸 과 마음에 있는 화의 에너지와 접촉한다. 때때로 화의 에너지가 당신의 분 별을 어떻게 부여잡고 있는지를 알아차린다. 이런 일이 일어날 때 화난 마 음을 직접 본다. 가끔은 정신적 드라마가 유령과 같이 사라지는 것을 알아 차린다. 그리고 마음을 안식화로 되돌린다. 분별이 지속될 때는 호흡의 지 원을 받는다. 마음이 안정되면 경험 한가운데서 안식한다. 또한 당신이 화 를 투사한 사람과 당신 자신에게 자애의 구절을 말한다. 화의 에너지가 투 명한 지혜로 해방되어 친절의 에너지와 융합될 때의 느낌을 알아차린다. 그 리고 모든 것의 한가운데서 이런 방식으로 안식하는 느낌을 알아차린다.

화를 다루기 위한 일상수행

당신이 일상생활의 야단법석에 사로잡혀 있을 때 당신이 화가 나는 것을 알아차리면 당신은 이 기회를 화 에너지를 창조적으로 다룰 수 있는 기회라고 여길 수 있는가? 먼저 화의 파괴적 힘에 대한 자애를 계발하기 위한 당신 스스로의 의도와 동기를 상기한다. 그러고는 잠시 마음을 안정시킨다. 당신의 주의를 호흡과 바닥에 있는 발의 느낌에 보낸다. 그리고 주의를 내부로 돌려 화난 마음을 직접 본다. 당신이 그것을 직접 보고 곧 내면의 드라마가 사라지는지를 확인한다. 내면의 드라마가 재빠르게 되돌아오는 것도 알아차린다. 이어서 화의 상황과 관련된 모든 이에게 자애의 구절을 말한다. 그리고 무슨 느낌이 발생하는지를 알아차린다. 잠시 동안 이 순간 당신의 경험 한가운데서 안식한다. 그다음에 손을 가슴에 놓거나, 자신을 껴안거나, 손을 꽉 쥐면서 어떤 다른 일이 일어나는지를 본다. 만약 화를 냈다면 사과한다. 그리고 다음에는 화를 내지 않겠다고 다짐한다.

연습 11 욕망을 다스리는 정좌수행

1단계

욕망의 습관을 창조적으로 다스리기 위한 의도를 갖고 수행을 시작한다. 그리고 이 수행을 하는 당신의 동기를 숙고하며 당신의 주의를 호흡의 흐름으로 돌린다. 숨을 쉬는 동안 들숨을 약간 깊게 쉬고 날숨을 길게 한다. 동시에 당신의 마음이 몸에 충분히 깃들게 한다. 일단 당신이 안정되고 접지에 이르렀다고 느끼면 당신 자신에게 천천히 그리고 반영적 방식으로 질문한다. "지금 내가 원하는 것은 무엇인가?" 당신의 주의는 한 잔의 커피를 바라는 것에서 인터넷 서핑, 어떤 사람에 푹 빠지는 것, 혹은 깨달음을 동경하는 것 등에 이르기까지 여러 가지가 있을 수 있다. 욕망은 미세하고 복잡하며 언제나 변하는 것이다. 다음에 갈애와 원하는 에너지가 당신의 마음과 몸에서 어떻게 느껴지는지를 알아차린다. 아마 목이 조여오고, 몸 어딘가에 긴장이 생기거나 눈이 휘둥그레질 것이다. 그리고 두 번째 질문을 한다. "내가 원하는 것과 지금 나의 상태는 어떻게 다른가?" 또다시 이 질문을 당신 마음의 현재 상태, 당신의 재정 상태, 당신과의 관계 혹은 당신의 삶 전반에 관련짓는다. 당신이 현재의 순간에 가지고 있는 불만의 느낌이나 더 좋은 어떤 것을 갈망하는 것에 당신의 채널을 맞출 수 있는가? 그리고 이것이 당신이 생각하고 느끼는 방식에 영향을 주는지를 알아차린다. 단순히 원하는 것과 갈애의 에너지가 당신에게 어떤 느낌인지를 인식하라.

2단계

다음은 1단계에서 하였던 것과 같은 질문을 한다. "지금 내가 원하는 것은 무엇인가?" 혹은 "지금의 나의 상태와 내가 원하는 것은 어떻게 다른가?" 이때 마음속에서 일어나는 것을 알아차린다. 그리고 당신의 마음이 욕망과 관련된 익숙한 이야기와 투사를 받아들인다. "나는 그것을 원한다. 나는 진실로 내가 더 행복하고 평안하기를 원해. 나는 이것을 갈망한다." 등등. 당신은 당신의 마음이 이런 감정에 의해 물드는 것을 볼 수 있는가? 당신은 이런 감정이 당신의 경험 전체를 채색하는 것을 볼 수 있는가? 당신 몸에서 발생하는 것을 알아차려라.

이제 초점을 이동시킨다. 당신의 마음에서 전개되는 드라마에 사로잡히는 대신 그 드라마를 직접 본다. 처음에는 이렇게 하는 일이 쉽지 않다. 그러나 주의를 호흡으로 보내거나 앉아 있는 당신 몸에 대한 알아차림으로 보내는 것이 드라마를 직접 보는 것을 도울 수 있다. 이것을 기초로 하여 한 걸음 물러나 당신의 마음에서 펼쳐지는 드라마를 본다. 당신이 원하는 마음을 직접 볼 때 당신이 알아차린 것은 무엇인가? 당신은 욕망에 의해 부풀려진 '대상적 나'의 견고한 느낌의 감각을 지금 느끼나? 당신의 몸에서 이 구체화된 '대상적 나'를 어떻게 느끼나? 그리고 또다시 당신의 주의를 당신의 호흡과 당신 몸의 알아차림에 보낸다.

3단계

다음에는 연민과 지혜라는 당신에게 내재하는 능력을 나타내는 당신 가슴속 황금빛 해와 달을 상상한다. 그리고 당신 자신을 위하여 통렌 수행을 시작한다. 자신이 원하는 마음의 수축과 고통을 느끼기 시작한다. 들숨에 이들 느낌을 당신 가슴에 들여 해와 달의 황금빛으로 완전히 변형시킨다고 상상한다. 그리고 날숨에 이 풍부하고 균형 잡힌 변형된 에너지가 당신의 일부가 된 것을 상상한다. 그다음에 당신이 외부환경에 투사한 욕망에 대해 통렌 수행을 한다. 들숨 때에 갈애와 원하는 마음에 관한 당신의 투사를 되돌리는 것을 상상한다. 그리고 당신의 가슴속에서 그것들이 변형되었음을 상상한다. 이어서 당신의 환경에—혹은 즉석에서 출현하는 모든 것에—즉 사람, 상황 그리고 사물에 예민한 감성의 숨을 불어넣는다. 그곳에 있는 모든 것을 즐기면서 그렇게 한다.

4단계

이 순간의 경험을 받아들이는 온화한 호기심의 감각을 계발한다. 이것은 분별과 분석을 발생하게 하는 것이 아니고 어떤 것을 밀어내는 것도 아니다. 지금 당신의 경험 한가운데서 바로 쉬는 것이다. 당신의 몸과 마음에 있는 욕망의 에너지와 접속하면서 머문다. 그리고 때때로 갈애와 원하는 것의 힘이 당신의 분별을 어떻게 붙잡고 있는지를 알아차린다. 이런 일이 발생할 때 원하는 마음을 직접 본다. 그리고 정신적 드라마가 유령과 같이 사라지는 것을 알아차린다. 그리하여 당신의 마음을 안식화로 되돌린다. 그러나 원하는 마음의 에너지가 지속될 때는 앞에서 언급한 방식으로 통렌 수행을 한다. 만약 당신이 분별에 사로잡힌 것을 알았을 때는 호흡의 지원을 받는다. 마음이 안정되면 모든 것 한가운데서 안식한다.

욕망을 다루기 위한 일상수행

당신이 일상생활의 야단법석에 사로잡혀 있을 때 원하는 마음이 생긴 것을 알아차리면 당신은 이때를 욕망의 에너지를 창조적으로 다룰 수 있는 기회라고 여길 수 있는가? 먼저 스스로 갈애의 파괴적인 힘에 대해 연민을 계발하기 위한 당신 자신의 의도의 힘을 상기한다. 그리고 잠시 주의를 호흡과 바닥에 있는 발의 느낌에 보내면서 안정을 취한다. 그러고는 당신의 주의를 내부로 향하게 하여 원하는 마음을 직접 본다. 그것을 직접 보자마자 내면의 드라마가 사라지는 것을 인식한다. 그러나 그것이 재빠르게 다시 돌아오는 것을 인식할 수도 있다. 이때 즉시 원하는 마음(구체화된 '나')에 대해 통렌 수행을 한다. 그리고 당신의 외부환경에 보낸 투사를 되돌리는 데 초점을 두고 통렌 수행을 한다. 잠시 동안 이 순간의 경험 한가운데서 안식한다. 자기연민의 자세로 당신의 손을 가슴에 놓는 것으로 수행을 마무리한다.

10

질투와 자만의
미세한 고통

우리 학생 가운데 한 명은 자신의 삶이 불공정하다고 불평하였다. 그 학생은 항상 자신을 다른 사람과 비교하였다. 다른 사람들은 매력적이고 우아하며 행복하게 보인다고 하였다. 자신은 늘 두 번째, 혹은 명단의 맨 아래에 있다고 느꼈다. 이러한 부족감과 더불어 그녀가 생각하는 것, 즉 비교하고, 결핍을 느끼고, 억울해하는 모든 것 아래에는 분노가 숨어 있었다. 그녀는 자신의 이러한 느낌에 대해 죄의식을 느끼고 상황을 개선하기 위해 노력하였다. 즉 자신도 삶에서 다른 사람들이 가지고 있는 어떤 좋은 것을 가지고 있으니 괜찮다고 스스로에게 말하곤 하였다. 하지만 최종 결론은 언제나 자신이 불행하다는 것이었다. 좋아지는 것이 없다는 식이었다. 마음챙김 수행을 시작하면서 그녀는 자신의 이러한 태도가 삶의 모든 부분에 침투되어 있음을 깨달았다.

이것은 질투(jealousy)의 일종인 부러움(envy)의 힘이다. 이것은 화나 욕망보다 더욱 미세하여 발견하기 어렵다. 그러나 이것은 순간순간의 웰빙을 갉아먹는 부식성 있는 감정이다.

삶의 수레바퀴에 관한 붓다의 가르침에는 부러움과 질투가 우리의 마음을 질투의 신이 사는 영역에 거주하게 한다고 하였다. 신화에 의하면 질투의 신은 그의 영역에서 자라는 나무 한 그루를 소유하고 있다. 그러나 그 나무에 열린 과일은 그보다 상위 구역에 사는 신들만이 딸 수 있었다. 질투의 신은 자신이 열매를 딸 수 없는 그 나무를 찍어 없애기 위해 도끼를 가지고 모든 시간을 허비하고 있었다. 자신이 몹시 원하는 과일을 상위에 거주하는 신들만이 즐길 수 있다는 데 격노하였기 때문이다. 질투의 신은 땅에 떨어진 과일을 먹는 것에 만족하기보다 나무를 찍어 없애려고 하였다. 그러나 그의 노력은 성공하지 못한다. 상위의 신이 항상 그가 나무를 찍지 못하게 하였기 때문이다. 이 파괴적인 마음의 상태 즉 질투에 대한 해독제는 공감의 기쁨(sympathetic joy)이다. 이것은 타인—특히 우리가 원하는 것을 가진 사람들—의 성공과 번영을 위한 염원이다.

자만(pride)도 미세하여 우리 자신에게서 이것을 발견하기가 쉽지 않다. 그러나 타인에게 그것이 있을 때는 쉽게 발견할 수 있다. 자만은 더 나은 혹은 최상인 '나'의 주변의 수축이다. 붓다의 삶의 수레바퀴 가르침에서 오만(arrogance)과 자만은 마음을 신의 영역에 거주하게 하는 것이라고 한다. 이 영역에서는 신이 바라는 것은 무엇이든지 즉각 나타난다. 이것은 스마트폰으로 인터넷 쇼핑몰을 둘러보고 화면 속의 좋아하는 것을 모두 사려 하는 많은 사람들을 연상시킨다. 하지만 이것은 현 상태에 만족하게 하여 방종을 낳을 수 있다. 여기에는 마음을 다스린다든지 깨달음의 길을 가려고 하는 경향은 거의 없다. 대신에 넷플릭스(Netflix)에서 범죄 스릴러 드라마를 보는 것이 훨씬 쉽다. 자만에 대한 해독제는 평정(equanimity) 혹은 공평(impartiality)이다. 이것은 모든 형태의 삶을 동등하게 보는 것이지 우리 자신을 다른 사람 위에 두는 것이 아니다.

이 장에서는 질투와 자만의 에너지를 창조적으로 다루는 법, 이들 감정에 대한 해독제를 계발하는 법, 그리고 이들 감정 안에 놓여 있는 지혜에 접속하는 법을 탐색한다.

질투와 부러움 다스리기

질투는 눈에 보이지 않는다. 통찰 워크숍 참가자들은 자신들의 화와 욕망에 대해서는 완전히 공개적으로 이야기한다. 그러나 질투와 부러움의 사례를 이야기하라고 하면 어색한 침묵이 흐른다. 많은 사람들이 화와 욕망의 감정은 느끼더라도 질투는 느끼지 않는다는 무언의 신념을 가지고 있는 것 같다. 그들은 질투에 대해서는 입을 다문다. 우리가 자주 듣는 말은 "나는 질투형 인간이 아니다"라는 말이다. 물론 이 말이 사실일 수도 있다. 그러나 대부분의 경우 그렇지 않다. 질투와 부러움은 여러 감정 중에서 은밀히 숨겨져 있는 것으로, 수행 중에 천천히 드러난다. 그리고 이것이 우리의 생각, 느낌 그리고 행동에 많은 영향을 주고 있다.

헤더는 직접 질투를 맞닥뜨린 경험을 회상했다. 한때 그녀는 감정적 고통에 관한 명상 수련회에서 로브를 돕고 있었다. 로브는 지나가는 말로 "당신이 조직을 운영하기 위해 어떤 사람을 임명한다면 질투심을 가진 사람을 임명하는 것이 좋다"고 말하였다. 왜냐하면 그 사람은 항상 모든 사람이 하고 있는 일을 잘 알고 있으며 일을 잘 처리할 수 있는 사람일 것이기 때문이라는 것이었다. 시간이 좀 지나서 로브는 헤더에게 마음챙김협회의 운영에 참여할 수 있겠느냐고 물었다. 그녀는 생각했다. "뻔뻔스럽기는, 나는 질투형 인간이 아니야." 그러나 더 시간이 지나자 이것이 그녀 자신 안에서 강한 고통이 된 것을 알았다. 그리고 회상해보니 이것은 로브의 뛰어난 가르침이었다. 왜냐하면 그녀에게 의식적으로 질투를 알아차리게 하고 질투를 탐구하는 기회를 주었기 때문이다. 그 결과 헤더는 중요한 통찰을 많이 할 수 있었다. 질투와 연관된 지혜는 만능의 지혜이기 때문에 질투는 위대한 고통이라고 그녀는 결론을 내렸다. 이것이 의미하는 바는 조직을 운영할 때 아주 유용한 것을 많이 얻을 수 있었다는 것이다.

우리가 부러워하는 것을 허용하는 것에 대해서는 어떤 사회적인 금기가 있는 것 같아 보인다. 어떤 사람이 가진 것을 원하는 것을 넘어, 만약 내가 그것을 가질 수 없다면 그때는 그 사람도 그것을 가지지 않기를 바라는 것을 허용할 수는 없다. 질투의 신의 예를 회상하라. 질투의 신은 상위의 신들이 과일을 즐기지 못하도록 과일나무를 없애는 일을 필사적으로 시도한다. 우리는 종종 이것을 짝사랑의 시나리오에서 본다. 자신이 짝사랑하고 있는 사람과 함께할 수 없으므로 자신의 욕망의 대상이 독신과 금욕의 삶을 살기를 바란다.

다른 고통의 감정과 마찬가지로 질투는 복잡하다. 그리고 많은 치환어(permutation)를 가지고 있다. 질투는 부러움과 상호 교환하여 사용하기도 하지만 사실 두 용어는 서로 상이한 의미를 가지고 있다. 부러움(선망)은 어떤 것이 부족한 것에 대한 반응이고 질투는 어떤 사람과 사물의 상실에 대한 두려움의 반응이다. 이 두 개는 분노와 밀접히 관련되어 있다. 부러움은 또한 어떤 것을 소유하기 위한 과도한 탐욕—특히 부(wealth)—과 관련되어 있다. 질투도 마찬가지로 욕망과 밀접히 관련되어 있다. 우리가 원하는 것을 가지려는 것을 위협하는 사람을 우리는 질투한다. 질투의 뿌리와 그것과 관련된 형제, 자매들 사이에 놓여 있는 것은 마음의 유독성 있는 태도이다. 우리가 원하지만 가질 수 없는 것 혹은 우리가 가진 것을 잃을 수 있다는 두려움에 고착되면, 그때 우리는 다른 사람에 대해 분노하고 부정적 투사를 한다. 아래에서 우리가 질투라는 용어를 사용할 때를 보면 이것과 관련된 다른 감정도 같이 언급되는 것을 볼 수 있다.

강한 질투의 느낌은 형제간 경쟁의 역사에서 연유한다. 우리는 어린아이가 동생이나 자매가 자신이 갖고 싶은 장난감을 갖고 놀고 있는 것을 보고는 부모에게 악을 쓰며 소리치는 것을 본다. 그리고 우리는 어린아이가 그 자신의 형제자매가 갖고 있는 것 혹은 그보다 더 좋은 것을 얻기 전까지 쉬지 않고 떼를 쓰는 것을 본다. 이것이 많은 학교, 대학, 직장에서 가르치고 있는 경쟁심의 뿌리이다. 현대 사회는 경쟁, 성취 그리고 성공을 강조한다. 이러한 모든 것들이 질투의 느낌과 부족과 분노라는 마음의 성향을 주입시킨다.

만약 우리가 "이건 공평하지 않아." 하고 말한다면 이것은 질투심을 품고 있는 것을 나타내는 말일 수 있다. 이 말은 이 세상에 부당함이 없다고 말하는 것은 아니다. 때로는 공평하지 않은 상황도 있고 우리가 그런 불공평에 대해 할 수 있는 일이 거의 없을 수도 있다. 핵심 이슈는 상황 그 자체가 아니라 우리 마음의 태도이다. 이곳이 질투가 뿌리를 내리는 곳이다. 만약 우리가 공정하지 않다고 느끼는 어떤 상황을 받아들일 수 없다면—특히 그것이 우리가 원하는 것일 경우—우리는 우리 자신의 안타까운 이야기를 들어주는 사람뿐만 아니라 우리 자신을 끝없이 괴롭히게 된다.

우리는 수년 동안 어떤 사람을 질투할 수 있다. 그 사람에게 아주 지독하게 행동할 수도 있고 그의 등 뒤에서 악랄한 말을 하기도 한다. 종국에 이르러 우리가 싫어하는 것의 원천은 그 사람에게 있지 않고 그 사람에 대한 우리의 질투심이라는 것을 알게 되면 당혹감과 수치심의 강한 느낌이 일어날 수 있다. 그때 우리는 질투가 그 사람의 장점을 보는 것을 눈멀게 했고 우리 마음이 마술에 휘둘렸다고 깨닫는다. 질투는 다른 사람과 우리를 분리시키고 우리의 지각을 흐리게 하는 아주 고통스럽고 파괴적인 감정이다. 질투 속에 머무는 것은 독약을 먹는 것과 같고 우리가 질투하는 그 사람이 독으로 죽기를 바라는 것과 같다고 말할 수 있다.

감정적 고통에 대한 우리의 접근법은 경험적인 것이므로, 질투가 우리의 마음과 우리의 삶에서 어떻게 나타나는지를 탐색해보자. 일단 우리가 우리 자신의 부러움과 질투를 정직하게 바라볼 수 있다면—그것을 숨기거나 제대로 인식하지 못하는 것이 아닌—우리는 그것들과 보다 건설적인 방식으로 관계를 맺을 수 있다. 지난 장에서 우리가 한 바와 같이 우리는 질투를 네 단계 방식으로 접근한다. 질투가 우리 마음에 나타나는 것을 알아차리고, 질투의 마음을 직접 보고, 공감의 기쁨이라는 해독제를 계발하고, 마지막에는 모든 경험 한가운데서 안식한다. 짧은 정좌수행으로 시작하자.

1단계: 질투의 느낌을 알아차리기

당신의 주의를 호흡의 흐름에 맞춘다. 이때 들숨은 약간 깊게 쉬고 날숨을 길게 한다. 바닥에 있는 당신의 발을 느끼고 의자에 있는 당신의 몸무게를 느낀다. 일단 당신이 안정되고 접지화 상태에 이르면 당신의 마음을 과거 당신이 어떤 사람에 대해 가졌던 부러움 혹은 당신이 느꼈던 질투의 상황으로 이동시킨다. 이런 상황이 생각나지 않는다면 그때는 당신의 삶에서 당신이 가져야 할 것을 다른 사람이 가져갔던 불공정했던 일이나 당신 자신이 어떤 사람에게 강한 경쟁심을 느꼈던 일을 상기한다. 그리고 지금 당신의 마음에 무슨 일이 일어나는지를 본다. 비교와 분노의 내부 이야기 줄거리에 몰입한다. 즉 당신이 원했던 것을 상대가 어떻게 가져갔는지 혹은 상대가 어떻게 불공정하게 일을 처리하였는지에 관한 상황에 몰입한다. 그리고 이런 느낌과 생각을 부추긴다. 예를 들면 "그가 그것을 가져갔지. 그러면 안 돼! 내가 그걸 가졌어야 해. 이건 공평하지 못해" 등등이다. 당신은 이러한 감정의 마음이 흥분되는 것을 볼 수 있는가? 당신은 당신의 경험 전체가 질투로 채색되는 것을 볼 수 있는가?

이제 당신 몸에서 느껴지는 것을 알아차린다. 당신 몸이 이야기하는 질투의 감각에 대해 호기심을 가져라. 아마 턱이 굳어지고 눈에서 눈물이 날 수도 있다. 혹은 몸의 어딘가에 수축이 있거나 열이 날 수도 있다. 이제 당신은 질투가 어떤 느낌인지를 알았다. 그러나 당신이 그것을 느끼는 것에는 차이가 있음도 인정하라. 이제 당신은 질투에 휘둘리기보다는 그것을 다르게 인식할 수 있다. 균형을 회복하는 하나의 방식으로 손을 가슴 혹은 몸의 다른 곳에 놓아 당신 자신에게 보내는 간단한 친절의 자세를 취하면서 수행을 마무리한다.

질투와 관련된 생각과 느낌이 당신의 마음에 일어나는 것을 알아차리는 이 수행을 일상에서 하라. 잠시 자세를 취하고, 안정하고, 접지하고, 질투가 당신의 몸과 마음에서 느껴지는 것을 인식한다. 이러한 방식이 당신이 당신의 마음을 어떻게 휘어잡을 수 있는지를 볼 수 있는 데 도움을 준다. 이것이 다음 수행 단계의 토대가 된다.

질투와 관련된 신체적 감각과 익숙해질 때 당신은 이 파괴적 감정이 일어나는 것에 더 민감해질 수 있다. 몸은 마음에서 일어나는 것에 대한 유용한 바로미터이다. 질투가 일어나는 순간을 인식할 때가 선택의 가능성이 열리는 순간이다. 이 감정을 실현하지도 않고 억누르지도 않으면서 다르게 행동할 수 있다. 예를 들어 우리가 이미 인생에서 경험하였던 모든 놀라운 일들에 고마워하고 그것들을 인정하는 것이다.

나아가 질투의 힘이 당신 자신의 경험에서 어떻게 일어나는지를 반영함으로써 당신의 삶을 되돌아보고, 이 파괴적인 감정이 다른 사람과의 관계에서 신뢰를 훼손하는 정도를 정직하게 평가하는 데 도움을 준다. 질투는 아주 많은 악의를 유도할 뿐만 아니라 당신이 사랑하는 사람을 해친다. 당신은 의도의 힘을 계발하여 질투의 힘을 가라앉히고 부러움과 질투의 습관적 패턴을 종식시키며 다른 사람의 행복을 위해 감사, 이해 그리고 축하하는 습관을 계발하는 데 힘을 쏟는다.

공감의 기쁨(Sympathetic Joy: Mudita)

삶이란, 비애로 가득하지만, 또한 행복과 기쁨의 원천이다

거의 알려져 있지 않지만.

자신 안에 있는 진실한 기쁨을 찾고 발견하고,

다른 사람들과 기쁨을 같이하고!

...

고귀하고 숭고한 기쁨은 고통을 소멸로 이끄는 길이다.

-승려 냐나포니카

위의 인용문에서 지적한 바와 같이 우리가 내면에서 기쁨의 원천을 경험할 때 삶에서 직면하는 불가피한 좌절, 힘든 일 그리고 고통을 겪는 일이 쉬울 수 있다. 많은 사람들은 기쁨을 느끼는 것이 제멋대로인 것 같다고 느끼지만 그러나 만약 우리가 그것을 숙고한다면 우리가 기뻐할 때 기쁨은 주위로 퍼진다. 만약 우리가 우울하면 사람들이 우리를 피하는 경향이 있다. 중요한 것은 기쁨을 많이 느끼는 것이 아니라 이런 방식의 느낌에 접속하는 것이다. 영국의 위대한 시인 윌리엄 블레이크(William Blake)는 이것을 다음과 같이 아름답게 표현하였다.

스스로를 기쁨에 묶는 자
날개 달린 삶이 무너지는가
기쁨에 입 맞추는 자
영원의 해돋이 속에서 살리라.

공감의 기쁨은 사무량심(four limitless qualities)의 하나이고 질투와 부러움의 느낌에 대한 해독제이다. 이것은 비이기적인 기쁨으로 이해될 수 있다. 혹은 자기 자신과 타인의 행복과 번영을 축하해주는 것에서 오는 선한 행복의 느낌이다. 이것은 우리 자신과 분리할 수 없는 다른 사람의 행복을 깨닫는 것에서 출현하는 이타적인 기쁨이다.

5세기경의 불교학자 붓다고사는 저서『청정도론』에서 공감의 기쁨을 계발할 것을 제안하고 있다. 그는 우리가 이 마음을 계발하기 시작할 때에는 많이 사랑하는 사람, 경멸하는 사람 혹은 중립이라고 느끼는 사람에게 초점을 두지 말라고 충고한다. 그 대신에 좋은 친구와 같이 기분 좋은 사람부터 시작하라고 권고한다. 우리는 이 기분 좋음을 생각하며 그것을 우리의 마음에 채운다. 공감의 기쁨이 강하게 느껴질 때 우리는 사랑하는 사람, 낯선 사람 그리고 우리가 힘들다고 느끼는 사람에게 직접 그 기쁨이 향하도록 한다. 종국에는 공감의 기쁨을 모든 존재에게로 확대한다. 우리는 또한 우리 자신과 우리가 하는 일에서 기쁨을 찾도록 한다. 불교의 전통적 접근법에서는 공감의 기쁨과는 거리가 먼 분노, 부러움 그리고 질투에 이 기쁨으로 대응을 한다.

기쁨을 계발하는 것의 심리적 효익이 오랫동안 저평가되어왔다. 그러나 릭 핸슨과 같은 학자의 업적에 의해 최근에 변화가 일어나기 시작했다. 제8장에서 논한 바와 같이 우리의 삶에서 좋은 것에 진실로 감사하는 시간을 갖는 것이, 비록 적은 시간일지라도, 바로 지나가는 상태가 아닌, 우리 마음 안에 기쁨과 감사의 특성을 주입시키는 데 도움을 준다. 이러한 성질이 우리 마음과 몸에 깊이 스며들게 하는 것이 우리 뇌의 행복 회로를 재배선하게 한다. 우리를 '녹색 구역'에 거주하게 하여 부러움과 질투 같은 파괴적 감정에 덜 민감하게 한다. 이것이 공감의 기쁨을 계발하기 위한 현대적 가르침이다.

오늘날의 신경과학 연구에 의하면 만약 우리가 어떤 것에 감사하는 마음에 계속 주의를 기울이고 이런 일들을 주 단위로 실천한다면 우리는 우리가 중립적인 것 혹은 풍파와 갈등에 주의를 기울일 때

보다 더 큰 웰빙과 더 적은 신체적 불편함을 경험한다고 한다.

이제 짧은 정좌수행으로 공감의 기쁨을 수행하자(질투에 대한 해독제로 공감의 기쁨을 계발하는 수행 접근법 3단계의 준비이다).

짧은 정좌수행: 공감의 기쁨 계발

공감의 기쁨을 수행하기 위한 의도를 갖고 수행을 시작한다. 호흡의 흐름에 주의를 기울인다. 들숨을 약간 깊게 쉬고 날숨을 길게 쉰다. 당신의 발과 의자에 있는 당신의 몸에 몸무게를 느낀다. 일단 당신이 안정되고 접지화하면서 자연스럽게 느껴지는 쾌활하고 행복한 마음을 친구에게 보낸다. 친구의 행복, 즐거움 혹은 행운을 빈다. 그렇게 질투 혹은 경쟁심이 없는 마음을 불러일으킨다. 친구의 선한 품성이 피어나고 확장되는 그런 열망을 가진다. 다음 구절의 하나를 사용하거나 당신 자신의 어떤 구절을 만들어 말한다.

당신의 좋은 심성이 자라기를
그리고 그것들이 사라지지 않기를
당신의 삶이 번창하기를
당신이 많은 기쁨과 좋은 행운을 가지기를

이러한 열망이 진심으로 느껴질 때까지 이것을 읊고 계발한다. 그리고 당신이 사랑하는 사람, 가족, 친구들을 이 공감적 기쁨의 범주에 포함시키기 위해 축하의 원을 확대한다. 그들의 성품, 기회, 번영, 행운을 반영한다. 이들 각각에 대해 기뻐하고 그들이 성장하기를 염원한다. 일단 당신이 수행에 익숙해지면 그것을 강화하여 당신이 중립이라고 느끼는 사람들에게까지 확대한다. 그리고 당신이 매일 만나는 사람들에게도 당신의 이런 마음을 보낸다. 이제 기쁨의 원의 범주에 당신 자신을 포함하고 당신이 번영하고 많은 기쁨을 누리도록 염원하라. 마지막에는 당신의 원을 더욱 확대하여 모든 살아 있는 생물을 포함하여 그들 모두가 기쁨과 웰빙을 경험할 수 있기를 염원하라.

질투의 마음을 직접 보기

우리는 우리의 삶에서 질투를 경험하고 있다는 것을 알아차리는 것(1단계)과 해독제(공감의 기쁨)를 투여하는 수행을 함으로써 질투를 건설적으로 다룰 수 있는 토대를 만들었다. 이제 우리는 앞에서 본 화와 욕망에서와 같이 질투의 마음을 직접 보도록 하자.

2단계: 질투의 마음을 직접 보기

앞서의 정좌수행 1단계를 진행한 뒤 당신의 질투와 부러움의 대상이 되는 사람에게 당신의 마음을 보낸다. 그리고 당신의 마음에서 질투와 관련된 친숙한 이야기와 투사를 받아들인다. 그다음에 당신의 초점을 이동시켜, 당신의 마음에서 작동하고 있는 드라마에 사로잡히는 대신 당신의 마음을 직접 본다. 당신의 주의를 호흡 그리고 앉아 있는 당신의 몸에 대한 알아차림에 보내는 것이 도움이 될 수 있다. 이와 같은 토대 위에서 한 걸음 뒤로 물러나 지금 전개되고 있는 질투의 드라마를 직접 본다. 당신이 질투의 마음을 직접 볼 때 당신은 무엇을 알아차리게 되는가? 당신은 질투에 의해 부풀려진 견고한 느낌의 '대상적 나'라는 감각을 느낄 수 있는가? 이것이 당신의 몸에서 어떻게 느껴지나? "내가 느끼고 있는 그것을 나는 어떻게 느끼나?(HIFAWIF)"라고 질문하면서 질투에 대한 당신의 태도에 호기심을 가진다. 이것이 질투를 느끼는 것에 대한 근원적인 저항이나 두려움, 수치심이나 슬픔

> 을 드러낼 수도 있다. 당신은 당신의 알아차림 속에서 친절하게 이들 느낌을 잡을 수 있는지를 본다. 이제는 또다시 당신의 주의를 호흡과 앉아 있는 당신의 몸에 대한 알아차림으로 되돌린다.

일단 질투가 현존하고 있다는 것을 인식하고 이 감정과 함께 오는 불편한 느낌을 우리 자신이 느끼기를 허용하면(1단계) 일의 절반은 진행된 셈이다. 질투는 더 이상 슬그머니 혹은 눈에 보이지 않게 활동하지 않는다. 다음 단계는 질투의 마음을 직접 보는 것이다. 여기서 우리가 할 일은 질투에 사로잡히는 것이 아니고 질투를 알아차리는 것이다. 이와 같은 기초적인 마음챙김 기술은 알아차림의 조명을 증가시키는 것과 질투와 관련된 모든 생각이나 드라마가 견고하지 않고 실재가 아니라는 것을 알아차리는 것에 의해 강화된다. 그러나 이런 정신적 드라마가 공(empty)이라 할지라도 '나'라는 견고한 느낌은 우리의 몸과 마음에서 하나의 수축된 것으로 남아 있을 수 있다. 이것이 문제의 핵심이다. 그래서 우리는 그것에 특별한 주의를 기울인다. 우리는 이 자기수축을 친절과 수용으로 받아들인다. 이렇게 하는 것이 '대상적 나'와 '내'가 원하는 것 주위의 단단한 고정관념을 완화시킨다. 우리가 이렇게 할 때 질투 안에 지혜의 에너지가 생길 수 있는 공간이 생긴다. 우리가 정신적 드라마나 투사에 사로잡혀 있을 때 그리고 우리의 자아감이 그들에 매몰되어 있을 때 지혜는 막혀 있다. 이와 같은 지혜는 다음과 같이 표현된다.

질투의 대상을 따라가지 마라. 비판적인 마음을 보라.
그것이 일어난 것과 같이 스스로 해방되는 질투는 공허한 지성이다.

이 공허한 지성은 성소작지(all-accomplishing wisdom)*와 다르지
않다.

이 운문의 핵심 포인트는 질투의 대상에 고착되지 않고 감정을
일으키는 비판적인 분노의 마음을 보는 것이다. 이것은 쉬운 일이 아
니다. 왜냐하면 질투가 일어날 때 질투 그 자체보다는 질투의 대상에
초점을 두는 것이 정당하게 느껴지기 때문이다. 예를 들어 당신의 연
인이 어떤 사람과 시시덕거리는 사실에 초점을 두지 말고 당시에 당
신 자신이 겪고 있는 마음의 고통에 초점을 두어야 한다는 의미이다.
그러나 이렇게 하기는 쉽지 않다. 당신은 상대의 턱에 주먹을 한 대
날릴지도 모른다. 자신의 질투하는 마음과 직면하는 것은 아주 어렵
고 힘든 일이다. 때문에 용기가 필요하다.

위의 운문에서 해방되는 질투는 "공허한 지성"으로 묘사되었다.
이것은 자기중심적인 태도에 의해 오염되지 않는 생각의 투명성을
말한다. "이 공허한 지성은 성소작지와 다르지 않다"고 말한다. 우리
의 생각활동 과정이 투명하고 질투의 에너지가 판단이나 비교에 매
이지 않는다면 그때 다량의 에너지가 방출되고 많은 것이 성취될 수
있다. 질투의 신 이야기를 상기하라. 상위의 신들이 나무에 열린 과
일을 먹는 것을 방해하기 위해 질투의 신은 나무를 베어버리려고 많
은 양의 에너지를 소비한다. 이것은 경쟁심과 질투에 의해 동기화되

---

* 성소작지(成所作智)란 잘못 보고, 듣고, 냄새 맡고, 맛보고, 감촉하는 오감각식이
수행을 통해서 바르게 보고, 듣고, 냄새 맡고, 맛보고, 감촉하는 것으로 전환된 지
혜이다.

는 것이다. 이제 그는 다른 신들과의 싸움에서 지는 것을 택하는 대신 땅에 떨어진 과일을 수확하는 경우를 선택할 수도 있다. 혹은 다른 신들이 과일을 딸 수 없는 구역에 나무를 심을 수도 있다.

많은 기업인들은 질투의 신과 같다. 그들은 경쟁자의 허점을 이용하여 경쟁 상대를 이기기 위해 막대한 양의 에너지를 소비한다. 그러나 살인적인 경쟁이 장기적으로는 누구에게도 도움이 되지 않는다는 인식이 보편화되고 있다. 이런 전향적인 생각을 가진 기업가는 자기 자신의 경쟁적 정신 상태를 협업의 정신으로 바꾸어야 한다고 생각할 수 있다. 전자는 다른 사람의 희생 위에서 앞서가고 어떤 희생을 치르더라도 경쟁에서 이기는 '자기우선주의'에 의해 구동된다. 반면에 후자는 윈윈(win-win)을 생각하며 모든 사람의 이익을 창조하기 위해 타인과 협력하는 것이다.

이와 같이 자기우선주의에서 타인과 협력하는 방향으로 자신의 정신 상태를 이동하는 것이 과학적 연구의 결과에 의해 알려지고 있다. 과학적 연구에 의하면 사람들은 안전하고 신뢰할 수 있는 환경에서 타인과 같이 창조할 수 있을 때 능력을 최고도로 발휘하지만 위협을 받는 두려운 상황 속에서는 능력을 제대로 발휘하지 못한다고 한다. 짧게 말하면 사람들은 안전하고 행복할 때 그리고 성취한 것이 모두에게 귀속되고 단기적인 이익이 아닐 때 더 많이 성취한다. 이것을 성소작지라는 의미로 표현하였다.

사업에 성공하고 현재 마음챙김 코스의 강사인 동료가 있다. 그는 간단하게 말했다. "신뢰를 갖는 것을 염려하지 않는다면 엄청난 성취를 이룰 수 있다." 이것이야말로 문제의 핵심을 나타내는 표현이다.

3단계: 해독제로서의 공감의 기쁨 계발

당신이 부러움이나 질투를 느끼는 사람에게 당신의 마음을 보낸다. 그리고 그가 행운을 갖고 행복해지기를 적극적으로 바란다. 예를 들어 당신이 그 사람의 인기를 부러워한다면 그 사람이 더욱 인기 있기를 염원한다. 혹은 당신이 어떤 사람의 부를 부러워한다면 그의 부가 더욱 증가하기를 기원한다. 또 어떤 사람이 당신이 좋아하는 사람과 친밀한 것을 질투한다면 그들의 관계가 더욱 돈독해지기를 바란다. 각각의 경우 그들이 더 큰 행복과 기쁨을 느끼기를 기원한다. 그러나 당신은 저항과 장애에 맞닥뜨릴 수 있다. 왜냐하면 이와 같은 행위는 당신의 '자기우선주의' 습관에 직접 반하기 때문이다. 당신의 마음에 다른 사람을 축하해주는 느낌이 흐르지 않는다면 그때는 당신의 본래의 의도를 재확인한다. "지금 이 순간 나는 이 사람에게 나의 마음을 열지 못했구나. 그러나 언젠가는 오늘보다 더 완전히 열 수 있을 거야"라고 말한다. 그리고 당신의 몸과 마음에서 느끼는 저항과 장애를 알아차린다. 호흡을 긴장하고 있는 몸의 영역에 불어넣고, 그 주위를 부드럽게 하고, 그곳을 그대로 두는 자기연민의 접근법을 사용한다.

처음에는 우리가 부러워하고 질투하는 사람의 행복을 기원한다는 생각을 하기가 힘들다. 그렇게 생각하고 행동하는 것이 불가능할 수도 있다. 그러나 우리가 이 수행을 끈기 있게 하면 질투 속에 내재하고 있는 것이 드러난다. 진실은 문제가 다른 사람에게 있는 것이 아니라는 사실이다. 우리 마음이 파괴적 태도에 묶여 있는 것이다. 우리가 그들의 안녕을 바랄 때가 우리 안에 있는 문제가 해결되는 순간이다. 이 순간이 질투로부터 자유로워질 수 있는 기회이다.

타인을 향한 분노에 휩싸여 있기보다 타인의 안녕을 염원하는 것이 더 큰 해방의 느낌을 가질 수 있는 기회가 된다. 우리 학생 가운데 한 명은 한때 그녀의 상관이 그녀보다 그녀의 동료에게 더 많은 기회를 주고 있다고 느꼈고 이를 부러워하였다. 며칠 동안 이런 마음 상태에 빠져 있었고, 동료에 대한 분노가 그녀의 마음에 뿌리내렸다. 이후 그녀는 자신이 가능한 한 그 동료를 부정직한 방법으로 깎아내리고 있음을 알아차렸다. 그녀는 통찰 수행에 참가하여 부러움과 직면하는 방법을 배운 뒤에 놀랍게도 자신이 이 파괴적인 감정의 힘에 지배당하고 있었음을 깨달았다. 어느 날 그녀는 위험을 감수하고 가슴 밑바닥에서 그 동료의 웰빙을 염원하여 보았다. 그녀는 즉각 변화가 오는 것을 느꼈다. 첫째, 마음이 가벼워지는 것을 느꼈다. 마치 몸무게가 어깨 쪽으로 올라가는 것 같은 느낌이었다. 둘째, 그녀의 동료도 연약함과 결점을 가진 사랑스러운 사람임을 알았다. 그녀는 자신이 만든 독성에서 해방되었음을 느꼈다.

공감의 기쁨 배후에 있는 불교의 논리는 만약 우리가 행복한 사람을 부러워한다면 그들이 행복한 상태에 있을 동안에는 자신이 비참해진다는 것이다. 그러나 만약 그들의 행복을 축하해준다면 우리가 그와 공감함으로써 둘 다 행복해질 수 있다는 것이다.

4단계: 경험 한가운데서 안식하기
당신의 몸이 접지에서 쉬는 것과 같이 당신의 마음은 몸 안에서 쉰다. 당신의 모든 경험, 즉 생각, 느낌 그리고 감각과 접촉하면서 그 모든 것 안에서 바로 쉰다. 질투가 일어나는 것에 경각심을 갖고 머문다. 그리고 질투가 얼마나 자주 당신을 분별로 몰고 가는지를 알아차린다. 질투가 일어날 때마다 질투의 마음을 직접 보고 공감의 기쁨이라는 해독제를 사용한다. 그다음에는 안식화로 돌아온다. 분별에 빠졌음을 알았을 때는 호흡을 지원으로 하여 마음챙김한다. 그리고 당신의 마음이 안정되었을 때 다시 돌아와 모든 것 한가운데서 안식한다.

수행의 끝에 이르러 우리는 모든 방법을 내려놓고 마음에서 일어나는 것들의 한가운데서 바로 안식한다. 이때는 널찍하고 수용적인 방식 안에서 모든 것과 함께한다. 이것이 질투하는 마음과 축하하는 마음 같은 이원적 개념 너머에 있는 우리 경험의 심원한 진리에 접근하게 한다. 처음에 우리는 이원적 방식 안에서 수행하였다. 왜냐하면 이원적 상황 안에서, 즉 견고한 느낌의 '대상적 나'가 견고한 것으로 보이는 타인을 질투하는 자신을 발견하고 있기 때문이다. 우리는 이러한 이원적 고착화를 완화하는 방법을 사용하여 질투하는 마음을 직접 보고 공감의 기쁨이라는 해독제를 사용하였다. 일단 이렇게 하고 난 뒤에는 모든 방법을 뒤로하고 바로 안식한다. 이렇게 하면 모든 것을 포괄하는 알아차림의 자연스런 널찍함에 접속할 수 있다. 그러면 이러한 알아차림의 자연스런 투명함을 방해하는 무지의 장막을 관통하기 위한 조건들이 만들어진다.

자만 다스리기

자부심은 때로는 칭찬할 만한 심성이다. 예를 들어 자신의 아이가 상을 받는 것 혹은 일을 잘하는 것을 자랑스럽게 지켜보는 느낌이다. 자신의 선한 심성을 인식하는 것은 유익하다. 그것은 우리가 객관적인 방식으로 우리 자신의 강함을 볼 수 있게 하고, 우리의 삶을 지원할 수 있는 중요한 것이다. 그러나 자부심이 오만이나 자만의 형태를 띨 때 그것은 부정적이고 파괴적일 수 있다. 자부심의 두 가지 형태 간에는 미세한 구별이 있다. 오만(arrogance)은 개인적 재능이나 성질에 대한 과대평가이다. 반면에 자만(conceit)은 개인적 지위에 대한 부풀려진 감각이다. 여기서 우리는 이들의 부정적 성질이 드러나는 것들을 통칭하여 자만(pride)이라는 용어를 사용한다.

다른 감정적 고통을 다루었을 때와 마찬가지로 우리는 자부심과 같이 오는 부풀려진 자아감에 초점을 맞출 것이다. 이것은 우리 자신을 다른 사람과 비교할 때 다른 사람을 경멸하면서 "내가 더 나아, 그리고 내가 최고야"라는 태도로 나타난다. 예를 들어 자만은 어떤 사람이 우리에게 우리가 별일 아니라고 여기는 일을 맡길 때 발화될 수 있다. 이 경우 다음과 같이 조용하게 화를 낼 수 있다. "감히 이 따위 일을 나에게 맡겨. 나를 어떻게 보는 거야." 하는 자만의 숨길 수 없는 징후의 반응이다. "그가 나를 잘 모르고 있군. 내가 얼마나 중요한 사람인지를!"

자만하면 서열과 지위에 민감해지고 마음속에서 자신을 어떤 계층의 꼭대기에 위치시키기를 원한다. 대부분의 사람들은 집단, 즉 가족, 직장 혹은 사회에서 자존심을 가지고 있다. 그러나 이것은 깨지기가 쉽고 변할 수 있는 상황에 있는 것이다. 만약에 우리가 자신이 속해 있었던 계층에서 내려오고 서열과 지위를 잃게 되면 우리는 큰 고통을 느끼는 상황에 처하게 된다.

앞서 언급한 바와 같이 불교심리학에서는 마음의 이와 같은 상태를, 신들이 큰 힘, 지위 그리고 기쁨을 즐기고 오랫동안 이러한 상태에 머물고 있는 영역과 같다고 본다. 하지만 어떤 시점에서 그들의 행운이 끝나고 추락에 대한 직관적인 공포가 시작된다. 이것은 그들의 위풍당당한 왕좌에 악취가 나기 시작하고 그들이 곧 추락하게 될 낮은 지위에 대한 상상으로 시작된다. 이것은 큰 고통으로 경험된다. 왜냐하면 그들은 그들의 누림과 혜택에 아주 익숙해져 있고 평범한 사람들의 일상적인 즐거움을 행복으로 느낄 수 없을 정도로 변해 있기 때문이다. 많은 현대의 록(rock) 스타들, 스포츠 영웅들 그리고 정치인들이 이와 같은 신의 영역에 빠져 있다. 그들이 악평을 받거나 망신을 당하거나 평범한 범인으로 추락하게 되면 극도의 공포에 빠지고 이를 견디지 못해 극단적인 선택을 하는 경우를 우리는 종종 볼 수 있다.

자만은 스스로에게 힘, 지위 그리고 부의 특권을 부여하는 것에 의해 발생하는 특권의식과 밀접히 관련되어 있다. 다른 사람들을 얕보고 자신과 자신이 속한 집단을 우수하다고 여기는 것이다. 초덴은 어릴 때 남아프리카에서 경험한 인종차별에서 이것을 보았다. 좋든 싫든 그는 힘과 부를 장악한 백인의 일원으로 태어났다. 당시 세계의 많은 사람들이 격분하고 있었음에도 불구하고 인종차별이 일상화되어 있었고 흑인을 동등한 인간으로 취급하지 않는 놀라운 일들이 벌어지고 있었다. 사람들은 인종차별이 혐오스러운 일인 줄은 알고 있지만 인종차별은 이미 무의식적으로 여전히 사람들의 정신에 침투해 있었다. 초덴이 관찰한 것은 이것이 은밀하게 오만과 자만으로 표출된다는 것이다. 이러한 특권의식은 대부분의 남아프리카 백인들의 심리적 기질이 되어 있었고 나중에 차별법이 폐지된 이후에도 오랫동안 그들의 삶 대부분을 지배하였다.

자만의 반대는 겸손(humility)이다. 삼예 링(Samye Ling) 티베트 센터의 아콩(Akong) 린포체는 겸손의 본보기이다. 오래전 그는 삼예 링에서 사원을 짓기 위한 노동에 참여하고 땅을 파는 일을 하였다. 몇 년 뒤, 사람들이 완성된 그곳에서 마음챙김 명상에 참여하기 위해 신발을 어지럽게 벗어놓고 간 후 그가 그 신발들을 신발장에 가지런히 놓는 장면이 종종 다른 사람의 눈에 보였다. 또한 여러 코스에 참여한 참가자들은 그가 삼예 링에 어지럽게 버려진 머그컵을 주워 모아 정리하는 장면을 보았다. 이 이야기는, 다음에 나의 파트너가 나에게 정중하게 쓰레기를 쓰레기통에 버릴 것을 요청하였을 때 내가 "당신은 오늘 내가 해야 할 중요한 일이 얼마나 많은지 모르지?" 하고 조용히 뇌까리면서 그를 무시할 때 떠올려야 할 겸손의 좋은 본보기로 남아 있다.

부러움이나 질투같이 자만도 잘 드러나지 않는 경우가 많다. 그러나 자만은 우리가 하는 모든 일을 오염시킬 수 있는 강력한 마음의 상태이다. 우리는 자신의 자만을 거의 볼 수 없다. 그러나 다른 사람들은 모두 우리의 자만의 말과 행위를 볼 수 있다. 그리고 자만은 다른 사람이 우리의 콧대를 꺾도록 재촉하기도 하고, 우리를 다른 사람과 분리시키는 아주 미세한 고통이기도 하다. 그리고 그것은 우리로 하여금 새로운 것을 배우지 못하게 한다. 왜냐하면 우리는 우리가 모든 것을 다 아는 상층부에 있다고 여기기 때문이다. 이러한 이유로 불교는 자만을 가장 문제가 되는 감정적 고통의 하나로 본다. 그것이 우리를 주위 모든 사람의 지성 및 우아함과 단절시키고, 명상의 진전을 방해하기 때문이다.

자만의 밑바닥에 놓여 있는 것은 아직 충분하지 않고 만족스럽지 않다고 여기는 깊이 뿌리박힌 불안과 두려움이다. 오만과 자만의 상태는 종종 이들 느낌을 감추는 보상심리의 기제이다. 자만에 직면하면 이와 같은 고통스럽고 연약한 느낌과 접하게 된다. 오만한 태도로 행동하고 있음을 인식할 때 우리는 당황하거나 수치스런 느낌이 일어나는 것을 알 수 있다. 그러므로 자만은 느낌과 태도의 복잡한 혼합임을 이해하는 것이 중요하다. 무엇보다 가장 중요한 것은 자만을 해체하기 위해 우리 안에 있는 이들 느낌에 자기연민을 가져와야 한다는 것이다. 마음속에 이것을 염두에 두고 지금부터 자만이 우리의 마음과 삶에 어떻게 나타나는지를 탐구하자.

1단계: 자만 알아차리기

당신의 주의를 호흡에 기울인다. 들숨을 약간 깊게 쉬고 날숨을 길게 쉰다. 바닥에 당신의 발이 닿는 것을 느끼고 의자에 앉은 당신의 몸무게를 느낀다. 일단 당신이 안정되고 접지상태에 이르면 한때 자만을 느꼈던 시점에 주의를 기울인다. 예를 들어 어떤 사람이 당신에게 별 것 아닌 일을 시켰을 때 "내가 왜 그런 일을 해야 해!" 하는 자만의 상태 혹은 당신이 타인에게 으스대거나 오만하였을 때를 회상한다. 이와 같은 마음상태를 인식하고 또한 그러한 방식으로 느끼는 것을 허용하는 것은 쉬운 일이 아니다. 그러면 다음과 같이 생각했거나 말했을 때를 돌이켜보라. "그건 내가 할 일이 아니야. 나는 그런 일은 하지 않아. 내가 누군지 모르는군. 나는 그런 일보다 더 중요한 일을 할 사람이야!" 이때 몸과 마음에 일어나는 것을 알아차린다. 그리고 당신의 마음이 자만과 관련된 이야기와 투사를 사용하였다는 사실을 받아들인다. 당신은 당신의 마음이 이 감정에 의해 흥분되는 것을 볼 수 있는가? 당신은 이 감정이 당신의 경험 전체를 물들이는 것을 볼 수 있는가? 이제 당신 몸에서 자만이 이야기하는 감각에 호기심을 가져라. 아마 당신은 가슴 주위가 부풀어오르는 감각을 느낄 것이다. 혹은 당신 몸 어딘가에 열이 나거나 수축이 있는 것을 느낄 것이다. 이제 자만이 어떤 느낌인지 알게 된 것을 인정하라. 이제 당신은 그것에 휘둘리기보다 그것을 알아차리게 되었다. 손을 가슴이나 당신 몸의 다른 곳에 놓는 간단한 친절의 제스처를 하면서 수행을 마친다.

자만심이라는 강한 생각이 당신의 마음에 일어날 때 그리고 당신이 오만 혹은 자만의 힘 아래에 있으면서 말하거나 행동할 때를 알아차리면서 이 수행을 매일 계속하라. 그리고 잠시 멈추어서 바닥에 있는 당신 발의 느낌을 알아차린다. 자만이 당신의 몸과 마음에서 어떻게 느껴지는지를 알아차린다. 이렇게 하면 당신 내면에서 작동하는 마음을 더 잘 알 수 있게 된다. 그리고 다음의 수행 단계에서 자만이 사라질 수 있는 토대를 마련할 수 있다.

당신 안에 있는 오만과 자만의 힘에 접속하면 당신은 삶을 되돌아볼 수 있고, 이 파괴적인 감정이 퍼져 당신 자신을 포함하여 주위 사람들에게 끼치는 해악 그리고 이것이 당신을 많은 사람으로부터 멀어지게 한 일들을 정직하게 평가할 수 있다. 이것을 실제로 가라앉게 하는 것이 오만과 자만의 습관적인 패턴으로부터 멀어지게 하는 힘을 만들고, 모든 사람을 동등하게 대하는 심성을 계발하는 것이다. 이것이 지금부터 우리가 하고자 하는 것이다.

평정(Equanimity: Upekkha)

평정은 통찰에 바탕을 두고 있는, 마음의 완벽하고 확고부동한 균형이다.

—승려 냐나포니카

이 심성은 종종 무관심 혹은 냉정함이라는 뜻으로 오해되고
있다. 진짜 뜻은 모든 것을 동등하게 돌본다는 뜻이다. 영어 단어
'equanimity'는 붓다가 사용한 두 개의 분리된 팔리(Pali)어 단어로부
터 연유한 것이다. 각각의 것은 평정의 다른 면을 언급한 것이다. 이
들 중에 가장 많이 사용되는 단어는 팔리어 우펙카(upekkha)이다. 이
것은 '살펴보다'라는 뜻으로 높은 산의 정상에 올라 아래에 있는 광
활한 지역을 보는 것과 같다. 이것은 투명하게 보는 힘을 말하는 것으
로, 보는 대상에 사로잡히지 않는다는 뜻이다. 평정의 이러한 의미는
전통적으로 할머니가 손자를 사랑하는 것에 비유하기도 한다. 할머니
는 폭 넓은 경험으로 손자를 사랑하지만 손자의 삶의 기복에 말려들
지 않는다. 한 걸음 물러서서 사랑스런 눈과 이해로 손자를 돌본다,

두 번째로 타트라마즈하타타(tatramajjhattata) 또한 평정으로 번역
하는데 '이 모든 것의 중간에 서다'는 뜻이다. 이것은 내적으로 그리
고 외적으로 발생하는 것의 한가운데 있는 균형의 심성을 말한다. 마
치 배가 바닥짐(ballast) 때문에 높은 파도 속에서도 꼿꼿하게 서 있을
수 있는 것과 같다. 이것은 우리가 습관적인 반응에 빠지지 않고 경
험의 파도를 탈 수 있게 한다.

평정의 이들 두 가지 측면—투명하게 살펴보고 내면의 균형을
잡는 것—에 기초하여 우리는 모든 살아 있는 존재와의 연대감과 평
등성을 보기 시작한다. 우리가 고통받고 있는 것과 같이 다른 생물
도 고통받고 있다. 우리가 고통으로부터 해방되고 행복하기를 원하

는 것과 같이 모든 생물 역시 그러하다. 이러한 사실이 평등성의 지혜로 귀결된다. 표면상 여러 가지 차이가 있음에도 불구하고 근본적으로 우리는 모두 같은 존재라는 것을 깨닫게 된다. 이러한 의미에서 평정은 자만과 오만의 자연스런 해독제이다.

　이러한 연대감과 평등의 감각은 우리가 좋아하는 것들에 한정하지 않고 우리가 모르는 무수한 생물과 우리가 적으로 간주하는 사람에 이르기까지 위대한 연민을 갖게 한다. 연민의 뿌리는 수많은 시간을 살아오면서 모든 살아 있는 존재는 어느 시점에 우리의 어머니였고, 이번 생애에 다른 생물이나 적으로 살아간다 할지라도 우리보다 중요하지 않는 존재는 없다는 것을 관조하는 대승불교 전통에 있다. 굳이 환생을 믿지 않아도 이것은 삶의 상호연관성과 우리 각각의 삶이 많은 다른 생물의 친절에 의존하고 있음을 지적하는 것이다. 이와 같은 관점에서 보면 나의 친구, 낯선 사람 그리고 적이라는 존재도 모두 일시적인 것이며 피상적인 것이다. 오직 순수한 대응은 모든 존재를 동등하게 대하는 것이다.

　평정은 다른 사무량심 세 가지를 보강한다. 자애, 연민 그리고 공감의 기쁨을 계발하는 것을 배울 때 우리는 우리가 좋아하는 이들, 우리가 무관심한 이들 그리고 우리가 싫어하는 이들 모두를 위해 평정의 심성을 계발함으로써 습관에 예속되어 반응하는 우리의 행동을 넘어설 수 있다. 우리는 이것을 친구, 낯선 사람 그리고 적이라는 우리의 정신적 개념 너머에 있는 연대감과 동등성의 공통점을 발견함으로써 할 수 있다. 이것이 평정 수행의 핵심이다. 우리는 이미 앞서 정좌수행에서 사무량심을 수행할 때 이 수행을 하였다. 예를 들어 공감의 기쁨 수행에서 우리는 우리가 좋아하는 사람, 중립적인 사람,

싫어하거나 질투하는 사람에게 모두 차별 없이 공평한 방식으로 기쁨을 계발하는 법을 배웠다. 이제는 평정을 계발하기 위한 일상의 수행을 하자.

> **일상의 수행: 평정 계발**
>
> 당신이 일상생활을 할 때 좋아하고, 싫어하고, 무관심한 습관적 반응이 당신이 만나는 사람에 따라 어떻게 발화되는지를 알아차린다. 당신이 좋아하는 사람이 있고, 당신이 회피하는 사람이 있으며 나머지 대부분은 무관심한 사람이다. 당신이 만나는 사람에 따라 이들 습관적 반응이 당신의 마음 상태에 어떻게 영향을 주고 행복, 스트레스 혹은 중립의 느낌으로 귀결되는지를 알아차려라. 당신이 평정의 핵심에 놓여 있는 것을 투명하게 살펴보고 내면의 균형을 취하는 원리를 적용할 수 있는지를 확인한다. 당신이 거리에서 사람들을 지나칠 때나 상점에서 사람들이 당신에게 봉사할 때, 혹은 당신이 생경한 사회적 범부를 혐오할 때 그들에게 조용히 다음 구절을 읊는다.
>
> 당신도, 나와 똑같이 행복을 원하고 고통에서 해방되기를 바란다.
> 당신도, 나와 똑같이 안전을 느끼고 사랑 받기를 동경한다.
> 당신도, 나와 똑같이 혼란에서 벗어나고 잘못을 저지르지 않기를 원한다.
>
> 당신은 연대감과 평등성의 공동의 유대를 표현하기 위해 당신 자신만의 표현을 만들어도 좋다. 이들 구절을 말했을 때 당신이 어떻게 느끼는지를 알아차려라.

자만의 마음 직접 보기

이제 우리는 우리의 자만을 직접 보고 그 안에서 지혜를 깨닫는 수행을 하는 주요한 지점에 이르게 되었다. 앞에서와 같이 네 단계로 진행한다. 자만과 관련된 생각과 느낌을 알아차리는 단계, 자만을 직접 보는 단계, 평정을 위한 해독제를 계발하는 단계 그리고 우리의 경험 한가운데서 안식하는 단계로 진행된다.

2단계: 자만의 마음 직접 보기

위에서와 같이 1단계의 정좌수행을 한 뒤, 다시 당신이 자만과 오만을 느꼈던 상황에 마음을 기울인다. 그리고 당신의 마음에 자만과 관련된 유사한 이야기나 투사를 받아들인다. 잠시 후에 당신의 초점을 이동시켜 당신의 마음에서 작동하고 있는 드라마에 빠지는 대신에 그것을 직접 본다. 당신의 주의를 호흡과 바닥에 앉아 있는 몸으로 돌려 알아차리는 것이 도움이 될 수 있다. 이것을 기초로 하여 한 걸음 물러나 펼쳐지고 있는 자만의 드라마를 본다. 자만의 마음을 직접 볼 때 당신이 알아차린 것은 무엇인가? 당신은 자만에 의해 부풀려진 '대상적 나'의 견고한 감각을 느끼는가? 이것이 어떻게 당신의 몸에 반영되는가? 다음과 같은 질문을 하여 자만에 대한 당신의 태도에 대해 호기심을 가져라. "내가 느끼고 있는 그것을 나는 어떻게 느끼나(HIFAWIF)?" 이 질문이 자만을 느끼고 있는 것에 대한 근원적인 저항이나 두려움, 수치심이나 슬픔을 폭로할 수도 있다. 당신은 당신의 알아차림 안에서 친절한 방식으로 이들 느낌을 잡을 수 있는지를 보라. 이제 또다시 당신의 주의를 당신의 호흡 그리고 앉아 있는 당신의 몸에 대한 알아차림으로 되돌린다.

우리는 이제 고통스런 마음의 힘에 빠지기보다 그 마음을 직접 보는 과정에 완전히 익숙해져야 한다. 이와 같은 초점의 이동은 엄청나게 중요한 것으로 우리를 통찰 수행의 핵심으로 안내한다. 왜냐하면 마음의 태도와 투사에 이끌려 다니는 대신 관찰하는 마음을 직접 보는 법을 배우기 때문이다. 아주 소수의 사람만이 이렇게 할 수 있다. 많은 사람들은 마음챙김 수행을 통해서 그들의 암류(보통의 생각과 감정)에서 일어나는 것을 알아차리는 것을 배우지만 소수의 사람만이 '나'라는 느낌이 거주하고 있는 관찰자에게 직접 주의를 기울일 수 있다. 이러한 초점의 이동이 매우 중요하다. 왜냐하면 이러한 이동이 고통스런 감정 속에 있는 지혜의 에너지를 빛나게 하기 때문이다. 자만의 경우에 그것은 평등성의 지혜이다. 이것은 다음과 같이 표현된다.

자만의 대상을 추적하지 마라, 부여잡고 있는 마음을 보라.
스스로 일어나 스스로 사라지는 자만은 원초적 텅 빔(primordial voidness)이다.
원초적 텅 빔은 평등성지(wisdom of essential sameness)*와 다르지 않다.

만약 우리가 자만의 위세에 빠져 있기보다 자만을 직접 본다면 자만은 우리 스스로 만든 유령이라는 것을 알 수 있다. 그것은 실체가 없다. 만약 우리가 그것의 힘 아래에 있다면 온갖 종류의 오

---

* 평등성지(平等性智)란 수행을 통해서 일체가 차별 없이 절대로 평등하다는 진리를 아는 지혜를 갖추는 것이다.

만과 자만의 분별이 뒤따를 것이다. 이것이 원초적 텅 빔의 의미이다. 그것은 항상 처음부터 실체가 없었다. 자만을 직접 볼 때 우리는 자만이 실체가 없음을 볼 수 있다. 그것은 실재하던 것이 공이 된 것이 아니다. 붓다의 가르침에 의하면 모든 것이 원초적 텅 빔과 같이 존재한다. 그 자체로 존재하는 것은 없다. 즉 모든 것은 여러 부분으로 구성되어 있고 단독으로 존재하는 것은 없다. 우리는 제3장에서 이것을 탐구하였다. 이런 관점에서 보면 모든 현상은 우리가 모든 현상에 투사한 개념인 공이다. 왜냐하면 우리의 개념은 사물이 독립적이며 견고한 실체라고 가정하지만 현실은 이것을 입증하지 못하기 때문이다. 모든 사물은 서로 연결된 더 작은 것으로 분해될 수 있다. 만약 모든 것이 똑같은 공의 성질을 갖고 있다면 자만이 존재할 여지도 없다. 자만의 마음도 공이고 따라서 자만의 대상도 공이다.

공성(emptiness)에 대한 이러한 이해는 신경과학에서 점차 지지를 얻고 있다. 제7장에서 우리 뇌가 한순간에서 다음 순간으로 끊임없이 상황을 예측하고 있음을 토의하였다. 사실상 일이 진행됨에 따라 그 자신만의 현실 버전을 만들어내고 있는 것이다. 정상에서 벗어난 일이 일어났을 때는 현실의 이 버전을 조정한다. 더욱이 신경과학의 관점에서 보면 정확히 무엇이 외부 세계를 구성하는지에 대해 확실한 것은 없다. 하지만 우리가 알고 있는 것은, 뇌는 두개골의 한계 안에서 세계에 대한 우리의 지각을 구성하고 있다는 것이다. 이것은 붓다가 수천 년 전에 말씀하신 것으로 그의 공성에 대한 가르침으로 알려져 있다. 붓다는 뇌의 작동에 대해서는 알지 못했지만, 명상 경험을 통하여 우리가 속한 현실의 내적 및 외적 경험이 공임을 알았다. 왜냐하면 현실이란 것이 마술사가 환상을 불러일으키는 방식에 맞먹는 방식으로 마음에서 구성되기 때문이다.

일단 우리가 자만의 마음이 현실을 그 자신의 버전대로 만드는 것을 보고 그것을 직접 보는 것으로 인해 그것이 노출되면 다음 단계에서 평정이라는 해독제를 사용할 수 있다.

> ### 3단계: 해독제로서의 평정 계발
> 오만하고 자만하였던 과거의 상황을 회상한다. 이 상황에 개입된 사람을 모두 마음에 떠올린다. 이들에게 평정의 구절을 말할 수 있는가? 이 구절들이 당신의 마음에 닿도록 읊는다. 예를 들어, 다음과 같은 구절이다.
>
> 당신도 나와 더불어 행복해지고 고통에서 자유로워지기를
> 당신도 나와 더불어 안전하고 사랑받기를
> 당신도 나와 더불어 혼란에서 벗어나고 과오를 저지르지 않기를
> 당신도 나와 더불어 종종 연약하고 외로운 존재라는 것을 느끼기를
>
> 다른 사람과 진정으로 직접 연결될 수 있는 당신 자신만의 구절을 만들 수도 있다. 자신이 만든 구절을 읊고, 이때 당신이 느낀 것을 알아차린다.

자만은 종종 "내가 더 낫다." 혹은 "내가 최고다."라는 상황을 만든다. 내가 꼭대기에 있다고 느끼고 다른 사람은 그 아래 있다고 느낀다. 하지만 우리가 우리 아래에 있다고 생각한 사람들을 정직하게 보고 삶의 근본에서 그들이 우리와 동일하다고 깨달으면, 자만의 임시변통의 비계는 붕괴된다. "내가 자랑스럽다."는 것은 인간 존재의

심원한 진리에 비추어 보면 완전히 일시적이고, 표면적이며 터무니없는 판단이다. 하지만 이 수행을 건조하게 지성적인 방식으로 하지 않고 당신의 가슴에 와닿게 하는 것이 중요하다. 이것을 가슴과 연결할 때 우리는 다른 사람과 우리의 평등성과 연대감을 느낀다. 그리고 이것이 자만의 뿌리를 약화시킬 수 있다.

이 수행은 또한 지혜의 에너지가 출현하는 조건을 만든다. 일단 우리가 근본적으로 다른 존재와 같다는 것을 깨달으면 우리는 우리 모두가 투사를 하고 있다는 것을 깨닫게 되는 다음 단계로 나아갈 수 있다. 우리는 모두 살아가면서 현실을 만들고 있고, 그 현실을 각자 다른 방식으로 견고한 현실로 받아들이고 있다는 것을 이해하게 된다. 이와 같은 방식으로 이해하면 위대한 연민이 공성의 문을 통하여 들어와 그릇된 자만을 대신할 것이다.

4단계: 경험 한가운데서 안식하기

이제 당신의 몸이 바닥에서 쉬는 것과 같이 당신의 마음을 몸 안에서 쉬게 한다. 그리고 당신 경험의 전체—생각, 느낌, 감각—와 접속한다. 그리고 그 모든 것 한가운데서 안식한다. 자만이 일어나는 것에 주의를 기울이면서 안식한다. 그리고 때때로 자만이 당신의 분별을 사로잡는 것을 알아차린다. 그러면 자만의 마음을 직접 본다. 그리고 평정이라는 해독제를 사용한다. 그다음에는 안식으로 돌아온다. 분별에 사로잡힌 것을 알았을 때는 호흡이라는 마음챙김 지원을 이용한다. 마음이 안정되면 또다시 모든 것 한가운데서 안식한다.

마지막에 이르러 우리는 모든 방법을 내려놓고 바로 안식한다. 안식화는 평정의 표현이다. 그것은 우리가 경험하는 것의 세부사항에 묶이지 않고 우리 자신을 경험의 충만함에 거주하게 하는 것이다. 이와 같은 점에서 그것은 높은 산에 올라 아래에 있는 전체를 조망하는 것과 같은 것으로, 평정의 첫 번째 의미와 일치한다. 그것은 또한 산과 같이 단단하게 앉아서 반응에 사로잡히지 않는 우리의 경험 한가운데에 있는 내면의 균형을 발견하는 방식이다. 이것은 평정의 두 번째 의미와 일치한다. 우리가 안식할 수 있는 가장 중요한 방식은 따스함과 친절이 스며들게 하는 것이다. 따라서 자만에 대한 해독제는 모든 존재를 동등하게 대하는 것이고 안식화의 수행도 우리 자신의 모든 부분을 동등하게 대하는 것이다. 이것이 평정의 핵심이다.

결론

우리가 지금까지 제시한 기술과 수행—때로는 당신이 그것들을 응용할 수 있을 것이고 때로는 응용하기 어려울 수도 있다—을 세련화하려면 상당한 시간의 수행이 필요하다. 그러나 걱정하지 말라. 그것이 정상이다. 그것은 경멸하는 적의 행복을 축하하고, 우리가 천하고 열등하다고 간주하는 어떤 사람을 향해 평정을 계발하는 것이므로 많은 시간과 인내를 요구한다. 만약에 아무것도 할 수 없다면 이들 파괴적인 감정을 행동에 옮기지 않고, 대신에 자연스런 해독제를 계발하기 위한 자신의 의도를 상기한다. 그때 만약 이들 감정에 빠져 있는 것을 발견한다면, 우리는 이것에 대한 책임으로 미래에 그것과 다르게 대응할 의도(기대가 아니다)를 가질 수 있다.

수행 코너

앞에서 행한 바와 같이 질투와 자만을 위한 정좌수행 네 단계를 각각 연습할 것이다. 이것은 위에서와 같은 반복이지만 역시 매우 유용할 것이다.

연습 12 질투를 다스리는 정좌수행

1단계

부러움과 질투의 습관을 창조적으로 다루기 위한 의도를 갖고, 이것을 하는 당신의 동기를 숙고하면서 수행을 시작한다. 먼저 당신의 주의를 호흡의 흐름에 가져온다. 들숨을 약간 깊게 쉬고 날숨을 길게 쉰다. 바닥에 있는 당신의 발과 의자에 있는 몸에서 몸무게를 느낀다. 일단 안정화에 들고 접지화의 상태에 이르면 당신의 마음에 당신이 부러워하는 사람 혹은 당신이 질투를 느끼는 상황을 떠올린다. 그런 상황을 생각할 수 없다면 당신의 삶에서 당신이 가져야만 했던 어떤 것을 다른 사람이 가져갔기 때문에 불공정하다고 느꼈던 상황 혹은 강한 경쟁관계를 느꼈던 상황이 있었는지 자신에게 묻고 그 상황을 떠올린다. 이때 어떤 일이 일어나는지를 본다. 그리고 당신 자신이 이 내적인 이야기 줄거리에 스스로 빠진다. 당신이 원하는 것을 상대방이 어떻게 가져갔는지 혹은 경쟁상대가 어떻게 불공정하였는지 회상한다. 그리고 이들 느낌과 생각을 부추긴다. "그가 그것을 가져갔어. 그러면 안 되지! 내가 그것을 가져야 했는데, 그건 불공정한 일이야!" 등등. 당신의 마음이 이런 감정에 의해 악화되는 것을 볼 수 있나? 이런 사실이 당신의 경험 전체를 어떻게 채색하는지 볼 수 있나? 이제 당신의 몸이 느끼는 것을 알아차린다. 당신 몸이 이야기하는 질투의 감각에 호기심을 갖는다. 아마 턱이 굳어지거나 눈에서 눈물이 감지되고, 몸 어딘가가 수축되거나 열이 날 수도 있다. 부러움과 질투가 어떤 느낌인지 인식한다.

2단계

이제 당신의 초점을 이동하여 당신의 마음에서 작동하고 있는 드라마에 사로잡히는 대신에 그것을 직접 본다. 이때 당신의 주의를 호흡 혹은 정좌하고 있는 당신의 몸에 대한 알아차림에 가져오는 것이 도움이 될 수 있다. 이렇게 명상하면서 한 걸음 뒤로 물러나 펼쳐지고 있는 질투의 드라마를 직접 본다. 당신은 질투에 의해 부풀려진 견고한 '대상적 나'의 감각을 느낄 수 있나? 이것을 당신의 몸에서 어떻게 느끼나? 다음 질문을 하면서 질투에 대한 당신의 태도에 호기심을 가져라. "지금 내가 느끼고 있는 것을 나는 어떻게 느끼나?(HIFAWIF)" 이것이 질투의 느낌에 대한 근원적인 저항이나 두려움, 수치심이나 슬픔을 드러낼 수 있다. 당신이 이들 느낌을 알아차림 안에서 친절한 방식으로 잡을 수 있는가를 보라. 다시 당신의 주의를 호흡과 정좌하고 있는 당신 몸의 알아차림으로 되돌린다.

3단계

또다시 당신의 마음을 당신이 질투하고 있는 사람에게 보낸다. 이번에는 그들이 행운을 잡고 행복하기를 바라는 염원을 적극적으로 계발한다. 예를 들어 당신이 어떤 사람의 인기를 부러워한다면 그의 인기가 더 올라갈 것을 염원하고, 어떤 사람의 부를 탐낸다면 그의 부가 더 많아질 것을 염원하고, 그가 당신이 좋아하는 사람과 친밀한 것을 질투하고 있다면 그들의 관계가 축복과 기쁨으로 충만할 것을 염원한다. 각각의 경우에 그들이 기뻐하고 행복할 것을 염원하라. 그러나 당신은 저항과 장애에 직면할 수도 있다. 왜냐하면 이렇게 하는 것이 당신의 습관적 패턴에 반하는 일이기 때문이다. 결론적으로, 만약 축하하는 느낌이 들지 않으면 그때는 다음과 같은 방식으로 당신의 의도를 재확인한다. "이 순간 나는 이 사람에게 마음을 열 수 없구나. 그러나 언젠가는 마음을 완전히 열 수 있을 거야" 하고 염원한다. 그리고 저항과 장애가 당신의 몸과 마음에서 어떻게 느껴지는지를 인식한다. 동시에 몸과 마음의 긴장된 영역에서 호흡하면서 그 주위를 부드럽게 하는 자기연민을 수행한다. 그리고 몸과 마음이 현재에 머물게 한다.

4단계

이제는 당신의 몸이 방석이나 의자에서 쉬는 것과 같이 당신의 마음을 몸 안에서 쉬게 한다. 당신의 모든 경험과 접촉하라. 그리고 그 모든 것 한가운데서 바로 쉰다. 질투가 일어나는 것을 경계하면서 머문다. 때때로 질투가 당신의 분별을 휘어잡는 것을 알아차린다. 이런 일이 일어나면 질투하는 마음을 직접 보고 공감의 기쁨이라는 해독제를 투입한다. 그리고 안식화로 돌아온다. 만약 당신이 분별에 사로잡힌 것을 알게 되면 그때는 호흡의 지원을 받아 마음챙김을 한다. 마음이 안정되면 또다시 모든 것의 한가운데서 안식한다.

질투를 다루는 일상생활

일상생활을 하면서 부러움이나 질투와 연관된 생각이나 느낌이 일어나면 이것을 알아차리고 이들 감정의 에너지를 창조적으로 활용할 수 있는 기회로 삼는다. 먼저 당신 자신에게 질투의 파괴적인 힘을 상기시킨다. 공감의 기쁨을 계발하기 위한 당신의 의도를 상기한다. 잠시 멈추어서 당신의 주의를 당신의 호흡과 바닥에 있는 발에 대한 느낌에 보낸다. 다음에 부러움과 질투가 당신의 몸과 마음에서 어떻게 느껴지는지를 알아차린다. 당신의 주의를 내부로 돌려 질투의 마음을 직접 본다. 그것을 볼 때 내면의 드라마가 사라지는 것을 확인한다. 그러나 질투의 마음이 재빠르게 되돌아오는 것도 알아차린다. 이때도 질투의 마음을 직접 본다. 그다음에는 질투의 상황에 개입된 사람들—당신 자신을 포함하여—에게 축하의 구절을 보낸다. 그리고 어떤 생각, 감정, 신체적 감각이 일어나는지 확인한다. 잠시 당신의 경험 한가운데서 안식한다. 그리고 그날 일어났던 어떤 좋은 일에 감사하는 것과 같이 어떤 일을 다르게 할 수 있는 가능성이 있는지를 본다.

연습 13 자만을 다스리는 정좌수행

1단계

오만과 자만의 습관을 창조적으로 다루기 위한 의도를 갖고 수행을 시작한다. 그리고 이것을 하는 당신의 동기를 반영한다. 그다음에 당신의 주의를 호흡의 흐름에 보낸다. 들숨을 약간 깊게 쉬고 날숨을 길게 쉰다. 일단 당신이 안정화와 접지화에 도달하면 과거에 자만을 느꼈던 순간으로 초점을 이동한다. 예를 들어 어떤 사람이 당신에게 별일 아닌 일을 부탁하였을 때나 당신이 무언가를 뽐내며 자랑할 때 당신이 자만에 빠진 당시의 상태로 이동한다. 이러한 마음의 상태를 인식하거나 그와 같은 방식의 느낌을 허용하는 것은 쉽지 않다. 그렇기에 당신이 지난번에 이렇게 생각하거나 말한 것을 다시 생각해본다. "그건 내가 할 일이 아니야. 나는 그런 일을 할 생각이 없어.", "내가 누군지 모르는군." 혹은 "나는 그것보다 더 중요한 일을 하고 있어."라고 생각했던 때에 일어나는 느낌을 알아차린다. 그리고 당신의 마음에 자만과 관련된 이야기나 투사를 받아들인다. 당신은 이 감정에 의해 당신의 마음이 악화되는 것을 볼 수 있나? 당신은 이 감정이 당신의 경험 전체를 채색하는 것을 볼 수 있는가? 이제는 당신 몸이 이야기하는 자만의 감각에 호기심을 갖는다. 아마 당신은 가슴 주위가 황소개구리처럼 부풀어 오르는 감각을 느끼거나 몸 어딘가가 수축되고 열이 나는 것을 느낄 수 있다. 자만이 당신에게 어떤 느낌을 주는지 당신은 알고 있지만 그러나 이제 당신이 그것을 알아차리는 느낌이 전과는 다르다는 것을 인식한다.

2단계

이제 당신의 초점을 이동시킨다. 그리고 당신의 마음에서 작동하고 있는 드라마에 사로잡히는 대신 그것을 직접 본다. 이때 당신의 주의를 호흡과 몸에 대한 알아차림에 보내는 것이 도움이 될 수 있다. 이것을 토대로 하여 한 걸음 물러나 내면에서 전개되고 있는 자만의 드라마를 본다. 당신이 자만의 마음을 볼 때 무엇을 알아차릴 수 있나? 자만에 의해 부풀려진 견고한 느낌의 '대상적 나'의 감각을 얻을 수 있나? 이것이 당신의 몸에서 어떻게 나타나나? 그리고 다음과 같이 질문하면서 자만의 태도에 대해 호기심을 갖는다. "내가 느끼고 있는 것을 지금 나는 어떻게 느끼나?(HIFAWIF)" 이것이 자만의 느낌에 근원적인 저항, 두려움, 수치심 혹은 슬픔을 드러내게 할 수도 있다. 당신의 알아차림 안에서 친절한 방식으로 이들 느낌을 잡을 수 있는지를 보라. 이제 또다시 당신의 주의를 호흡과 의자에 앉아 있는 몸에 대한 알아차림으로 보낸다.

3단계

다시 당신의 오만과 자만을 떠오르게 하는 상황을 회상한다. 그리고 이 상황에 개입되어 있는 모든 사람을 마음에 떠올린다. 당신이 이들 각자에게 평정의 구절을 가슴에서 우러나서 읊을 수 있는지를 보라. 아래의 구절을 읊어보라.

당신도 나와 더불어 행복하고 고통에서 자유롭기를
당신도 나와 더불어 안전하고 사랑받기를
당신도 나와 더불어 혼란에서 벗어나고 과오를 저지르지 않기를
당신도 나와 더불어 종종 연약하고 외로운 존재임을 느끼기를

진심 어린 방식으로 사람들과 연결되는 구절을 직접 만들 수 있다면 그것을 만들어 읊어보라. 그것을 읊을 때 당신이 느끼는 것을 알아차린다.

4단계

이제 당신의 몸이 접지에서 안식하는 것과 같이 당신의 마음은 몸에서 안식한다. 그리고 당신의 모든 경험에 접속한다. 그리하여 그 모든 것 한가운데서 바로 쉰다. 자만심이 일어나는 것을 경계하라. 때때로 자만이 당신의 분별을 잡는 것을 알아차린다. 자만심이 일어나면 다시 자만의 마음을 직접 보고 평정의 해독제를 투입한다. 그리고 안식으로 되돌아온다. 만약 당신이 분별에 사로잡혀 있는 것을 알면 호흡을 지원으로 하여 마음챙김을 한다. 그리고 당신의 마음이 안정될 때 다시 모든 것 한가운데서 안식한다.

자만을 다루는 일상의 수행

일상생활을 할 때 마음에서 자만의 생각이 일어나는 때와 당신이 오만과 자만의 힘 아래에서 말하고 행동하는 때를 알아차린다. 이때를 이들 감정의 에너지를 창조적으로 다룰 수 있는 기회로 만들어라. 먼저 자만의 파괴적인 힘을 인식하고 평정을 계발하기 위한 당신의 의도를 상기한다. 잠시 후 당신의 주의를 당신의 호흡과 바닥에 있는 발의 느낌에 보낸다. 오만과 자만이 당신의 마음과 몸에서 어떻게 느껴지는지를 알아차린다. 그다음에는 당신의 주의를 내부로 돌려 자만의 마음을 직접 본다. 당신이 그것을 볼 때 내면의 드라마가 사라지는 것을 알아차린다. 그리고 그것이 빠르게 다시 돌아오는 것도 알아차린다. 그러면 다시 자만의 마음을 직접 본다. 그다음에 이 상황에 개입되어 있는 모든 이에게 평등의 구절을 읊는다. 그리고 어떤 생각, 감정, 신체적 감각이 발생하는지를 알아차린다. 잠시 당신의 경험 한가운데서 안식한다. 그리고 자만의 시나리오에 개입된 사람들의 선량한 심성을 회상하는 것과 같이 어떤 일을 다르게 할 수 있는 가능성을 본다.

11

무지의 노출

우리의 학생 한 명은 인생이 고통스러울 뿐만 아니라 왜 그런지 이해할 수 없기 때문에 마음챙김 수행을 한다고 말하였다. 통찰 수행을 시작하고서 그 학생은 자신이 순간순간 그리고 날마다 수많은 습관에 빠져 살았지만 그것을 여태껏 알지 못하고 있었다는 것에 놀라워하였다. 수행 이전에는 그녀 자신이 자신의 삶의 대리인이라 생각했는데 지금은 습관이 그녀를 지배하고 쇼를 벌이고 있었음을 깨달았다. 그녀는 지금까지 자신의 삶의 상황이 결코 정당하지 않다고 판단하는 아주 강한 습관을 갖고 있었다. 자신의 직업도 인간관계도 그 외의 다른 것들도 올바른 것이 없다고 판단하며 다른 어딘가에 더 옳은 것이 있다고 생각하고 있었다. 그러나 그녀는 그곳을 찾을 수가 없었다. 점차 그녀는 이러한 패턴의 뿌리가 어린 시절 부모로부터 환영받지 못하고 사랑받는 느낌을 가지지 못한 것에 있다는 것을 이해하기 시작하였다. 이러한 상처의 핵심은 그녀의 삶을 지배하는 미로 같은 습관의 뿌리에 있다. 수행이 깊어졌을 때 그녀는 자신이 미로 한가운데서 살아왔음을 알고 깜짝 놀랐다. 그녀가 자신의 이러한 삶을 친절히 수용하기 위해 용기를 내었을 때 모든 것이 점차 열리고 변하기 시작하였다. 그녀는 자신과 같이 살아가는 사람들과 사물에 덜 고립되면서 더 연결되는 느낌을 갖기 시작하였다.

이 장에서 우리는 이와 같은 무지(ignorance)의 미로 한가운데서 길을 찾으려고 한다. 처음에 무지란 본래 자기속임수(self-concealing)라고 하는 헷갈리는 주제임을 다룬다. 우리는 어둠속에서 무지를 잡고 있는 미세한 기제를 보지 못하고 있다. 그래서 우리는 무지에 직접적으로 접근할 수 없다. 때문에 무지의 존재를 가리키는 것들에 접근해야 한다. 이것은 불을 보기 위해 먼 곳에서 피어오르는 연기를 먼저 보는 것과 같다. 우리는 불이 있는 곳을 알기 위해 먼저 연기를 보고 연기가 나는 방향으로 걸어가야 한다.

우리는 이 책에서 무지를 여러 번 언급하였다. 이 용어의 뜻은, 우리는 자신을 둘러싸고 있는 삶의 상호연결의 진리를 모른다는 뜻이다. 이것은 우리의 자아감이 점차 견고해지는 것을 느끼기 시작할 때와 '대상적 나'라는 거품의 삶이 시작할 때 발생한다. 즉 단순한 '나'에서 자기중심적 선호시스템(EPS)의 특징으로 정의되는 구체화된 '나'로, 자기애호의 '나'로 이행되는 과정에서 발생한다. 우리가 지난 두 장에서 본 바와 같이 감정적 고통은 이 과정에 연료를 공급한다. 이 과정이 응결되고 분리된 경험을 강화하는 '분별하면서 말하고 행동하는 습관'을 이끌어간다. 이때 우리는 우리를 통하여 흐르는 삶의 과정의 밀접한 일부라는 사실에 대한 접촉을 잃는다. 우리는 우리가 거주하는 몸과 마음만큼 우리가 숨을 쉬는 공기, 우리가 서 있는 지구, 그리고 우리가 알고 사랑하는 사람과 같은 존재이다. 명상(Zen)의 스승인 틱낫한(Thich Nhat Hanh)이 언급한 바와 같이 우리는 상호연결의 존재(interbeing)이다. 붓다의 핵심 가르침 중의 하나는 우리가 이와 같은 진리에 대한 접속을 잃을 때 고통을 받는다는 것이다.

이 장의 첫 번째 부분에서는 불로 인하여 생긴 연기가 나는 방향을 찾는 것이다. 우리는 무지와 밀접하게 연결되어 있는 두려움과 불안, 억제와 투사를 탐색할 것이다. 우리는 이것을 과도하게 철학적으로 접근하지 않고 실천적이고 경험적인 방식으로 진행할 것이다. 이 장의 두 번째 부분에서는 보다 직접적으로 불에 접근할 것이고 무지가 노출될 때 일어나는 지혜를 마주할 것이다. 마지막 부분에서는 우리를 상호연결된 존재의 진리에 접속하게 하고 우리 마음에 묶여 있는 무지를 노출하는 수행을 할 것이다.

두려움과 불안

신경생리학자 스티븐 포지스(Stephen Porges)는 인간 존재는 그들의 몸에서, 환경에서 그리고 다른 사람과의 관계에서 안전을 느끼기 위해 일생 동안 탐색 행위를 한다고 주장하였다. 그리고 이러한 기제가 우리의 자율신경계 안에 내장되어 있다고 하였다. 우리는 안전을 동경한다. 왜냐하면 그것이 우리에게 최선이라고 믿기 때문이다. 안전이 우리의 신뢰, 관계 그리고 공동의 창조에 대한 우리의 가능성을 높인다. 그렇지만 이러한 안전한 느낌을 잃기는 아주 쉽다. 왜냐하면 자율신경계는 어떤 위협에 높은 주의를 기울일 준비가 되어 있기 때문이다. 자율신경계는 의식의 지배하에 있지 않다. 우리는 제3장에서 이러한 사실을 알았다. 더욱이 우리가 위협에 처했을 때 우리의 지배적인 감정 반응 중의 하나는 두려움(fear)이다. 이것이 릭 핸슨이 설명한 '적색 구역(red zone)'이다. 릭 핸슨은 우리가 진화과정에서 적색 구역에서 잠깐 머물고 녹색 구역에서 장시간 안식하면서 상황을 바로잡도록 설계되었다고 주장하였다. 현대인의 삶의 문제는 대부분의 사람이 많은 시간을 스트레스, 불안 그리고 두려움의 적색 구역에서 살고 있다는 것이다. 우리는 제8장에서 이것을 공부하였다.

도시의 거리나 쇼핑몰에서 걷고 있는 사람들의 얼굴에 주의를 기울이면 그들 중 많은 사람으로부터 뿜어져 나오는 불안과 두려움을 느낄 수 있다. 우리의 학생 한 명은 자신은 거의 대부분 불안 속에서 살고 있다고 언급하였다. 때때로 안정을 느끼고 긴장 상태에서 벗어나기도 하지만 거의 대부분의 시간 그녀는 여러 가지 독성을 가진 감정을 경험한다고 하였다. 그녀는 불안을 해소하는 어떤 것을 하고 싶은 욕망, 혹은 평화롭고 편안해 보이는 사람에 대한 부러움을 갖고 있었다. 우리는 여기서, 지난 두 개의 장에서 본 여러 가지 고통스런 감정의 밑바탕에는 불안이 존재함을 볼 수 있다.

어떤 다른 학생은 자신의 걱정에 먹이를 주는 것이 자신의 정서적 균형을 유지하는 데 도움을 준다고 말하였다. 이것은 신경질적인 생각에 의해 부채질되는 내면의 역기능 상태이지만 그녀는 그것이 친숙하고 안전하게 느껴진다고 생각하였다. 그녀는 자신의 불안한 느낌과 생각이 사라지는 것에 큰 두려움을 느끼고 있다. 왜냐하면 불안함이 자신의 정체성의 일부가 되었기 때문이다. 그녀는 눈물을 흘리면서 만약 자신의 반복적인 불안한 생각에 대한 분별이 중단되면 자제력을 잃을 것이라는 내면의 두려움을 느끼고 있다고 말하였다.

불안은 심리학과 신경과학에서 아주 큰 연구 주제이다. 그렇지만 여기서 우리의 관심은 그것이 어떻게 자기수축으로 인도되는가

하는 것이다. 불안이 어떻게 우리의 자아감을 견고하게 하고, 분리시키고, 단절된 것으로 느끼게 하는가 그리고 이것이 어떻게 무지를 강화하는가 하는 것이다. 우리의 경험에서 불안이 어떻게 작동하는지를 보기 위해서 불안에 초점을 둔 수행을 하자.

두려움과 불안 알아차리기

일상생활을 할 때 두려움과 불안의 느낌이 들면 거기에 주의를 기울인다. 그 느낌은 어떤 때는 내적으로 또 어떤 때는 외적으로 나타날 수 있다. 불안은 반추하는 분별의 순환에 대한 반응으로 일어나거나, 어떤 사람이 당신에게 어떤 방식으로 이야기할 때, 혹은 당신의 통제 밖에 있는 일이 일어날 때 발생한다. 그렇지 않을 경우에도 상시적으로 일어날 수도 있다. 불안이 당신을 내적으로 수축시키고 긴장하게 하고 당신을 지나치게 일에 매달리게 하는지를 알아차려라. 당신의 몸에 있는 불안의 감각에 채널을 맞추어라. 이들 느낌이 당신이 살고 있는 환경과 당신의 관계에 영향을 주고 있는지를 알아차리고 당신이 다른 사람과 관계하는 것에 영향을 미치고 있는지도 알아차려라. 불안이 당신의 자아감을 견고하고 분리된 것으로 느끼게 만드는가? 그렇다면 불안에게 "예"라고 부드럽게 말하면서 이들 느낌을 수용하는 태도를 갖는다. 즉 불안을 거기 있게 허용한다. 그리고 당신의 가슴에 손을 얹거나 손으로 당신의 주머니 안에 있는 연민의 상징물을 만진다. "부드럽게, 진정하고 허용하면서"라는 자기연민의 만트라를 읊으며 자기 자신에게 연민의 동작을 보낸다.

이 수행에서 두려움과 불안의 느낌은 연기와 같은 것이고 자기수축의 느낌은 불과 같은 것이라고 할 수 있다. 두려움과 불안이 우리를 위축시키고, 분리시키고, 고립시킨다. 그리고 삶의 흐름의 느낌과 우리 주위에서 진행되는 삶의 연결을 잃게 한다. 이때 우리는 이러한 느낌을 부드럽게 받아들이고 우리가 느끼는 것에 연민을 보낸다. 이렇게 하는 것이 단단하게 조여 있는 자기수축을 점차 완화시킬 수 있는 길이다.

우리가 해야 할 것은 알아차림과 친절을 우리가 느끼고 있는 그것에 보내는 것이다. 더 이상 할 것은 없다. 이것이 우리 자신과의 관계를 다르게 구축하기 위한 조건을 만든다. 그렇게 함으로써 우리는 우리 자신의 불안 시스템이 어떻게 발화되는지를 배울 수 있고 자신을 돌보는 법을 배울 수 있다. 그것은 또한 통찰과 이해가 드러나는 공간을 제공한다.

억제

무지가 드러나는 또 하나의 방식은 억제(suppression)이다. 아주 고통스럽거나 정신적 외상을 초래할 정도의 일이 일어날 때 우리는 이에 대처할 전략을 개발하는데 그중 하나가 억제이다. 그것은 우리가 고통스런 기억, 느낌, 생각을 옆으로 밀쳐두거나 그것들을 느끼지 않으려고 할 때 일어난다. 이것이 무의식적으로 일어나면 억압(repression)이라 하고 의식적 알아차림 안에서 일어나면 억제라 한다. 그러나 두 단어의 구분이 엄격한 것은 아니다. 왜냐하면 우리는 생각 혹은 느낌이 일어나는 것을 충분하게 의식하고 있지는 않지만 약간의 의식적 연결이 있는 식역하 수준(subliminal level)—그것은 완전한 무의식이 아니다—에서 스스로 차단할 수 있기 때문이다.

많은 사람들에게 친숙한 억제의 예는 화를 억제하는 것이다. 우리는 대부분 어릴 때 화를 관리하도록 가르침을 받기보다는 오히려 화를 내면 핀잔을 받았고 화를 내어서는 안 된다는 강한 메시지를 받았다. 어릴 때 우리는 화를 내면 다른 사람으로부터 거절당할 수 있다고 배웠다. 거절의 두려움이 우리 안에서 깊은 두려움을 발화시키는데 왜냐하면 우리는 인간으로서 생존을 위해 집단의 일원으로 살아가도록 진화해왔고 먼 과거에는 집단으로부터의 배제가 죽음을 의미하였기 때문이다. 이러한 이유로 우리는 화를 억제해왔다. 화를 내는 것은 너무나 위험한 일이었다. 결론적으로 우리들 대부분은 화가 일어날 때 심한 두려움을 느낀다.

억제는 자기방어기제이다. 그것은 우리가 기억, 감정 그리고 생각을 처리하기 전에 의식적 마음 안에서 일어나는 혼란을 방지하는 방어기제이다. 그것이 우리가 삶을 살아갈 수 있게 도움을 주지만, 그러나 곧 대가를 치러야 한다. 화의 경우에 이 대가는 화를 표출할 능력을 상실하는 것, 갈등 국면에서의 깊은 불안 혹은 소극적인 공격의 습관으로 나타날 수 있다.

억제는 광범위한 주제로, 심리학 책에서 많은 내용을 다루고 있다. 여기에서 우리의 관심사는 억제가 순간순간의 기준으로 무지를 어떻게 강화시키는가를 아는 것이다. 자아감이 견고함과 수축을 느끼자마자—우리의 단순한 '나'의 흐름을 잃자마자—우리 존재의 일부가 차단된다.

사람들은 명상이라는 이름으로 그들 내면의 느낌의 세계에서 많은 것을 억제하고 있다고 로브 네른은 말하였다. 그들은 정좌 명상에서 많은 시간을 낭비하면서도 "아주 좋다"고 생각한다. 그들은 바른 자세로 오랫동안 편안하다고 여기는 상황을 경험하고 있지만 사실 그들은 변하지 않았다는 의미이다. 즉 심리적인 성장이나 성숙은 이루어지지 않았다는 것이다. 사실 그들은 억제에 길들여져 있는 것이다. 『마음챙김과 자비』라는 책에서 폴 길버트와 초덴은 이것을 다음과 같이 묘사하였다. "(명상은) 부지불식간에 몸이 가지고 있는 통증, 비탄 그리고 트라우마의 감정을 억제하는 과정을 도울 수 있다. 우리는 우리의 선호시스템―우리가 좋아하는 경험과 우리가 원하지 않는 경험―이 점차 마음챙김 수행에 침투하여 이를 장악하고, 우리의 모든 고통스런 그리고 처리되지 않은 감정적 경험을 미세하게 억제하면서 뚜껑을 닫고 수년간을 보낼 수 있다."

로브 네른은 오랜 가르침의 경험에서 명상인이 자신도 모르게 억제상태에 있는 것을 알아차릴 수 있도록 도움을 주기 위해 '억제신호'를 개발하였다. 이것은 명상에 대해 보내는 적절한 신호일 뿐만 아니라 우리가 일상의 삶에서 느낌과 감정을 억제할 때 이를 알아차리게 한다. 중요한 것은 억제 신호가 발생하였을 때 바로 이를 알아차리는 것이다. 지금 우리는 여기서 억제와 어릴 때의 그 뿌리를 이해하려고 하지는 않을 것이다. 그것은 정신치료의 영역이다. 대신에 우리는 이들 신호를 알아차리고, 친절로 이것을 허용하고, 억제된 감정이 점차 완화될 수 있는 공간을 제공할 것이다. 이러한 방식으로 우리는 무지를 벗어날 수 있다.

이들 억제 신호에 우리 자신을 민감화할 수 있게 하는 데 도움을 주는 짧은 수행을 하자.

억제 신호

- 우리가 어떤 다른 일을 하도록 의자나 방석에서 일어나게 하는 신체적 초조와 동요
- 경험에서 일어나는 것에 대항하는 방식의 몸 안 긴장과 이 악물기
- 수행에 대한 어떤 저항의 형태, 예를 들어 명상하기 위해 앉는 것을 원하지 않는 것, 혹은 수행의 구역을 벗어남
- 암류가 갑자기 변하는 것. 예를 들어 중단되거나 사라짐 혹은 작동하지 않음
- 고요한 순간에 일어나는 생각의 동요. 생각의 동요에 의해 숨겨진 어떤 느낌의 수반
- 실패나 잘못된 느낌 혹은 우리가 해야 할 일을 하지 않고 있다는 느낌, 우리가 어떤 일을 바르게 처리해야 한다는 느낌
- 과도한 노력
- 갈등의 느낌
- 지루함
- 졸림
- 투사
- 폐쇄, 무감각 혹은 폐업 혹은 철수의 느낌
- 분열, 느낌과의 단절, 백일몽 혹은 떠내려가는 느낌

억제 신호 알아차리기

당신이 명상을 하고 있을 때 혹은 당신의 일상생활을 하고 있을 때 위와 같은 억제의 신호가 나타나는지를 알아차린다. 당신은 먼저 당신의 몸과 마음에서 느끼는 것 즉 일어나는 생각, 느낌 그리고 감각을 알아차린다. 다음에 위에서 제시한 어떤 억제의 신호를 발견할 수 있는지를 알아차린다. 만약 알아차린다면 그 신호에 호기심, 수용 그리고 친절의 태도를 보낸다. 그것들을 분석하지 않고, 수정하지 않고, 버리지도 않는다. 당신은 제5장에서 사용한 어떤 반영적 질문을 할 수 있다. 예를 들어 "여기에 도대체 무슨 일이 벌어지고 있나?", "내가 보지 못하는 것은 무엇인가?", "무엇이 인식되고 받아들여져야 하나?" 등 당신 자신의 개방형 질문을 만들어 빠른 대답을 기대하지 않고 당신의 마음에 던진다.

우리가 두려움과 불안을 느낄 때 우리가 알아낸 억제의 신호에 알아차림, 수용, 그리고 친절을 바로 보낸다. 우리는 두려움과 불안의 진상을 규명하거나, 그것들을 수정하거나, 그 어떤 종류의 정화를 꾀하지는 않는다. 이런 방식으로 우리는 무지의 어둠에 어떤 빛을 보내고 억제되는 것이 무엇이든 그것이 자신의 방식으로 자신의 시간에 의식적 알아차림에 드러날 수 있도록 공간을 만든다.

투사

무지의 또 다른 신호는 투사(projection)이다. 투사는 우리 자신 안에 있는 무의식적 느낌과 자극의 존재를 부정하고 대신에 그것들을 다른 사람이나 사물의 탓으로 돌리는 것으로 정의할 수 있다. 투사는 긍정적인 면과 부정적인 면 양면을 가지고 있다.

우리는 종종 마음챙김 수련에서 교생들을 훈련시킬 때 긍정적인 투사의 작용을 본다. 교생들은 그들을 가르치는 강사를 정말 대단하다고 생각하면서 떠받들어 모시지만 그러나 그 행위가 곧 자기 경시로 돌아서는 경향이 있다. 이러한 경우에 교생들은 낮은 자존감 때문에 그들 자신의 능력을 인정하는 것을 두려워한다. 대신에 그들은 그들 자신의 능력을 그들 주위에 있는 강사들—그들 자신이 갖고 있지 않는 모든 자격을 갖춘 사람들—에게 투사한다. 이 과정에서 그들은 마음속으로 다음과 같이 말하면서 스스로 자신을 비하한다. "나는 충분하지 않아." 혹은 "내가 남은 가르쳐서는 안 되는 것 아닌가?"라고.

부정적인 투사를 인식하는 하나의 방식은 우리가 어떤 사람을 비난할 때를 알아차리는 것이다. 대표적인 사례는 화이다. 어떤 사람이 우리의 화를 돋우면 우리는 그를 비난하면서 "그가 나를 화나게 해."라고 말한다. 사실은 자신의 마음 안에서 일어나는 화에 대해 자신이 반응하는 것이다. 그러나 우리는 그 생각을 참을 수 없고 그래서 그 사람을 비난한다. 다른 예로는 자신의 자존감이 부족한 느낌을 참을 수 없기 때문에 자존감 부족을 경험하였던 다른 사람을 싫어하는 것과 같이 이들 느낌을 외부로 투사한다. 이런 점에서 우리가 싫어하는 사람들이 우리가 우리 안에서 싫어하는 것과 같은 자질을 갖고 있다는 사실을 반영하는 것은 매우 흥미롭다.

우리는 언제나 투사를 한다. 이것이 항상 잘못된 것은 아니다. 투사는 인간 존재의 풍부한 태피스트리(tapestry)와 같이 우리의 일부이다. 그러나 필요에 의해 투사를 할 때 이를 알아차리는 것이 중요하다. 왜냐하면 알아차리는 것이 우리가 우리 자신의 무지를 밝히는 것이기 때문이다. 이렇게 하는 것이 쉬운 일은 아니다. 왜냐하면 투사는 본질상 우리를 어둠에 묶어두는 무지의 현현이기 때문이다. 하지만 지난 두 개의 장에서 행한 수행을 통해서 우리는 투사가 작동하는 법을 더 잘 조율할 수 있다. 우리는 각각의 감정적 고통이 우리 마음을 지배하는 법 그리고 그것을 외부로 투사하는 법을 알고 있다. 우리가 고통스런 마음의 투사를 따라가지 않고 대신 고통스런 마음에 주의를 보낼 때, 이렇게 하는 것이 우리 자신 안에서 회피했거나 실패한 것을 밝히는 것이다.

투사는 무지라는 불에서 피어나는 연기를 탐지하는 다른 방식이다. 이런 점을 염두에 두고 우리가 우리 자신 안에 있는 투사의 신호를 알아차릴 수 있게 도와주는 짧은 수행을 하자.

투사 알아차리기

당신이 일상생활을 하면서 어떤 일 때문에 다른 사람을 비난하고 있었던 때를 회상한다. 이것을 투사를 파악할 수 있는 기회로 인식하고 당신의 내면을 친절과 호기심으로 본다. 당신 안에 당신이 부정 혹은 회피하는 어떤 것이 있었는지를 살핀다. 당신은 다음과 같은 질문을 하여 반영수행을 할 수 있다(제5장 연습 7 참조). "내가 이 사람을 부정하면서 이 사람에게 투사하는 내 마음속에 있는 것은 무엇인가?" 또는 당신이 다른 사람의 불쾌한 특성을 발견할 때 이것이 당신이 좋아하지 않는 어떤 것을 지적하는 것이 아닌지를 질문한다. 그리고 다음과 같이 반영적 질문을 한다. "내 안에 있는 내가 좋아하지 않는 것은 무엇인가? 내가 이 사람에게 무엇을 투사하고 있나?" 또한 당신이 자신을 내려놓고 다른 누군가를 띄우고 있는 것을 알아차릴 때 당신이 이 사람에게 투사하는 것이 당신 자신 안에 있는 마음인가를 살펴보라. 이때 반영적 질문을 한다. "내가 소유하거나 인정하기에 내키지 않는 나 자신 안에 있는 그것은 무엇인가?" 각각의 상황에 알맞은 자신만의 반영적 질문을 만드는 것이 가장 좋다.

종종 우리는 우리가 투사하였다는 것을 사후에 알아차린다. 이것을 알아차렸을 때 우리는 투사에 대해 책임을 질 수 있다. 우리가 한 짓을 인정하고, 우리 자신을 용서하고, 보상하고, 다음번에는 똑같은 방식으로 반응하지 않겠다고 마음먹는다.

이 수행을 통하여 두려움과 불안, 억제와 투사에 알아차림을 가져오면 우리는 무지라는 불에서 피어나는 연기를 잘 알게 된다. 그리고 우리는 점차 자기속임수의 본질을 노출할 수 있는 토대를 마련할 수 있다.

무지의 노출

이제 불을 붙이는 연료를 점검함으로써 무지의 불에 더 가까이 다가가자. 우선 파툴(Patrul) 린포체의 운문을 보자.

무지에 의해 주조된 생각을 당연시하지 말고
무지의 본성 자체를 보라.
스스로 일어나 스스로 사라지는 생각들은
알아차림의 빈 공간(awareness-void).

알아차림의 빈 공간은 법계체성지(wisdom of the absolute expanse)*와 다르지 않다.

"무지에 의해 주조된 생각"이란 우리의 습관적 패턴에 의해 계속적으로 일어나는 생각, 느낌 그리고 지각이다. 우리가 과거에 어떤 방식으로 행동한 것이 오늘의 우리가 되게 한 계기이다. 불교에서는 이것을 카르마(karma)라고 한다. 우리가 사용했던 투사도 하나의 예다. 만약 우리가 자신의 화를 계속 부정하고 그 대신 다른 사람을 적대적인 존재로 지목하면 그것은 그 자체를 영구화하는 습관이 된다. 따라서 우리는 계속 비슷한 방식으로 인식하고 있는 자신을 발견하게 된다. 그것은 무지에 의해 주조된 생각이다. 그것은 혼란으로부터 생겨난 것으로 우리가 사물을 투명하게 보는 것을 방해한다.

위의 운문은 잘못된 생각을 당연시하지 말라는 것이다. 다른 말로 하면 똑같은 습관을 영구화하지 말라는 뜻이다. 그 대신 "무지의 본성 그 자체를 보라"고 권한다. 이것은 모든 생각, 느낌 그리고 지각이 이전에 형성된 습관에 의해 그들 스스로 드러난 것임을 인식하라는 의미이다. 제4장에서 본 바와 같이 암류가 스스로 일어나고, 스스로 드러나는 것을 우리가 인식하면 그것은 스스로 사라진다. 이것의 핵심 원리는 제2부에서 토론한 모든 것의 핵심이다. 즉 똑같은 습관적 생각을 계속하지 말고 그것들을 내버려두라고 요청한다. 그 순간 거기에 자유의 가능성이 있다.

---

* 법계체성지(法界體性智)란 있는 그대로의 본성을 아는 지혜로, 모든 분별이 끊어진 상태에서 있는 그대로의 본성을 아는 지혜이다.

하지만 계속하지 말라는 것이 그리 쉬운 일은 아니다. 마음의 식역하 구역에는 우리를 계속하여 촉구하고 조장하는 기제의 복잡한 배열 집합체가 있다. 이것이 생각을 분별이 되게 만드는 것이다. 우리는 제7장에서 이것을 토의하였다. 통찰 수행은 우리로 하여금 관찰하는 마음을 보게 하고, 관찰자의 태도를 알아차리게 하고, 이렇게 하는 것이 우리를 동일한 이야기에 계속 매달리게 하는 식역하 반사 작용기제의 활동을 보게 한다. 이와 같이 우리는 관찰자 안에 거주하는 자아감이 이들 태도와 식역하 반사신경에 의해 형성되는 것을 본다. 이것이 우리가 자기중심적 선호 시스템(EPS)이라 부르고 있는 것이다. 우리는 서로 다른 감정적 고통이 서로 다른 방식으로 EPS에 먹이를 주고 따라서 EPS가 견고해지고, 그것을 실재라고 느끼고, 그것이 견고하고 현실적인 것으로 개념화된 '대상적 나'가 되고, '타인'과 서로 분리된 것으로 여기게 된다. 이것이 제3부의 주요 테마였다.

어떤 점에서는 이 책 전체가 무지의 노출에 관한 내용을 담고 있다고도 말할 수 있지만 주요 포인트는 무지가 발생하는 과정을 따라가면서 단계적 방식으로 수행을 하는 것이다. 이것이 우리가 지금 도달한 지점이다. 그렇게 무지에 의해 가려졌던 지혜의 에너지가 드러나고 빛날 것이다. 이것이 우리를 위 운문의 다음 구절로 인도한다. "스스로 일어나 스스로 사라지는 생각들은 알아차림의 빈 공간."

명상을 시작하는 많은 사람들은 만약 그들이 그들의 생각에 빠지지 않으면 어떤 공백의 아무것도 없는 무(nothingness)라는 느낌의 상태에 도달할 것이라고 생각하면서 이를 두려워한다. 그들은 계속 생각이 만연한 살아 있는 느낌과 관계하고 있다. 하지만 이 운문이 말하는 것은 우리가 습관적인 생각을 인식하지 않을 때 이 생각들은 스스로 그들이 머물렀던 공간에서 자유로워진다는 것이다. 그러나 그 공간은 아무것도 없는 무의 공간이 아니다.

이와 같은 관점에서 운문은 말한다. "알아차림의 빈 공간은 법계체성지와 다르지 않다." '법계체성지(wisdom of the absolute expanse)'는 모든 것에 퍼져 있고 모든 것을 에워싸고 있으며, 모든 것을 아우르는 공간이다. 이 공간은 알아차림과 분리될 수 없다. 다른 말로 하면 그것은 알아차림이 가득한 공간이다. 그러나 이 알아차림은 유형적이거나 견고한 어떤 것이 아니다. 따라서 그것은 알아차림의 빈 공간이다.

우리가 우리의 습관적인 분별 패턴을 확인하면 즉시 이러한 알아차림은 길들이기와 습관적인 분별의 과정에 의해 장악된다. 공간의 감각은 사라지고, 모든 것은 견고하고 현실적인 것으로 나타난다. 하지만 우리가 이들 "무지에 의해 주조된 생각"을 직접 보는 수행을 하면 그것들은 스스로 자유로워진다. 그것들을 묶어두는 것이 사라지고 따라서 그것들은 용해된다. 남는 것은 공간과 분리될 수 없는 마음의 타고난 알아차림이다.

우리가 이러한 타고난 마음의 알아차림을 느끼고 그것을 신뢰하기 시작할 때, 알아차림 안에서 쉬는 것은 집으로 돌아오는 느낌과 같다. 이때 우리의 모든 삶에 중독되어 있던 습관적 패턴의 미로는 그 마력을 잃기 시작한다. 우리는 습관을 하나의 감옥으로 보고 자유로서의 널찍한 알아차림의 느낌과 관계를 맺기 시작한다. 그러면 또다시 계속해서 똑같은 낡은 이야기에 끌려가지 않는 더 많은 추동력이 생긴다. 이것이 모두를 아우르는 공간의 지혜가 우리의 경험 안에서 스스로 느껴지는 것이다. 이것은 또한 무지가 노출되는 방식이다. 우리가 할 일은 끌려가지 않고 모두를 아우르는 공간의 지혜에 우리를 맡기는 것이다. 그것이 우리를 집으로 데리고 간다. 이러한 과정은 서두를 일이 아니다. 그것은 그 자신의 시간에 그 자신의 방식으로 나타난다. 우리의 알아차림이 태어난 집으로 돌아오는 이 감각을 위대한 티베트의 스승 라마 겐둔(Lama Gendun)은 아주 놀랍게 표현하였다.

> 좋은 경험 혹은 나쁜 경험이라는 현실에 속지 마라.
> 그것들은 무지개와 같다.
> 잡을 수 없는 것을 잡으려고 하면 기진맥진할 뿐.
> 잡으려고 하는 것을 놓아버리면
> 거기에는 열린, 초대된 그리고 편안한 공간이 있다.
> 그것을 활용하라. 모든 것은 이미 당신의 것.
> 더 이상 구하지 마라.
> 밀림의 미로 속으로 들어가지 마라.
> 당신이 찾던 코끼리는 이미 집에 조용히 있다.
> 아무것도 하지 마라.
> 아무것도 애쓰지 마라.
> 아무것도 원하지 마라.
> 모든 것은 저절로 발생한다.

평정이라는 해독제

우리는 다음의 알아차림 안에서 안식하기 수행을 하기 전에 무지에 대한 해독제를 사용하기 위한 토대를 마련할 것이다. 감정적 고통의 감각에 대해 자연스런 해독제를 사용할 것이다. 이것은 우리를 가슴과 연결시켜주는 것이므로 중요하다. "코끼리는 이미 집에 조용히 있다"는 운문에 강박적인 관계를 끊는다는 의미만 있는 것은 아니다. 연민이라는 요인도 있다. 우리가 집으로 돌아가기 위해서는 투명하게 보는 지혜와 진심 어린 연결을 위한 연민의 심성이 필요하다.

　무지에 대한 해독제는 자만에서 사용하는 해독제와 같은 평정 (equanimity)이다. 이것은 무지가 견고한 것으로 그리고 다른 사람이나 사물과 분리된 것으로 경험하는 자아 주위에 있는 마음을 수축시키기 때문에 그렇다. 우리는 평정을 반영함으로써 '나와 같은 다른 사람'을 본다. 그들도 역시 그들 주위에 있는 삶과 분리된 견고한 실체라는 것을 믿고 있다. 그러나 이렇게 직접 보고 우리의 가슴과 접촉하게 함으로써 우리는 우리와 다른 사람들을 연결하는 공통의 토대를 발견한다. 통렌(tonglen)의 방법으로 짧은 평정 수행을 하자.

평정이라는 해독제 계발

당신이 일상 활동을 할 때 당신 안에서 임무를 수행 중이고, 지켜보고 있고, 그리고 사랑받고 싶어 하는 '대상적 나'의 감각과 연결을 시도하라. 그다음 옆에 지나가는 사람을 흘낏 보라. 그리고 그들도 당신과 같다고 반영하라. 그들 역시 상시적으로 방심하지 않고 있고 그들 자신을 돌보고 있으며 사랑받고 싶어 하는 존재이다. 그러나 당신은 때때로 자신이 불안해하고 두려워하는 것을 알아차렸을 때 이것이 당신을 내부적으로 다른 사람과 고립시키고 분리시키는 수축되고 꽉 조이는 느낌을 만든다는 것을 알아차려라. 당신이 다른 사람을 지나칠 때 그들 또한 당신과 같다는 사실을 알아차려라. 그들도 불안한 생각이나 느낌과 싸우고 있고 이것이 그들을 '대상적 나'라는 감옥에 가두고 있다. 이때 당신이 당신 자신 안에서 억제나 투사의 어떤 신호를 알아차릴 수 있는지를 본다(앞의 연습이 당신을 그것들에 민감하게 만들 것이다). 그리고 당신 옆을 지나고 있는 다른 사람도 지금의 당신과 똑같다고 생각한다. 그들 또한 자신도 모르게 감정적 삶의 많은 부분을 억제하고 있으면서 그것을 깨닫지 못하고 있고, 그들이 억제하고 있는 그것을 많은 시간 다른 사람에게 투사하고 있다. 그러나 이 점을 너무 많이 생각하지 마라. 대신에 '대상적 나'의 족쇄에 얽매인 고통의 쓴맛을 당신의 가슴에 와닿게 하라. 모든 사람들의 삶의 세밀한 부분은 서로 다르겠지만 근본적으로 자기중심성의 원리는 같다. 이제 다른 사람을 지나칠 때 통렌 수행을 하라(제9장 참조). 그리고 들숨에서 그들의 불안, 고통 그리고 억제와 투사의 자기중심적 방어를 당신의 가슴에 들이쉬는 것을 상상하라. 그리고 이것들이 당신의 가슴에서 변형되는 것을 느껴라. 그다음에는 널찍함, 평화 그리고 모든 것과의 연결을 느끼면서 숨을 내쉰다.

걸어 다니는 모든 사람이 '대상적 나'라는 감옥에 갇혀 있는 것을 아는 것은 매우 강력하고 감동적인 경험이다. 그들은 모두 이러한 상황에 빠져 있는 스스로를 발견할 수 있다. 이것이 계속되는 고통의 상태이다. 라마 겐둔의 시에 반영된 것은 모든 사람이 부적절한 곳에서 행복을 구하고 있음을 우리가 볼 수 있다는 것이다. 그들은 이미 집에서 조용하게 쉬고 있는 코끼리를 발견하려고 미로의 밀림 속으로 들어가는 모험을 하고 있다. 이 무모함이 가슴에 와닿는다. 이는 인간들 자신의 경험의 매서움과 비극을 느끼게 한다. 그들이 이러한 상황에 있고 "나 역시 그러하다." 이것이 우리가 서로 연결될 수 있는 지점이다. 이와 같은 방식으로 서로 연결된 우리는 다른 사람에게 손을 내미는 것에 의해 자기중심적인 감옥에서 자유로워질 수 있다.

우리는 통렌 수행을 통하여 이러한 연민의 연결을 강화한다. 우리의 투사와 이야기를 들이마심으로써 우리는 그것들이 현실적이지도 않고 견고하지도 않다는 것을 인정하는 것이다. 그것들이 우리의 가슴에서 변형되는 것을 상상할 때 우리는 이런 경험의 내재적인 풍요로움과 순수성을 확인한다. 우리는 우리의 혼란이 내재적인 풍부함과 순수성의 지혜로 드러나는 조건을 만들고 있다. 우리가 숨을 내쉴 때 우리는 다른 사람도 나와 같다는 상호연결의 존재의 진리성을 인정하고, 다른 사람들 역시 "집에서 조용히 쉬고 있는 코끼리"를 발견할 것을 희망한다.

알아차림 안에서 안식하기

우리의 주의를 안정시키기 위해 소리나 호흡과 같은 지원을 사용하는 것으로부터 내적인 그리고 외적인 우리의 모든 경험을 포괄하기 위하여 우리의 초점을 확장하는 것에 이르기까지 명상의 자연스런 진전이 있었다. 안식화의 단계에서는 모든 것이 명상이 된다. 이것이 소위 우리의 경험 한가운데서 안식하는 수행이다. 명상의 다른 맥락에서는 그것을 '선택 없는 알아차림(choiceless awareness)'이라 부른다. 불교 명상수행에서는 그것을 '대상 없이 고요함이 지속되는 명상

(calm abiding meditation without an object)'이라 부른다. 알아차림 안에서 안식하는 것을 '열린 알아차림 명상(open awareness meditation)'이라고 하기도 한다.

이러한 진전을 예시하기 위한 유용한 비유로 마음을 산속의 맑은 연못을 들여다보는 것과 같은 것으로 보는 비유가 있다. 연못의 밑바닥에는 이끼 낀 바위, 조약돌, 수초가 있고 물속에서는 수많은 물고기가 헤엄을 치고 있다. 물고기는 우리의 생각을 나타내고, 연못에 있는 다른 것들은 다양한 종류의 정신적인 그리고 감정적인 경험을 의미한다. 진행의 첫 단계는 연못의 밑바닥에 있는 바위나 조약돌에 초점을 두는 일이다. 이것은 마음챙김 수행과 유사하다. 처음에 우리는 마음을 안정시키기 위해 우리의 주의를 지원에 묶어두는 일이 필요하다. 우리는 이 단계에서 많은 시간을 소비하였다. 물고기가 우리의 주의를 산만하게 할 때 우리는 주의를 바위나 조약돌로 되돌린다. 주변부에 대한 알아차림은 연못에 있는 다른 것들을 파악하는 것과 같다. 그리고 우리는 마음의 연못 안에 있는 다양한 경험을 수용하고 그것에 대한 친절한 태도를 계발하기 시작한다. 이것이 우리가 자기연민을 계발하기 시작할 때 마음챙김이 연민 수행으로 숙성되는 것이다.

일단 여유롭고 한결같은 방식으로 초점을 유지할 수 있고 수용과 자기연민의 수행이 안정되면, 다음 단계는 주의를 연못 안에 있는 모든 것들—바위, 조약돌, 수초, 물고기들—로 확장한다. 이것이 모든 것 한가운데서 안식하는 수행이다. 이 단계에서는 연못에 있는 모든 것이 명상이 된다.

3단계는 연못에 있는 물을 인식하는 것이다. 이것이 알아차림 안에서 안식하는 수행이다. 우리는 알아차림이라는 물을 인식하기 시작한다. 물을 느끼고, 물을 맛보고, 물의 진가를 안다. 그리고 이 물을 통하여 물고기가 헤엄치는 것을 본다. 우리의 초점을 물에 둔다. 물고기는 아마도 그들이 물을 통하여 헤엄치고 있다고 생각하는 것을 결코 중단할 수 없으며 그것을 매우 당연한 것으로 받아들일 것이다. 이와 비슷하게 우리는 우리의 모든 경험이 알아차림의 공간 안에서 일어난다는 것을 알아차리고 그것을 중단할 수 없다. 이것은 아마 우리가 우리 자신의 연못 안에 있는 것들에 몰두하고 있기 때문이다. 물론 다른 사람의 연못도 이와 같을 것이다. 이것이 우리가 도달한 수행의 단계이다.

이 단계에서 경고의 말을 하는 것이 꼭 필요하다. 왜냐하면 수행의 고급단계이며 미세한 수준이기 때문이다. 그것은 '할 수 있는 것'이 아니다. 그것은 조건이 잘 갖추어진 곳에서 그 자신의 방식과 그 자신의 시간에 발생하는 것이다. 따라서 이 단계에서는 그것을 잡지도 않고, 그것이 발생하도록 시도하지도 않고, 그것이 발생하지 않는 것을 실망하지도 않는 것이 최상이다. 대신에 장기적 전망과 생각을 하라. "나는 이 단계를 완벽히 하기 위해 평생에 걸쳐 수행한다. 그래서 나는 마음챙김과 연민의 기본에 초점을 둘 것이다. 왜냐하면 이들이 자연적으로 일어나는 알아차림 안에서 안식하기 위한 조건을 만들기 때문이다."

핵심 수행을 위한 준비로 알아차림 안에서 안식하는 것의 느낌을 얻기 위해 몸으로 수행하자.

손과 손 사이의 공간을 느끼기

당신의 주의를 호흡의 흐름에 둔다. 들숨을 약간 깊게 쉬고 날숨을 길게 한다. 바닥에 있는 당신의 발과 의자에 앉아 있는 몸의 무게를 느낀다. 일단 당신이 안정되고 접지에 이르면, 앞쪽으로 손을 들어 올려 손바닥이 서로를 마주 보도록 한다. 들숨에 부드럽게 손을 약간 떨어지게 하고 날숨에 손의 간격을 좁힌다. 그러나 접촉하지는 않는다. 이때 손과 손 사이에 있는 공간의 감각에 주목하고 당신의 손이 이동하는 그 공간에 호기심을 가져라. 일단 손과 손 사이의 공간에 대해 민감해지면 손을 평상시의 명상 자세로 돌린다. 그런 다음 무심코 주의의 초점을 내부로 돌린다. 그리고 생각들 사이에 있는 어떤 공간의 감각을 알아차리고 그곳에서 쉰다. 생각들이 이동하는 어떤 공간을 알아차리고 역시 그곳에서 쉰다. 당신이 산만해질 때마다 손을 들어 올려 손과 손 사이의 공간 감각으로 되돌아온다. 그러나 주어진 수행기간 중에는 이것을 두세 번 이상 하지 않는다. 당신은 손과 손 사이의 공간의 감각을 느낄 수 있나? 당신의 생각과 생각 사이의 공간 감각을 느낄 수 있나? 이것을 어떻게 느끼나?

이 수행을 한 이후 일상생활을 할 때 객체 즉 차량, 사람, 새, 나무 그리고 모든 것들 주변의 공간에 대해 알아차리기를 시도하라. 그리고 당신의 주의를 내면으로 향하게 하여 당신이 당신의 생각과 느낌들 사이의 공간뿐만 아니라 생각이나 느낌 주변의 공간에 대한 감각을 얻을 수 있는지를 보라. 이 수행을 단순하고 재미있게 한다. 당신이 내면의 공간을 잃어버렸을 때는 외부 공간에 대한 알아차림으로 되돌아온다. 당신이 이 모든 것을 아우르는 공간의 느낌으로 들어가 이완될 수 있는지를 본다. 이 방법이 다음 수행을 위한 토대를 마련한다. 이 방법은 스승 초크니(Tsoknyi) 린포체가 2013년 스코틀랜드의 한 수련회에서 행한 방식을 변형한 것이다.

연습 14 알아차림 안에서 안식하기

안정화와 접지화 상태에 이르러 편안해진다. 이 수행에서는 의자에 앉아 넓은 풍경을 보는 것이 가장 좋다. 이제 당신의 주의를 당신의 호흡으로 보낸다. 호흡은 평소보다 약간 깊게 쉰다. 이때 들숨에서 당신의 알아차림을 불러일으키고 날숨에서 앞에 있는 공간으로 당신의 알아차림을 방출한다고 상상한다. 이것을 21번 하라.

> ● **외부의 공간에 대한 알아차림**
> 21번째 호흡의 끝에 이르러 당신 앞에 있는 공간을 응시한다. 그리고 의자 위에서 긴장을 완화하고 명상한다는 그 어떤 시도도 단념한다. 당신의 알아차림을 자연스럽게 열고 당신 앞에 있는 것이 무엇이든 그것을 받아들인다. 그러나 그것을 잡으려고 노력하는 감각을 느끼지 않는다. 모든 것을 있는 그대로 허용한다. 어떤 것에도 개입하지 않고 또 그것을 막지도 않는다. 자극적인 소리도 그렇게 한다. 당신이 모든 것이 발생하는 공간, 즉 사람, 나무, 새, 소리 그리고 외부적으로 일어나는 모든 것의 주변에 있는 공간을 알아차릴 수 있는지를 보라. 이것은 하늘을 보는 것과 같고 하늘에 떠다니는 구름을 알아차리는 것과 같으며 당신의 주의를 하늘에서 쉬게 하는 것이다. 이제 당신이 바쁜 하루의 끝에 당신의 안락의자에 앉아서 밖을 응시하면서 쉬는 것처럼 이 공간에 대한 알아차림 안에서 쉰다.
>
> ● **내면의 공간에 대한 알아차림**
> 이제 당신의 경험에서 일어나는 어떤 생각, 느낌, 감각을 알아차린다.

그리고 당신이 그들 사이의 공간과 그들 주변에 있는 어떤 공간을 느낄 수 있는지를 본다. 이렇게 하는 데 도움이 되는 것은 마음에서 일어나는 것에 전혀 신경을 쓰지 않는 것이다. 당신이 분별에 개입되었음을 알 때는 당신의 알아차림을 앞에 있었던 공간을 보는 것으로 되돌린다. 만약 분별이 너무 지나치면 그때는 준비단계에서 하였던 21번의 호흡을 되풀이한다.

마지막에는 외부 공간과 내면 공간 사이의 어떠한 구별도 하지 않는다. 똑바로 앉아 아무것도 모르는 바보같이 공간을 응시한다. 그 바보는 현존하고 자각하고 있지만 어떤 것에 대한 선입견이 없다.

이 수행을 할 때는 베란다에 앉아 자연경관을 보면서 혹은 산비탈에 앉아 당신 앞에 있는 광활한 공간을 보면서 하는 것이 좋다. 티베트의 위대한 명상가들은 동굴 앞에서 장엄한 광경과 자연스런 장면을 보면서 수행을 하곤 했다. 초덴은 취리히 외곽의 높은 산중에 있는 티베트 불교센터에서 이 수행을 하던 때를 회상하였다. 초덴은 수행자들에게 언덕에 앉아 구불구불한 언덕의 경이로운 장면, 높은 봉우리에 있는 눈, 그림같은 계곡, 스키 리프트가 있는 눈 덮인 봉우리를 볼 것을 요청한다. 그는 모든 사람들에게 명상한다는 생각을 내려놓고 이들 장면을 즐길 것을 요구한다. 그리고 그는 그들에게 어떤 특별한 '영적' 경험이 일어날 것이라고 기대하지 않을 것을 요구한다. 이와 같은 상태를 나타내는 불교 용어를 떠올리는 것은 장애가 될 뿐이다. 그러나 사람들은 '열린 알아차림', '비개념적인 인지적 알아차림' 혹은 '비이중적 현존' 속의 머묾을 획책한다. 그는 사람들에게 이들 모든 고상한 생각을 잊어버릴 것을 충고한다. 대신 수행의 단계를 진행하는 동안 산마루에 앉아서 단순히 기쁨을 즐길 것을 요구한다. 발생하는 것은 언어로 표현할 수 없는 경이로운 경험이다. 사람들은 어떤 특별한 것을 느낀다. 그것은 늘 현존하지만 좀처럼 느낄 수 없는 은총의 느낌이다.

온 상태(On Duty)/오프 상태(Off Duty)

우리가 방금 한 수행이 믿을 수 없을 정도로 단순한 것이라 할지라도 그것이 자연적으로 발생할 수 있는 조건이 갖추어지지 않는다면, 열린 알아차림의 경험을 가공할 위험이 있다. 만약 그렇다면 이것은 또 다른 무지의 나타남이며 진정한 경험이 일어나는 것을 막는 것이다. 수행의 다음 시리즈는 조작의 가능성을 줄이는 현실적이고 실천적인 방식으로 '열린 알아차림'의 경험에 접속할 수 있는 방법을 제공하는 것이다. 티베트의 고승 켄포 라부(Khenpo Lhabu)는 2015년과 2017년에 스코틀랜드에 있는 삼예 링(Samye Ling) 티베트센터의 수련회에서 우리에게 이 수행을 소개하였다.

켄포 라부는 명상의 두 가지 측면—집중된 주의와 열린 알아차림—을 지적하였다. 그리고 우리는 이들 두 가지 사이에서 올바른 균형을 찾아야 한다고 하였다. 그는 오늘날 서구의 많은 명상가들이 이 균형을 바르게 취하지 못하고 있다고 하였다. 그들은 너무 열심히 노력하여 열린 알아차림의 측면을 막거나 혹은 너무 멍해져 절제된 방식으로 지원에 초점을 두지 못하고 있다고 하였다. 그는 명상은 짧은 기간에 하는 것이라고 하였다. 왜냐하면 장시간 명상을 하면 마음이 초점을 잃기 때문이라는 것이었다. 그는 사람들에게 마음챙김 지원에 3분 정도 짧게 초점을 두고 머물다가 잠시 동안 지원을 놓아버리라고 충고하였다. 그는 이것을 '온 상태(on duty)'와 '오프 상태(off duty)'라고 하였다. 그는 명상 회기 중에 온 상태와 오프 상태를 번갈아가면서 명상할 것을 추천하였다. 우리는 이 방법을 제2장에서 간략하게 소개하였다. 이제 그동안 배웠던 모든 기술과 방법을 이용하여 그것을 자세히 설명할 것이다.

켄포 라부는 또한 대부분의 서구인들이 명상할 때 행복이나 평화를 얻기를 바란다고 지적하였다. 흥미롭게도 대부분 서구인들의 마음챙김은 스트레스 완화 혹은 우울증 경감의 해결책으로 여겨지고 있다. 명상에 대한 불교적 접근법의 목적은 평화도 아니고 행복도 아니다. 그것은 통찰이다. 이 접근법에 의하면 마음을 안정시키고 고요하게 하는 이유는 마음의 심원한 활동을 볼 수 있고, 무지를 강화하는 기제로부터 해방되기 위함이다. 이러한 목적으로 명상한다면 행복과 평화는 그냥 따라오는 부산물일 뿐 그것들이 주요 목적은 아니다.

온 상태/오프 상태에 관한 이 접근법은 이 책의 통찰 접근법에 아주 적합하다. 우리의 핵심 테마 중 하나는 마음의 내면의 과정에 민감하게 반응하는 것과 아무것도 하지 않는 것을 교대로 진행하는 것이다. 온 상태의 단계에서 우리는 민감화를 위해 배웠던 핵심 기술과 방법을 사용하고, 오프 상태의 단계에서는 아무것도 하지 않고 열린 알아차림의 경험에 접속하는 느낌을 얻는다. 우리는 먼저 이것을 공식 정좌수행의 맥락에서 소개한다. 그리고 그다음에 일상에서 온/오프 상태의 방법을 사용하는 접근법을 제공한다. 그리하여 모든 통찰기술과 방법이 우리의 일상의 삶에 통합될 수 있게 할 것이다.

이 수행의 접근법은 워크샵 혹은 수련회의 맥락에서 가장 적합한 방식이다. 조교는 참가자들을 온 상태의 단계로 안내하고 벨을 울려 오프 상태로 가게 한다. 그리고 온 상태에서 오프 상태로의 전환을 경험한 참가자들과 더불어 그들의 경험을 탐구하는 조사를 함께 한다. 보통 조사를 하는 동안 최상의 학습과 통찰이 일어난다. 여기서 일단 한번 시도해보면서 어떻게 진행되는지 지켜보도록 하자. 우리는 온/오프 상태 각각에 대하여 해설을 곁들인 일련의 연습을 제시할 것이다. 그리고 이 수행을 소개하는 서로 다른 수련회의 맥락에서 조사를 하는 동안 드러난 사례를 제공할 것이다. 계속되는 연습에서 우리는 온 상태의 단계에서 수행하는 주요 기술에 이름을 붙이면서 온 상태의 단계를 설명한다.

호흡 지원/오프 상태

스마트폰 혹은 다른 기기의 타이머를 3분에 맞춘다. 꼿꼿이 그리고 접지의 방식으로 앉는다. 마음챙김 지원으로 사용하는 당신의 호흡에 주의를 기울이되 호흡을 팽팽하게 하지는 않는다. 생각이 일어나면 그것을 알아차리고 호흡으로 되돌아온다. 온 상태의 단계에서 눈이 감기면 눈을 떠야 한다. 타이머가 울리면 오프 상태로 간다. 이 상태에서는 명상한다는 시도를 놓아버린다. 가볍게 긴장을 완화하고 똑바로 앉는다. 당신은 방 안에 있는 사람과 사물을 알아차리고 소리를 들으면서 주위를 볼 수 있다. 그러나 당신이 어떤 것을 한다는 감각 없이 그렇게 한다. 생각에 대해서는 걱정하지 않는다. 당신이 다시 온 상태가 되면 생각에 주목할 수 있다. 2분 후에 타이머가 울리면 온 상태로 되돌아가 계속해서 다음의 수행을 한다. 처음에는 5분의 회기 동안 온 상태에서 3분, 오프 상태에서 2분 보낼 것을 제안한다. 스마트폰 조정이 가능하다면 이렇게 하면 좋다.

우리가 이 수행을 몇 년 전에 아이슬란드에서 처음 했을 때 우리는 3분보다 더 길게 온 상태에 있었다고 느꼈다. 그래서 오프 상태로 가도록 하는 벨소리가 울렸을 때 사람들은 안도의 느낌과 더불어 "지금 나는 긴장을 완화하고 노력을 중단할 수 있다."는 느낌을 가졌고 이것이 사람들의 몸 언어에서 뚜렷하게 드러났다. 나중에 우리가 오프 상태로 가는 것에 대해 질문했을 때 사람들은 열림과 널찍함을 느꼈고 더욱 놀라운 것은 그들이 온 상태에 있을 때보다 생각이 적었다고 말한 것이었다. 우리는 한마디 했다. "흥미롭군요. 그 말씀은 비록 당신들이 명상을 중단했다 할지라도 명상 중에 있었던 것 같이 들리는군요."

이것이 즉각 알려주는 것은 명상하기를 시도하는 그것이 명상이 실제로 일어나는 것을 막고 있었다는 것이다. 그때 우리는 온 상태에서 느끼는 것에 대해 조사하였다. 다소 근엄한 인상의 아이슬란드인 남성이 자신은 생각을 알아차리는 시도를 하는 것과 같이 느꼈다고 말하였다. 그러나 그가 주의를 호흡으로 되돌리기를 시도하면 할수록 더욱더 생각이 일어났고, 생각이 자신을 산만함으로 몰고 갔다고 말하였다. 그리고 그는 지원에 초점을 맞추면 신경이 더 날카로워졌다고 말하였다. 앞에서 본 억제 신호를 상기하면 긴장은 억제의 계기 중 하나임을 알 수 있을 것이다.

우리가 그 남성에게 더 깊은 질문을 해 알게 된 사실은, 그는 인생에서 늘 해왔던 것처럼 무엇이든 열심히 노력해야 한다는 생각이 그의 내면 밑바닥에 숨어 있었다는 것이다. 그는 생각을 물리치고 그 자신이 평화롭고 고요함을 느껴야 한다는 기대를 하고 있었지만 그가 오프 상태에 가기 전까지는 반대의 일이 벌어지고 있었다. 더 깊은 조사를 통하여 우리는 그가 오프 상태에 가기 전까지는 미세한 생각이 그를 잡고 있었음을 지적하였다. "그러니 당신 자신에게 축하하세요." 우리는 그에게 말했다. "당신은 미세한 생각을 보았군요. 이것이 통찰 수행의 주요 목적 중 하나이지요. 오프 상태로 가는 것을 통하여 당신은 관찰자의 미세한 태도를 일별하였군요(제4장을 참고하라)."

수용/오프 상태

앞의 수행에서 멈춘 오프 상태에서 수행을 이어간다. 당신은 이제 다시 온 상태로 돌아간다. 다시 당신의 주요 초점을 긴장하지 않고 지원으로서의 호흡에 기울인다. 그리고 당신의 경험에서 일어나는 것에 대해 모두 "예"라고 부드럽게 말한다. 즉 일어나는 생각, 느낌, 감각, 마음의 상태에 반응하지 않고 그것을 있는 그대로 허용한다. 당신이 반응한다면 반응 자체에 대해서도 역시 "예"라고 말한다. 당신이 분별에 매달리게 되면 그 산만함에 "예"라고 말하며 그것을 그대로 허용한다. 그러나 그것에 먹이를 주지는 않는다. 그리고 당신의 호흡에 주의를 되돌린다. 3분 후에 타이머가 울리면 오프 상태로 돌아간다. 또다시 슬럼프 없이 당신의 자세를 이완한다. 그리고 온 상태에서 오프 상태로 급작스럽지 않게 이동하면서 아무 생각 없이 방을 둘러본다.

우리는 이제 사람들이 이미 알고 있는 것들을 이해하면서, 우리 수행의 핵심 요소들이 온 상태의 단계로 들어가는 것을 구축하기 시작한다. 왜냐하면 이전에 그것들을 수행하였기 때문이다. 이 단계에서 우리의 경험에서 일어나는 모든 것에 대해 "예"라고 하면서 차례

차례로 수용한다. 이것이 RAIN 수행법이다. 수용은 통찰과 알아차림 안에서 안식하기 위한 조건을 만드는 데 결정적인 것이다.

독일에서 이러한 일련의 수행을 진행하였을 때 어떤 부인이 자신은 오프 상태로 가는 것이 불편하다고 하였다. 왜 그런가 하고 질문을 하자 그녀는 자신이 무엇을 할지를 몰랐다고 간결하게 대답하였다. 우리가 응답하였다. "아무것도 하지 않는 것이 요점이 아니지요?" 이 말은 그녀를 안심시키지 못했다. 그리고 그녀는 여전히 불편해 보였다. 조사 결과 나온 것은, 그녀는 항상 어떤 일을 해야 할 필요성을 느꼈고 아무것도 하지 않을 때는 죄의식을 느낀다는 것이었다. 그녀의 어린 시절로 돌아가 회고해보니 전후 그녀의 조국은 재건 과정에 있었고 국민 모두가 함께 힘을 합쳐 일하자는 강한 작업 윤리가 있었음을 우리는 알았다. "아주 훌륭해요." 우리가 언급하였다. "명상에서 당신은 삶의 패턴을 보고 있군요. 이것이 명상이 하는 것이지요. 명상은 평화와 긴장 완화를 느끼려고 하는 게 아닙니다." 우리는 타협점을 제안하였다. 그녀가 불편함을 느끼는 그녀 자신의 일부를 환영하면서 곧바로 온 상태로 복귀해 그녀 안에 있는 작업자가 자신의 일을 되찾는 것을 이해함과 더불어, 그녀가 아무것도 하지 않을 것을 제안하였다.

어떤 다른 참가자는 수용의 수행 즉 "예"라고 말하는 것은 자신의 경험을 부드럽게 하는 것이라고 하였다. 그래서 그녀가 오프 상태에 갔을 때 그녀의 마음속에는 자연스런 널찍함이 있었고, 그녀는 가만히 앉아서 아무것도 하지 않는 즐거움을 느낄 수 있었다고 하였다. 그녀가 주변을 보았을 때 주변의 색깔이 보다 더 선명하게 보였고, 소리는 기분 좋게 들렸으며 그녀의 몸에 생기가 돌았다. 즉 그녀는 현존하였다. 그리고 그녀는 앉아서 자신의 감각을 통하여 들어오는 것을 받아들이는 단순한 즐거움을 향유하고 있는 자기 자신을 발견하였다. 그녀는 그때 자신이 슬픔을 느꼈다고 언급하였다. 왜냐하면 그녀는 자신이 지금까지 이와 같은 경험을 갖는 것을 거의 허용하지 않고 항상 바쁘게 살아왔기 때문이라고 말하였다.

역추적/오프 상태

이제 다시 온 상태로 돌아온다. 평소와 같이 당신의 초점을 마음챙김 지원인 호흡에 보낸다. 이때 너무 긴장하지 않고 당신의 경험에 등장하는 것을 "예"라고 하면서 부드럽게 받아들인다. 잠시 후에 당신의 주의가 있는 곳을 알아차린다. 당신의 초점이 호흡에 있는가? 아니면 산만함에 빠져 있는가? 만약 후자라면 역추적을 하여 당신의 어떤 생각이 지금의 산만함으로 당신을 인도하였는지 찾을 수 있는가? 그리고 계속 역추적해나간다. 지원에서 벗어나게 한 최초의 생각을 발견할 수 있는가? 3분 후에 타이머가 울리면 오프 상태로 간다. 슬럼프에 빠지지 않고 당신의 자세를 완화한다. 이때 명상을 한다는 생각을 놓아버린다. 그리고 눈을 뜬다. 당신이 전에 한 바와 같이 무심코 방주위를 둘러본다. 이번에도 방 안에 있는 공간에 대한 감각을 알아차린다.

우리는 제7장에서 역추적 수행을 소개하였다. 이제 온 상태일 때 우리의 알아차림을 예리하게 하고 오프 상태로 갈 때 이들 방법을 놓아버리는 방법을 소개한다. 고승 켄포 라부가 가르친 바와 같이 당신의 마음이 안정될 때 당신은 그것을 조사할 수 있다. 그러나 열린 호기심으로 해야 한다. 긴장해서 분석적 방식으로 하지 않아야 한다. 라부는 또한 당신의 마음이 평화의 편안한 상태에 빠지지 않도록 흔들어 깨워야 할 필요가 있다고 말했다. 로브 네른도 여러 번 같은 말을 하면서 마음챙김 명상이 마음의 바람직한 상태에 대한 미세한 집착에 사로잡히는 것에 대해 경고하였다. 대신에 마음이 안정될 때 우리는 적극적인 호기심을 가져야 한다. 역추적은 이런 방법의 하나이다.

어떤 학생이 언급하기를 역추적을 시도할 때 한 개 내지 두 개의 생각은 역추적할 수 있었지만 더 이상은 할 수 없다고 하였다. 그녀 역시 그녀의 생각들이 임의의 실에 의해 같이 묶여 있지만 혼란스럽고 연결이 잘 되지 않는 것을 발견한 것이다. 그녀가 자신이 분별하고 있음을 알아차렸을 때 그녀는 케이프타운 해변에 누워서 햇볕을 쬐고 있는 장면을 분별하고 있었다. 역추적을 해보니 그 장면에 앞선 이미지는 명상 수련을 시작하기 전에 누군가와 카페에서 아주 깨끗하고 하얀 해변의 그림을 보고 있는 것이었다. 그리고 그 이전의 생각은 "나는 감기에 걸렸어. 따뜻한 햇볕을 쬐는 것이 좋을 거야."라는 것이었다. 그리고 아무 생각도 나지 않았다. 그녀는 지원에서 멀어진 생각을 더 이상 역추적할 수 없었다. 대신에 '알아차림이 없는 어둠의 벽'을 마주하였다. 우리는 말했다. "그것은 무지이다. 당신은 무지의 가장자리에 접촉하고 있다." 이러한 가장자리를 알아차리는 것이 점차 무지를 약화시키기 시작하는 것이고 우리를 어둠 속에 가두고 있는 미세한 기제를 더 많이 드러내게 하는 것이다.

어떤 사람은 자신의 명상이 자신을 따라 오프 상태의 단계로 들어가는 것 같았다고 언급하였다. 몇몇 다른 사람이 동의의 표시로 머리를 끄덕였다. 우리는 이를 더 탐색하기 위해 조사를 하였다. 그녀는 명상을 시도하지 않았음에도 불구하고 즉 오프 상태에 있을 때도, 온 상태 단계에서 발생한 알아차림이 계속되고 있는 아주 흥미로운 사실을 발견하였다고 하였다. 그러나 지금은 공간이 많아지고 생각이 줄었다고 말하였다. 그때 그녀는 자신이 지금까지 삶에서 항상 마음 챙기기를 열심히 노력해왔지만 결코 자기 자신을 자유롭게 놓아주지 못하였음을 깨달았다. 이것은 대단한 일이었고 마음챙김 수행의 결과였다! 그녀는 명상이 그녀를 따르고 있음을 믿을 수 있는 개안(epiphany)을 얻었다. 이제 그녀는 아이들과 놀고 있는 동안에도 마음챙김을 시도하기보다 아이들과 바로 놀 수 있다. 우리는 다시 그녀가 미세한 생각에서 해방되었음을 지적하였다. "즉 나는 모든 순간에 마음을 챙겨야 한다. 그렇지 않으면 나는 나쁜 명상인이다. 혹은 나쁜 사람이다."라는 미세한 생각에서 그녀는 해방되었다.

그녀는 또한 오프 상태에서 방 안에 있는 공간을 알아차렸을 때 마치 그녀를 따르고 있던 알아차림이 이제 이 공간 속을 가득 채우는 것 같았다고 언급하였다. 그녀는 알아차림의 광대한 공간에 앉아 있는 경험을 하였다. 우리는 외쳤다. "아주 좋아. 당신은 이제 노력하지 않고 알아차림 안에서 쉬는 느낌을 얻기 시작했어!" 다시 온 상태에 갔을 때 그녀는 호흡 마음챙김 주변에 더 큰 공간이 있음을 알아차렸다. 하지만 그 공간은 오래가지 않았고 그녀는 그것이 곧 사라진 것을 애통해하였다. 우리는 말하였다. "그저 또 하나의 기대, 그저 또 하나의 미세한 생각, 그것에 대해 '예'라고 말하라. 그리고 당신 자신을 축하하라. 왜냐하면 당신은 많은 것을 보고 있기 때문이다."

HIFAWIF/오프 상태

이제 호흡에 대한 마음챙김과 당신의 경험에서 일어나는 것이 무엇이든 그것을 수용하는 태도에 초점을 두는 온 상태로 다시 되돌아온다. 1분 정도 후에 당신의 마음이 있는 곳을 알아차린다. 당신의 주의가 지원에 있나 아니면 분별에 있나? 만약 당신이 산만한 상태에 있다면 당신은 그것을 어떻게 느끼나? 그리고 호흡에 대한 마음챙김으로 돌아온다. 그다음 당신의 감정 상태를 알아차린다. 수행의 온 상태/오프 상태 진행에 짜증이 날 수도 있다. 불안하거나 따분할 수도 있다. 당신은 당신이 느끼고 있는 것을 어떻게 느끼나? 또다시 호흡의 마음챙김으로 되돌아온다. 3분 후에 타이머가 울릴 때 오프 상태로 간다. 이완의 자세를 취하면서 명상을 하고 있다는 생각을 놓아버려라. 그리고 눈을 뜬다. 무심코 주위를 둘러보고 또다시 방 안에 있는 공간에 대한 감각을 알아차린다.

이 단계에서 우리는 제5장에서 처음 소개한 HIFAWIF(내가 느끼고 있는 것을 나는 어떻게 느끼나?) 수행을 포함시킨다. 우리가 바르셀로나에서 열린 통찰 수련회에서 이렇게 질문하였을 때 한 나이 많은 스페인인은 그의 마음이 생각에 사로잡혀 짜증이 나는 것을 느꼈다고 했다. 다른 사람은 불안을 느꼈고 그 느낌이 싫었다고 했다. 이러한 혐오의 태도는 몸에서 반응하는 본능적인 수축의 느낌을 수반하였다고 말했다. "대단한 일이야. 당신은 미세한 생각을 보고 있군요." 하고 우리가 대답했다. 이것들이 바로 무지를 내포하고 있는 것이다. 더욱이 당신은 먼저 EPS가 당신의 명상에 어떻게 스며들어 있는지를 보고 있고, '대상적 나'의 감각이 진행되고 있는 일에 특별한 방식으로 개입되어 있는 것을 보고 있다. 더 많은 조사를 통하여 알아낸 결과 그녀의 몸 수축은 그녀의 몸에 EPS가 거주한다는 것을 감지하였기 때문이었다. 그녀는 이런 자각을 불편하게 받아들이고 "뼈에 새겨진 것이야." 하고 말했다. 우리는 그녀를 안심시켰다. "이것이 통찰 수행의 모든 것입니다. 관찰하는 마음을 보고, 관찰자의 태도를 보고, 이들이 '대상적 나'의 감각과 어떻게 밀접하게 연관되어 있는지를 보는 것, 이것이 명상의 뿌리입니다."

우리는 그녀에게 오프 상태로 가는 것이 무엇과 같은지를 질문하였다. 그녀는 자신의 마음이 더욱 열리고 이완되며 혐오의 태도가 사라지는 것같이 느꼈다고 했다. 그녀는 말을 이었다. "나 자신이 스스로 이것을 즐기는 것 같은 느낌이에요. 평소에 나는 명상을 아주 즐기지는 못했어요. 명상을 업무와 같이 느꼈죠. 명상을 잘하지 못하고 있다는 온갖 종류의 힘든 생각과 함께 어깨와 배에서 긴장과 수축을 느끼곤 했답니다. 그러나 오프 상태와 더불어 그러한 것들이 서서히 줄어들고, 모든 걸 단순하고 즐겁게 느끼고 있어요." 그녀는 명상에서 우리의 삶을 교살하는 미세한 노력과 가정의 힘을 보고 있다. 그뿐만 아니라 이제 그 경험을 즐기고 있다. 이것이 매우 중요하다. 왜냐하면 이것은 감사와 이해 같은 긍정적인 경험의 힘을 활용하기 때문이다. 이것은 우리를 녹색 구역에 접속하게 하고 그로 인해 우리는 결핍과 부족이 아니라 충만함과 균형의 삶을 살 수 있게 된다.

또 다른 사람이 재담을 하였다. "우리는 언제 오프 상태에 갈 수 있나요? 그리고 언제쯤이면 마음챙김 명상 수행에서 노력을 하지 않을 수 있나요?" 방 안에서 많은 웃음소리가 났다. "유감스럽지만 그럴 수 없을 것 같아요." 하고 우리는 응수하였다. "우리는 명상의 두 가지 요소, 집중된 주의(focused attention)와 열린 알아차림(open awareness)이 필요합니다. 그리고 앞의 것이 뒤의 것의 토대가 되죠."

반영/오프 상태

이제 마음챙김의 초점을 호흡과 현재 일어나고 있는 당신의 경험을 수용하는 태도에 기울이는 온 상태로 돌아온다. 당신이 느끼고 있는 것을 알아차린다. 당신을 괴롭히고 있는 무언가가 있는지, 당신이 꼭 집어서 얘기할 수는 없지만 표면 아래에서 일어나고 있는 무언가가 있는지 혹은 특정되지 않은 불안 혹은 우울의 느낌이 있는지를 알아차리는 반영 수행을 한다. 그리고 천천히 묻는다. "여기서 나에게 무슨 일이 일어나고 있지? 무엇이 날 괴롭히지? 무엇이 나의 주의를 필요로 하지?" 그리고 당신 자신을 반영하는 당신의 질문을 만들어 질문할 수도 있다. 3분 후에 타이머가 울리면 오프 상태로 가서 자세의 긴장을 푼다. 이제 명상한다는 생각을 놓아버리고 눈을 뜬다. 또다시 방 안의 공간에 대한 감각을 알아차리면서 무심코 주위를 둘러본다.

이 단계가 우리가 제5장에서 소개한 반영(reflection) 수행이다. 우리가 수행을 매일 공식적으로 하는 동안에도 종종 눈에 보이지 않는 이슈가 우리를 갉아먹고 있다. 반영은 이들 이슈에 대해 빛을 비출 수 있는, 마음속에 있는 심원한 지성에 접속하는 방식이다. 반영의 또 다른 용어는 '느린 질문(slow question)'이다. 그것은 즉각적인 답을 요구하지 않는다. 우리는 그것을 열린 마음속에 담아둔다. 이것은 무지의 미세한 미로를 관통하는 다른 방식이다. 우리를 괴롭히는 여러 이슈에 대해 이미 해답을 알고 있지만 그러나 이 미세한 미로가 우리 내면의 지혜를 가로막고 있다는 원리 위에서 반영이 작동하고 있다. 반영은 이러한 지혜에 접속하고 미세한 미로를 푸는 방식이다.

수행의 이 순서에서 우리는 심원한 수준에서 마음에 발생하는 것에 대한 우리의 알아차림을 민감화하는 여러 가지 방법을 이용한다. 온 상태의 단계에 있는 동안 우리는 그 방법을 수행하고 오프 상태에 갔을 때 그것을 놓아버린다. 이것이 무지를 관통하는 방식이다. 왜냐하면 무지는 우리로 하여금 같은 일을 계속 반복하게 하기 때문이다. 즉 같은 습관을 따르게 한다. 무지는 우리의 삶을 통하여 우리를 몽유병에 들게 한다. 이것은 명상 수행이 일상의 동일한 몽유병의 일부가 되고 우리의 마음이 오후에 햇볕 아래에 앉아 있는 고양이같이 동일한 습관의 편안한 모드에 딱 들어맞을 때 특별히 일어나는 교묘한 것이다.

반영은 무지가 표면에 드러난 이슈에 우리가 빛을 비추는 것으로, 무지의 일상의 틀을 부수한 방식이다. 한 수련생이 반영을 수행한 경험을 설명하였다. 그는 진찰실에서 대기 상태에 있었다. 그는 이 시간을 오프 상태의 수행 기회로 활용해야겠다고 생각하였다. 그는 앉아서 모든 것을 아우르는 공간에 대한 알아차림과 더불어 시야, 소리, 느낌을 인식하고 있었다. 그런데 갑자기 그 자신이 가지고 있었던 개인적인 딜레마에 대한 통찰이 튀어나왔다. 그는 이 이슈를 명상 회기의 수련기간 중에 반영하고 있었고 밤에 잠자리에 들기 전에 이 문제를 생각하고 있었음을 회상하였다. 지금 그의 마음이 이완되고 열려 있기 때문에 딜레마에 대한 해답이 저절로 튀어나온 것이다. 이것이 프로세스가 진행되는 방식이다.

고통의 마음 알아차리기/오프 상태

이제 다시 호흡에 마음챙김을 하면서 당신의 경험에서 현존하고 있는 것들을 수용하는 태도에 초점을 두는 온 상태로 돌아온다. 당신의 마음이 고통의 상태에 있을 때, 예를 들어 화, 부러움, 자만심의 상태에 있을 때를 알아차린다. 이것들이 당신의 몸에서 어떻게 느껴지는지를 알아차린다. 그것들의 이야기나 투사에 사로잡히지 않고 고통의 마음을 직접 본다. 해독제를 투입하고 이 순간 당신의 경험 한가운데서 쉰다. 3분 타이머가 울리면 오프 상태로 가 편히 쉬면서 명상한다는 시도를 놓아버린다. 그리고 눈을 뜬 채 방 안에 있는 공간에 대한 감각을 알아차리면서 무심코 주변을 둘러본다.

어떤 학생이 이 수행을 하고 있는데 파트너가 샤워를 하지 않아 화를 내며 비난했던 경험이 떠올랐다. 그녀는 자신이 화난 생각에 사로잡혀 그에게 접시를 던지면서 소리를 질렀던 당시의 이미지를 알아차렸다. 이 순간 그녀가 자신의 주의를 몸에 기울이자 어깨가 긴장되고 위 속이 쓰리는 느낌을 받았다. 질문을 통해 그녀는 이러한 이야기를 야기한 화난 '대상적 나'와 몸의 감각 간에 연결이 있음을 알았다. 그녀가 자신의 몸에서 느낀 것에 초점을 두었을 때 그 이야기는 잠시 멈추었지만 재빠르게 되돌아왔다. 그녀는 실망했고 수행이 효과가 없다고 생각하였다.

이에 대해 우리는 응답을 하였다. "당신의 주의를 당신의 몸에 기울인 것은 좋았습니다. 그리고 당신은 구체화 된 '나'와 몸의 느낌의 연결을 보았습니다. 그것들은 우리가 우리 자신을 위해 만든 일종의 연결입니다. 그렇게 함으로써 우리는 우리의 알아차림을 예민하게 하고 무지의 미로를 점차 노출시킵니다. 이것이 수행을 하는 것입니다. 이 수행의 핵심 포인트는 화난 생각을 사라지게 하는 것에 있지 않습니다. 화난 생각의 배후에 놓여 있는 '나'라는 감각이 견고하지 않고 이야기와 투사도 끊임없이 변하고 있음을 보는 것입니다. 점차 우리는 이 모든 드라마가 비어 있고 그것들이 스스로 일어나, 보이고, 자유로워지는 것에 대해서 지적이지 않은 어떤 감각을 얻게 됩니다. 이로 인해 무지의 뿌리가 잘려 나갑니다."

그녀는 또 자신이 화난 느낌에 연민을 가졌을 때 어깨 긴장이 완화되었고 위 속의 쓰린 느낌도 편해졌다고 하였다. 오프 상태로 갔을 때는 앉아서 주위를 둘러보는 것이 기뻤다고 하였다. 그녀는 자기연민의 수행이 오프 상태의 국면에서 눈에 띄게 마음에 영향을 주는 것을 알아차릴 수 있었다. 우리는 언급하였다. "열린 알아차림 수행에서 연민이 핵심 요인인 이유이지요. 연민은 가슴을 열게 하고 자연스럽게 안식의 경험을 발생시킵니다."

경험 한가운데에서 안식하기/오프 상태

이제 호흡에 대한 마음챙김과 당신의 경험의 현존을 수용하는 태도에 가볍게 초점을 둔다. 그리고 지원을 놓아버리고 당신의 경험 한가운데서 안식한다. 이 순간 일어나는 것에 대해 분별과 분석을 하지 않고, 어떤 것을 밀어두지도 않고, 부드러운 호기심의 감각으로 당신의 경험에 대해 마음을 열고 그것을 수용한다. 타이머가 3분 후에 울리면 오프 상태로 간다. 자세를 완화하며 명상한다는 시도를 놓아버리고 눈을 뜬 채로 방 안에 있는 공간을 알아차리면서 무심코 주위를 둘러본다. 당신은 당신의 생각, 느낌 그리고 감각의 주변에서 공간을 느낄 수 있는가?

이 수행을 통하여 우리는 경험 한가운데서의 안식이 매끄럽게 알아차림 안의 안식으로 이동하는 것을 볼 수 있다. 우리는 우리의 모든 경험이 산의 연못에 있는 바위, 수생 식물, 그리고 물고기와 같다고 인식한다. 그리고 우리는 더 많이 열고, 연못에 있는 물과 같은 모든 것 주변의 공간을 인식한다. 겐둔 린포체의 시에서와 같이 "잡으려고 하는 것을 놓아버리면 거기에는 활짝 열려 나를 초대하는 편안한 공간이 있다." 그러나 이것의 발생을 시도하지 않는 것이 중요하다. 우리는 온 상태 그 가운데서 바로 안식한다. 그리고 오프 상태로 간다. 이것이 전부다. 시에서 이렇게 결론을 내렸다. "아무것도 하지 마라. 아무것도 애쓰지 마라. 아무것도 원하지 마라. 모든 것은 저절로 발생한다."

우리가 이 수행을 수련회에서 지도하고 있을 때 어떤 학생이 경험 한가운데서 안식하기에서 알아차림 안의 안식으로 이동하는 자연스런 흐름에 대해 언급하였다. 그는 하나의 수행이 다른 수행 쪽으로 열려 있다고 말하였다. 오프 상태의 단계에서 어떤 것도 하지 말 것을 가르친 것이 이러한 이동이 일어나는 것을 허용하고 그에게 빈 공간과 평화의 느낌을 주었다. 외부 공간이 그의 내면세계에 영향을 주는 것 같았다. 그리고 그는 그를 통과하는 생각과 느낌에 민감하지 않았다. 생각과 느낌의 주변에 더 많은 공간이 있고 이것들이 왔다 갔다 하였다. 그는 마치 언덕 위에 앉아서 멀리 있는 광활한 경치를 보는 것 같았고 그가 주변을 둘러보았을 때 모든 것은 생기 있고 살아 있는 것 같았다고 말했다.

우리는 그에게 산속 연못의 비유를 들면서 그가 물에 대한 느낌과 연못에 있는 물고기와 모든 것이 물에 의해 에워싸여 있는 느낌을 얻기 시작하였음을, 즉 그의 모든 경험이 알아차림 속에 있는 것을 알기 시작하였음을 상기시켰다. 또한 우리는 그의 내면세계의 생각과 느낌, 그리고 외부세계에 있는 사람과 사물들 간에 큰 분리가 없는 것을 보기 시작하였다고 지적하였다. 이것은 단순하지만 심오한 것이다. 보통 우리는 '내'가 좋아하거나 싫어하는 외부에 있는 견고한 사물을 인식하는 내부에 견고한 '대상적 나'의 감각을 갖고 있다고 여긴다. 이것이 무지이다. 하지만 관점을 약간 이동하여 보면 '나'와 다른 것 둘 다 마치 물고기, 조약돌 그리고 수생식물 모두가 물속에 있는 것과 같이 알아차림 속에 있다. 이것이 의미하는 바는 심오한 것이다. 왜냐하면 그것은 보통 우리를 감금하고 있는 견고성과 이원성을 혁파하는 것이기 때문이다. 우리는 보다 부드럽고, 더 열려 있으며, 더욱 연결되어 있는 존재 방식의 느낌을 얻을 수 있기 시작한다.

이와 같은 존재 방식을 강화할 수 있는 것이 연민이다. 이것이 우리가 지난 두 개 장에서 사무량심에 큰 초점을 둔 이유이다. 자애, 연민, 공감적 기쁨, 평정을 수행하는 것은 아주 직접적이고 즉각적인 방식으로 삶과 연결의 느낌을 깊게 한다. 한 학생은 그것을 이렇게 표현했다. "나는 하늘을 잠깐 보았다. 그것의 광대함을 느꼈고 내 가슴과 하늘 간에 연결이 있는 것 같았으며 그 고귀함이 내 안에 있는 것 같았다. … 공간, 평화, 연결 그리고 장벽의 순간적인 무너짐. 나는 내 주위에 있는 것, 나무, 식물, 새들과 강한 연대감을 느꼈다. 거기에는 안과 밖의 연속성, 나 자신과 나머지 모든 생물과의 평등함이 있었다."

삶이란 우리가 제시했던 여러 가지 온 상태/오프 상태의 다양한 단계의 선형적 배열을 따르지 않는다는 것을 명심하라. 우리는 우리의 경험에서 일어나는 것에 가장 적합한 방법을 적용하면 된다. 대부분의 시간 온 상태에 있을 때 호흡을 지원으로 사용하는 것이 최상이고, 경험의 한가운데서 안식한다. 그리고 오프 상태로 간다. 우리는 수행이 너무 바쁘게 진행되는 것을 바라지 않는다. 하지만 우리가 온 상태에서 계속 산만함에 빠지는 것을 발견하면 역추적을 할 수도 있다. 강한 감정이 나타나면 HIFAWIF 수행을 할 수 있다. 우리를 괴롭히는 이슈가 있으면 반영 수행을 한다. 강한 저항감을 경험하면 수용을 수행한다. 우리는 온 상태에서 일어나는 것을 직관적으로 다룬다. 그리고 오프 상태로 갈 때는 그 어떤 방법도 놓아버린다.

일상에서의 수행

처음에는 온 상태/오프 상태 수행을 스마트폰이나 다른 기기를 사용하여 한 단계에서 다음 단계로 이동하는 신호를 보내면서 체계적인 방식으로 하는 것이 최상이다. 우선 이 수행과 친숙해지면 더 자연스러운 방식으로 할 수 있다. 즉 우리의 필요에 따라 온 상태에서 오프 상태로의 이동과 각 단계의 시간을 맞출 수 있다. 수행이 진행됨에 따라 오프 상태에 더 많은 시간을 그리고 온 상태에 더 적은 시간을 할애할 수도 있다. 그러나 우리의 마음이 분별에 빠졌을 때는 마음챙김 지원으로 되돌아가는 것을 확실히 해야 한다. 중요한 것은 모든 시간을 오프 상태에서 보낼 수 있다고 자신을 속이지 않아야 하고 이상한 용어, 예를 들어 '비개념적 인지적 알아차림 안에서 안식하기' 혹은 '비이원적 현존에 머묾'과 같은 용어를 사용하여 수행을 부풀리지 않아야 한다. 단순하게 그리고 견실하게 하는 반면에 공식적인 정좌수행의 맥락에서는 하지 않는 것이 중요하다. 지금까지 우리가 했던 것을 일상생활에 알맞게 각색한다. 그것이 수행을 살아 있게 하고 수행을 일상생활에 통합하는 방식이다.

일상의 온 상태/오프 상태

여러 가지 통찰 방법을 사용하여 무지를 노출시키겠다는 의도를 갖고 명상을 시작한다. 그리고 당신의 동기를 명확히 한다. 이것은 당신의 삶을 통하여 당신이 몽유병적 증세 속에서 살아가기보다 깨어 있기를 원하기 때문이다. 당신이 삶을 살 때 재미있고 호기심을 갖는 자연스러운 방식으로 온 상태에서 오프 상태로 번갈아가며 수행할 수 있는지를 본다. 예를 들어 당신이 승용차를 운전할 때 당신 손이 운전대에 닿는 느낌, 시트에 당신의 등이 닿는 느낌, 그리고 페달을 밟는 당신 발의 느낌에 의거해, 이것을 마음챙겨 운전하는 기회로 활용한다. 무작위의 두서 없는 생각을 따라가지 않고 단순한 운전 행위에 당신의 주의를 둔다. 목적지에 도착하여 걸어갈 때에도 마음챙김 수행에서 발생한 알아차림이 당신을 따를 것이라고 믿으면서 잠시 동안 오프 상태로 간다. 그다음에, 예들 들어 어떤 상점을 둘러볼 때 잠시 동안 온 상태로 돌아온다. 어떤 일을 하고 있는 동안에는 당신이 하고 있는 일에 알아차림을 가져온다. 그리고 그 순간에 적합하다고 느끼는 통찰 방법들, 예를 들어 역추적, HIFAWIF, 반영 등을 사용한다. 당신이 이동하고 있는 공간을 스스로 즐기면서 잠시 오프 상태로 간다. 그리고 어떤 감정적 고통이 당신의 주의를 끄는지, 예를 들어 다른 쇼핑객의 무례로 인한 짜증, 비싼 옷을 사고 싶은 욕망, 어떤 사람을 향한 부러움 등을 알아차린다. 그것들을 직접 보고 적절한 해독제를 사용한다. 또 다시 당신의 알아차림을 당신의 개인적인 생각의 세계에 고착시키기

보다, 주변에서 발생하고 있는 모든 것으로 넓혀가면서 잠시 오프 상태로 간다. 당신이 오프 상태로 갈 때 당신은 경험 한가운데서 안식하는 수행과 알아차림 안에서 안식하는 수행을 할 수 있다. 그것들이 발생하기를 시도한다기보다 그것들이 자연스럽게 일어나게 하라. 예를 들어 진찰실에 앉아 있을 때 잡지를 읽기 위해 그것을 잡는 대신에 방 안에 있는 것들의 색깔과 질감 그리고 모든 것 주변에 있는 공간을 알아차리면서 오프 상태 그대로를 즐긴다.

우리는 지금까지 행하였던 공식 정좌수행의 여러 가지 수행과 익숙해졌을 것이다. 그래서 일상생활에서 수행을 할 때 더 가볍게 그리고 더 재미있게 할 수도 있을 것이다. 여러 번 언급한 바와 같이 통찰수행의 민감화 측면과 안식화 측면을 번갈아가며 할 수 있다. 전자의 수행에서는 배운 기술과 방법을 적극 활용한다. 계속해서 관찰자에게 초점을 보내고 그의 미세한 태도와 선호를 알아차린다. 우리는 같은 짓을 계속하게 하는 즉 몽유병과 무지로 되돌리는 길들이기의 내부의 미세한 속삭임을 발견할 것이다. 우리는 그것들을 보고 그대로 두지만 그것들에게 먹이를 주지는 않는다. 우리는 일어나는 것들 한가운데서 바로 안식한다. 그리고 그것들을 더 많이 놓아줌으로써 모든 것을 둘러싸고 있는 알아차림을 인식하는 것을 배우고 역시 그 안에서 안식한다.

결론

    이 책은 자기 스스로 만든 고통에서 자기 자신을 해방시킬 수 있는 내용들을 다루고 있다. 우리는 이것을 우리의 삶을 형성하고 있는 습관을 직접 그리고 분명하게 보는 것을 통하여 할 수 있다. 이렇게 하는 것을 이 맥락에서 '통찰'이라고 한다. 이것은 지적 혹은 인지적 봄(seeing)이 아니다. 그것은 가슴으로부터 즉 우리 존재의 핵심으로부터의 봄이다. 그런데 이렇게 하기 위해서는 우리 자신과 정직하게 대면할 수 있어야 한다. 많은 사람들은 이렇게 하기 위해 큰 용기를 낸다. 우리는 우리가 충분하다고 여기는 지점에 도달할 때까지는 자기 자신의 고유한 고통의 수레바퀴를 돌리고 있다는 것을 알아야 한다. 그 지점은 우리를 과거라는 감옥에 가두고 있는 자기중심성이라는 내면의 악마와 대면하는 기회가 발생하는 순간이다. 우리는 내면의 이러한 특성에 자기중심적 선호 시스템(EPS)이라는 이름을 붙였다. 이것과 직면함으로써 우리는 본래 우리의 내면이 가지고 있는 개성, 창조성 그리고 힘에 접속하기 위한 조건을 만들 수 있다. 이것은 자기중심적인 힘이 아니라 우리의 모든 삶과의 친밀한 연결을 보는 것으로부터 얻는 힘이다.

    이러한 과정의 발생에는 순서가 있다. 우리는 어떤 분명한 단계들을 확인한다. 동기가 먼저다. 우리는 우리 자신과 대면하고 자신의 더 깊은 잠재력에 접속하기를 원한다. 다음 단계는 현존하면서 마음에서 일어나는 것을 알아차리는 것이다. 이것이 마음챙김의 역할이다. 우리가 내면의 안정성을 발견하고 자기 알아차림의 수준을 높이면 자신 안에서 우리가 싫어하는 것을 볼 수 있다. 이것에 대해 수용을 수행한다. 마음속에서 일어나는 것과 싸우지 않고 그것을 환영하고 포용하는 선택을 한다. 이와 같은 방식으로 수행을 함으로써 우리는 자기연민에 문을 연다. 고통을 받고 있는 우리 내부의 사람에게 친절과 지원을 보내는 자기연민의 문을 연다. 이것이 많은 사람들에게 때로는 큰 도전이 되기도 한다. 그러나 마음과 가슴을 열어 우리 내면의 감정 풍경을 부드럽게 하는 것이 중요하다.

이것이 우리를 통찰 수행의 핵심 초점인 관찰자를 관찰하는 곳으로 데려간다. 여기서 우리는 자신과 주위에 있는 것을 보는 데 주의를 집중한다. 우리는 우리의 태도와 선호에 대한 숙지를 시작한다. 이것이 우리 자신의 삶의 드라마를 연출하는 관찰자 안에 있는 '나'라는 감각(EPS)을 노출시킨다. 우리는 또한 이들 태도와 선호가 마음속에 있는 식역하의 힘에 의해 어떻게 형성되고 있는지를 본다.

이 책에서 우리는 여러 가지 방법과 수행을 통하여 우리의 삶을 형성하였던 길들이기의 보이지 않는 힘을 노출시킨다. 단순히 EPS를 보는 것만으로도 충분하다. 이것이 우리가 해야 할 모든 것이다. EPS는 알아차림이 부족한 곳에서 번성한다. 따라서 EPS를 알아차리는 것이 우리로 하여금 그것을 받아들이고 확인하는 순간을 보게 하는 것이다. 그 순간에 우리는 생각이 분별이 되는 것을 본다. 우리는 우리 자신에 대한 관념과 신념이 과거의 길들이기로부터 생겨났고, 그것들이 지금 우리에게는 더 이상 진실이 아닌 것을 본다. 우리는 그 것들을 확인(동일시)하지 않음으로써 그것들로부터 해방될 수 있다. 우리 안에서 일어나는 것이 스스로 드러나고, 스스로 사라지게 허용한다. 이것이 무지와 혼란을 그 뿌리에서 잘라내는 것이다.

우리는 우리의 자아감을 견고하게 하고 다른 사람들 및 '외부' 세계에서 발생하는 사물들과 분리되어 있다고 느끼게 하는 강력한 감정이 우리의 머릿속에서 자신에게 말하는 이야기에 먹이를 주고 있는 것을 본다. 우리는 이런 감정들을 각각 창조적으로 다룸으로써 그것들 안에 있는 지혜를 일깨우고 자기중심성의 힘을 약화시킨다. 이렇게 함으로써 우리를 우리 안과 주변의 삶의 흐름에 재연결한다. 이로 인해 끊임없이 선호활동을 계속하게 하고 과거의 길들이기에 의해 살아가고 있는 자아감에 단단히 묶이지 않을 수 있는 존재의 방식에 초대된다. EPS의 감옥으로부터 해방되는 것이다.

이러한 과정은 우리들 각자 모두에게 특유의 개인적인 과정이다. 모든 사람에게 공통적으로 적용되는 법칙은 없다. 이런 점에서 이들 여정은 완전히 개개인의 것이다. 이 책에서 제시하는 방법과 수행들은 하나의 지도이자 가이드에 불과하다. 자신이 직접 경험하는 것이 진정한 가이드이다. 이 여정은 시간이 필요한 수행을 요구한다. 따라서 한 걸음 한 걸음 단계적으로 접근하는 것이 중요하다.

우리의 염원은 마음챙김과 통찰의 길에서 "봄이 행이다."의 힘이 당신의 마음과 당신의 삶에 더 많은 자유를 가져온다는 것을 당신이 이해하는 것이다.

결론

＊

단체의 일원으로서의 마음챙김 수행

단체의 일원으로 마음챙김 수행을 하는 것도 아주 좋다. 우리의 코스에 참여한 많은 참가자들은 단체의 일원으로 그리고 정규적으로 수행을 하는 것이 동기 유발에 좋다고 말한다. 불교 전통에는 상가(Sangha) 혹은 영적 공동체라는 것이 있다. 유사한 가치를 가진 사람들이 모여 함께 수행을 하는 것을 말한다. 요즘 세상에는 불교의 상가와 마찬가지로 세속적인 상가들도 있다. 주변에서 당신의 가치와 공명하면서 정규적으로 수행하는 수행 집단을 찾아 그들과 같이 수행한다면 더 유익할 것이다.

옮긴이 후기

명상은 2600년 전 고타마 싯다르타(붓다)로부터 시작된 이래 집중명상(사마타)과 통찰명상(위빠사나)으로 발전하여왔다. 집중명상은 일체의 생각을 멈추고 한곳에 의식을 집중하여 선정(삼매)에 들어가는 명상이고 통찰명상은 통찰 수행으로 삶에 대한 지혜를 계발하는 명상이다. 모두 우리 인간들의 마음을 다스리고 지혜를 계발하기 위해 필요한 인류의 위대한 자산이다.

그러나 명상은 오랜 세월 동안 출가한 스님들만이 사원에서 수행하여왔고 일반 대중에게는 개방되지 않은 채 신비로운 영역으로 남아 있었다.

현대에 와서 명상을 과학화하고 대중화하여 서양의 주류사회에 편입시킨 이는 미국 매사추세츠 주립대학교 의과대학 교수 존 카밧진(Jon Kabat-Zinn)이다. 그는 1980년대 초에 8주 동안 수련하는 「마음챙김에 근거한 스트레스 완화(Mindfulness Based Stress Reduction: MBSR)」프로그램을 만들어 이를 일반 대중이 수련할 수 있도록 지도하였다. 그 결과 이 프로그램에 참가한 대중의 스트레스가 현저히 감소되었고 면역 기능이 개선되었음이 과학적으로 입증됨에 따라 이 수련 방식이 서양사회의 대중에게 빠르게 전파될 수 있었다. 1990년대에는 MBSR 프로그램을 우울증 등의 치유에 활용하는 새로운 프로그램이 등장하기도 하였다.

2000년대에 들어와서 영국의 로브 네른(Rob Nairn)은 카밧진의 MBSR 프로그램에 연민(compassion)을 추가하는 동시에 마음챙김 프로그램을 새로운 방식으로 디자인하였다. 이것이 「마음챙김에 근거한 삶의 코스(Mindfulness Based Living Course: MBLC)」 프로그램이다. 로브 네른은 자신이 2010년에 창립한 마음챙김협회(Mindfulness Association)에서 이 프로그램을 일반 대중에게 지도 보급하고 있다. MBLC 프로그램은 초덴(Choden)과 헤더 리간아디스(Heather Regan-Addis)에 의해 워크북으로 출간되었다. 바야흐로 MBLC 프로그램은 지금 영국뿐만 아니라 유럽 그리고 전 세계적으로 널리 확산되고 있다.

이 책의 큰 주제는 통찰이다. 여기서의 통찰이란 우리의 삶을 자유롭고 평화롭게 하기 위해 우리의 삶을 형성하고 있는 습관을 직접 그리고 분명하게 봄으로써 지혜를 계발하는 과정이다.

우리 인간들은 자신이 누구인지 모르고 있을 뿐만 아니라 자신을 둘러싸고 있는 삶의 상호연결의 진리를 모르는 무지의 상태에서 이기적인 삶을 습관적으로 살고 있다. 오랜 삶의 진화과정에서 생존과 재생산을 위해 자기중심적인 이기적 존재로 오염되었기 때문이다.

그리고 우리 인간들은 자신이 몸담아 살고 있는 집단과 사회의 사고방식에 경도된 편향된 삶을 습관적으로 살고 있다. 자신이 양육되고 성장한 집단과 사회의 문화에 영향을 받아 길들여져 그 문화에 기울어진 편향된 존재로 오염되었기 때문이다.

따라서 우리 인간들은 오염된 의식과 잠재의식 그리고 무의식의 조종에 길들여진 욕망, 분노, 의심, 질투, 자만 등의 감정적 고통과 이로 인해 생긴 스트레스, 불안, 우울 등의 속박에 따라 노예처럼 고통 속에서 살다가 가는 어리석은 존재라 할 수 있다.

그러나 우리 인간들은 감정적 고통의 지배를 받는 습관적인 삶에서 벗어나 보다 자유롭고 평화롭게 살 수 있는 능력을 본래 갖고 태어난 존재이다. 우리가 이러한 우리 본유의 능력을 최대한 계발하고 발휘하여 존엄한 인간 존재로 아름답게 살기 위해서는 삶의 지혜를 계발하는 통찰이 필요하고 오염된 때를 씻어내는 수행이 요구된다. 구치모는 힘주어 다음과 같이 말했다.

"통찰과 수행이 없는 삶은 무지 속에서 오염된 습관에 따라 이기적으로 그리고 편향적으로 살아가는 어리석은 고통의 삶일 뿐이다."

우리의 삶에서 통찰과 수행이 중요함에도 불구하고 통찰을 본격적으로 다룬 도서는 그리 많지 않다. 그리고 출간된 책이라 할지라도 일반 대중이 이해하기는 쉽지 않다. 때문에 오랫동안 통찰은 쉽게 접근할 수 없는 영역으로 남아 있었다. 아마 그 이유는 통찰을 대중이 쉽게 이해할 수 있도록 명확하게 규정하고 설명하기가 어려웠을 뿐만 아니라 또 그것을 다루기가 힘들었기 때문이었을 것이다.

로브 네른, 초덴 그리고 헤더 리간아디스는 이 저서에서 현대의 심리학과 신경과학의 관점에서 통찰을 새로운 방향으로 정리하여 독자들이 이해하기 쉽도록 명확하게 해설하고, 그것을 체계적으로 수행할 수 있도록 기획하여 제시하였다. 이로 인해 대중이 통찰에 더욱 쉽게 접근할 수 있게 된 점은 실로 이들의 공헌이라 할 것이다. 통찰에 대해 이해가 부족하였던 초보 명상인은 그동안 가졌던 많은 궁금증을 이 책을 통하여 해소할 수 있을 것이다. 그리고 통찰을 통하여 깨달음을 성취하려고 하는 명상가는 그들의 여정에서 더 큰 성과를 얻을 수 있을 것이라 사료된다.

COVID-19라는 전대미문 전염병 창궐로 인해 지금 우리의 마음은 불안하고 우울하다. 그리고 우리의 삶은 피폐해지고 있다. 우리 모두 이 위기를 방역수칙 준수와 예방접종으로 돌파하는 한편 마음챙김과 통찰 수행으로 마음을 다스리고 지혜를 계발하여 슬기롭게 극복해나가도록 하자!

감사 인사

먼저 이 책의 출판을 흔쾌히 승낙해준 산지니 출판사 강수걸 대표에게 감사하다는 말씀을 드리고 싶다. 창궐하는 코로나로 인하여 도서 출판의 경영 여건이 악화하고 있음에도 불구하고 좋은 도서를 출판하고자 하는 강대표의 산지니 철학 구현으로 이 도서를 출판할 수 있었다. 진심으로 감사드린다. 그리고 권경옥 편집장의 세심한 편집과 윤소희, 이소영 님의 교정에 감사를 드린다.

찾아보기

지은이 소개

대표 지은이 로브 네른(Rob Nairn)은 티베트 불교의 전통을 따르는 명상가로 영국에서뿐만 아니라 유럽 전역에서 명성이 높다. 그는 일찍이 달라이 라마(Dalai Lama)로부터 명상을 가르칠 것을 권유받고 명상 교육의 길에 나섰다. 2010년 영국에서 마음챙김협회(Mindfulness Association)를 창립하여 명상을 가르치고 보급하는 일에 앞장서고 있다. 저서로는 『금강석 마음:명상의 심리학』(2001), 그리고 『삶, 꿈, 죽음』(2004)이 있다. 초덴(Choden)과 헤더 리간아디스(Heather Regan-Addis)는 로브 네른의 제자로 마음챙김협회의 공동창립자이며 이곳에서 명상을 가르치고 있다. 초덴과 헤더는 『마음챙김에 근거한 삶의 코스(Mindfulness Based Living Course:MBLC)』(2018)라는 워크북을 출간하였다. MBLC 프로그램은 지금 영국, 아일랜드, 아이슬란드, 남아프리카공화국, 벨기에, 이탈리아, 스페인, 그리고 폴란드에서 유행하고 있다.

옮긴이 소개

대표 옮긴이 춘강 구치모는 경성대학교 명예교수이다. 젊은 시절 흥사단 운동에 투신하여 후일 흥사단 이사장을 역임하였다.

구치모는 1986년 효봉 선사의 20주기 때 선사의 열반송을 접한 후 선(명상)을 공부하기 시작하였다. 2008년 가지산 용암봉 자락(밀양 도곡)에 자리를 잡고, 현대의 경쟁사회를 살고 있는 사람들이 많이 겪고 있는 스트레스, 우울, 그리고 불안 등의 치유에 큰 도움을 주는 마음챙김과 우리의 삶이 더욱 자유롭고 평화로워지기 위해 필요한 지혜를 계발하는 통찰을 공부하고 수행하였다.

2016년에 청산 김광수, 청운 김광섭, 청송 최우영, 청매 민명숙, 청해 주정윤, 청연 최효식과 더불어 명상아카데미(Meditation Academy)를 조직하여 명상을 수행하고 가르치며 보급하고 있다.

:: 산지니가 펴낸 큰글씨책 ::

인문사회

마음챙김과 통찰 로브 네른 외 지음 | 구치모 외 옮김

해양사의 명장면 김문기 외 지음

전태일에서 노회찬까지 이창우 지음

수술 권하는 정형외과의 비밀 황윤권 지음

물고기 박사가 들려주는 신기한 바다 이야기
명정구 지음

15세기 동남아 무역왕국 말라카 파라하나
슈하이미 지음 | 정상천 옮김

벽이 없는 세계 아이만 라쉬단 웡 지음 | 정상천 옮김

범죄의 재구성 곽명달 지음

역사의 블랙박스, 왜성 재발견 신동명 최상원
김영동 지음

깨달음 김종의 지음

공자와 소크라테스 이병훈 지음

완월동 여자들 정경숙 지음

한비자, 제국을 말하다 정천구 지음

맹자독설 정천구 지음

엔딩 노트 이기숙 지음

시칠리아 풍경 아서 스탠리 리그스 지음 | 김희정 옮김

고종, 근대 지식을 읽다 윤지양 지음

골목상인 분투기 이정식 지음

파리의 독립운동가 서영해 정상천 지음

삼국유사, 바다를 만나다 정천구 지음

대한민국 명찰답사 33 한정갑 지음

효 사상과 불교 도웅스님 지음

지역에서 행복하게 출판하기 강수걸 외 지음

재미있는 사찰이야기 한정갑 지음

귀농, 참 좋다 장병윤 지음

당당한 안녕: 죽음을 배우다 이기숙 지음

모녀5세대 이기숙 지음

한 권으로 읽는 중국문화 공봉진 이강인 조윤경 지음

차의 책 The Book of Tea 오카쿠라 텐신 지음 |
정천구 옮김

불교(佛敎)와 마음 황정원 지음

논어, 그 일상의 정치 정천구 지음

중용, 어울림의 길 정천구 지음

맹자, 시대를 찌르다 정천구 지음

한비자, 난세의 통치학 정천구 지음

대학, 정치를 배우다 정천구 지음

문학/소설

혜수, 해수 1: 영혼 포식자 임정연 장편소설

콜트 45 정광모 소설집

캐리어 끌기 조화진 소설집

사람들 황경란 소설집

바람, 바람 코로나19 문선희 소설집

북양어장 가는 길 최희철 지음

지옥 만세 임정연 장편소설

보약과 상약 김소희 지음

팔팔 끓고 나서 4분간 정우련 소설집

실금 하나 정정화 소설집

랑 김문주 장편소설

데린쿠유 안지숙 장편소설

볼리비아 우표 강이라 소설집

마니석, 고요한 울림 페마체덴 지음 | 김미헌 옮김

방마다 문이 열리고 최시은 소설집

해상화열전 한방경 지음 | 김영옥 옮김

유산 박정선 장편소설

신불산 안재성 지음

나의 아버지 박판수 안재성 지음

나는 장성택입니다 정광모 소설집

우리들, 킴 황은덕 소설집

거기서, 도란도란 이상섭 팩션집

폭식광대 권리 소설집

생각하는 사람들 정영선 장편소설

삼겹살 정형남 장편소설

1980 노재열 장편소설

물의 시간 정영선 장편소설

나는 나: 가네코 후미코 옥중수기 조정민 옮김

토스쿠 정광모 장편소설

가을의 유머 박정선 장편소설

붉은 등, 닫힌 문, 출구 없음 김비 장편소설

편지 정태규 창작집

진경산수 정형남 소설집

노루똥 정형남 소설집

유마도 강남주 장편소설

레드 아일랜드 김유철 장편소설

화염의 탑 후루카와 가오루 지음 | 조정민 옮김

감꽃 떨어질 때 정형남 장편소설

칼춤 김춘복 장편소설

목화: 소설 문익점 표성흠 장편소설

번개와 천둥 이규정 장편소설

밤의 눈 조갑상 장편소설

사할린 이규정 현장취재 장편소설

테하차피의 달 조갑상 소설집

문학/비소설

걷기의 기쁨 박창희 지음

미얀마, 깊고 푸른 밤 전성호 지음

오전을 사는 이에게 오후도 미래다 이국환
에세이

사다 보면 끝이 있겠지요 김두리 구술 | 최규화 기록

선생님의 보글보글 이준수 지음

고인돌에서 인공지능까지 김석환 지음

지리산 아! 사람아 윤주옥 지음

우리들은 없어지지 않았어 이병철 산문집

닥터 아나키스트 정영인 지음

시로부터 최영철 산문집

이렇게 웃고 살아도 되나 조혜원 지음

무위능력 김종목 시조집

금정산을 보냈다 최영철 시집

일상의 스펙트럼 시리즈

블로거 R군의 슬기로운 크리에이터 생활
황홍선 지음

어쩌다 보니 클래식 애호가, 내 이름은
페르마타 신동욱 지음

베를린 육아 1년 남정미 지음

유방암이지만 비키니는 입고 싶어 미스킴라일락
지음

내가 선택한 일터, 싱가포르에서 임효진 지음

내일을 생각하는 오늘의 식탁 전혜연 지음